普通高等教育经管类专业系列教材

财 政 学

(第三版) (微课版)

王晓光 主编

清华大学出版社

北 京

内 容 简 介

财政学是经管类众多本科专业的核心课程。本书采用财政学界公认的“财政理论基础—财政支出—财政收入—财政管理与政策”的框架结构，全面准确地阐述财政领域的基础知识、基本理论与基本技能。全书内容包括财政概论、财政支出、财政收入、税收原理、税收制度与税收管理制度、货物和劳务税、所得税、财产税、行为税、国债原理与制度、国家预算及预算管理体制、财政平衡与财政政策、开放经济条件下的财政问题等。本书特色在于突出培养应用型经管类人才的财税实践技能，探索应用型经管类人才培养所需的财税知识体系，用较大篇幅突出介绍实际工作中经常用到的税收知识，体现出极强的应用性和实用性的特色。本书内容较新，截至2022年本书出版前财税实践中的很多新法规、新案例、新数据等都在本书中得到体现。

本书既可作为经济管理类和公共管理类本科生的教材，也可作为其他相关人员的教材和参考读物。

本书配套的教学资源极其丰富，在国内率先推出的微课视频，连同在既往各版次基础上不断完善的电子课件、习题和答案、案例素材、模拟试题和答案，能够充分满足线下和线上教学的需要。本书配套的电子课件、习题和答案、案例素材、模拟试题和答案可以到http://www.tupwk.com.cn/downpage网站下载，也可通过扫描前言中的二维码获取，教学视频可以通过扫描前言中的二维码观看。

图书在版编目(CIP)数据

财政学：微课版 / 王晓光主编. —3版. —北京：清华大学出版社，2022.1
普通高等教育经管类专业系列教材
ISBN 978-7-302-58296-0

Ⅰ. ①财… Ⅱ. ①王… Ⅲ. ①财政学—高等学校—教材 Ⅳ. ①F810

中国版本图书馆CIP数据核字(2021)第107325号

责任编辑：胡辰浩
封面设计：周晓亮
版式设计：孔祥峰
责任校对：成凤进
责任印制：丛怀宇

出版发行：清华大学出版社
网　　址：http://www.tup.com.cn，http://www.wqbook.com
地　　址：北京清华大学学研大厦A座　　邮　　编：100084
社 总 机：010-62770175　　邮　　购：010-62786544
投稿与读者服务：010-62776969，c-service@tup.tsinghua.edu.cn
质 量 反 馈：010-62772015，zhiliang@tup.tsinghua.edu.cn
印 装 者：北京同文印刷有限责任公司
经　　销：全国新华书店
开　　本：185mm×260mm　　印　　张：22　　字　　数：606千字
版　　次：2015年12月第1版　　2022年1月第3版　　印　　次：2022年1月第1次印刷
定　　价：79.00元

产品编号：090997-01

编　委　会

主　　编：

王晓光

副 主 编：

孙速超　丑晓玲　佟元琪

孙铭韩　杨　峰　马若男

第三版前言

目前，国内财政学教材虽然不乏优秀之作，但多数偏重理论讲解和大量模型介绍，缺少案例、数据分析和讲练结合等内容，不能完全满足应用型本科的教学需要。同时，近几年财税改革日新月异，频频修订及出台新的财税法规，但多数教材内容的更新跟不上财税法治进程。从探讨应用型本科经管类人才培养所需要的财税知识体系和更新财税知识的角度出发，我们组织编写了这本质量过硬、新颖实用的教材。本教材适用于经济管理类本科各专业的教学，包括金融学专业、金融工程专业、保险学专业、国际经济与贸易专业、经济学专业、财务管理专业、会计学专业、资产评估专业等经济学类和工商管理类专业。

突出应用型人才培养需求

本书探索适合应用型本科经管类人才财税知识培养的更为合理的逻辑结构和知识体系，财税理论知识与实务结合的尺度较佳，能够满足应用型本科经管人才培养需求。

教材框架清晰实用

本书遵循财政学界公认的“财政理论基础—财政支出—财政收入—财政管理与政策”的框架结构，又创造性地突出了学生未来工作中广为应用的税收知识和实务，适用于更多后续没有开设税收学课程的经管类专业学生学习。

内容新颖丰富

本书数据和法规较新，大量财税数据和财税法规均截止到2022年本书出版前，同时添加了很多图表，使内容更加丰富。

方便学生自身能力提升

本书通过多种形式进行能力训练，提供配套习题、模拟试题和答案，将理论与实务充分结合。

配套教学资源充足

本书全方位配套教学资源，在国内率先推出微课视频，连同不断完善的电子课件、课后习题和答案、案例素材、模拟试题和答案等，能够充分满足线下和线上教学的需要。

本书由王晓光担任主编，孙速超、丑晓玲、佟元琪、孙铭韩、杨峰、马若男担任副主编。全书共分十三章，各章编写分工如下：王晓光编写第一章、第二章和第九章；孙铭韩编写第三章；徐晶编写第四章；杨峰编写第五章；孙速超编写第六章和第七章；佟元琪编写第八章和第十三章；马若男编写第十章；丑晓玲编写第十一章和第十二章；耿飞菲编写各章案例。全书最终由王晓光总纂。

本书在编写过程中，参考并吸纳了很多同类教材、著作和论文等相关研究成果，限于篇幅，恕不一一列出，特此说明并致谢。

由于编者水平及其他条件的限制，书中存在一些缺憾在所难免，恳请同行专家及读者指正。我们的邮箱是 992116@qq.com，电话是 010-62796045。

本书配套的电子课件、习题和答案、模拟试题和答案、案例素材可以到 http://www.tupwk.com.cn/downpage 网站下载，也可通过扫描下方的二维码获取，教学视频可以通过扫描下方的二维码观看。

配套资源，扫描下载　　　扫一扫，看视频

编　者

2021 年 12 月

目　录

第一章

财 政 概 论

本章作为财政学的基础内容，主要介绍财政的概念、财政的特征、市场失灵的概念及表现、财政的职能等。通过本章的学习，要求学生了解财政的一些基本概念和基础知识，理解市场经济环境下财政存在的原因以及财政所发挥的宏观调控的作用，为以后章节的学习打下基础。

【学习重点】

公共财政的特征，市场失灵的表现，财政的资源配置、收入公平分配、经济稳定三大职能的内涵以及实现这三大职能的财政手段。

【学习难点】

财政的三大职能以及近年我国宏观经济调控中三大职能的具体体现。

【教学建议】

教师要以适当的讲解，并配合案例分析以及课堂讨论，帮助学生理解财政基础理论知识。

第一节　财政及其特征

一、从财政现象谈起

(一) 财政现象

在日常生活中，我们常常会遇到一些财政现象和财政问题，可以说，国民经济的各部门、各企事业单位甚至每个人都与财政有着密切的关系。

比如：一个国家要想安全稳定，必须有国防、军队、公安、司法上的开支；国民经济中的一些重要的公共设施，如规模宏大的水电站、机场、港口、铁路等都是国家投资兴建的；还有非生产部门，像机关、学校、科研单位、医院等主要靠财政拨款来维持和发展，大学生的贷学金和奖学金就是财政拨款，很多大学以及中小学也是靠财政投资建立和发展起来的。

再比如：每年为了维持国家各项庞大的开支，政府就要依法向企业、单位和公民征税，国有企业还要向国家上缴利润，当税收、利润不足以抵补开支时，国家还要向社会各界发行政府债券等。

以上这些都属于财政现象。

(二) 财政问题

从不同的渠道和不同的角度还可以触及一些财政问题，比如：

(1) 改革开放以来，我国经济发展了，为什么财政却连年出现巨额赤字？

(2) 财政赤字与通货膨胀有什么关系？对经济会产生什么影响？

(3) 为了筹集建设资金和弥补财政赤字，国家每年发行国债，这种做法会长期采用吗？公债的发行有没有数量的限制？

(4) 市场经济条件下，能否保证退休人员稳定获得国家的社会保障支出？

(5) 在经济全球化的背景下，中国政府如何利用财政政策工具应对国际贸易中的各种挑战？如何依据 WTO 的规则来规范现行的财税制度？如何利用 WTO 中给予发展中国家的优惠条款保护本国经济发展？

以上这些均属于财政问题。

二、财政的产生和发展

(一) 财政的产生

国家财政是一个经济范畴，同时又是一个历史范畴，我们要从理论上分析财政问题，有必要首先对财政的产生与发展做必要的考察。要考察财政在历史上是怎样产生的，在发展中经过了哪些主要阶段，并根据这种发展去考察它现在是怎样的，以探求财政这一事物内在的、本质的、与其他经济范畴的关系。国家财政不是从来就有的，它是社会生产力和生产关系发展到一定历史阶段，伴随着国家的产生而产生的。

原始公社制度下，没有独立意义的财政。原始社会初期，由于生产力发展水平极其低下，人们过着原始群居的生活，单独的个人不可能取得维持生存的物质资料，更难抵御自然界的侵害，这就迫使人们以群体的力量与大自然做斗争。因此，在这个时期，没有剩余产品，没有国家，也不可能产生国家财政。

财政是随着国家的产生而产生的。原始社会末期，由于生产力的发展，产生了社会分工，即第二次社会大分工——手工业从农业中分离出来，这标志着人们不再是直接为了自身的消费而生产，还出现了直接以交换为目的的生产，即商品生产。人们的生产劳动所创造出的劳动产品，除了维持自身的生存以外，还创造出日益增多的剩余产品，这就为国家财政的产生提供了可能。随着社会分工的扩大，商品生产和商品交换的发展，剩余产品也不断增多，各个家庭逐渐脱离了氏族群体而成为独立的生产单位，私有制社会便由此产生。与此同时，处于优越地位的那些公共事务的统治者，也日益脱离生产，利用其职权霸占公有土地，掠夺公共财富，占有战利品和交换的商品，逐渐成为靠剥削他人为生的氏族贵族和奴隶主。在以前生产力发展水平低下时，氏族之间也会因各种原因而发生战争，战争中的俘虏因为自身要消耗大量的物品，而不创造任何剩余产品，便会被杀掉。后来，随着生产力的进一步发展，俘虏被保留下来，成为奴隶，为奴隶主们创造剩余产品。另外，由于氏族内部的演变、分化，终究有一部分人贫困至极，最后只有卖身为奴，而加入奴隶的行列。社会发展到产生阶级以后，阶级斗争也随之发生。奴隶主阶级为了维护他们在经济上的既得利益和政治上的统治地位，实现对奴隶阶级的剥削，就需要掌握一种统治工具，以镇压奴隶阶级的反抗。于是，昔日处理原始公社内部事务的氏族组织逐步转变为国家。国家区别氏族组织的一个重要特征，是"公共权力"的设立，而构成这种公共权力的，不仅有武装的人，还有监狱和强制机关。奴隶制国家为了维持它的存在和实现其职能，需要占有和消耗一定的物质资料。由于国家本身并不从事物质资料的生产，它的物质需要就只能依靠国家的政治权力，强制地、无偿地把一部分社会产品据为己有。这样，在整个社会产品分配中，就分化独立出一种由国家直接参与的社会产品的分配，这就是财政分配。

综上所述，生产力的发展，剩余产品的出现，是财政产生的物质基础，成为财政产生的经济条件；私有制、阶级和国家的出现是财政产生的政治条件，财政是因国家的产生而产生的。以上介绍的财政产生的过程，强调了财政是伴随着国家的产生而产生的。所谓财政，历来都是国家财政，这种观点在我国财政学研究领域中影响最深，学术界通常将其称为"国家分配论"。

(二) 财政的发展

财政产生以后，随着社会生产力的变革和国家形态的更迭，财政也在不断地发生变化，人类自进入阶级社会以后的各种社会形态，都有与其生产资料所有制和国家形态相适应的财政。

1. 奴隶制国家的财政

奴隶制国家的财政收入主要有：①王室土地收入。国王强制奴隶从事农业、畜牧业、手工业等劳动创造的财富。②贡物收入和掠夺收入。贡物收入包括诸侯与王公大臣的贡赋以及被征服的国家缴纳的贡品；掠夺收入是在战争中掠夺其他国家和部族的财物。③军赋收入。为保证战争和供养军队需要而征集的财物，称为军赋收入。④捐税收入。这主要是对自由民中占有少量生产资料的农民、手工业者和商人征收的捐税，如粟米之征、布缕之征、关市之征等。

奴隶制国家的财政支出主要有：①王室支出。主要包括国王和王室成员的生活享用，例如穿衣、吃饭、赏赐和宴请宾客、建造宫殿、游乐等，还包括为国王及其王室成员建造陵墓、丧葬支出等。②祭祀支出。③军事支出。④俸禄支出。⑤农业、水利等生产性支出。

奴隶制国家财政的特点：①国家财政收支和国王家族的收支没有严格划分。②国家财政以直接剥削奴隶劳动的收入为主。③国家财政收支基本上采取力役和实物的形式。

2. 封建制国家的财政

封建制国家的财政，作为维持国家政权的财力保证，体现着代表地主阶级利益的国家对农民阶级的剥削关系。

封建制国家的财政收入主要有：①田赋捐税收入。②官产收入。③专卖收入，如长期实行的盐铁官营专卖而增加的财政收入。④特权收入。

封建制国家的财政支出主要有：①军事支出。军事支出是封建制国家的重要支出。②国家机构支出。③王室费用。这项支出在封建制国家中占有很大的比重。④文化、教育、宗教支出。⑤生产建设性及公共工程支出。

封建制国家财政的特点：①国家财政收支和国王个人收支逐步分离。②财政分配形式由实物形式向货币形式转化，实物形式与货币形式并存，并有力役形式，这是与商品生产和商品交换的发展相适应的。③税收特别是农业税收成为国家财政的主要收入。④产生了新的财政范畴——国家预算。

3. 资本主义国家的财政

资本主义生产关系是在封建社会内部产生和发展起来的。在封建制度解体和资本主义制度确立的过程中，公债、税收以及关税制度等财政杠杆，借助于国家的政治强制力，曾作为资本原始积累的重要手段，促进了封建制生产方式向资本主义生产方式的过渡。

资本主义国家的财政收入主要有：①税收。税收是资本主义国家最主要的财政收入。②债务收入。资本主义国家收不抵支是经常出现的财政现象，为了弥补财政赤字，政府便利用发行公债的形式取得财政收入。③国有企业收入。

资本主义国家的财政支出主要有：①军事支出。军事支出在资本主义国家特别是垄断资本主义国家的财政支出中占据重要地位。②国家管理经费支出。其包括行政、立法、司法三方面管理费用。③社会文化、教育、卫生、福利支出。④经济和社会发展支出。

资本主义国家财政的特点：①财政收支全面货币化。资本主义是高度发达的商品经济，货币渗透到一切领域，财政收支全面采取货币形式。②在资本主义经济发展中，财政逐渐成为国家转嫁经济危机、刺激生产、干预社会经济的重要手段。③发行国债、实行赤字财政和通货膨胀政策，成为国家增加财政收入经常的和比较隐蔽的手段。④财政随着资本主义国家管理的加强更加完善，有比较健全的财政机构，较为严密的财政法律制度。

4. 我国社会主义财政的建立

1) 新民主主义财政的建立

我国社会主义财政的建立，归根溯源，要从 1927 年红色根据地开始。新民主主义财政是在农村革命根据地红色政权建立以后，为适应当时的战争环境和根据地经济极端困难的需要建立起来的。其特点主要是：①财政收入主要是农民交纳的公粮。②财政支出主要用于革命战争的供给，此外也负有一定的发展经济的任务。③财政管理基本上是分散的，没有形成统一的制度。

2) 社会主义财政的建立

1949 年 10 月，中华人民共和国的建立，标志着中国新民主主义革命的结束和社会主义革命的开始，相应的财政也由新民主主义财政转变为社会主义财政。中华人民共和国建立之初，人民政府面临艰巨而繁重的任务，需要有足够的财政保障。但在当时，人民政权却面临严重的财政经济困难，国家财政存在巨额赤字，物价剧烈波动。为此，国家财政做了大量工作，其中主要包括：编制新中国第一个概算、打击投机资本、统一财经工作、调整工商业、贯彻“三边”方针。到 1952 年底，人民政府带领全国人民战胜了严重的财政经济困难，恢复了国民经济，取得了财政经济状况根本好转的伟大胜利，国民经济得到了全面恢复，各项指标都有大幅度增长。物价完全稳定下来，很多商品价格出现较大幅度的回落。财政收支实现了平衡，并略有结余。至此，新中国财政也完成了由战时财政向和平时期财政的转变，由以农村为中心的分散财政向以城市为中心的集中统一财政的转变，由供给财政向经济建设财政的转变。

三、财政的一般概念

(一) “财政”一词的来源

财政是一个古老的经济范畴，中国古代称财政为“国用”“国计”“度支”“理财”等，并把财政管理部门称为“大农会”“大农司”。但“财政”一词的出现在中文词汇中却只有百年的历史，据考证，清朝光绪二十四年，即 1898 年，在戊戌变法诏书中有“改革财政，实行国家预算”

的条文，这是政府文件中首次出现“财政”一词。当时“财政”一词的使用，是维新派在西洋文化思想的影响下，间接从日本“进口”的，而日本的这一词汇则是借鉴英文的“public finance”一词。孙中山在辛亥革命时期宣传三民主义，曾多次应用“财政”一词，强调财政改革。民国政府成立时，主管国家收支的机构命名为“财政部”。西方国家相应的机构英文名为“treasury”，其本意是金库或国库，在我国也译为“财政部”，但要了解财政的概念，还得从财政的特征入手。

(二) 财政的特征

1. 财政分配的主体是国家

财政不是自古以来就有的，它是人类社会发展到一定历史阶段而产生的一种特定的经济现象。原始社会没有国家，也就没有财政。到了原始社会末期，在私有制和阶级出现以后产生了国家，国家产生后，要行使职能，就要消耗一定的物质资料，而它本身并不是物质资料的生产者，为了满足需要就必须凭借政治权力无偿地分配和占有一部分社会产品，这种特殊的分配行为就是财政。

2. 财政分配的对象是社会产品且主要是剩余产品

在原始社会较长时期内，生产出来的产品全部被消费掉了，没有剩余，只存在一般的平均分配。原始社会末期，由于生产力的发展，产品出现了剩余，剩余产品的增加是私有制、阶级和国家产生的基础。这就使财政从一般产品分配中独立出来，专门为国家行使职能提供物质基础。

需要指出的是，财政分配的产品既不是社会产品的全部，也不是剩余产品的全部，只是其中的一部分。财政收入中既包括剩余产品价值 M，又包括部分劳动者报酬 V，在我国(1985 年以前)还包含一部分折旧基金 C。

3. 财政分配的目的是满足社会公共需要

这里涉及财政学的一个重要理论——社会公共需要理论。

1) 社会公共需要的含义

人类社会的需要尽管多种多样，但从最终需要来看无非有两大类：私人需要和社会公共需要。在现代市场经济条件下，由市场提供私人物品用于满足私人个别需要，由代表政府的公共部门提供公共物品用于满足社会公共需要。那么，什么是社会公共需要呢？

社会公共需要，是指向社会提供的安全、秩序、公民基本权利和经济发展的社会条件等方面的需要。

2) 社会公共需要的特征

(1) 满足社会公共需要的产品(公共产品)，其效用具有不可分割性。这种产品是向整个社会提供的，不能将其分割成几个部分分别归某个人或集团消费，如国防、卫生防疫等。

(2) 满足社会公共需要的产品具有消费上的非排他性。某个集团或某个人享用这种产品并不排斥其他集团和个人享用这种产品。因此，这种产品不用付费或付费很少，如航海中的灯塔、国道等。私人产品付费后他人不能消费，如某人买一瓶啤酒，排斥其他人消费这瓶酒。

(3) 满足社会公共需要的产品，在取得方式上具有非竞争性。增加一个消费者不会引起总的生产成本的增加，即多一个消费者所增加的边际成本为零。私人产品增加一个消费者会多一份成本，如面包。

3) 社会公共需要包括的范围和内容

(1) 保证执行国家职能的需要，包括执行政权职能和社会职能的需要。

(2) 半社会公共需要，即介于公共需要与私人需要之间，在性质上难以严格划分的一些需要，其中一部分或大部分也要由国家集中分配来满足。例如，大学教育。这种需要并非全体成员都可以享用(名额的限制)，进入大学学习具有竞争性和排他性，并且还要对享受人员索取一定的费用。从这点看，大学教育具有个人需要的特征。但由于大学教育是为国家培养高级人才的，所以在许多国家尤其社会主义国家绝大多数都是由政府出资兴办的，享受大学教育的人员只需付一少部分费用。从这点看，大学教育又具有公共的性质。西方资本主义国家的公立大学也是如此。另外，像抚恤、救济、社会保险、价格补贴等也属于这类需要。

(3) 大型公共设施和基础产业的投资需要，如邮电、通信、民航、铁路以及市政建设，这些产品在使用上具有共同性的特点，不可能被单个企业独占，具有公共产品的特征。社会主义国家这部分建设由政府出资，即使在资本主义国家，某个企业集团也负担不起，大部分仍然由政府投资兴建。

4) 社会公共需要是共同的、特殊的和历史的

“共同的”是指任何社会形态下都存在社会公共需要，它不会随着社会形态的更迭而消失。“特殊的”是指社会公共需要总是具体地存在于某种社会形态之中(如奴隶社会、封建社会、资本主义社会都有自己社会公共需要的内容)。如西方国家的一些福利是社会公共需要，像北欧一些国家，医疗、教育和养老(65岁以上)免费。但受我国经济发展水平限制，对我们来说就不是社会公共需要。“历史的”是指社会公共需要随着生产力的发展不断变化，如对农业、工业和社会教育投资，在不同历史时期，它们各自占财政支出的比例是不同的。

(三) 财政概念的一般表述

财政概念是对财政一般特征的抽象和概括。财政是国家为了满足社会公共需要，对一部分社会产品进行的集中性分配，可以简称为“以国家为主体的分配”。

四、公共财政的基本特征

所谓公共财政，指的是国家(或政府)为市场提供公共产品和服务的分配活动或经济行为，它是与市场经济相适应的一种财政模式或类型。公共财政主要有以下几个基本特征。

(一) 以弥补市场失灵为行为准则

在市场经济条件下，市场在资源配置中发挥决定性的作用，但也存在市场自身无法解决或解决得不好的公共问题，比如，宏观经济波动问题、垄断问题、外部性问题等。解决这些问题，政府是首要的“责任人”。政府解决公共问题，对社会公共事务进行管理，需要以公共政策为手段，而公共政策的制定和执行，又以公共资源为基础和后盾。公共财政既是公共政策的重要组成部分，又是执行公共政策的保障手段。相对于计划经济条件下大包大揽的生产建设型财政而言，公共财政只以满足社会公共需要为职责范围，凡不属于或不能纳入社会公共需要领域的事项，公共财政原则上不介入；而市场无法解决或解决不好的，属于社会公共领域的事项，公共财政原则上就必须介入。

(二) 公平性

公共财政政策要一视同仁。市场经济的本质特征之一就是公平竞争，体现在财政上就是必须实行一视同仁的财政政策，为社会成员和市场主体提供平等的财政条件。不管其经济成分如何，不管其性别、种族、职业、出身、信仰、文化程度乃至国籍如何，只要守法经营，依法纳税，政府就不

能歧视，财政政策上也不应区别对待。不能针对不同的社会集团、阶层、个人以及不同的经济成分，制定不同的财税法律和制度。

(三) 非营利性

非营利性又称公益性。公共财政只能以满足社会公共需要为己任，追求公益目标，一般不直接从事市场活动和追逐利润。如果公共财政追逐利润目标，它就有可能凭借其拥有的特殊政治权力凌驾于其他经济主体之上，就有可能运用自己的特权在具体的经济活动中影响公平竞争，直接干扰乃至破坏经济的正常运行，破坏正常的市场秩序，打乱市场与政府分工的基本规则；财政资金也会因用于牟取利润项目而使公共需要领域投入不足。公共财政从财政收入来看，主要是依靠非营利性的税收手段取得收入；从财政支出来看，政府主要是将财政资金用于具有非营利性质的社会公共需要方面。

(四) 法制性

公共财政要把公共管理的原则贯穿财政工作的始终，以法制为基础，管理要规范和透明。市场经济是法制经济。一方面，政府的财政活动必须在法律法规的约束规范下进行；另一方面，通过法律法规形式，依靠法律法规的强制保障手段，社会公众得以真正决定、约束、规范和监督政府的财政活动，确保其符合公众的根本利益。具体而言，获得财政收入的方式、数量和财政支出的去向、规模等理财行为必须建立在法制的基础上，不能想收什么就收什么，想收多少就收多少，或者想怎么花就怎么花，要依法理财、依法行政。

第二节　政府与市场

在社会主义市场经济体制下，商品的生产和分配主要依赖非政府部门而不是政府部门。由于我国从封建社会直接跨入社会主义社会，没有经历资本主义生产方式，因此，对政府与市场关系的研究还不够深入。而在资本主义国家里，经济学最古老的信条之一就是认为市场经济制度有其公平合理性，特别有利于资源的有效配置。倘若果真如此，为什么还需要政府部门？政府与市场在一国经济运行中是如何分工的？这一节我们将具体探讨这一问题。

一、效率与公平

(一) 效率

资源配置是指社会对相对稀缺的资源在各种不同用途上加以比较做出的选择，经常用效率表示资源配置的状态。效率最早是由意大利经济学家维弗雷多·帕累托提出，经济学意义上的效率又称作帕累托效率或者帕累托最优。在经济学中，关于资源配置效率含义最严谨的解释，也是通常所使用的解释，即“帕累托效率”准则。简而言之，如果社会资源的配置已经达到这样一种状态，任何重新调整都不可能在不使其他任何人境况变坏的情况下，而使任何一个人的境况更好，那么，这种资源配置的状况就是最佳的，也就是具有效率的。

如果达不到这种状态，即可以通过资源配置的重新调整而使某人的境况变好，而同时又不使任何一个人的境况变坏，那就说明资源的配置状况不是最佳的，也是缺乏效率的。

当然，“帕累托效率”准则，只是一个理想的状态，现实中难以实现。一般认为，在完全竞争市场条件下，市场运行的结果使社会资源的配置自动处于帕累托最优状态，即此时市场运行是有效的。

但现实市场经济条件下的资源配置并不是时时处处都处在帕累托最优状态之中。实现帕累托最优必须同时具备三个条件，包括交换的帕累托最优条件、生产的帕累托最优条件、交换与生产的帕累托最优条件。而这些条件仅靠市场自发达到最优是不可能的，需要进行帕累托改进。帕累托改进是指个人偏好、生产技术和要素投入量既定的条件下，在没有任何一个人情况变坏的情况下，通过改变资源配置使得至少一个人的情况变好，此时的社会资源配置效率也就得到提高，当一种资源配置的状态不可能再进行帕累托改进时，就是一种帕累托最优的资源配置。帕累托改进就需要在市场配置的基础上，由政府利用财政手段进行进一步的修正。

(二) 公平

如果一个社会的财富只被少数人所拥有，而绝大部分人仍然贫困，显然这个社会的经济福利水平不值得称赞，因此必须引入判定社会福利状况和一个社会收入分配理想状态的另一标准，就是公平。

公平一般是指人们对一定社会历史条件下人与人之间利益关系的一种评价。不同的人会有不同的公平观，不同社会制度下人们对公平也会有不同的价值判断。公平主要包括以下两种含义：一是经济公平，即社会对每一个社会成员参与竞争、就业等一切经济活动的资格都一视同仁，所有社会成员都按同一规则参与经济活动，各人按照其对生产的贡献份额获取相应的收入份额，即机会均等。经济公平追求的是竞争规则和过程的公平，它能有效激发社会成员参与竞争的积极性，推动社会生产力的发展，同时也是市场经济的内在要求，强调要素投入和要素收入相对称。二是社会公平，即国家通过对社会财富和国民收入的调节与再分配，以达到社会普遍认可的公平与公正的要求。国家可以通过社会保障体系和财政补贴对缺乏竞争力的弱者提供帮助，同时通过个人所得税和遗产税等对个人收入和财产进行调节，避免两极分化，实现收入分配上的相对公平，也就是结果公平。社会公平是收入分配的理想状态，强调的是将收入差距维持在现阶段社会各阶层人们能接受的范围内，缩小贫富差距就是促进公平。

为了对公平程度进行衡量，经济学家们经常引入洛伦兹曲线这一工具和基尼系数这一指标。洛伦兹曲线直观反映社会的收入是如何在不同阶层的家庭中分配的，根据洛伦兹曲线找出判断分配平等程度的指标，这个数值就是基尼系数。基尼系数是定量测定收入分配差异程度的一个重要分析指标。在国际上，经济学家们经常使用基尼系数说明一个国家和地区的财富分配状况。这个指数在0～1，数值越低，表明财富在社会成员之间的分配越均匀；数值越高，表明分配差距越大。按照联合国有关组织的规定，基尼系数低于 0.2 表示绝对平均；0.2～0.3 表示比较平均；0.3～0.4 表示相对合理；0.4～0.5 表示收入差距较大；0.6 以上表示收入差距悬殊。

基尼系数得到了世界各国的广泛重视和普遍采用，国际上通常把 0.4 作为收入分配差距的警戒线，一般发达国家的基尼系数在 0.24～0.36。我国目前计算农村居民基尼系数、城镇居民基尼系数、全国居民基尼系数。2000 年以来，中国的基尼系数已经超过 0.4 的警戒线。

(三) 效率与公平的协调

效率与公平既对立又统一，协调效率与公平的矛盾，是现代市场经济正常运行和社会稳定的必要条件。

效率与公平的统一性表现在：一是公平分配是提高效率的前提，二是效率是公平分配的基础。如果把效率问题看成“做蛋糕”，把公平问题看成“切蛋糕”，那么很显然，蛋糕做得越大，切出来的蛋糕才会越大，对参与分配的人来说才更有意义。如果蛋糕的分配结果对大家来说是相对公平合理的，无疑有助于提高大家努力做蛋糕的积极性。

效率与公平的矛盾性表现在：在市场经济条件下，由于个人之间在生产要素占有、竞争能力和竞争机会等方面存在事实上的不平等，高效率往往带来人们收入的悬殊差距，从而不利于社会公平的实现。同样，如果过分强调公平，不能适当拉开收入差距，就会妨碍效率的提高。

从我国现阶段来看，正确处理效率与公平的关系，从总体上说，侧重于效率同时兼顾公平，这是应有的选择。这就需要市场和财政有效结合实现两种原则的兼顾。

二、资源配置的两种方式

在市场经济条件下，资源配置有两种方式：市场配置方式(市场调节)和计划配置方式(计划调节)。因此，市场是一种资源配置系统，政府也是一种资源配置系统，财政是一种政府的经济行为，因而研究财政问题要从政府与市场关系说起。市场是一种有效率的运行机制，但市场的资源配置功能不是万能的，市场机制也有其本身固有的缺陷，经济学把这种缺陷称为“市场失灵”。市场失灵为政府介入或干预经济运行提供了必要性和合理性的依据，这也是分析和研究政府与市场关系的基础。

市场经济体制下，市场对资源配置起决定性作用，市场上的一切经济行为都是按照价格机制运作。古典经济学家们认为，完全竞争的市场机制可以通过供求双方的自发调节，使资源配置和社会生产达到最优状态，即所谓的“帕累托最优”。如果情况真是这样，财政的作用就应该只限于筹集政府收入，它存在的必要性也就只是源于国家的存在。但是，我们看到的现实情况并不是这么理想，在市场经济体制下，我们对财政存在必要性的认识还应该更进一步。问题主要在于完全竞争的市场机制只是经济学研究中的一种理想机制，在现实生活中并不具备形成完全竞争市场所需的全部条件。而只要有某一条件没有得到满足，市场机制在实现资源有效配置上就有可能出现失灵。

市场配置的这种供需关系在诸多的不确定性因素的驱动下，呈现出杂乱无章的状态，使人们不能很好地把握市场的资源配置功能。也就是说，市场这只“看不见的手”并非万能，经济学家称它为“市场失灵”或“市场失效”。这就必须由“看得见的手”即政府职能来发挥作用，采取宏观调控，以弥补市场的不足和限制市场消极作用的发挥。

市场失灵和市场缺陷是市场经济体制中财政存在的理论基础。

三、市场失灵及其表现

(一) 市场失灵的含义

市场失灵是指市场本身无法有效配置资源，从而引起收入分配不公平及经济社会不稳定的态势。对经济学家而言，这个词汇通常用于无效率状况特别严重时，或非市场机构较有效率并且创造财富的能力较私人选择为佳时。另一方面，市场失灵也通常被用于描述市场力量无法满足公共利益的状况。市场失灵的两个主要原因是：①成本或利润价格的传达不适当，进而影响个体经济市场决策机制；②次佳的市场结构。

(二) 市场失灵的表现

1. 公共产品

公共产品是市场失灵的一个重要领域。西方经济学认为产品分为私人产品和公共产品。萨缪尔森在其《公共支出的纯理论》一文中给出了公共产品的定义：纯粹的公共产品指的是这样的物品或劳务，即每个人消费这种物品或劳务不会导致别人对该种物品或劳务消费的减少。

(1) 公共产品的特征。西方经济学家根据萨缪尔森的定义，总结了公共产品相对于私人产品的特征：效用的不可分割性、消费的非竞争性和受益的非排他性。由于公共产品具有上述特征，市场在对公共产品的生产进行资源配置时就会出现失灵的现象，如国防、公安、航标灯、路灯、电视信号等。一般来说，由于“搭便车”现象的存在，完全由市场决定的公共产品的生产量是不足的。在这种情况下，政府就应该设法增加公共产品的供给。

(2) 公共产品的种类。按照特征分类：①纯公共产品，指的是严格满足非竞争性和非排他性两个条件的产品，这种纯粹的公共产品很少，如国防，就是典型的例子。此外，公平的收入分配、货币稳定、环境保护等，也具有类似的特征。②混合公共产品，其中包括自然垄断和公共资源。自然垄断指的是具有非竞争性但又具有排他性的产品，例如收费的桥梁、学校、公园、医院、有线电视等。公共资源是指具有非排他性又具有竞争性的产品，如海洋鱼类、野生动物、森林、草原、矿藏、清洁的空气和水等。按照受益范围分类：全球性或国际性公共产品、全国性公共产品、区域性公共产品、地方性公共产品。

(3) 公共产品的提供方式：①政府提供，针对纯公共产品；②政府提供和市场提供相结合，针对混合公共产品；③私人自愿提供，比如慈善捐赠。

2. 外部效应

所谓外部效应，是指私人边际成本和社会边际成本之间，或私人边际效益和社会边际效益之间的非一致性。即某个人或厂商的经济行为影响了他人或厂商，却没有为之承担相应的成本费用或没有获得应有的报酬。由于私人经济主体主要以追求私人利益最大化为目标，所以对于带有外部效应的物品或劳务的供给不是过多就是不足。外部效应除了影响社会经济效率之外，由于外部效应导致的成本或报酬分担不合理，它也会妨碍社会的公平。所以，政府应当对外部效应进行矫正，将外部的成本或报酬内部化，使带有外部效应的产品的生产数量改变到合理的水平。

外部效应分为正外部性和负外部性。外部效应说明一个厂商从事某项活动对其他人带来的利益或损失的现象。如上游水库可以使下游受益，这是正的外部效应；上游造纸厂对下游河流造成污染，这是负的外部效应。当出现正的外部效应时，生产者的成本大于收益，利益外溢，得不到应有的效益补偿；当出现负的外部效应时，生产者的成本小于收益，受损者得不到效益补偿，因而完全靠市场竞争不可能形成理想的资源配置效率。

外部性的公共对策。当出现外部效应时，政府可以采用税收和财政补贴加以纠正。对正的外部效应给予适当补贴鼓励，对负的外部效应加税缩小产量。还有另外两个办法：①政府管制，制定环境质量标准，合并与外部效应有关的企业，使外部效应内部化；②通过重新分配产权，实行排污权交易制度，由私人交易自行解决。

3. 自然垄断和规模经济

为了保证市场机制(看不见的手)能够发挥调节经济的作用，就必须有充分的竞争。然而在现实生活中，一方面产品之间总是有差别的，存在不同程度的不可替代性；另一方面，交通费用等交易成本也往往阻碍着资源的自由转移。这些都会增强个别厂商影响市场的能力，从而削弱市场的竞争性。

例如，自来水、电话、供电等自然垄断行业，大规模地生产可以降低成本，提高收益，即存在规模经济，一旦某个公司占领了一定的市场，实现了规模经营，就会阻碍潜在的竞争者的进入。同时新进入该行业的公司，由于生产达不到一定的规模，成本会高于大公司。因此，在规模经济显著的行业特别容易形成垄断。在存在垄断的情况下，垄断者凭借自身的垄断优势，往往使产品价格和产出偏离社会资源的最优配置要求。其后果是剥夺了消费者剩余，造成社会净福利的损失，既不公平也失去效率。为此，各国都致力于削弱垄断的势力，如制定《反垄断法》或政府通过自己生产(公共生产)或公共定价办法来达到更高效率的产出。西方国家法律认定为垄断就要制裁，其中一个办法就是拆分。如美国电报电话公司一拆为四；1999年，微软被美国司法部起诉为垄断，如果罪名成立，这家世界最大的软件公司将面临解体，但因当时美国经济不景气，这件事被搁置。

4. 信息不充分和不对称

完全竞争市场的生产者和消费者都要求有充分的信息，生产者知道消费者需要什么，需要多少，以及需求的变化；消费者也知道产品的品种、性能和质量；生产者之间也需要相互了解。而在市场经济条件下，生产者与消费者生产、销售、购买都属于个人行为，都不可能掌握充分的信息。特别是随着市场规模的扩大，信息越来越分散、复杂，加工处理信息的成本也难以为决策者所接受，从而不可避免地出现许多非理性决策。例如，购买电热水器的消费者并不知道每个品牌的用电安全问题，购买奶粉的顾客也不知道每种奶粉的质量情况，这就需要政府向社会提供有关商品的供求状况、质量、价格趋势以及前景预测等信息。政府提供信息，弥补了市场缺陷，属于公共服务的范围。

5. 收入分配不公平

这是因为市场机制遵循的是资本与效率的原则。资本与效率的原则又存在“马太效应”。从市场机制自身作用看，这是属于正常的经济现象。竞争的市场机制是按要素进行分配的，但人们拥有的初始要素是与人的天赋、遗传、家庭关系、社会地位、性别、种族有关，以及垄断和其他不完全竞争的存在，从而使人们之间的收入差异很大，且有失公平。这就需要政府按照合理的社会公平准则通过财政收支实施再分配政策，可以利用税收、转移支付、财政补贴、社会保障等财政手段进行调节。

6. 宏观经济不稳定

市场机制是通过价格和产量的自发波动达到需求与供给的均衡，而过度竞争不可避免地导致求大于供与供大于求的不断反复，进而导致通货膨胀或者通货紧缩及失业等情况发生。由于各国经济存在周期性的波动，政府有必要启用财政与货币政策调节社会的总需求，以保证宏观经济的稳定增长。

四、政府失灵及其表现

用政府活动的最终结果判断的政府活动过程的低效性和活动结果的非理想性称为政府失灵。对于“市场失灵”的认识，使西方国家在 20 世纪 30—60 年代期间采取了一系列干预经济的措施。然而到了 20 世纪 70 年代，这些措施所存在的问题日益暴露，经济学家和政治学家们开始注意“政府失灵”现象。

政府失灵也称政府失效，指政府为弥补市场失灵而对经济、社会生活进行干预的过程中，由于政府行为自身的局限性和其他客观因素的制约而产生的新的缺陷，进而无法使社会资源配置效率达到最佳的情景。具体表现在个人对公共物品的需求得不到很好的满足，公共部门在提供公共物品时趋向于浪费和滥用资源，致使公共支出规模过大或者效率降低，政府的活动或干预措施缺乏效率，或者说政府做出了降低经济效率的决策或不能实施改善经济效率的决策。政府失灵可以概括为以下几个方面。

(一) 政府决策失效

政府主要是通过政府决策(即制定和实施公共政策)的方式去弥补市场的缺陷，因此，政府失效通常表现为政府决策的失效。它包含以下 3 个方面：①政府决策没有达到预期的社会公共目标；②政府决策虽然达到了预期的社会公共目标，但成本(包括直接成本和机会成本)大于收益；③政府决策虽然达到了预期的社会公共目标，而且收益也大于成本，但带来了严重的负面效应。例如：政府采取医疗保险或公费医疗政策，却无法控制医疗费用的上升；一些国家为了使收入分配更公平，对高收入者征收高额累进税，但如果税率过高，却可能把这些人赶到税率低的国家定居，随之失去了他们的资本和智慧。

(二) 政府机构和公共预算的扩张

政府部门的扩张包括政府部门组成人员的增加和政府部门支出水平的增长。对于政府机构为什么会出现自我膨胀，布坎南等人从五个方面加以解释：①政府作为公共物品的提供者和外部效应的消除者导致扩张；②政府作为收入和财富的再分配者导致扩张；③利益集团的存在导致扩张；④官僚机构的存在导致扩张；⑤财政幻觉导致扩张。

(三) 公共物品供给的低效率

由于缺乏竞争压力，公共物品的供给被垄断，没有竞争对手，就有可能导致政府部门的过分投资，生产出多于社会需要的公共物品。同时没有降低成本的激励机制，行政资源趋向于浪费。另外监督信息不完备，从理论上讲，政治家或政府官员的权力来源于人民的权利让渡，因此他们并不能为所欲为，而是必须服从公民代表的政治监督，然而，在现实社会中，这种监督作用将会由于监督信息不完全而失去效力，再加上前面所提到的政府垄断，监督者可能为被监督者所操纵。所以在更多的时候，由于政策的执行结果在很大程度上取决于执行人员的效率和公正廉洁，而政府官员自己的利益或偏好与社会利益和偏好往往不一致，这会使政策执行的效果大打折扣。

(四) 政府的寻租活动

公共选择理论认为，一切由于行政权力干预市场经济活动造成不平等竞争环境而产生的收入都称为“租金”，而对这部分利益的寻求与窃取行为则称为寻租活动。“寻租是投票人，尤其是其中的利益集团，通过各种合法或非法的努力，如游说和行贿等，促使政府帮助自己建立垄断地位，以获取高额垄断利润。”可见，寻租者所得到的利润并非是生产的结果，而是对现有生产成果的一种外在分配，因此，寻租具有非生产性的特征。同时，寻租的前提是政府权力对市场交易活动的介入，政府权力的介入导致资源的无效配置和分配格局的扭曲，产生大量的社会成本：寻租活动中浪费的资源，经济寻租引起的政治寻租浪费的资源，寻租成功后所损失的社会效率。另外，寻租也会导致不同政府部门官员争夺权力，影响政府的声誉和增加廉政成本。公共选择理论认为寻租主要有 3 类：①通过政府管制的寻租；②通过关税和进出口配额的寻租；③在政府订货中的寻租。

由于“政府失灵”的因素存在，不能过分夸大政府对纠正“市场失灵”的作用。另外，政府干预本身也是有成本的，税收是政府筹资的主要方式，在征税的过程中会产生征收成本。另外，由于税收干扰了私人部门的选择往往还会带来额外的效率损失，即税收的超额负担。只有在市场失灵导致的效率损失大于这些税收成本的情况下才需要政府干预。

总之，单纯的市场机制和单纯的政府机制都是不可取的，两者都有优越性，但又都有其自身不可克服的缺陷。只有两种机制相互配合，才有助于实现理想的目标。

五、政府与市场的基本分工

“政府应做的，就是财政要干的”，这并不是说政府可以为所欲为。政府应做什么?政府可能做什么?除了取决于政府的性质和生产力水平外，还受政府与市场作用范围的制约。实际上，确定了政府应该干什么，就等于划清了政府与市场的作用范围。

政府与市场分工的基本原则：①从作用范围上看，政府活动的界限应在市场失灵领域，而市场机制的调节应在政府失效的领域；②从作用的层次上看，政府活动主要在宏观经济层面上，而市场经济主要在微观经济层面上；③从公平与效率准则的实现上看，政府主要致力于社会公平，市场主要致力于效率提高。

政府分工负责的范围，具体来说政府必须向社会提供个人或私人企业不愿或不可能提供的公共服务；必须承担起保护自然资源的责任；必须向社会提供诸如公共教育等个人或私人企业所承受不了，而社会效益往往大于个人利益的公共服务；必须提供或者帮助提供那些市场正常运行所必不可少的公共服务，如食物和药品等商品的质量管理；必须对那些与公共利益密切相关并具有垄断性的企业加以适当的调节，以确保公众利益不受侵犯；必须负责生产那些私人企业不能生产的或不能以同等效率生产的公共产品，如邮政；必须将核武器如原子弹等有关国家安全的产品生产置于政府的控制之下；必须运用税收减免、优惠贷款与补贴等直接或间接的经济手段，来促进那些社会需要的高新企业的成长与发展；应当承担起社会保障、制定最低工资法以及消除企业间竞争过度等职能，保证每个公民最低限度的生活标准，使他们免除经济生活中那些不合理的或不必要的风险；必须采取《反垄断法》等措施，以限制社会经济权利在个人手中的集中和产业的垄断；必须从人道主义立场出发，为社会提供医疗保健方面的服务；必须运用主观的财政与货币政策来保证国民经济的稳定与充分就业；应该积极发展与其他国家的经济关系；应该采取各种手段和措施，对付来自他国的武力威胁与军事侵略；必须建立全国安全网，以防范国家经济风险和外来金融冲击等。

第三节 财政的职能

财政职能是指财政在社会经济生活中所具有的功能。它是财政这一经济范畴的本质反映，具有客观必然性。财政职能是一国政府(国家)职能的一个重要组成部分，同时又是实现政府(国家)职能的一个重要手段。在人类历史上，财政的职能随着历史的前进、社会经济制度的变革不断地发生变化。在我国社会主义市场经济条件下，财政的职能可以概括为 3 个方面：资源配置职能、收入分配职能和经济稳定职能。

一、资源配置职能

资源配置的问题是经济学研究的逻辑起点。任何社会可用于生产的资源无论在质还是在量上都是有限的，如土地(自然资源)、劳动力和资本，而这些资源要用来满足的人类的需求是无限的、多样的，于是产生了如何在各种需求之间最优配置的问题。应该用何种方式做出资源配置的决策，政府应该如何促进社会资源的最优配置，这正是财政学要回答的基本问题，即如何利用这个权力配置好资源。

(一) 资源配置职能的含义

资源配置，用通俗一点的语言来表达，广义的理解可以是指社会总产品的配置，狭义的理解可以是指生产要素的配置。不论何种理解，资源配置就是运用有限的资源形成一定的资产结构、产业结构以及技术结构和地区结构，达到优化资源结构的目标。

(二) 资源配置职能的目标

世界上所有国家都将高效地配置资源作为头等重要的经济问题，而资源配置的核心是效率问题，效率问题又是资源的使用方式和使用结构问题。经济学中，通常使用“帕累托效率”准则来界定资源配置是否具有效率。

但是正如前面所说，在市场经济体制下，市场在资源配置中起决定性作用，在具备充分竞争条件下的市场，会通过价格与产量的均衡自发地形成一种资源配置最佳状态。但由于存在市场失灵，市场自发形成的配置不可能实现最优的效率状态，因而需要政府介入和干预。财政的资源配置职能是由政府介入或干预所产生的，它的特点和作用是通过本身的收支活动为政府提供公共物品的经费和资金，引导资源的流向，弥补市场的失灵和缺陷，最终实现全社会资源配置的最优效率状态。因此，财政的资源配置职能要研究的问题主要是：资源配置效率用什么指标来表示，如何通过政府与市场的有效结合提高资源配置的总效率，财政在配置资源中应采用何种特殊机制和手段。

在实际生活中，各国政府通常是采取某些指标(如失业率和经济增长率)或由若干指标组成的“景气指数”来表示资源配置效率，我国当前主要采取 GDP 增长率指标。GDP 增长率指标无疑存在某些缺陷，如 GDP 增长有可能不会带来居民福利和社会福利的提高等。但是，GDP 是按市场价格表示的一个国家的所有常驻单位在一定时期生产活动的最终成果，可以反映一个国家经济总体规模和经济结构，反映一个国家的贫富状况和居民的平均生活水平，反映当前经济的繁荣或衰退以及通货膨胀或通货紧缩的态势等，因而对于以经济增长为主要目标的发展中国家来说仍是可取的。

(三) 财政资源配置职能的主要内容

在市场经济体制下，财政应该在公共产品、准公共产品、自然垄断行业产品等方面进行资源配置。主要内容有如下几个方面。

1. 调节资源在产业部门之间的配置

调整产业结构不外乎两条途径：一是调节投资结构(即增量调节)；二是改变现有企业的生产方向，即调整产业存量结构促使一些企业转产。财政在这两方面都发挥着作用。

首先，调整投资结构。调整预算支出中的投资结构表现在：加大能源、交通、基础产业和基础设施的投资，减少一般加工工业投资；利用财政税收和投资政策引导投资方向，通过不同的税率、不同的折旧率及不同的贷款利率来实现调节目的。

其次，调整产业存量结构。过去主要靠对企业实行“关、停、并、转”的行政手段，现在根据市场经济要求，除必需的行政手段外，主要通过兼并和企业产权重组来进行，针对不同产业实行区别对待的税收政策。

2. 调节资源在不同地区之间的配置

我国幅员辽阔，但地区间经济发展极不平衡。东部集中了国家先进的工业、高精尖技术和丰富的信息资源，全国 GDP 的 3/4 都出自东南沿海；西部地区生产力发展水平相对落后，但有丰富的原材料资源储备和廉价的劳动力市场。据有关部门估算，东西部最大差距达 50 年，其原因主要有：一是由于历史的、地理的和自然条件方面的差异；二是由于纯粹的市场机制导致资源往往向经济发达地区单向流动，从而使落后地区更加落后，发达地区也更加发达。这不利于经济长期稳定均衡地发展，因此需要运用财政支出、税收、公债、补贴、财政体制及财政政策等方面的手段调节资源在不同地区间的合理配置。

3. 调节全社会资源在政府和非政府部门之间的配置

社会资源在政府和非政府部门之间的分配比例，其依据主要是社会公共需要在整个社会需要中所占比例。这一比例不是固定不变的，而是随着经济的发展、国家职能和活动范围的变化而变化的。应当使政府部门支配和使用的资源与承担的责任相适应，政府支配的资源过多或过少都不符合优化资源配置的要求。例如，在过去的计划经济体制下，政府的资源配置权限大；而在现在的市场经济条件下，政府不直接插手微观企业，资源配置权限小，调整政府行为既有补位也有退位，应该在社保、福利、环境优化、就业等方面补位，在生产领域对企业直接管理要退位。

(四) 财政实现资源配置职能的机制和手段

1. 确定财政收支占国民收入的合理比例

在明确社会主义市场经济中政府经济职能的前提下，确定社会公共需要的基本范围，确定财政收支占 GDP 的合理比例，从而实现资源配置总体效率。我国过去一段时间内，预算内的财政收支占 GDP 的比重、中央财政收入占全部财政收入的比重明显偏低，不能有效地保证理应由财政承担的重要投入，对引导社会资金的合理流动也缺乏力度，教育、公共卫生、环境保护、社会保障、科技进步、农业发展等方面的投入不足，财政在支持经济建设特别是结构性调整方面处于软弱无力的地位，这些都是财政资源配置职能弱化的表现。

2. 优化财政支出结构

优化财政支出结构，正确安排财政支出中的购买性支出和转移性支出、消费性支出和投资性支出的比例；合理安排财政支出的规模和结构。贯彻国家的产业政策，保证重点建设的资金需要；保证重点支出，压缩一般支出，提高资源配置的结构效率。我国国民经济和社会发展战略规划明确规定了对资源配置的要求：各级政府要加强农业投入，要加大科技投入，基础性项目主要由政府集中必要资金进行建设，公益性项目主要运用财政资金安排建设，增加对西部开发和振兴东北老工业基地的财政支持。

3. 通过合理安排政府投资的规模和结构确保国家的重点建设

政府投资规模主要指预算内投资在社会总投资中所占的比重，表明政府集中的投资对社会总投资的调节力度。而预算内投资结构和对重点建设的资金投入，在产业结构调整中起着重要作用，这种作用对发展中国家有着至关重要的意义。我国过去预算内投资占全社会投资比重过低，公共设施和基础设施发展滞后对经济增长形成了“瓶颈”制约，自实施积极财政政策以后才大有改观。

4. 鼓励并调节民间投资

通过政府投资、税收和财政补贴等手段，带动和促进民间投资及对外贸易，吸引外资，提高经济增长率。财政以投资、税收、财政补贴和贴息等手段引导、调节企业投资方向，扶持国家政策性的投资项目。

5. 提高财政资源配置本身的效率

对每项生产性投资的确定和考核都要进行成本—效益分析，对于公共建筑和国防工程之类的属于不能收回投资的项目，财政拨款应视为这种工程的成本，力求以最少的耗费实现工程的高质量，甚至作为财政收入的主要形式的税收，也存在税收收入与税收成本的对比问题。我国近年来编制部门预算、实行政府采购制度、实施国库集中收付制度、采用“收支两条线”制度以及加强税收征管，都是提高财政资源配置本身效率的重大举措，提高了财政支出的经济效益，避免资源的浪费。

二、收入分配职能

(一) 财政收入分配职能的含义

收入分配职能是指财政在国民收入分配中，通过对参与收入分配的各主体利益关系的调节，克服市场机制缺陷造成的收入和财富分配不公，以及按劳分配不能完全保证实现的财富分配不公，从而达到公平合理分配的目标。

在市场机制的作用下，由于人们占有(或继承)财产情况的不同以及劳动能力的差别，由市场决定的收入分配状况，往往是极不公平的。这不仅有违社会公平原则，而且会导致诸如贫困、富裕阶层中财富的浪费、社会冲突、低收入阶层得不到发展与改善自己处境的机会等消极的社会后果。因此，政府有义务用财政调节手段解决收入分配不公问题。

(二) 财政收入分配职能的目标

收入分配的目标是实现公平分配，而公平分配又包括经济公平和社会公平两个层次。经济公平(规则公平)强调要素的投入与要素的收入相对称，它是在市场竞争的条件下由等价交换来实现，这种公平与效率相一致。社会公平(包括起点公平和结果公平)是将以上(市场)分配的偏差所造成的收入差距维持在各阶层所能承受的范围内。财政学探讨的是社会公平，因为前一个公平(经济公平)已由市场在交换中解决。

(三) 财政收入分配职能的内容

1. 调节企业利润水平

首先，企业的税收负担要适度，使政府税收既满足国家行使职能的财力需要，又要使企业有自我发展、自我积累和自我改造的能力。其次，企业的利润水平要能反映企业的经营管理水平和主观能力状况。

2. 调节居民收入水平

现阶段，我国实行的是按劳、按资、按需分配相结合，并以按劳分配为主。个人收入既要合理拉开差距，又要防止贫富过分悬殊。要做到这一点就要通过税收、转移支付手段，以及国家的一些收入分配政策进行调节。

(四) 财政实现收入分配职能的机制和手段

1. 划清市场分配与财政分配的界限和范围

原则上属于市场分配的范围，财政不能越俎代庖；凡属于财政分配的范围，财政应尽其职。比如，应由市场形成的企业职工工资、企业利润、租金收入、财产收入、股息收入等，财政的职能是通过再分配进行调节的；而医疗保险、社会福利、社会保障等，则应改变目前“企业办社会”的状况，由财政集中分配，实现社会化。

2. 规范工资制度

这里的工资制度是指由国家预算拨款的政府机关公务员的工资制度和视同政府机关的事业单位职工的工资制度。凡应纳入工资范围的收入都应纳入工资总额，取消各种明补和暗补，提高工资的透明度；实现个人收入分配的货币化和商品化；适当提高工资水平，建立以工资收入为主、工资外收入为辅的收入分配制度。

3. 加强税收调节

税收是调节收入分配的主要手段，通过间接税调节各类商品的相对价格，从而调节各经济主体的要素分配；通过企业所得税调节公司的利润水平；通过个人所得税调节个人的劳动收入和非劳动收入，使之维持在一个合理的差距范围内；通过资源税调节由于资源条件和地理条件而形成的级差收入；通过遗产税、赠与税调节个人财产分布等。

4. 扩大转移性支出

通过转移性支出，如社会保障支出、救济金、补贴等，使每个社会成员得以维持起码的生活水平和福利水平。

三、经济稳定职能

(一) 经济稳定职能的含义

经济稳定职能是政府运用税收、公债、转移性支出、投资等财政变量与其他经济变量的有机联系和相互影响，来调节和管制社会需求的总量和结构，使之与社会供给相适应，促使经济增长过程持续稳定的职责和功能。在市场经济中，由于市场机制的自发作用，不可避免地造成经济的波动，社会总需求与总供给的不平衡、通货膨胀、失业、经济危机是经常发生的，有时甚至还会出现通货膨胀和经济停滞并存的“滞胀”局面。这就需要政府对市场进行干预和调节，以维持生产、就业和物价的稳定。因此，经济稳定和增长就成为财政的基本职能之一。经济稳定包含充分就业、物价稳定和国际收支平衡多重含义。

充分就业并非指可就业人口百分之百地就业。由于经济结构不断调整，就业结构也在不断变化。在任意时点上，总会有一部分人暂时脱离工作岗位处于待业状态，经过一段时间培训后重新走上工作岗位。因而，充分就业是指可就业人口的就业率达到了由该国当时社会经济状况所能承受的最大比率。

物价稳定也并不意味着物价冻结、上涨率为零。应当承认，即使在经济运行正常时期，物价的轻度上涨也是一个必须接受的事实，而且有利于经济增长。相反，物价长时间低迷并不利于经济的正常运行。所以，物价稳定是指物价上涨幅度维持在不至于影响社会经济正常运行的范围内。

国际收支平衡指的是一国在国际经济往来中维持经常性项目收支(进出口收支、劳务收支和无偿转移收支)的大体平衡，因为国际收支与国内收支是密切联系的，国际收支不平衡同时意味着国内收支不平衡。

增长和发展是不同的概念。增长是指一个国家的产品和劳务的数量的增加，通常用国民生产总值(GNP)或国内生产总值(GDP)及其人均水平来衡量。发展比增长的含义要广，不仅意味着产出的经济增长，还包括随着产出增长而带来的产出与收入结构的变化以及经济条件、政治条件和文化条件的变化，表现为在国民生产总值中农业所占的比重相应下降，而制造业、公共事业、金融保险业、商业、建筑业等所占的比重相应上升，随之劳动就业结构发生变化，教育程度和人才培训水平逐步提高。简而言之，发展是一个通过物质生产的不断增长来全面满足人们不断增长的基本需要的概念，对发展中国家来说，包括消除贫困、失业、文盲、疾病和收入分配不公等现象。

(二) 财政实现经济稳定职能的机制和手段

1. 通过财政预算政策进行调节

经济稳定的目标集中体现为社会总供给和社会总需求的大体平衡。如果社会总供求保持了平衡，物价水平就是基本稳定的，经济增长率也是适度的，而充分就业和国际收支平衡也就不难实现。财政政策是维系总供求大体平衡的重要手段。当总需求超过总供给时，财政可以实行紧缩政策，减少支出和增加税收或两者并举；一旦出现总需求小于总供给的情况，财政可以实行适度宽松政策，增加支出和减少税收或两者并举，由此扩大总需求。在这个过程中，财政收支发生不平衡是可能的而且是允许的。针对不断变化的经济形势而灵活地变动支出和税收，被称为“相机抉择”的财政政策。

2. 发挥财政“自动稳定器”的作用

在财政实践中，还可以通过一种制度性安排，发挥某种“自动”稳定作用，例如累进所得税制度、失业救济金制度，都明显具有这种作用。原则上说，当经济现象达到某一标准就必须安排的收入和支出，均具有一定的“自动稳定”作用。当然，这种“自动稳定”的机制究竟有多大的作用尚且存疑，更何况，在发展中国家，这种机制本身就是欠缺的。

在收入方面，主要实行累进所得税制。在这种税制条件下，当经济过热出现通货膨胀时，企业和居民收入增加，适用税率相应提高，税收的增长幅度超过国民收入增长幅度，从而可以抑制经济过热；反之，当经济萧条时，企业和居民收入下降，适用税率相应降低，税收的降低幅度超过国民收入的降低幅度，从而可以刺激经济复苏。当然，上述作用是以所得税，特别是个人所得税在整个税收中占有相当大的比重为前提的。目前，在我国企业所得税实行比例税率，而个人所得税尚未成为我国主体税种，这种作用相对有限，但从长远看，作为一种制度安排，仍然有借鉴意义。

在财政支出方面，主要体现在转移性支出(社会保障、补贴、救济、福利支出等)的安排上，其效应正好同税收相配合。经济高涨时，失业人数减少，转移性支出下降，对经济起抑制作用；反之，经济萧条时，失业人数增加，转移性支出上升，对经济复苏起刺激作用。

3. 加强公共设施的投资力度

通过投资、补贴和税收等多方面安排，加快农业、能源、交通运输、邮电通信等公共设施的发展，消除经济增长中的“瓶颈”，并支持第三产业的发展，加快产业结构的转换，保证国民经济稳定与高速增长的最优结合。

4. 切实保证非生产性的社会公共需要

为社会经济发展提供和平安定的环境，治理污染，保护生态环境，提高医疗卫生水平，加快文化教育事业发展，完善社会福利和社会保障制度，使增长与发展相互促进、相互协调，避免出现某些发展中国家曾经出现的“有增长而无发展”或“没有发展的增长”等现象。

本章小结

1. 生产力的发展，剩余产品的出现，是财政产生的物质基础，成为财政产生的经济条件；私有制、阶级和国家的出现是财政产生的政治条件，财政是因国家的产生而产生的。

2. 财政的特征。财政分配的主体是国家，财政分配的对象是社会产品且主要是剩余产品，财政分配的目的是满足社会公共需要。

3. 社会公共需要的特征：不可分割性、非排他性、非竞争性。

4. 公共财政的基本特征：以弥补市场失灵为行为准则，公平性、非营利性、法制性。

5. 衡量效率的标准是帕累托效率或者帕累托最优，而公平程度衡量指标主要是基尼系数。

6. 市场失灵是指市场本身无法有效配置资源，从而引起收入分配不公平及经济社会不稳定的态势。市场失灵的表现：公共产品、外部效应、自然垄断和规模经济、信息不充分和不对称、收入分配不公平、宏观经济不稳定。

7. 在我国社会主义市场经济条件下，财政的职能可以概括为 3 个方面：资源配置职能、收入分配职能、经济稳定职能。

8. 收入分配的目标是实现公平分配，而公平分配又包括经济公平和社会公平两个层次。

9. 经济稳定包含充分就业、物价稳定和国际收支平衡多重含义。

课后习题

一、选择题

1. 财政的职能主要有(　　)。

A. 资源配置　　B. 收入分配　　C. 经济稳定　　D. 财政监督

2. 市场失灵的表现有(　　)。

A. 公共产品　　B. 外部效应　　C. 信息不充分　　D. 自然垄断

3. 公共产品与私人产品区分的主要标准是(　　)。

A. 非排他性　　B. 非竞争性　　C. 不可分割性　　D. 排他性

4. 财政分配的主体是(　　)。

A. 企业　　B. 国家　　C. 家庭　　D. 社会团体与组织

5. 财政产生的条件有(　　)。

A. 社会条件　　B. 文化条件　　C. 经济条件

D. 历史条件　　E. 政治条件

6. 属于典型的负外部性的例子是(　　)。

A. 海上灯塔　　B. 汽车尾气

C. 企业对资源的配置　　D. 义务教育

二、判断题

1. 无论是在计划经济还是在市场经济环境下，财政对资源配置起基础作用。(　　)

2. 现实经济生活中，客观存在着这样一些物品，它们满足我们的共同需要，在同一时间中可使多个个体得益，并无须通过竞争来享用，这些物品叫做公共产品。(　　)

3. 税负不变是财政稳定经济职能的目标构成要素。(　　)

4. 财政产生的首要条件是政治条件。(　　)

三、名词概念

1. 财政　2. 市场失灵　3. 外部效应　4. 公共产品　5. 资源配置

四、问答题

1. 简述市场失灵的原因以及表现。

2. 简述资源配置职能的含义以及实现该职能的财政手段。

3. 简述收入分配职能的含义以及实现该职能的财政手段。

4. 简述经济稳定职能的含义以及实现该职能的财政手段。

案例分析

充分发挥财政职能作用 坚决支持打好三大攻坚战

打好防范化解重大风险、精准脱贫、污染防治的攻坚战，是党中央为决胜全面建成小康社会做出的重大决策部署。2018 年 4 月，中央财经委员会第一次会议明确提出了打好三大攻坚战的思路和举措。财政部门要深刻领会打好三大攻坚战的深远意义，充分发挥财政职能作用，坚决支持打好三大攻坚战。

1. 支持打好三大攻坚战是财政部门的重要职责使命

财政是国家治理的基础和重要支柱。打好防范化解重大风险、精准脱贫、污染防治三大攻坚战事关国家发展全局，对决胜全面建成小康社会意义重大，财政部门责无旁贷。

支持打好三大攻坚战是财政部门履职尽责的应有之义。党的十八大以来，在党中央的领导下，党和国家事业取得历史性成就，发生历史性变革。当前，打好三大攻坚战是决胜全面建成小康社会必须跨越的重大关口，将为建设社会主义现代化强国奠定坚实基础。财政部门在决胜全面建成小康社会、实现中华民族伟大复兴中国梦的进程中肩负着重要职责，必须紧紧围绕新时代中国特色社会主义发展的战略安排，增强跨越关口的信心与决心，统筹当前与长远，保持财政工作和财政政策的连续性，增强前瞻性，优化财政资源配置，采取更有力、更有效的举措，坚决支持打好三大攻坚战。

支持打好三大攻坚战是财政部门践行以人民为中心发展思想的内在要求。如今我国社会的主要矛盾已经转化为人民日益增长的美好生活需要和不平衡不充分的发展之间的矛盾，这对财政工作提出了新的更高要求。打好三大攻坚战，既是解决发展不平衡不充分问题的客观需要，也是满足人民日益增长的美好生活需要的必然要求。财政取之于民，用之于民。财政部门在打好三大攻坚战中，要全面落实以人民为中心的发展思想，抓住人民群众最关心最直接最现实的利益问题，突出财政的公共性和公平性，完善财税制度安排，有效发挥防范化解重大风险、消除贫困、改善生态环境质量的职能作用，不断增强人民群众的获得感、幸福感、安全感。

支持打好三大攻坚战是财政部门推动实现高质量发展的重大任务。我国经济发展进入新时代，基本特征是经济已由高速增长阶段转向高质量发展阶段。打好三大攻坚战，是破解发展难题、实现经济高质量发展的现实需要。财政部门要牢固树立新发展理念，按照高质量发展的要求，坚持标本兼治、疏堵结合、循序渐进，完善制度和强化管理并重，坚决守住不发生系统性风险的底线；充分发挥政府投入的主体和主导作用，完善财政脱贫攻坚政策体系，集中发力补齐短板；围绕环境整治和生态建设的重点领域、关键环节做好资金保障，落实和完善促进绿色发展的各项财税政策，把生态环境优势转变为发展优势。

2. 坚持底线思维，支持打好防范化解重大风险攻坚战

打好防范化解重大风险攻坚战，重点是防控金融风险。地方政府债务风险防控，关系到地方财政稳健运行和实体经济健康发展，关系到金融市场稳定和经济社会发展大局。党的十八大以来，财政部门始终绷紧财政可持续这根弦，积极贯彻落实预算法，推动加快建立规范的地方政府举债融资机制，强化限额管理和预算管理，开展债务风险评估和预警，建立债务风险应急处置机制，构建债务风险常态化监督机制，依法查处问责违法违规融资担保行为，覆盖地方政府债务管理各个环节的“闭环”管理体系逐步形成。当前，地方政府债务风险总体可控。截至 2017 年年末，全国地方政府债务余额 16.47 万亿元，控制在全国人大批准的 2017 年地方政府债务限额 18.82 万亿元之内，债务率低于国际通行的 100%~120%警戒线。同时，有的地方继续违法违规变相举债，风险隐患不容忽视。

习近平总书记强调，我们既要有防范风险的先手，也要有应对和化解风险挑战的高招；既要打好防范和抵御风险的有准备之战，也要打好化险为夷的战略主动战。应对地方政府债务风险，财政部门必须坚持底线思维，坚持稳中求进，抓住主要矛盾，开好“前门”、严堵“后门”，坚决刹住无序举债之风，牢牢守住不发生系统性风险的底线。一是严控法定限额内地方政府债务风险。地方政府依法一律采取发行政府债券方式规范举债。合理确定地方政府债务限额，稳步推进专项债券管理改革，保障地方合法合理融资需求。二是着力防控地方政府隐性债务风险。一方面，坚决遏制隐性债务增量。坚决制止违法违规融资担保行为，严禁以 PPP、政府投资基金、政府购买服务等名义变相举债。加强风险源头管控，硬化预算约束，严格项目审核，管控金融“闸门”，决不允许以新增隐性债务方式上新项目、铺新摊子。另一方面，积极稳妥化解存量隐性债务。坚持谁举债谁负责，严格落实地方政府属地管理责任。督促地方树立过紧日子的思想，通过盘活各类资金资产化解存量隐性债务，高负债地区要大力压减项目建设支出、“三公”经费以及其他一般性支出。要加强监督问责，从严整治举债乱象，对违法违规融资担保行为发现一起，查处一起，问责一起，并予以曝光。

3. 坚持精准理念，支持打好精准脱贫攻坚战

农村贫困人口脱贫是全面建成小康社会最艰巨的任务。党的十八大以来，党中央对扶贫开发

做出一系列重大部署，财政部门认真落实精准扶贫精准脱贫基本方略，完善资金和政策体系，大力支持脱贫攻坚。2013—2017 年中央财政累计安排补助地方专项扶贫资金 2 786.88 亿元，年均增长 22.7%；省级及以下财政扶贫资金投入也大幅增长。在全国 832 个国家扶贫开发工作重点县和连片特困地区县全面推开涉农资金整合试点，将一部分涉农资金配置权完全下放到贫困县，由贫困县根据脱贫需要因地制宜统筹使用。狠抓财政扶贫资金监管，组织开展专项检查，坚决查处资金使用管理中存在的违纪违规问题。五年来，全国累计减贫 6 800 多万人，贫困地区群众生产生活条件显著改善，脱贫攻坚取得了决定性进展。当前，脱贫攻坚进入最后攻坚阶段，剩下的 3 000 万左右农村贫困人口，很多是特殊贫困群体，现有贫困大多集中在深度贫困地区，脱贫攻坚面临的挑战依然巨大，需要解决的突出问题依然不少。

习近平总书记指出，脱贫攻坚时间紧、任务重，必须真抓实干、埋头苦干。财政部门要按照党中央、国务院关于打赢脱贫攻坚战三年行动的决策部署，坚持现行扶贫标准，聚焦深度贫困地区和特殊贫困群体，全力以赴支持打赢脱贫攻坚战。一是抓好投入保障。继续增加财政专项扶贫资金规模。加大对贫困地区的一般性转移支付力度，相关专项转移支付进一步向贫困地区、贫困人口倾斜。贯彻落实“三个新增”要求，做好 2018—2020 年中央财政支持深度贫困地区脱贫攻坚的资金安排，重点支持“三区三州”。二是把握精准要义。深入推进贫困县涉农资金整合试点，落实试点明确的放权改革要求，支持贫困县因地制宜推进脱贫攻坚。坚守脱贫攻坚现行目标与标准，既不降低标准影响脱贫攻坚质量，也不盲目提高标准，避免“福利陷阱”和“悬崖效应”。发挥财政预算的约束和导向作用，会同相关部门区分轻重缓急安排扶贫项目和资金。瞄准建档立卡对象，精准使用扶贫资金，确保贫困人口受益。三是强化绩效理念。全面加强各级各类扶贫资金管理，构建扶贫资金动态监控机制，建立扶贫资金总台账，将用于脱贫攻坚的财政资金全部纳入台账，实行精细化管理，解决实时监管到项目、到人、到企业的“最后一公里”问题。落实《扶贫项目资金绩效管理办法》，全面升级扶贫项目资金预算绩效管理流程，推动建立“花钱必问效，无效必问责”的机制。

4. 坚持绿色发展，支持打好污染防治攻坚战

良好生态环境是实现中华民族永续发展的内在要求，是增进民生福祉的优先领域。党的十八大以来，党中央深刻总结人类文明发展规律，以前所未有的力度推动生态文明建设。财政部门坚持绿色发展理念，在增投入、转方式、建机制上下功夫。五年来，中央财政调整支出结构，向绿色发展、环境保护、生态修复等重点领域倾斜，累计投入1.16万亿元，年均增长15.7%，远高于同期中央财政支出9.5%的增幅；创新支持方式，注重整体协同推进，支持开展流域横向生态补偿试点，推动地区间联防联控，探索统筹山水林田湖草等自然生态各要素开展整体修复；落实污染者责任，完善税收、政府采购、资源有偿使用、生态补偿等制度体系，促进生态环境治理的成本在政府与市场主体之间合理分摊，生态环保资金已经实现绩效管理全覆盖。同时也要看到，我国环境污染仍然严重，生态环境压力居高不下，提供优质生态产品的能力仍然不足，打好污染防治攻坚战任务艰巨。

习近平总书记指出，生态环境是关系党的使命宗旨的重大政治问题，也是关系民生的重大社会问题。财政部门要认真学习领会习近平总书记在中央财经委员会第一次会议和全国生态环境保护大会上的重要讲话精神，坚持问题导向，针对薄弱环节，加大财政支持力度，确保党中央关于污染防治各项决策部署落到实处。一是统筹增量和存量。加大资金投入，2018 年中央财政安排大气、水、土壤三项污染防治资金合计 405 亿元，比 2017 年增长 19%，投入力度是近年来最大的。对现

有支持污染防治的各项资金和其他相关专项进行梳理，结合绩效评价情况，加大资金结构调整力度，增加用于污染防治重点工作的投入。二是聚焦重点发力。围绕“到 2020 年使主要污染物排放总量大幅减少，生态环境质量总体改善”的目标，完善相关财税政策，支持打赢蓝天保卫战，打好柴油货车污染治理、城市黑臭水体治理、渤海综合治理、长江保护修复、水源地保护、农业农村污染治理攻坚战等标志性重大战役。中央财政扩大支持北方地区清洁取暖的试点城市范围，中央国有资本经营预算加大对污染防治的投入。相关政策要更加注重源头防治，推进调整“四个结构”，推动做到“四减四增”。三是兼顾当前和长远。大力推进重点生态功能区转移支付、横向生态补偿机制、生态环境监测执法、财政事权和支出责任划分等制度建设，完善生态环境保护长效机制。健全以改善环境质量为核心的资金分配机制，集中财力确保管用有效的重点污染治理事项顺利推进。

三大攻坚战是党中央确立的三场硬仗，事关决胜全面建成小康社会、事关亿万人民福祉，必须坚决打赢打好。财政部门要深入贯彻新时代中国特色社会主义思想和党的十九大精神，牢固树立“四个意识”，切实做到“两个坚决维护”，自觉从党中央工作大局出发，增强使命感紧迫感，充分发挥职能作用，紧紧抓住重点任务，全力以赴抓好落实，坚决支持打好三大攻坚战，为决胜全面建成小康社会做出新的更大贡献。

(资料来源：刘昆. 充分发挥财政职能作用 坚决支持打好三大攻坚战[J]. 求是，2018(15).)

问题：

1. 根据资料，说明财政职能作用在现阶段经济生活中的体现。
2. 为了实现财政现阶段职能，国家采用了哪些财政手段？

第二章

财 政 支 出

财政支出是在市场经济条件下，政府为提供公共产品和服务，满足社会共同需要而进行的财政资金的支付，是政府进行宏观调控的重要手段之一，可以影响社会总供求的平衡关系和经济的发展状况。财政支出是政府施政行为选择的反映，是各级政府对社会提供公共产品的财力保证，体现着政府政策的意图，代表着政府活动的方向和范围。财政支出要研究的问题大致分为：总量问题、结构问题和效益问题。本章在介绍财政支出的含义、原则和分类的基础上，对财政支出规模及财政支出效益进行分析，并对购买性支出及转移性支出进行详细介绍。财政的购买性支出主要有国防支出、行政和文教科卫支出、投资性支出等项目；财政的转移性支出主要有社会保障支出、财政补贴支出等项目。

【学习重点】

本章的重点内容是财政支出的内涵，财政支出的规模及效益分析，购买性支出和转移性支出的含义及其构成。

【学习难点】

本章的难点主要是购买性支出和转移性支出的作用。

【教学建议】

本章主要采用理论讲解和案例分析的方法，学习有关财政支出的基本理论、基本知识，让学生收集近年来我国财政支出的相关资料并分析问题。

第一节　财政支出概述

一、财政支出的含义、原则和分类

（一）财政支出的含义

财政支出也称公共财政支出，是指在市场经济条件下，政府为提供公共产品和服务，满足社会共同需要而进行的财政资金的支付。财政支出是政府为实现其职能对财政资金进行的再分配，属于财政资金分配的第二阶段。国家集中的财政收入只有根据行政及社会事业计划、国民经济发展需要进行统筹安排运用，才能为国家行使各项职能提供财力上的保证。财政支出的定义可以用图 2-1 做进一步诠释。

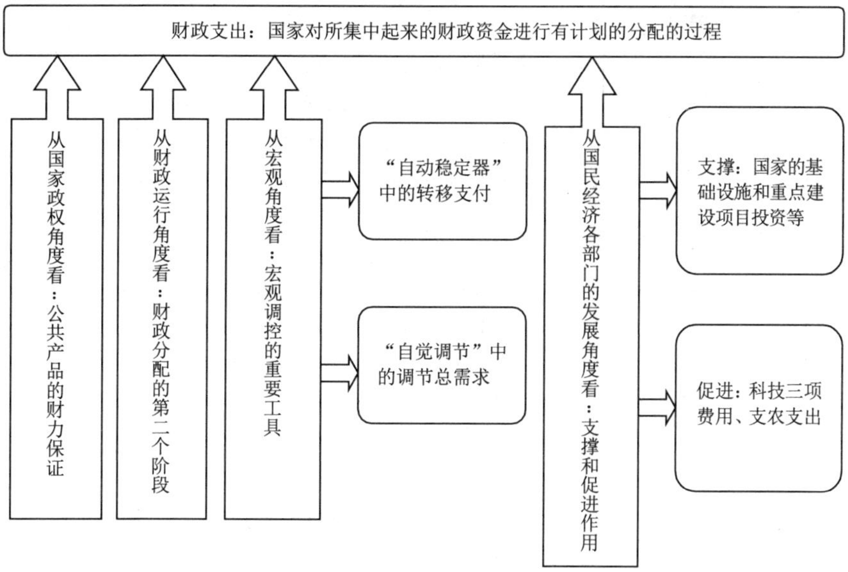

图 2-1 财政支出的定义

近年来，我国的财政支出发生了很大变化，我国财政大幅度地退出“生产领域”，大量减少直接的经济建设支出，从而相应地减少了政府直接干预经济活动的范围和程度，为市场因素的发展壮大留下了一定的空间，财政投资主要投向公共支出方面。例如，20 世纪 80 年代以来，财政大力筹集资金安排“能源交通重点建设”项目的投资，其形成的基础设施和生产能力是为所有经济主体活动服务的，它具有很强的公共投资性质，尤其是从 20 世纪 90 年代末开始，政府实行积极的财政政策，财政支出更是以基础设施投资为主要内容，同时也为经济发展提供了行政事业经费和文教科卫支出等。这样一来，我国的财政支出就在自身不断公共化的过程中，相应地以自己的公共服务支持和促进了市场经济体制的形成和壮大。自改革开放以来，截至 2020 年，我国中央和地方财政支出及比重情况如表 2-1 所示。

表 2-1 我国中央和地方财政支出及比重情况

年份	财政支出总额(亿元)	财政支出(亿元)		比重(%)	
		中央	地方	中央	地方
1978	1 122.09	532.12	589.97	47.4	52.6
1980	1 228.83	666.81	562.02	54.3	45.7
1985	2 004.25	795.25	1 209.00	39.7	60.3
1990	3 083.59	1 004.47	2 079.12	32.6	67.4
1991	3 386.62	1 090.81	2 295.81	32.2	67.8
1992	3 742.20	1 170.44	2 571.76	31.3	68.7
1993	4 642.30	1 312.06	3 330.24	28.3	71.7
1994	5 792.62	1 754.43	4 038.19	30.3	69.7
1995	6 823.72	1 995.39	4 828.33	29.2	70.8

(续表)

年份	财政支出总额(亿元)	财政支出(亿元)		比重(%)	
		中央	地方	中央	地方
1996	7 937.55	2 151.27	5 786.28	27.1	72.9
1997	9 233.56	2 532.50	6 701.06	27.4	72.6
1998	10 798.18	3 125.60	7 672.58	28.9	71.1
1999	13 187.67	4 152.33	9 035.34	31.5	68.5
2000	15 886.50	5 519.85	10 366.65	34.7	65.3
2001	18 902.58	5 768.02	13 134.56	30.5	69.5
2002	22 053.15	6 771.70	15 281.45	30.7	69.3
2003	24 649.95	7 420.10	17 229.85	30.1	69.9
2004	28 486.89	7 894.08	20 592.81	27.7	72.3
2005	33 930.28	8 775.97	25 154.31	25.9	74.1
2006	40 422.73	9 991.40	30 431.33	24.7	75.3
2007	49 781.35	11 442.06	38 339.29	23.0	77.0
2008	62 592.66	13 344.17	49 248.49	21.3	78.7
2009	76 299.93	15 255.79	61 044.14	20.0	80.0
2010	89 874.16	15 989.73	73 884.43	17.8	82.2
2011	109 247.79	16 514.11	92 733.68	15.1	84.9
2012	125 952.97	18 764.63	107 188.34	14.9	85.1
2013	140 212.10	20 471.76	119 740.34	14.6	85.4
2014	151 662.00	22 570.00	129 092.00	14.9	85.1
2015	175 877.77	25 542.15	150 335.62	14.5	85.5
2016	187 755.21	27 403.85	160 351.36	14.6	85.4
2017	203 085.49	29 857.15	173 228.34	14.7	85.3
2018	220 904.13	32 707.81	188 196.32	14.8	85.2
2019	238 858.37	35 115.15	203 743.22	14.7	85.3
2020	245 588.03	35 095.57	210 492.46	14.3	85.7

(资料来源：中国统计年鉴，中华人民共和国国家统计局，http://www.stats.gov.cn/)

(二) 财政支出的原则

所谓财政支出原则，是指政府在安排财政支出过程中应当遵循的具有客观规律性的基本原则。财政支出是财政分配的重要环节，财政支出规模是否合理、财政支出结构是否平衡、财政资金使用效益的高低等问题，直接影响到政府各项职能的履行。为保证财政资金的合理分配与有效使用，使财政支出在国民经济运行中发挥更重要的作用，在安排和组织财政支出时应遵循一定的原则。

财政支出原则对于合理有效地使用财政资金是十分重要的。理论界对于财政支出原则的探讨从来没有停止过。计划经济时期，财政支出原则为：量入为出、统筹兼顾、厉行节约。市场经济时期，财政支出原则为：效率、公平、稳定。同时，学者们在财政支出的管理方面也做了很多研究，针对安排支出过程中遇到的主要问题，如总量平衡问题、结构平衡问题、效益问题，提出了财政支出的管理原则。

这两套原则的出发点不同，但都能够指导财政支出的安排。本书将两者结合起来，都作为现阶段财政支出的原则。财政支出原则诠释如图 2-2 所示。

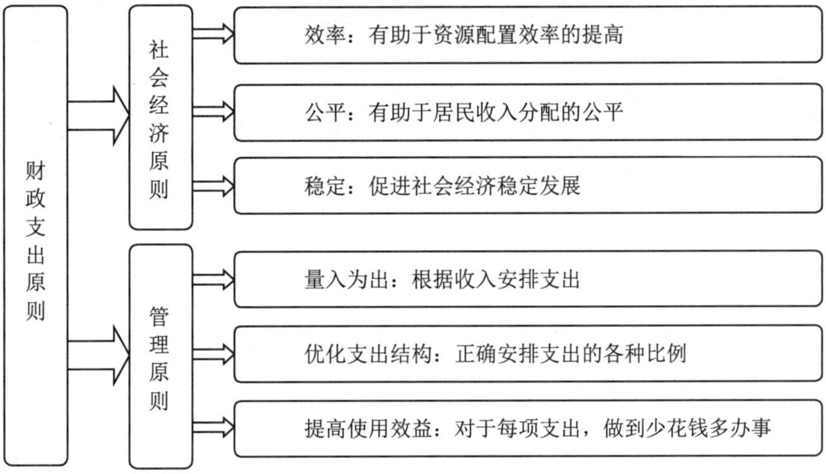

图 2-2　财政支出原则诠释

综合以上观点，现阶段财政支出的原则主要为量入为出与量出为入相结合原则以及公平与效率兼顾原则。

1. 量入为出与量出为入相结合原则

量入为出是指在财政收入总额既定的前提下，按照财政收入的规模确定财政支出的规模，支出总量不能超过收入总量，即以收定支、量力而行。量出为入是指应考虑国家最基本的财政支出需要来确定收入规模。量出为入肯定了政府公共支出保持必要数量的重要作用。

作为财政支出的原则，应该将量入为出与量出为入结合起来。从量入为出与量出为入原则的相互关系看，应当肯定量入为出是一国实现财政分配相对稳定、防止出现财政收支不平衡和因此产生的社会经济问题的最终选择。因此，量入为出原则具有普遍的实践意义，是政府安排财政支出必须坚持的基本准则，也是实现量出为入原则的基础。而量出为入原则是随着国家和社会的发展，以及对政府在资源配置上的重要地位的肯定，为保障必不可少的公共支出的需要而形成的，但并不是指政府可以任意扩大财政支出。在现代社会中，只有把量入为出与量出为入的财政支出原则有效地结合起来，才能既避免财政分配的风险，又有利于政府公共职能的实现。

2. 公平与效率兼顾原则

兼顾公平与效率是评价一切社会经济活动的原则。在财政支出活动中也存在公平和效率，也应该遵循公平与效率兼顾的原则，不能只顾某一方面而忽视另一方面，但是在具体的政策实施中，一国政府可以根据一定时期的政治经济形势侧重于某一方面。财政支出的效率是与财政的资源配置职能相联系的。财政在利用支出对资源进行配置时，要实现社会净收益最大化，这样的资源配置才是有效率的，即当改变资源配置时，必须要控制和合理分配财政支出，要有评价财政支出项目和方案的科学方法和制度保证，安排财政支出的结果要能实现社会净效益最大化。财政支出的公平是与财政的收入分配职能相联系的。收入分配的目标就是实现公平分配，但是市场在对社会成员的收入进行初次分配时，主要是以要素贡献的大小来确定其报酬或价格水平的，其结果可能导致社会成员收入分配产生巨大差距。财政的收入分配职能还需要通过财政支出的再分配活动，压缩市场经济领域出现的收入差距，将收入差距维持在社会可以接受的范围内。对于社会来说，在强调经济效率的同时不能忽视社会公平的重要性。社会经济的稳定与发展是资源的有效配置和收入的合理分配的综合结果，实际上也是贯彻公平和效率兼顾的结果，因此，社会经济的稳定与发展是兼顾公平与效率的体现。

此外，国家经济建设各部门和国家各行政管理部门的发展需要大量的资金，财政收入与支出在数量上的矛盾不仅体现在总额上，还体现在有限的财政资金在各部门之间的分配上，即需要优化财政支出结构。财政支出的安排要处理好积累性支出与消费性支出的关系、生产性支出与非生产性支出的关系，做到统筹兼顾，全面安排。

(三) 财政支出的分类

在财政实践中，财政支出总是由许多不同的具体的支出项目构成的。对财政支出进行不同角度的分类，就是对政府是以什么形式向社会提供公共产品(或劳务)进行考察，以便正确区分各类财政支出的性质，揭示财政支出结构的内在联系，进而对财政支出运行效益进行分析和比较。然而，在国际上，财政支出的分类并没有一致认可的标准。人们根据对财政支出进行分析研究及管理的不同需要，常常采用不同的方法或角度进行分类。

1. 按经济性质分类

按财政支出的经济性质，即按照财政支出是否能直接得到等价的补偿进行分类，可以把财政支出分为购买性支出和转移性支出。各种财政支出无一例外地表现为资金从政府手中流出，但不同性质的财政支出对国民经济的影响却存在差异。

(1) 购买性支出又称消耗性支出，是指政府用于购买为执行财政职能所需要的商品和劳务的支出，包括购买进行日常政务活动所需要的或者进行政府投资所需要的各种物品和劳务的支出。它是政府的市场性再分配活动，对社会生产和就业的直接影响较大，执行资源配置的能力较强。在市场上遵循等价交换的原则，因此购买性支出体现的财政活动对政府能形成较强的效益约束，对与购买性支出发生关系的微观经济主体的预算约束是硬的。这种支出的特点是政府遵照等价交换的原则，一手付出资金，另一手购得了商品和劳务，其目的是行使国家职能，满足社会公共需要。

(2) 转移性支出，是指政府按照一定方式，将一部分财政资金无偿地、单方面地转移给居民、企业和其他受益者所形成的财政支出，主要由社会保障支出和财政补贴组成。它是政府的非市场性再分配活动，对收入分配的直接影响较大，执行收入分配的职能较强。事实上，转移性支出所体现的是一种以政府和政府财政为主体，并以它们为中介者，在不同社会成员之间进行资源再分配的活动。因此，西方国家在国民经济核算中将此类支出排除在国民生产总值或国民收入之外。

(3) 购买性支出和转移性支出的差别，表现在以下方面。①购买性支出通过支出使政府掌握的资金与微观经济主体提供的商品和服务相交换，政府直接以商品和服务的购买者身份出现在市场上，对社会的生产和就业有直接的影响，并间接影响收入分配。转移性支出是通过支出使政府所有的资金转移到受益者手中，是资金所有权的转移，微观经济主体获得这笔资金以后，是否用于购买商品和服务，购买哪些商品和服务，均已脱离了政府的控制。因此，此类支出直接影响收入分配，而对生产和就业的影响是间接的。②在安排购买性支出时，政府必须遵循等价交换原则，此时的财政活动对政府形成较强的效益约束。在安排转移性支出时，政府并没有十分明确的原则可以遵循，且财政支出效益难以衡量。因此，此时的财政活动对政府的效益是软约束。③由于微观经济主体在同政府的购买性支出发生联系时必须遵循等价交换原则，向政府提供商品和服务的企业的收益大小，取决于市场供求状况及其销售收入同生产成本的对比关系。所以，对微观经济主体的预算是硬约束。而微观经济主体在同政府的转移性支出发生关系时，并无交换发生，它们收入的高低在很大程度上并不取决于自己的能力(或生产能力)，而取决于同政府讨价还价的能力，对微观经济主体的预算是软约束。

由此可见，在财政支出总额中，购买性支出所占的比重越大，政府所配置的资源规模就越大，财政活动对生产和就业的直接影响就越大；反之，转移性支出所占的比重越大，财政活动对收入分配的直接影响就越大。联系财政的职能来看，购买性支出占较大比重的财政支出结构，执行配置资源的职能较强，转移性支出占较大比重的财政支出结构，则执行收入分配的职能较强。改革开放前后，我国财政支出结构发生了明显的变化。在改革开放之前，购买性支出占绝对优势，1980 年以前平均占 96.6%，表现出财政具有较强的资源配置职能；改革开放之后，转移性支出所占的比重大幅度上升，并一直保持比较稳定的比例，说明财政的收入分配职能得到加强。

2. 按国家行使职能范围分类

按国家行使职能范围对财政支出进行分类，可将财政支出划分为经济建设支出、社会文教支出、国防支出、行政管理支出和其他支出五大类。按国家行使职能的范围对财政支出进行分类，能够看出国家一定时期内执行哪些职能，哪些是这一时期国家行使职能的侧重点，可以在一定时期内对国家财政支出结构进行横向比较分析。

(1) 经济建设支出，具体包括：基本建设投资支出、挖潜改造资金、科技三项费用(新产品试制费、中间试验费、重要科研补助费)、简易建筑费、地质勘探费、增拨流动资金、支农支出、工交商事业费、城市维护费、物资储备支出等。

(2) 社会文教支出，包括：文化、教育、科学、卫生、出版、通信、广播电视、文物、体育、海洋(包括南北极)研究、地震、计划生育等项目的支出。

(3) 国防支出，包括：各种军事装备费、军队人员给养费、军事科学研究费、对外军事援助费、武装警察费、民兵费、防空费等。

(4) 行政管理支出，包括：国家党政机关、事业单位、公检法司机关、驻外机构的各种经费，以及干部培养费(党校、行政学院经费)等。

(5) 未列入上述 4 项的其他支出。

按国家职能对财政支出进行分类，能够揭示国家执行了哪些职能。通过对一个国家的支出结构做时间序列分析，便能够揭示该国的国家职能发生了怎样的演变；对若干国家在同一时期的支出结构做横向分析，则可以揭示各国国家职能的差别。

3. 按财政支出产生效益的时间分类

按财政支出产生效益的时间分类可以将财政支出分为经常性支出和资本性支出。

经常性支出是维持公共部门正常运转或保障人们基本生活所必需的支出，主要包括人员经费、公用经费和社会保障支出。其特点是它的消耗会使社会直接受益或当期受益，直接构成了当期公共物品的成本，按照公平原则中当期公共物品受益与当期公共物品成本相对应的原则，经常性支出对应的收入是税收。

资本性支出是用于购买或生产使用年限在一年以上的耐用品所需的支出，其耗费的结果将形成供一年以上长期使用的固定资产。它对应的资金来源有两种：一种是税收；另一种是国债。按财政支出产生效益的时间对财政支出进行分类的结果可以概括为如图 2-3 所示。

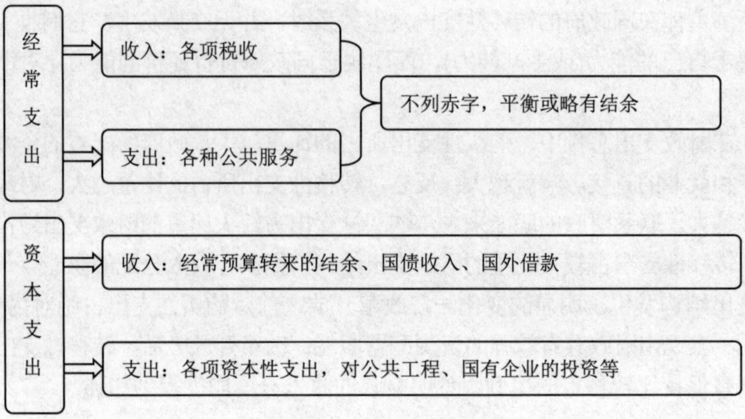

图 2-3　财政支出分类

4. 按国际货币基金组织标准分类

按国际货币基金组织划分的标准，财政支出可以划分为两类：一类按职能分类；另一类按经济分类。按职能分类的财政支出包括：一般公共服务支出，国防支出，公共秩序和安全支出，教育支出，保健支出，社会保障和福利支出，住房和社区生活设施支出，娱乐、文化和宗教事务支出、经济服务支出、无法归类的其他支出。按经济分类，财政支出包括经常性支出、资本性支出和净贷款(财政性贷款)。国际货币基金组织的分类方法如表 2-2 所示。

表 2-2　国际货币基金组织的分类方法

职能分类	经济分类
1. 一般公共服务	1. 经常性支出
2. 国防	(1) 商品和服务支出
3. 公共秩序和安全	① 工资和薪金
4. 教育	② 雇主对商品和服务的购买
5. 保健	③ 其他商品和服务的购买
6. 社会保障和福利	(2) 利息支出
7. 住房和社区生活设施	(3) 补贴和其他经常性支出
8. 娱乐、文化和宗教事务	① 对公共企业
9. 经济服务	② 对下级政府
(1) 燃料和能源	③ 对家庭
(2) 农林牧渔业	④ 对其他居民
(3) 采矿和矿石资源业、制造业、建筑业	2. 资本性支出
(4) 交通和通信业	(1) 固定资本资产购置
(5) 其他经济事务和服务业	(2) 存货购买费
10. 其他支出	(3) 土地和无形资产购买
	(4) 资本转让
	① 国内资本转让
	② 国外资本转让
	3. 净贷款

(资料来源：盖锐，高彦彬. 财政学[M]. 北京：北京大学出版社，中国林业出版社，2007.)

按照现行《中华人民共和国预算法》和《中华人民共和国预算法实施条例》的规定，中国财政预算中的一般公共预算支出按照其功能分类，主要支出项目如表 2-3 所示。

表 2-3　中国财政主要支出项目(2019 年)

单位：亿元

项目	决算数
一、一般公共服务支出	20 344.66
二、外交支出	617.50
三、国防支出	12 122.10
四、公共安全支出	13 901.9
五、教育支出	34 796.94
六、科学技术支出	9 470.79
七、文化旅游体育与传媒支出	4 086.31
八、社会保障和就业支出	29 379.08
九、卫生健康支出	16 665.34
十、节能环保支出	7 390.20
十一、城乡社区支出	24 895.24
十二、农林水支出	22 862.80
十三、交通运输支出	11 817.55
十四、资源勘探信息等支出	4 914.40
十五、商业服务业等支出	1 239.70
十六、金融支出	1 615.36
十七、援助其他地区支出	471.31
十八、自然资源海洋气象等支出	2 182.70
十九、住房保障支出	6 401.19
二十、粮油物资储备支出	1 897.11
二十一、灾害防治及应急管理支出	1 529.20
二十二、其他支出	1 748.79
二十三、债务付息支出	8 442.53
二十四、债务发行费用支出	65.64
二十五、预备费	0
全国一般公共预算支出	238 858.37
补充中央预算稳定调节基金	1 328.46

注：本表中全国一般公共预算支出预算数为中央本级支出、中央预备费、中央代编的地方财政支出预算数三项之和。

(资料来源：表中数据来自中华人民共和国财政部网站，http://www.mof.gov.cn/)

二、财政支出范围与财政支出规模

(一) 财政支出范围

1. 财政支出范围的概念

财政支出范围是指政府财政进行投资或拨付经费的领域。这与政府的职能范围或称事权范围密切相关。

在集中统一的计划经济时期，政府财政支出无所不包，政府包揽一切，似乎只要是政府管辖的领域都包括在财政支出的范围内，特别是竞争性国有企业，都成为财政支出的范围和对象。可见财政支出在计划经济下是“包罗万象”的。

在社会主义市场经济体制下，财政支出的范围才逐步引起人们的重视。一般认为，市场经济下财政支出的范围应以弥补市场缺陷、矫正市场失灵的领域为界限，即社会公共需要支出的范围。从资源配置角度看，财政支出应以非竞争性、非排他性的公共物品的生产以及具有不充分竞争性和不完全排他性的混合公共产品的生产为界限。简要说来，财政支出的范围应在保证社会公共需要的范围内。

2. 我国的财政支出范围

目前，我国财政支出包括以下基本内容。

(1) 维护国家机构正常运转的支出。例如保证国防外交、行政管理、社会治安(公检法)等方面的支出(含人员经费和公用经费、设备经费等)。这是古今中外所有类型的财政支出的共性，是财政支出的第一顺位。

(2) 用于公共事业、公共福利的支出。例如义务教育、基础科学研究、社会保障、卫生防疫、环境治理和保护等公共需要方面的支出，这些公共需要方面的支出，并不排斥私人资金加入，但主要由国家提供相关的财政支出。这是财政支出的第二顺位。

(3) 基础设施和基础产业方面的投资。基础设施和基础产业一般规模大、周期长、耗费多，而且往往跨地区(如海河流域的治理)，对全国产业结构和生产力布局有重大意义，而私人企业又难以承担，主要由国家财政投资。这是财政支出的第三顺位。

其他生产竞争性产品的国有企业、事业方面的投资，均不属于财政支出的范围，而是由市场解决投资。我国财政支出的范围可以总结为如图 2-4 所示。

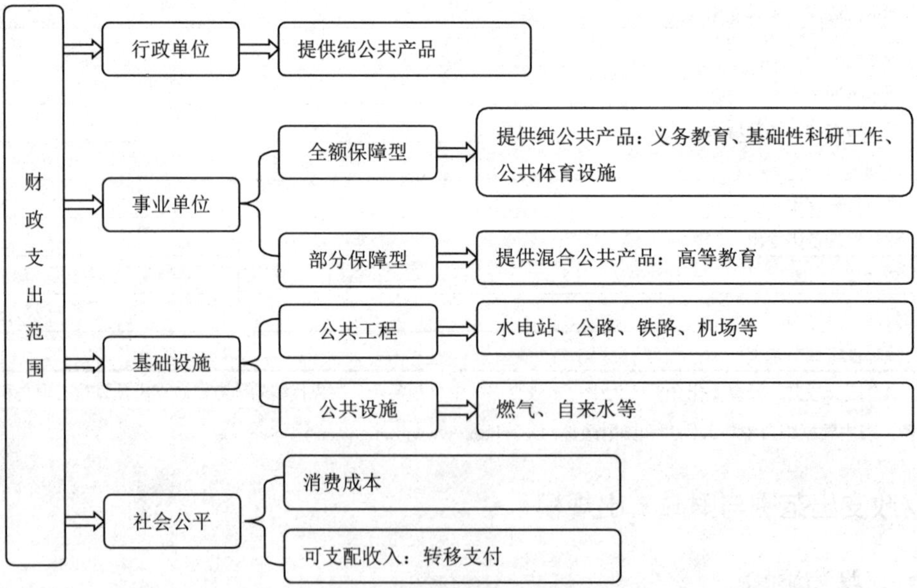

图 2-4　我国财政支出的范围

(二) 财政支出规模

财政支出的规模及其变化，直接关系到对财政与市场关系的认识和分析，因而是必须关注的重要问题之一。

1. 财政支出规模的衡量

财政支出规模，是指在一定时期内(预算年度)政府通过财政渠道安排和使用财政资金的绝对数量及相对比率，即财政支出的绝对量和相对量，它反映了政府参与分配的状况，体现了政府的职能和政府的活动范围，是研究和确定财政分配规模的重要指标。衡量财政支出规模的指标有两种：一种是绝对指标；另一种是相对指标。

绝对指标是以一国货币单位表示的财政年度内政府实际安排和使用的财政资金的数额。绝对指标的作用表现为：①它是计算相对指标的基础；②对绝对指标从时间序列加以对比可以看出财政支出规模发展变化的趋势。由于不同国家以及一个国家不同经济发展时期的经济发展水平存在很大的差异，所以虽然经常用财政支出的绝对量来分析财政支出的规模，但把它作为不同国家的衡量指标用以分析财政支出的规模，显然是不科学的。因此，衡量和考察财政支出的指标通常是以财政支出的相对量来表示，它既可以用于不同国家财政支出规模的分析比较，也可以用于一个国家不同时期的财政支出规模的对比分析。它可以反映一个国家的经济发展水平及其政府职能范围的大小等。

相对指标是绝对指标与有关指标的比率。相对指标的作用表现为：相对指标本身可以反映政府公共经济部门在社会资源配置过程中的地位；通过指标的横向对比，可以反映不同国家或地区的政府在社会经济生活中的地位的差异；通过指标的纵向比较，可以看出政府在社会经济生活中的地位和作用的变化及发展趋势。

改革开放以来，我国财政支出规模的相关数据如表 2-4 及表 2-5 所示。

表 2-4 我国财政支出规模(绝对指标)

单位：亿元

指标	总量指标				
	1978 年	1988 年	1998 年	2008 年	2018 年
国家财政支出	1 122.09	2 491.21	10 798.18	62 592.66	220 906.07
中央	532.12	845.04	3 125.60	13 344.17	32 707.81
地方	589.97	1 646.17	7 672.58	49 248.49	188 198.26

(资料来源：中华人民共和国国家统计局，http://www.stats.gov.cn/)

表 2-5 我国财政支出规模(相对指标)

%

指标	指数					平均增长速度
年度			1978 年	1979 年	1980 年	1978—1980 年
速度			33.0	14.2	−4.1	14.37
年度	1981 年	1982 年	1983 年	1984 年	1985 年	1981—1985 年
速度	−7.5	8.0	14.6	20.7	17.8	10.72
年度	1986 年	1987 年	1988 年	1989 年	1990 年	1986—1990 年
速度	10.0	2.6	10.1	13.3	9.2	9.04

(续表)

指标	指数					平均增长速度
年度	1991 年	1992 年	1993 年	1994 年	1995 年	1991—1995 年
速度	9.8	10.5	24.1	24.8	17.8	17.40
年度	1996 年	1997 年	1998 年	1999 年	2000 年	1996—2000 年
速度	16.3	16.3	16.9	22.1	20.5	18.42
年度	2001 年	2002 年	2003 年	2004 年	2005 年	2001—2005 年
速度	19.0	16.7	11.8	15.6	19.1	16.44
年度	2006 年	2007 年	2008 年	2009 年	2010 年	2006—2010 年
速度	19.1	23.2	25.7	21.9	17.8	21.54
年度	2011 年	2012 年	2013 年	2014 年	2015 年	2011—2015 年
速度	21.6	15.3	11.3	8.3	13.2	13.94
年度	2016 年	2017 年	2018 年	2019 年	2020 年	2016—2020 年
速度	6.3	7.6	8.7	8.1	2.8	6.7

(资料来源：中华人民共和国国家统计局，http://www.stats.gov.cn/)

2. 影响财政支出规模的主要因素

结合当今世界各国财政支出变化的现实情况，影响财政支出规模大小的主要因素有以下几种。

1) 经济性因素

经济性因素主要指经济发展的水平、经济体制的选择和政府的经济干预政策等。关于经济发展的水平对财政支出规模的影响，马斯格雷夫和罗斯托的分析具体说明了经济处于不同的发展阶段对财政支出规模以及支出结构变化的影响，这些分析表明经济发展因素是影响财政支出规模的重要因素。经济体制的选择也会对财政支出规模发生影响，最为明显的例证便是我国经济体制改革前后的变化。政府的经济干预政策也对财政支出规模产生影响，就一般而言，这无疑是正确的。但应当指出的是，若政府的经济干预主要是通过管制而非通过财政的资源配置活动或收入的转移活动来进行时，它对支出规模的影响并不明显。因为，政府通过管制或各种规则对经济活动进行的干预，并未发生政府的资源再配置或收入再分配活动，即财政支出规模基本未变。显然，政府通过法律或行政的手段对经济活动的干预与通过财政等经济手段对经济活动的干预，具有不同的资源再配置效应和收入再分配效应。

2) 政治性因素

政治性因素对财政支出规模的影响主要体现在两个方面：一是政局是否稳定；二是政体结构的行政效率。当一国政局不稳、出现内乱或外部冲突等突发性事件时，财政支出的规模必然会超常规地扩大，如美国。至于后者，若一国的行政机构臃肿，人浮于事，效率低下，经费开支必然增多。

3) 社会性因素

社会性因素如人口状态、文化背景等因素，也在一定程度上影响财政支出规模。发展中国家的人口基数大、增长快，相应的教育、保健以及救济贫困人口的支出压力便较大；而在一些发达国家，人口出现老龄化问题，公众要求改善社会生活质量等，也会对支出提出新的需求。因此，某些社会性因素也影响财政支出的规模。

三、财政支出效益分析

(一) 财政支出效益的内涵

财政支出效益是指政府为满足社会共同需要进行的财力分配与所取得的社会实际效益之间的比例关系，基本内涵是政府资源分配的比例性和政府资源运用的有效性。财政支出效益好时，财政支出产生的成果较多或者取得一定的成果所耗用的财政资金较少。

理解财政支出效益的内涵应把握两个方面。第一，财政支出的外在合比例性是衡量财政支出效益的前提。所谓“外在合比例性”，是指通过政府渠道分配的资源总量在整个社会经济资源合理有效配置中的客观比例要求。第二，财政支出内在合比例性是衡量财政支出效益的根本标准。所谓“内在合比例性”，是指在财政支出外在合比例的基础上，财政支出在不同性质、不同类型的社会共同需要之间的分配比例合理，其实质是财政支出在不同支出构成要素之间的分配比例合理。内在合比例性反映了财政内部的分配结构状况。

(二) 财政支出效益的评价方法

财政活动本身是一个非常重要的资源配置过程，为此，必须研究其资源配置的效率问题。通常是从 3 个层次来考察财政资源配置的效率：一是资源在公、私部门之间的配置效率；二是资源在不同财政支出项目上的配置效率；三是资源在每一支出项目上的使用效率。与这种分层次相对应的分析方法有：第一层次的财政支出效率考察适用“机会成本分析法”；第二层次和第三层次的财政支出效率考察适用“成本—效益分析法”“最低费用选择法”和“公共定价法”。财政支出效益的评价方法可以概括为如图 2-5 所示。

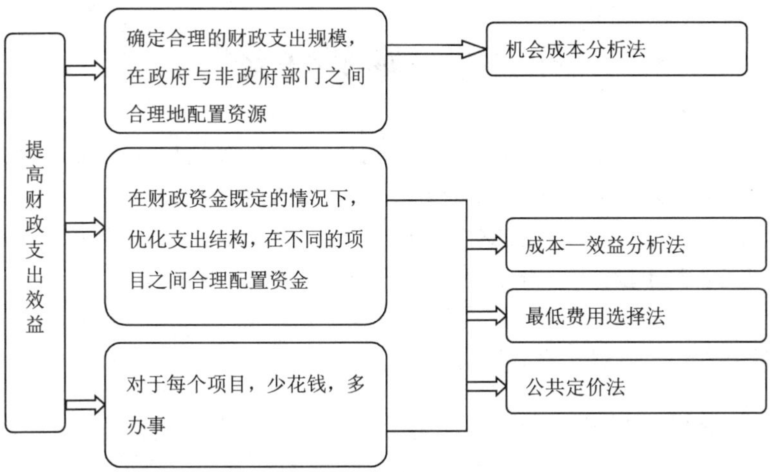

图 2-5 财政支出效益的评价方法

1. 机会成本分析法

机会成本分析法是指在无市场价格的情况下，资源使用的成本可以用所牺牲的替代用途的收入来估算。由于使用或消耗一定量的经济资源就可以向社会提供一定量的某种产品或服务，获得一定量的经济效益，所以公共部门的资源配置是有机会成本的。这种机会成本就是私人部门因公共部门配置资源而少占和少使用这部分资源所少向社会提供的产品或服务量，少获得的经济收益量。如何确定公共部门配置资源数量的合理性，进而确定公、私部门配置资源比例的合理性，是事关整个社会资源配置效率高低的根本性问题。

2. 成本—效益分析法

所谓成本—效益分析法，就是针对政府确定的项目目标，提出若干建设方案，详列各种方案的所有预期成本和预期效益，并把它们转换成货币单位，通过比较分析，确定该项目或方案是否可行。成本—效益分析法最早出现于美国的《1936 年防洪法案》，如今这种方法已经得到了普遍应用。

3. 最低费用选择法

最低费用选择法，是指只计算每项备选项目的有形成本，并以成本最低为择优的标准。运用这种方法确定最优支出方案，技术上不难做到，难点在于备选方案的确定，因为所有备选方案应能无差别地实现同一个既定目标，据此再选择费用最低的方案，但要做到这一点是很困难的。

4. 公共定价法

公共定价法是针对政府提供的满足社会公共需要的“市场性物品”，通过选择适当的定价方法，合理地确定价格，从而使这些物品和服务得到最有效的使用，提高财政支出效益的一种方法。它包括纯公共定价和管制定价两个方面，主要适用于成本易于衡量、效益难以计算但可以部分或全部进入市场交易的项目。纯公共定价，即政府直接制定自然垄断行业(如能源、通信、交通等公用事业和煤、石油等基本品行业)产品的价格。管制定价是指政府规定竞争性管制行业(如金融、教育、保健等行业)产品的价格。政府通过公共定价法，能够提高整个社会资源的配置效率，使这些产品和服务得到最有效的使用，从而提高财政支出的效益。

第二节 购买性支出

购买性支出包括两个部分：一部分是购买各级政府进行日常行政事务活动所需的产品和劳务的支出；另一部分是各级政府用于公共投资的支出。因此，政府购买性支出大致可以分为消费性支出和投资性支出两个部分。在我国目前的财政支出项目中，属于消费性支出的有行政支出、国防支出及文教科卫支出等；属于投资性支出的有基础产业投资和农业财政投资等。

一、消费性支出

(一) 一般公共服务支出

一般公共服务支出主要用于保障机关事业单位正常运转，支持各机关事业单位履行职能，保障各机关事业单位的项目支出需要等。它是维持国家各级政权存在，保证各级国家管理机构正常运转所必需的费用，是纳税人必须支付的成本，也是政府向社会公众提供公共服务的经济基础。

从性质上看，政府的社会管理活动属于典型的公共产品，因此只能由政府提供。

一般公共服务支出包括的具体项目主要有：人大事务、政协事务、发展与改革事务、统计信息事务、财政事务、税收事务、审计事务、海关事务、人力资源事务、商贸事务、知识产权事务、民族事务、港澳台事务、档案事务、群众团体事务、市场监督管理事务、其他一般公共服务支出。

(二) 外交支出

外交支出是指国家外事机构进行外交活动的经费支出，包括：外交管理事务、对外援助、国际组织、对外宣传、国际发展合作支出。

(三) 国防支出和公共安全支出

国防支出是指一国政府用于国防建设以满足社会成员安全需要的支出。保卫国土和国家主权不受侵犯，这是政府的一项基本职能。只要国家存在，国防费不会从财政支出项目中消失，国防支出是财政基本职能的要求，建立稳固的国防是国防现代化一项战略任务，是维护国家安全统一、全面建设小康社会的保障。

公共安全支出，是保证国家机器正常运转、维护国家安全、巩固各级政府政权建设的支出，也是维护社会稳定、外部效应巨大的社会公共事业支出。其包括武装警察、公安、检察、法院、司法、缉私警察、其他公共安全支出。

(四) 教科文卫支出

教科文卫支出，是指国家财政用于教育、科学、文化、卫生事业等的经费支出。此类支出具有较强的外部正效应，有助于整个社会文明程度的提高，有利于提升全体社会成员的素质，从而对经济的繁荣与发展具有决定作用，因而各国均对文教科卫事业给予了较大程度的财力支持。

1. 教育支出

教育支出是指政府用于教育管理事务、普通教育、职业教育、成人教育、广播电视教育、留学教育、特殊教育、进修及培训等方面的支出、教育费附加安排的支出及其他教育支出。在当今世界，一国教育的发达程度、全社会用于教育的投入水平，常常是衡量一个国家国民素质和文明程度的主要标准。因此，教育支出已经成为公共财政支出的最重要的部分之一。

2. 科学技术支出

科学技术支出是指财政用于科学技术管理事务、基础研究、应用研究、技术研究与开发、科技条件与服务、社会科学、科学技术普及、科技交流与合作等方面的支出。

3. 文化旅游体育与传媒支出

文化旅游体育与传媒支出是指财政用于服务全体社会公众利益的文化、文物、旅游、体育、新闻出版、广播影视、其他文化体育与传媒等方面的支出。其包括文化和旅游、文物、体育、新闻出版、广播影视等方面的支出以及宣传文化发展专项支出、文化产业发展专项支出、其他文化体育与传媒支出(项)等。

4. 卫生健康支出

卫生健康支出是指财政用于卫生健康管理事务、公立医院、基层医疗卫生机构、公共卫生、中医药、计划生育事务、对基本医疗保险基金的补助、医疗救助、医疗保障管理事务、其他卫生健康等方面的支出。

二、投资性支出

(一) 基础产业投资

1. 基础产业的概念与作用

基础产业的内涵，有广义和狭义之分。狭义的基础产业，是指经济社会活动中的基础设施和基础工业。基础设施主要包括交通运输、机场、港口、桥梁、通信、水利和城市供排水、供气、供电等设施；基础工业主要指能源(包括电力)工业和基本原材料(包括建筑材料、钢材、石油化工材料等)工业。为概括起见，我们将基础设施和基础工业统称为基础产业。广义的基础产业，除了上述基础设施和基础工业之外，农林部门以及一些提供无形产品或服务的部门(如科学、文化、教育、卫生等部门)所需的固定资产，通常也归于广义基础设施之列。

基础产业是支撑一国经济运行的基础部门，它决定着工业、农业、商业等经济活动的发展水平。一国的基础产业越发达，该国的国民经济运行就越顺畅和越有效，人民的生活也越便利，生活质量相对来说也就越高。

在社会经济活动中，基础产业与其他产业相比，具有不同的特征。

(1) 从整个生产过程来看，基础设施为整个生产过程提供“共同生产条件”。

(2) 基础工业是处在“上游”的生产部门。所谓“上游”是指基础工业所提供的产品是其他生产部门(也包括本部门)生产和再生产时所必须投入的产品，如能源和原材料。

(3) 无论是基础设施还是基础工业，大都属于资本密集型行业，需要大量的资本投入，而且它们的建设周期比较长，投资形成生产能力和回收投资的时间往往需要许多年。

这些特点决定了基础设施和基础工业很难由个别企业的独立投资来完成，尤其在经济发展的初期阶段，没有政府的强有力支持，很难有效地推动基础设施和基础工业的发展。

以 2017 年为例，国家财政节能环保支出 5 617.33 亿元，主要投资河北、山西、内蒙古、安徽、江西、河南、湖北、湖南、四川、西藏、甘肃、青海、新疆、海南、贵州、云南、广西、黑龙江、辽宁等省(自治区)的农村电网改造升级工程，以及污水垃圾处理设施及污水管网工程项目。交通运输支出 10 673.98 亿元，主要投建的项目有长江南京以下 12.5 米深水航道二期工程、格尔木至库尔勒铁路、银川至西安铁路、成昆铁路峨眉至米易段扩能、南昌至赣州铁路客运专线、商丘至合肥至杭州铁路、大理至临沧铁路、郑州至万州铁路、玉溪至磨憨铁路、川藏铁路拉萨至林芝段、成都至贵阳铁路乐山至贵阳段、哈尔滨至牡丹江铁路客运专线、兴国至泉州铁路宁化至泉州段、渝怀铁路涪陵至梅江段增建第二线工程、上海民航职业技术学院购置新校区项目、青藏铁路格尔木至拉萨段扩能改造工程、大理至瑞丽铁路、牡丹江至佳木斯铁路、三峡—葛洲坝两坝间莲沱段航道整治工程、广州民航职业技术学院花都校区二期工程、浦城至梅州铁路建宁至冠豸山段。城乡社区支出共计 20 585 亿元。资源勘探信息等支出 5 034.32 亿元。

2. 财政对基础产业投资的方式

在计划经济时期，财政对基础产业投资的方式是无偿拨款。即财政无偿地为建设单位提供资金，不需要偿还，资金用不好建设单位也不承担任何经济责任，是一种软约束。这种投资方式导致各地方纷纷向财政部门争资金，而不注重项目的可行性研究，导致资金效益低下和大量浪费。因此，在市场经济条件下，财政要保证投资的效果，必须要注意改革传统的对基础产业的投资方式。

与市场经济体制接轨的投资方式是财政投融资。具体方式可以采用：政府筹资建设，或免费提供，或收取使用费，如道路、桥梁、上下水道等公共设施；政府投资，企业法人经营运作，如供水、供电、供气、港口、机场等；BOT 投资方式(建设—经营—转让方式)，如我国首个 BOT 项目广东沙角 B 电厂已经结束经营期并正式移交中方；PPP 模式，是指政府与私人组织之间，为了提供某种公共物品和服务，以特许权协议为基础，彼此之间形成一种伙伴式的合作关系，并通过签署合同来明确双方的权利和义务，以确保合作的顺利完成，最终使合作各方达到比预期单独行动更为有利的结果，截止到 2017 年 11 月，全国政府和社会资本合作(PPP)综合信息平台项目库信息显示：全国入库项目 14 220 个，累计投资额 17.8 万亿元。2021 年上半年，新入库项目达 482 个，投资额达 7 935 亿元。

财政投融资具有下述基本特征。

(1) 它是在大力发展商业性投融资渠道的同时构建的新型投融资渠道。随着社会主义市场经济体制的逐步建立和完善，市场融资的份额将扩大，仅靠商业性融资很难保证国家基础产业投资需求。我国在 1994 年成立了 3 家政策性银行，即国家开发银行、中国农业发展银行、中国进出口银行。由政策性金融机构进行财政投融资的统筹管理，有效形成政府投资运作机制，可以提高政府投资运作的总体效率。

(2) 财政投融资的目的性很强，范围有严格限制。概括来说，它主要是为具有提供“公共物品”特征的基础产业部门融资。换句话说，它主要是为需要政府给予扶持或保护的产业或直接由政府控制定价的基础性产业融资。随着体制改革的深化，由体制性因素形成的“公共物品”应逐步减少，市场商品的范围应扩大，许多基础工业产品在条件成熟时，价格应放开，并通过发展企业集团的形式谋求发展，因此，财政投融资的范围是受到严格限制的。

(3) 虽然财政投融资的政策性和计划性很强，但它并不完全脱离市场，而应以市场参数作为配置资金的重要依据，并对市场的配置起补充调整作用。

(4) 财政投融资的方式和资金来源是多样化的。既可通过财政的投资预算取得资本金，也可通过信用渠道融通资金；既可通过金融机构获取资金，也可通过资本市场筹措资金，部分资金甚至还可以从国外获得。

(二) 农业投资

1. 农业发展与政府和财政的关系

(1) 农业是国民经济的基础，自然也是财政的基础，其中主要表现为农业收入是财政收入的源泉。农业部门直接提供财政收入的农业税已经停征，但农业部门创造的价值，有相当一部分通过工农商品价格的“剪刀差”转移到相关的工业部门，而后通过工业部门上缴税收集中为财政收入。我国农村和农业的发展具有广阔的前景，农业存在巨大的市场潜力，只有农村和农业保持良好的发展势头，财政收入的持续稳定增长才有坚实的基础。

(2) 在发展农业过程中，国家财力的支持不仅是责无旁贷的，而且应当说支持甚至保证农业的发展是政府和财政的一项基本职责。农业发展的根本途径是提高农业生产率，提高农业生产率的必要条件之一是增加对农业的投入，因而安排好农业投入的资金来源是一个必须解决的重要问题。

(3) 政府进行农业投资的必要性，并不只在于农业部门自身难以产生足够的积累，而且生产率较低的现状难以承受贷款的负担，更重要的是许多农业投资只适合由政府来进行。农业固定资产投资，如大江大河的治理、大型水库和各种灌溉工程等，其特点是投资额大，投资期限长，牵涉面广，投资以后产生的效益不易分割，而且投资的成本与其效益之间的关系不十分明显。由于具有上述特点，农业固定资产投资不可能由分散的农户独立进行。在理论上，似乎存在着一种按“谁受益，谁投资”的原则来组织农户集资投资的可能，但由于衡量农户的受益程度十分困难，集资安排多半很难贯彻。对于此类大型固定资产投资项目来说，按地区来度量受益程度，从而分地区来负担项目费用似乎是可以做到的，但在这种安排下，地区应负担的费用多半要由地方财政安排支出，而这在概念上就已属于政府投资了。

2. 财政对农业投资的特点与范围

纵观世界各国的经验，财政对农业投资的具有以下基本特征。

(1) 以立法的形式规定财政对农业投资的规模和环节，使农业的财政投入具有相对稳定性。

(2) 财政投资范围有明确界定，主要投资于以水利为核心的农业基础设施建设、农业科技推广、农村教育和培训等方面。原则上讲，凡是具有“外部效应”以及牵涉面广、规模巨大的农业投资，原则上都应由政府承担。

改革开放以来财政的放权让利改革，使得财政比较困难，能够投向农业的资金非常有限。因此，财政对农业的投资应该有一定的范围和重点。在市场经济条件下，政府农业投资的范围应该是具有公共物品性质的农业项目。但农业公共物品项目很多，在财政资金有限的情况下，应该把那些具有外部效应以及牵涉面广(如跨地区的农业项目，可以使更多的农民从中受益)、规模大的农业公共物品作为财政投资的重点。目前在我国，农业公共物品主要包括以下几个方面。

(1) 农业基础设施。如大型水利设施、农业水土保持工程等，这是农业发展的物质基础。现阶段我国农业基础薄弱，水利设施和农田基础设施老化失修、水土流失严重、生态环境恶化使农业抵御自然灾害的能力不强，严重影响了农业的发展。这些基础工程无疑属于公共物品，而且是重要的公共物品。单个农户没有能力从事这方面的投资，也难于吸引市场投资。因此，应作为政府投资农业的一个重点。以2017年为例，国家财政的农林水支出19 088.99亿元，主要投资项目包括：大藤峡水利枢纽工程、黄河下游防洪工程、黑河黄藏寺水利枢纽、沁河下游防洪治理工程、国家地下水监测建设工程(水利部分)、国家防汛抗旱指挥系统二期工程、森林重点火险区综合治理建设项目、黄河东平湖蓄滞洪区防洪工程、东北内蒙古重点国有林区防火应急道路建设、森林防火通信系统建设项目。

(2) 农业科技进步与推广。科技是农业发展的技术基础，要实现农业经济增长方式由粗放型向集约型的转变，“科教兴国”是重要的一环。因此，财政应增加对农业科技的投入：一是要扶持农业科研单位开展农业科学研究，尤其是基础性研究和攻关项目；二是增加对农业科技推广的扶持，特别要注意对粮棉油等大宗农作物的良种培育、科学栽培、节水灌溉等技术的推广进行扶持；三是要增加对农业教育与培训的经费投入，加大对农业劳动者技术培训的投入；四是要与农业生产过程紧密结合，使农业技术进步在农业经济增长中发挥更大的作用。

(3) 农业生态环境保护。农业发展与生态环境之间具有相互制约、相互促进的关系。为了使农业和生态环境之间形成良性循环并协调发展，政府应增加对绿化、治污、防护林建设等方面的投入，加大改善农业生态环境的力度。

另外，由于农业发展是一个系统工程，光靠政府投入是远远不够的，只有将政府支农纳入整个农业公共政策体系之中，通过发挥市场的力量和政府的引导作用，才能从根本上解决农业问题。农业公共政策体系应当包括以下内容：土地产权政策、农业人力资本政策、农业产业结构调整政策、财政支农政策和农产品流通政策等。

三、政府采购制度

(一) 政府采购制度的含义及基本内容

1. 政府采购制度的含义

政府采购制度与政府采购是不同的两个概念。政府采购制度，是指一个国家根据本国经济体制和具体国情制定的或在长期政府采购实践中形成的，旨在管理和规范政府采购行为的一系列规则和惯例的总称。政府采购，是指各级国家机关、事业单位、团体组织和其他采购实体，为了实现政务活动和公共服务的目的，使用财政性资金或者其他公共资源，以合同方式取得货物、工程和服务的行为，包括购买、租赁、委托、政府和社会资本合作等。政府采购不仅是指具体的采购过程，而且是采购政策、采购程序、采购过程及采购管理的总称，是一种公共采购管理制度，是一种政府行为。政府采购的内涵如图 2-6 所示。

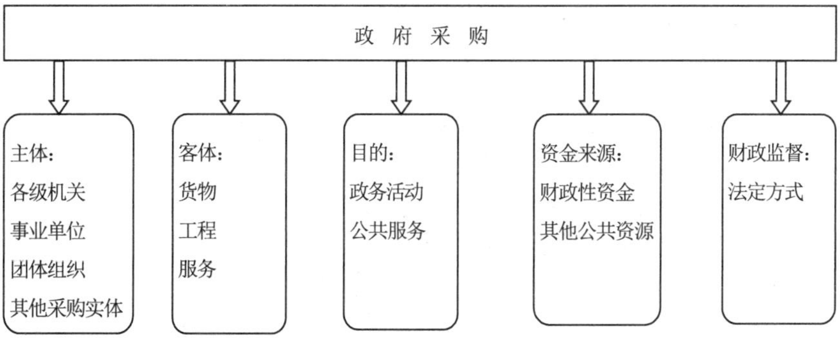

图 2-6 政府采购的内涵

与政府采购相对应的另一种采购行为是私人采购。政府采购和私人采购同作为一种市场行为，其根本目标、运作程序和步骤、方法以及所遵循的一般市场规则是一致的，都追求“物有所值”和“价廉物美”的原则和目标。但同时政府采购与私人采购相比又有很大的不同。

(1) 资金来源及性质不同。政府采购使用的是公共资金，主要是财政性资金，因此必须按法律的规定进行采购，并严格执行预算和接受审计、公众监督；私人采购使用的是私营业主或公司法人的资金。

(2) 目的动机不同。政府采购的主要目的是满足公务活动和公共服务的需要，没有私人(含企业)采购的盈利动机；私人采购的目的主要是个人享受或制造和转售，有盈利要求。

(3) 公开程度不同。政府采购过程应该在完全公开的条件下进行，一般情况下，所做的任何事情都必须有可供公开查询的记录，没有秘密可言；私人采购公开的程度相对自由，无须透露所有信息。

(4) 操作要求不同。政府采购程序事先应该有严格规定，应在法律和有关管理规定的限制下操作，并在采购文件中明确；私人采购相对随意、灵活。

(5) 经济影响不同。政府采购规模巨大，可以具有“超强”的能力，一定程度上可以左右市场，因此采购人员有可能滥用职权，其应受到公众和新闻媒体的监督，渎职、失误都要被曝光；而私人采购很少有这样的影响力，往往只有存在重大失误或欺诈才会被曝光。

政府采购相对于私人采购而言，政府采购具有如下特点：资金来源的公共性、非营利性、采购对象的广泛性和复杂性、规范性、政策性、公开性、极大的影响力。

2. 政府采购制度的基本内容

政府采购制度的基本内容由以下 4 个方面组成。

(1) 政府采购的法律法规。政府采购的法律法规主要表现为各国分别制定的适应本国国情的《政府采购法》，分章对政府采购参加人、政府采购政策、政府采购需求管理、政府采购方式与程序、政府采购合同、争议处理、监督检查、法律责任做了规定。

(2) 政府采购政策。政府采购政策包括政府采购的目的，采购权限的划分，采购调控目标的确立，政府采购的范围、程序、原则、方法、信息披露等方面的内容。

(3) 政府采购程序。政府采购程序是指有关购买商品或劳务的政府采购计划的拟订、审批，采购合同的签订，价款确定，履约时间、地点、方式和违约责任等方面的内容。

(4) 政府采购管理。政府采购管理是指有关政府采购管理的原则、方式，管理机构、审查机构与仲裁机构的设置，争议与纠纷的协调和解决等内容。

(二) 政府采购制度的意义

我国于 1996 年开始了国际上通行的政府采购试点工作。目前执行的《中华人民共和国政府采购法》在 2021 年正处于修订过程中。政府采购制度的实施对提高财政资金的使用效益，加强国家的宏观调控能力，优化资源配置和抑制腐败现象具有重要作用。

(1) 节约财政支出，提高采购资金的使用效益。实践证明，政府采购制度是一种集中与分散相结合的公开透明的采购制度。从国际经验来看，实行政府采购的国家一般资金节约率为 10%以上。

(2) 强化宏观调控。发挥政府在国民经济发展中的宏观调控作用，推进保护国内产业、保护环境、扶持不发达地区和中小企业等政策。

(3) 活跃市场经济。政府采购使政府正常运转需要的货物、需建的工程和服务，由政府自产、自建、自管转为全方位面向市场开放，极大活跃市场经济；政府采购的公开招标、竞争性谈判等方式，促使企业按市场经济的规律运行，不断提高产品质量，提高服务质量，提高产品竞争力等，也促使市场经济更活跃。

(4) 推进反腐倡廉。在实现政府采购市场体制化与公开化的基础上，通过政府采购政策，可以促使政府采购主体的行为规范化，有效地、及时地铲除行政腐败的幼苗。

(5) 保护民族产业。在政府采购市场中适度保护民族产业是发展中国家在对外开放过程中的必要措施。

(三) 政府采购的方式

政府采购的组织模式一般有 3 种。①集中采购模式，即由一个专门的政府采购机构负责本级政府的全部采购任务。②分散采购模式，即由各支出采购单位自行采购。③半集中半分散采购模式，即由专门的政府采购机构负责部分项目的采购，而其他的则由各单位自行采购。中国的政府采购中集中采购占了很大的比重，列入集中采购目录和达到一定采购金额以上的项目必须进行集中采购。中国政府采购实行集中采购和分散采购相结合。国务院统一制定政府采购货物、工程和服务的集中采购目录。纳入集中采购目录的政府采购项目，应当实行集中采购。

政府采购方式有两种，即招标性采购和非招标性采购。政府采购的方式可以归结为如图 2-7

所示。

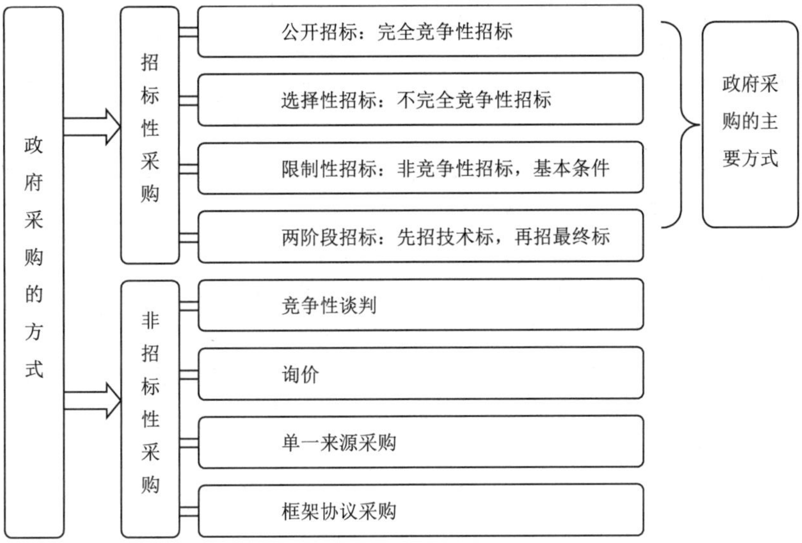

图 2-7 政府采购方式

此外，国务院政府采购监督管理部门还可以认定其他采购方式。采购人应当根据政府采购项目需求特点、绩效目标和市场供需等情况，依照本法规定的适用情形，确定采购方式。

1. 招标性采购

招标性采购，亦称竞争性招标采购，是国际竞争招标采购、国内竞争招标采购的总称，它是政府采购最常用的方式之一。竞争性招标采购有一套完整的、统一的程序，这套程序不会因国家、地区和组织的不同而存在太大的差别。一个完整的竞争性招标过程由招标、投标、开标、评标、合同授予等阶段组成，招标性采购有 4 种方式。

(1) 公开招标。公开招标，也称无限竞争性招标，是一种由招标人按照法定程序，在公开出版物上发布招标公告，所有符合条件的供应商或承包商都可以平等参加投标竞争，从中择优选择中标者的招标方式。

(2) 选择性招标。选择性招标是指通过公开程序，邀请供应商提供资格文件，只有通过资格审查的供应商才能参加后续招标，或者通过公开程序，确定特定采购项目在一定期限内的候选供应商，作为后续招标活动的邀请对象。

(3) 限制性招标。限制性招标是指不通过预先发布公告程序，直接邀请一家或两家以上的供应商参加投标。限制性招标采购方式只适用于一些特殊情况。

(4) 两阶段招标。两阶段招标是将国际竞争性招标和国际选择性招标相结合的一种招标方式。具体的做法是，先采用国际竞争性招标，在开标后再邀请其中几家条件好(一般报价也较低)的承包商进行第二阶段的报价，最后确定中标者。

2. 非招标性采购

非招标性采购，是指除招标性采购以外的其他采购方式。非招标性采购的具体方法较多，通常使用的有：竞争性谈判采购、询价采购、单一来源采购、框架协议采购。

(1) 竞争性谈判采购。竞争性谈判采购是指采购方通过与多家供应商进行谈判，最后从中确定供应商的一种采购方式。符合下列情形之一的，可以采用竞争性谈判方式采购：技术复杂或者性质特殊，不能预先确定详细规格、具体要求或者不能事先计算出价格总额的；需要通过谈判确定项目设计方案、解决方案的；新技术、新产品的订制、订购项目需要通过谈判确定采购目标及成本分担、成果激励机制的；政府和社会资本合作、政府购买服务中提供长期运营服务的项目，需要通过谈判确定服务标准以及物价变动、融资、自然灾害等风险应对方案的；采用招标所需时间不能满足用户紧急需要的。

(2) 询价采购。询价采购是指采购方向国内外有关供应商发出询价单让其报价，然后在报价的基础上进行比较并确定供应商的一种采购方式。符合下列情形之一的，可以采用询价方式采购：货源充足的现货；规格、标准统一的货物；简单的服务和工程。

(3) 单一来源采购。符合下列情形之一的，可以采用单一来源方式采购：①公开竞争后没有供应商参与竞标或者没有合格标，以及竞标供应商或者合格标只有一家的；②发生了不可预见的紧急情况不能从其他供应商处采购的；③需要委托特定领域具有领先地位的机构或者自然人提供服务的；④采购艺术作品或者邀请具有特定专业素养、特定资质的文化、艺术专业人士、机构表演或者参与文化活动的；⑤采购原型、首项货物或者服务；⑥因清算、破产或者拍卖等，仅在短时间内出现的特别有利条件下的采购；⑦必须采用不可替代的专利、专有技术的；⑧公共服务项目具有特殊要求，只能从唯一供应商处采购的；⑨必须保证原有采购项目一致性或者服务配套的要求，需要继续从原供应商处添购，或者需要向原供应商采购工程，否则将影响施工或者功能配套要求；⑩其他依法只能从唯一供应商处采购的。

(4) 框架协议采购。符合下列情形之一的，可以采用框架协议方式采购：①集中采购目录以内品目，采购人需要多频次采购且单笔采购金额低于政府采购限额标准的；②未纳入集中采购目录的品目，同一品目或同一采购项目年度采购预算超过政府采购限额标准，采购人自身需要多频次采购且采购数量、采购时间等不确定，单笔采购金额低于政府采购限额标准，由多家供应商承接有利于项目实施和提高项目绩效的；③确定多家供应商由服务对象自主选择的公共服务项目；④国务院政府采购监督管理部门规定的其他情形。

第三节　转移性支出

转移性支出体现的是政府的非市场型再分配活动。在财政支出总额中，转移性支出所占的比重越大，财政活动对收入分配的直接影响就越大。市场经济下的各国政府普遍通过转移性支出实现公平分配职能，转移性支出是密切关注人民生活的支出，主要包括社会保障支出和财政补贴。

一、社会保障支出

(一) 社会保障与社会保障支出

社会保障是国家向丧失劳动能力、失去就业机会以及遇到其他事故而面临经济困难的公民提供的基本生活保障。社会保障作为一种经济保障形式，有两个基本特征：①社会保障是由政府在社会范围内组织实施的，因而不同于劳动者就业单位为职工制订的经济保障计划；②社会保障的受益人为公民中遇到生、老、病、残、失业等事故而亟待获得物质帮助的人，这种受益人的选择性是社会保障区别于政府举办的、旨在使公民普遍受益的一般公共福利事业的重要标志。社会保障制度是市场经济“减震器”，又是社会公民基本生活的“安全网”，在市场经济运行中具有极为重要的意义。我国近年来一直着力于完善我国的社会保障制度，针对我国传统体制下社会保障制度的弊端，进行深入的改革。

社会保障支出是财政转移支付的重要内容，主要是指国家财政用于社会保障方面的支出，并包括非财政经费安排的社会保障支出。其内容主要包括社会保险支出和社会福利支出(包含社会救济支出或社会补助支出和社会优抚支出)两方面。

(二) 社会保障制度的内容

1. 社会保险

社会保险是国家为丧失劳动能力、暂时失去劳动岗位或因健康原因面临经济困难的人口提供收入或补偿的一种社会经济制度。社会保险计划由政府实施，强制某一群体将其收入的一部分作为社会保险税(费)形成社会保险基金，在满足一定条件的情况下，被保险人可从基金中获得固定的收入或损失的补偿。它是一种再分配制度，其目标是保证劳动力的再生产和社会的稳定。我国现行的社会保险运行模式是社会统筹和个人账户相结合的模式。

社会保险的内容主要包括基本养老保险、基本医疗保险(含生育保险)、失业保险、工伤保险、重大疾病和补充医疗保险等。

(1) 基本养老保险。它是对达到法定年龄退出劳动领域的劳动者，为保障其基本生活需要，由社会保障基金提供的生活补偿费用。养老保险的前提是劳动者在劳动年龄阶段为社会付出了剩余劳动，做出了一定贡献，因此，在劳动者退出劳动领域之后，社会需要对其生活进行保障。在我国，养老社会保险的对象是参加了社会养老保险的劳动者。为统筹城乡社会保障体系建设，2015 年 1 月 3 日国务院发布了《机关事业单位工作人员养老保险制度改革的决定》，追溯自 2014 年 10 月 1 日起实施，按照或参照《中华人民共和国公务员法》管理的机关(单位)、事业单位及其编制内的工作人员均参加基本养老保险。

(2) 基本医疗保险(含生育保险)。它是指劳动者因疾病、受伤或生育需要治疗时，由社会提供必要的医疗服务和物质保障的一种制度，包括基本医疗保险和大额医疗救助两个部分。医疗保险对于符合条件的被保险人，给予享受医疗的机会和待遇，一般实行均等的原则，医疗保险通常以医疗保险基金支付部分医疗费的形式向被保险人提供服务。

2019 年 3 月 25 日，国务院办公厅公布《关于全面推进生育保险和职工基本医疗保险合并实施的意见》，推进两项保险合并实施，实现参保同步登记、基金合并运行、征缴管理一致、监督管理统一、经办服务一体化。生育保险各项待遇改由职工基本医疗保险基金支付。

(3) 失业保险。它是指国家通过立法强制实行的，由社会集中建立基金，对因失业而暂时中断生活来源的劳动者提供物质帮助的制度。它是社会保障体系的重要组成部分，是社会保险的主要项目之一。

(4) 工伤保险。它是指劳动者在工作中或在规定的特殊情况下，遭受意外伤害或患职业病导致暂时或永久丧失劳动能力以及死亡时，劳动者或其遗属从国家和社会获得物质帮助的一种社会保险制度。

2. 社会福利

社会福利是现代社会广泛使用的一个概念。人们根据他们各自的立场和目的给予这个概念以不同的解释。广义的社会福利是指提高广大社会成员生活水平的各种政策和社会服务，旨在解决广大社会成员在各个方面的福利待遇问题。狭义的社会福利是指对生活能力较弱的儿童、老人、单亲家庭儿童、残疾人、慢性精神病人等提供的社会照顾和社会服务。社会福利所包括的内容十分广泛，不仅包括生活、教育、医疗方面的福利待遇，而且包括交通、文娱、体育等方面的待遇。社会福利是一种服务政策和服务措施，其目的在于提高广大社会成员的物质和精神生活水平，使之得到更多的享受。同时，社会福利也是一种职责，是在社会保障的基础上保护和延续劳动者生命力的一种社会功能。

社会福利制度一般来讲具有4个特点：①社会福利是社会矛盾的调节器，每一项社会福利计划的出台总是带有明显的政策目的，总是以缓和某些突出的社会矛盾为终极目标；②社会福利的普遍性，社会福利是为所有公民提供的；③利益投向呈一维性，即不要求被服务对象缴纳费用，只要公民属于立法和政策划定的范围之内，就能按规定得到应该享受的津贴服务；④社会福利较社会保险而言是较高层次的社会保险制度，它是在国家财力允许的范围内，在既定的生活水平的基础上，尽力提高被服务对象的生活质量。

社会福利一般包括现金援助和直接服务。现金援助通过社会保险、社会救助和收入补贴等形式实现；直接服务通过兴办各类社会福利机构和设施实现。其主要内容有：医疗卫生服务、文化教育服务、劳动就业服务、住宅服务、孤老残幼服务、残疾康复服务、犯罪矫治及感化服务、心理卫生服务、公共福利服务等。其服务对象包括：老年人、残疾人、妇女、儿童、青少年、军人及其家属、贫困者，以及其他需要帮助的社会成员和家庭等。其服务的形式有：人力、物力、财力的帮助，包括国家、集体、个人兴办的社会福利事业，社区服务，家庭服务，个案服务，群体服务等。

3. 社会救济

社会救济是指国家按照法定程序和标准，向因自然灾害或其他社会、经济原因而难以维持最低生活水平的社会成员提供财力或物质援助，以保证其最低生活需求的一种社会保障制度。主要包括自然灾害救济、失业救济、孤寡病残救济和城乡困难户救济等。国家和社会以多种形式对因自然灾害、意外事故和残疾等原因而无力维持基本生活的灾民、贫民提供救助，包括提供必要的生活资助、福利设施，急需的生产资料、劳务、技术、信息服务等。社会救济是向由于各种原因陷入生活困境中的社会成员提供最基本的生活保障的最有效方式。

4. 社会优抚

社会优抚是针对军人及其家属所建立的社会保障制度，是指国家和社会对军人及其家属所提供的各种优待、抚恤、养老、就业安置等待遇和服务的保障制度。

社会优抚是中国社会保障制度的重要组成部分，《中华人民共和国宪法》第四十五条规定，国家和社会保障残废军人的生活，抚恤烈士家属，优待军人家属。保障优抚对象的生活是国家和社会的责任。社会优抚制度的建立，对于维持社会稳定，保卫国家安全，促进国防和军队现代化建设，推动经济发展和社会进步具有重要的意义。

(三) 社会保险资金的筹资模式

社会保险是一种付费与受益相联系的保障制度。其资金来源在世界各国并不完全相同，筹资方式各有选择。大多数国家实行由国家、企业或者单位、个人三方共同负担的办法，或者根据具体情况，由这3种来源的不同组合构成。社会保险筹资的原则是“以支定收，收付平衡”，即一定时期内社会保险基金的筹资总额，应以同期预计支付的社会保险费用总额为依据来确定，并使二者始终保持大体上的平衡关系。

从世界各国社会保险制度的实施情况来看，社会保险筹资模式大体上有以下几种。

1. 现收现付式

现收现付式是一种以近期收支平衡原则为指导的筹资模式，这种模式要求根据一年(或几年)内社会保险所需支付资金的测算，将其按比例分摊到参加保险的单位和个人，当年缴费收入满足当年保险支出，并争取略有结余，预先不留储备金。这种模式的优点是简便易行，初期缴费率低并可随时调整缴费率。缺点是没有长期筹资计划，也无必要的储备积累，随着人口结构的变化，在未来社会保险费用支出急剧增长的情况下，必然要求大幅度提高缴费率，甚至可能出现筹集与支付的危机。

2. 完全基金式

完全基金式是一种以长期收支平衡原则为指导的筹资模式，这种模式要求对未来较长时间内保险对象所需享受的保险待遇总量进行宏观预测，并据以确定缴纳的比例。这种模式的特点是初期缴费率较高，筹资速度快，并且在较长时间内缴费率保持稳定，收大于支的部分形成储备基金，需要通过具有较高回报率的投资予以保值。缺点在于缴费率高，保值困难。迄今为止，世界各国没有采取单一的完全基金式的先例。

3. 部分基金式

部分基金式是一种把近期横向收支平衡原则和远期纵向收支平衡原则相结合作为指导的筹资模式。在满足现时一定支出需要的前提下，留出一定的储备以适应未来的支出需求，并通过长期投资取得回报。这种模式一般几年不变，随经济发展需要调整缴费率。实际上部分基金式是现收现付式和完全基金式两种方式的结合。其特点是初期缴费率低于完全基金式，高于现收现付式，以后逐步提高，保持相对稳定，易为筹资对象所接受。但是实际上费率的确定很有难度，涉及究竟可以留出多少储备资金的问题。

以上 3 种模式各有利弊。从世界各国的情况看，对于医疗、失业、工伤、生育等方面的保险，因为短期和不确定性，难以准确预测，一般实行现收现付式。对于养老保险采取的筹资模式，各国有所不同。我国目前养老保险和医疗保险采取部分基金式，在具体实施中，实行社会统筹和个人账户相结合。

(四) 社会保障制度模式

现阶段，世界各国的社会保障制度主要可以区分为以下 3 种基本模式。

1. 福利型社会保障制度

以瑞典、英国为代表的福利型社会保障制度，按照“普遍性”原则，实行“收入均等化、就业充分化、福利普遍化、福利设施体系化”及包括“从摇篮到坟墓”的各种生活需要在内的社会保障制度。这一制度实行统一标准的缴费、统一标准的给付，社会保障支出由国家税收解决。这一制度是以政府负责、全民高福利为主要特征的。当然这种特征在某种程度上损害了市场经济的效率。

2. 保障型社会保障制度

以美国、日本为代表的多数国家实行的是保障型的社会保障制度，也有人称之为传统型的社会保障制度。在这一制度中，企业、个人和政府都是责任主体，在不同的项目中各有不同的角色。在社会保险中，主要缴费人是企业和个人，政府只是最后责任人的角色；在社会救济、社会福利制度中，政府是最主要的责任人。除此之外，与福利型社会保障制度相比，这一制度的保障对象是“有选择性”的而非全民，它提供的保障水平也比较低，强调的是保障而不是高福利。

3. 储蓄型社会保障制度

这一模式以新加坡、智利为代表，是国家以立法形式强制雇主、个人按其收入的一定比例缴纳保险费，以此建立用于未来保险待遇给付的储备基金的一种社会保障制度。它不具有再分配性质，给付水平的高低取决于个人账户的积累，国家以不征税及为基金支付担保等方式进行支持。

(五) 社会保障制度的作用

社会保障制度的产生是社会经济发展的必然结果，它在现代社会中所起的作用如下。

1. 保障权利公平

公民享受教育、健康和最低生活保障的权利，在西方被统称为“福利权利”或“社会权利”，被视为对基本公民权的拓展，或社会公民权的一部分。作为社会的一员，每个人都有权享受社会保障，并有权享受他的个人尊严和人格的自由发展所必需的经济、社会和文化方面各种权利的实现。社会保障把保障每个人的生存权、发展权放在首位。享受了全民的社会保障，意味着基本生活得到了保证，从而在一个公平的起点上参与社会竞争。

2. 保障机会公平

机会公平是指任何社会成员只要符合法律规定的条件，都应被覆盖在社会保障范围内，均等地获得社会保障的机会。在某些国家，一些富人把穷人当作智力低下、不负责任甚至天生懒惰的人。这是不对的，其实很大一部分穷人勤劳、本分、责任心强，他们之所以受穷在很大程度上是因为受到既得利益集团的阻挠，缺乏机会所致。社会保障制度可使他们中的悲观者前行、无力者有力，增加他们的机会，从而为他们创造一个尽可能公平竞争的起点。

3. 维护规则公平

规则公平是指一视同仁，既不能对弱势群体歧视，又不能对特权阶层倾斜。通过社会保障机制，重点保护社会的极端贫困人口(即在绝对生存需求线以下的群体)。因为和高收入群体相比，低收入阶层和弱势群体，从风险管理中获得的保护也是最不完善的。这就意味着不实施社会保障，他们可能会落入所谓的“贫困陷阱”之中。

4. 调节分配公平

在市场经济下，收入和财富分配依据的是生产要素准则，即生产要素数量多、质量高者获取的收入就多；反之则少。当财富分配的不公超过一定限度时就会导致严重的社会问题。社会保障制度的建立正是政府利用财政这一手段，实现收入再分配的功能，合理调节过高收入，提高低收入群众的保障标准，缩小不同社会成员之间的收入差距，促进共同富裕。

全国社会保险基金收入和支出的主要项目(2019 年)如表 2-6 所示。

表 2-6　全国社会保险基金收入和支出的主要项目(2019 年)

单位：亿元

收入项目	决算数	支出项目	决算数
一、企业职工基本养老保险基金收入	38 174.79	一、企业职工基本养老保险基金支出	34 719.77
二、城乡居民基本养老保险基金收入	4 149.44	二、城乡居民基本养老保险基金支出	3 148.31
三、机关事业单位基本养老保险基金收入	14 456.25	三、机关事业单位基本养老保险基金支出	14 026.89
四、职工基本医疗保险基金收入	15 638.36	四、职工基本医疗保险基金支出	12 489.78

(续表)

收入项目	决算数	支出项目	决算数
五、居民基本医疗保险基金收入	8 679.84	五、居民基本医疗保险基金支出	8 271.05
六、工伤保险基金收入	804.68	六、工伤保险基金支出	800.66
七、失业保险基金收入	1 248.77	七、失业保险基金支出	1 284.32
全国社会保险基金收入合计	83 152.13	全国社会保险基金支出合计	74 740.78
其中：保险费收入	59 991.47	其中：社会保险待遇支出	72 914.48
财政补贴收入	19 103.12		
利息收入	2 209.35		
委托投资收益	539.52		

(资料来源：中华人民共和国财政部网站，http://www.mof.gov.cn/)

二、财政补贴

(一) 财政补贴的含义

财政补贴，是指国家财政部门根据国家政策的需要，在一定时期内对某些特定的产业、部门、地区、企事业单位、居民个人或事项给予的补助或津贴。它是财政分配的一种形式，是国家实现其职能的一种手段。财政补贴的主体是国家的财政部门，其他部门或单位对其内部成员的补助或津贴都不能被认为是财政补贴。财政补贴的依据是国家在一定时期内社会、经济等方面的有关政策，或者说财政补贴是为了实现一定时期内社会、经济发展的目的。财政补贴的对象包括 3 个层次：①地区，即对国家领土范围内某一地区给予补贴；②部门、单位和个人，即对经济活动中的不同主体给予补贴；③事项，即对社会经济生活中的某些特定事项给予补贴。由此可见，财政补贴具有针对性，而不是具有统一性、普遍性。

财政补贴不仅仅是一种特殊的财政分配形式，而且还是一种重要的经济调节手段。它通过对物质利益的调整来调节国家、企业、个人之间的分配关系，由此达到促进经济发展、引导消费结构、保持社会稳定的效果。

(二) 财政补贴的内容

财政补贴的内容可以从不同的分类角度进行考察。比如，按补贴环节来分，财政补贴包括生产环节补贴、流通环节补贴、消费环节补贴；按补贴对象划分，财政补贴可分为企业补贴和个人补贴；按补贴的经济性质划分，财政补贴又可分为生产补贴和生活补贴。根据国家预算对财政补贴进行分类，目前我国的财政补贴包含以下内容。

1. 价格补贴

价格补贴主要包括国家为安定城乡人民的生活，由财政向企业或居民支付的、与人民生活必需品和农业生产资料的市场价格政策有关的补贴。其目的是缓解价格矛盾、稳定人民生活。我国的价格补贴又称政策性补贴，主要包括粮棉油差价补贴、平抑物价补贴、肉食价格补贴和其他价格补贴，如个别地方政府实行的兜底农机购置补贴、耕地地力保护补贴、冬绿肥种子补贴、住房租赁补贴等。价格补贴的产生，一方面可以纠正在商品经济不发达的阶段价值规律不能正常发挥作用时而产生的不合理价格结构；另一方面政府可以在调节分配关系、维护社会稳定的过程中，对在价格改革中受损较大的经济主体给予补助；同时也可以优化资源配置，纠正市场缺陷，实现国家的宏观经济目标。

2. 企业亏损补贴

企业亏损补贴又称国有企业计划亏损补贴，主要是指国家为了使国有企业(或国家控股企业)能够按照国家计划生产、经营，但由于客观原因使生产经营出现亏损的产品，而向这些企业拨付的财政补贴。企业发生亏损的原因一般有两种：一种是由于企业经营决策失误或自身经营不善而导致的，称为经营性亏损；另一种是由于企业配合国家实施宏观经济政策而导致的亏损，称为政策性亏损，如森林抚育补贴、轨道交通运营补贴、新能源汽车推广应用补贴等。企业发生的政策性亏损，国家无疑要按照有关规定给予补贴，企业发生的经营性亏损，原则上应由企业自负盈亏，但在我国，由于国家对企业生产经营干预较多，致使企业的经营性亏损和政策性亏损混杂在一起，很难划清界限，而且政策性亏损往往掩盖经营性亏损；同时，由于我国国有企业所占比重大，国有企业的资产掌握在国家手中，因此在实践中，我国对部分经营性亏损也给予了补贴，这是我国企业亏损补贴的特点。

企业亏损补贴与价格补贴有所不同，主要区别在以下几个方面。

(1) 价格补贴主要是以私人为直接的受益对象，拨给企业的价格补贴也是如此；而企业亏损补贴则是以企业为直接受益对象，尽管它也可能因为企业没破产而间接使企业的员工受益。

(2) 价格补贴往往直接关系到私人的生活水平，而企业亏损补贴则往往直接关系到企业的生产经营能否持续下去。

(3) 价格补贴多发生在流通环节，是向私人和商业企业提供的；而企业亏损补贴则多发生在生产环节，主要向生产企业提供。

(4) 政府之所以将企业亏损补贴拨付给企业，则是为了使得企业在政府政策引起经营价格倒挂的情况下，能够弥补所需的经营费用和获得合理的利润。

3. 财政贴息

财政贴息是指国家财政对使用某些规定用途的银行贷款的企业，就其支付的贷款利息提供的补贴。它实质上等于财政代替企业向银行支付利息。根据规定，财政贴息用于以下用途的贷款：①促进企业联合，实施优质名牌产品战略；②支持沿海城市和重点城市引进先进技术和设备；③发展节能机电产品等。在具体做法上，财政贴息有半补贴和全补贴两种。

财政补贴资金一般分散在各财政支出项目中进行安排。比如，社会保障和就业支出中的就业补助，其中包括：就业创业服务补贴、职业培训补贴、社会保险补贴、公益性岗位补贴、职业技能鉴定补贴、就业见习补贴、高技能人才培养补助、求职创业补贴、其他就业补助支出。住房保障支出中的住房改革支出，具体有住房公积金、提租补贴、购房补贴。

(三) 财政补贴的作用

财政补贴具有双重作用。一方面，财政补贴是国家调节国民经济和社会生活的重要杠杆。运用财政补贴特别是价格补贴，能够保持市场销售价格的基本稳定；保证城乡居民的基本生活水平；有利于合理分配国民收入；有利于合理利用和开发资源。另一方面，补贴范围过广，项目过多也会扭曲比价关系，削弱价格作为经济杠杆的作用，妨碍正确核算成本和效益，掩盖企业的经营性亏损，不利于促使企业改善经营管理；如果补贴数额过大，超越国家财力所能，就会造成国家财政的沉重负担，影响经济建设规模，阻碍经济发展。

三、税收支出

(一) 税收支出的含义

税收支出是指以特殊的法律条款规定的、给予特定类型的活动或纳税人以各种税收优惠待遇而形成的收入损失或放弃的收入。税收支出是由于政府的各种税收优惠政策形成的，因此，税收支出只减少财政收入，并不列为财政支出，是一种隐蔽的财政补贴。由于税收支出与税收征收是两个方向相反的政府政策活动，它直接引起政府所掌握的财力减少，同时使得受益者因享受政府给予的减免税政策而增加其实际收入。因此，税收支出实际上是政府的一种间接性支出，它同其他财政补贴一样，是政府的一种无偿性的转移支出，发挥财政补贴的功能，所以被纳入政府财政补贴的范畴。具体应该从下面 3 个方面进行理解。

(1) 税收支出在性质上是财政支出，是一种特殊形式的财政支出，属于财政补贴的范畴，它与政府的直接财政支出是有区别的。具体来讲，税收支出是采取税收豁免、优惠税率、纳税扣除、投资抵免、退税、加速折旧等形式减免纳税人的税款而形成的支出；而直接财政支出是将纳税人的税款收缴入国库后，通过财政预算安排的支出。

(2) 税收支出是税法体系的有机组成部分，任何国家的税收制度都可以分解为两大部分：一部分是确保国家财政收入而设置的税基、税率、纳税人、纳税期限等条款，西方称之为“正规”税制；另一部分是为改善资源配置、提高经济效益或照顾纳税人的困难而设置的税收优惠条款，它有别于“正规”税制，是以减少纳税人的纳税义务、主动放弃财政收入为特征的。后一部分就是我们所指的税收支出。

(3) 税收支出造成的税收损失与偷税漏税造成的税收损失之间是有区别的。税收支出是国家为达到特定政策目标主动放弃的税收收入，而偷税漏税是纳税人的一种违法行为，其结果是国家应收的税收收入没有收上来。

(二) 税收支出的形式

税收支出是国家运用税收优惠调节社会经济的一种手段，根据世界各国的税收实践，税收支出的具体形式主要包括以下几种。

1. 税收豁免

税收豁免是指在一定期间内，对纳税人的某些所得项目或所得来源不予课税，或对其某些活动不列入课税范围等，以豁免其税收负担。常见的税收豁免项目：一类是免除关税与货物税；另一类是免除所得税。

2. 纳税扣除

纳税扣除是准许企业把一些合乎规定的特殊支出，以一定的比率或全部从应税所得中扣除，以减轻其税负。在累计税制下，纳税人的所得额越高，这种扣除的实际价值也就越大。

3. 税收抵免

税收抵免是指纳税人从某种合乎奖励规定的支出中，以一定比率从其应纳税额中扣除，以减轻其税负。在西方，税收抵免形式多种多样，主要的两种形式有投资抵免和国外税收抵免。两者的区别有：投资抵免是为了刺激投资，促进国民经济增长与发展，是通过造成纳税人的税收负担不公平而实现的；而国外税收抵免是为了避免国际双重征税，使得纳税人的税收负担公平。

4. 优惠税率

优惠税率是指对特定纳税人或纳税项目采用的低于一般税率的税率。其适用范围可视实际需要加以调整。一般而言，长期优惠税率的鼓励程度大于短期的优惠税率，尤其是那些需要巨额投资且获利较迟的企业，常可以从中获得较大的利益。

5. 延期纳税

延期纳税也称“税负延迟缴纳”，是指允许纳税人对合乎规定的税收，延迟缴纳或分期缴纳其应负担的税额。该方式适用范围较广，一般适用于各种税，且通常应用于税额较大的税收上。

6. 盈亏相抵

盈亏相抵是指准许企业以某一年度的亏损抵消以后年度的盈余，以减少其以后年度的应纳税款；或是冲抵以前年度的盈余，申请退还以前年度已缴纳的部分税款。一般而言，盈亏相抵办法通常只能适用于所得税方面。

7. 加速折旧

加速折旧是在固定资产使用年限的初期提列较多的折旧。采用这种折旧方法，可以在固定资产的使用年限内早一些得到折旧费和减免税的税款。

8. 退税

退税是指国家按规定对纳税人已纳税款的退还。作为以税收支出形式形成的退税是指优惠退税，是国家鼓励纳税人从事或扩大某种经济活动而给予的税款退还。其包括两种形式，即出口退税和再投资退税。

本章小结

1. 财政支出也称公共财政支出，是指在市场经济条件下，政府为提供公共产品和服务，满足社会共同需要而进行的财政资金的支付。财政支出是政府为实现其职能对财政资金进行的再分配，属于财政资金分配的第二阶段。财政支出首先是一个过程，其次是政府为履行其职能而花费的资金的总和。

2. 财政支出原则包括：“量入为出”与“量出为入”相结合原则和公平与效率兼顾原则。

3. 财政支出分类依据主要有按经济性质分类、按国家行使职能范围分类、按财政支出产生效益的时间分类和按国际货币基金组织标准分类4种。

4. 财政支出规模是财政支出总量的货币表现，是衡量一个国家或地区政府财政活动规模的一个主要指标，主要从绝对量和相对量来考察。

5. 购买性支出又称消耗性支出，是指政府购买为执行财政职能所需要的商品和劳务的支出，包括购买进行日常政务活动所需要的或者进行政府投资所需要的各种物品和劳务的支出。按照被购买商品和劳务的消费特征，购买性支出可以分为消费性支出和投资性支出两大类。

6. 转移性支出是指政府按照一定方式，将一部分财政资金无偿地、单方面地转移给居民、企业和其他受益者所形成的财政支出，主要由社会保障支出和财政补贴组成，是政府实现公平分配的主要手段。

课后习题

一、选择题

1. 政府为履行职能，取得所需商品和劳务而进行的财政资金支付，是(　　)。
A. 政府预算　　B. 财政收入　　C. 财政支出　　D. 财政政策

2. 当产生(　　)的结果时，是因为购买性支出增加。
A. 劳动力的工资率降低　　B. 社会生产萎缩
C. 资本的利润率降低　　D. 国民收入增加

3. 从世界各国的情况看，财政支出总量及其占 GDP 比重的变化趋势是(　　)。
A. 绝对量增长，相对量也增长　　B. 绝对量下降，相对量也下降
C. 绝对量增长，相对量下降　　D. 绝对量下降，相对量增长

4. 我国现行的社会保险运行模式是(　　)。
A. 全部为社会统筹　　B. 社会统筹，企业分管
C. 全部为个人账户　　D. 社会统筹与个人账户相结合

5. 财政用于文教科学卫生方面的支出属于(　　)。
A. 补偿性支出　　B. 购买性支出　　C. 转移性支出　　D. 积累性支出

6. 政府增加购买性支出，对社会的生产和就业以及国民收入分配的影响是(　　)。
A. 对两者的影响都是直接的
B. 对两者的影响都是间接的
C. 直接影响社会的生产和就业，间接影响国民收入分配
D. 间接影响社会的生产和就业，直接影响国民收入分配

7. 改革开放以来，我国各项财政支出中，增长最快的项目是(　　)。
A. 基本建设支出　　B. 文教科学卫生支出
C. 行政管理支出　　D. 国防支出

8. 下列关于文教科学卫生支出的表述中，正确的是(　　)。
A. 教育属于公共产品，其支出应全部由政府财政承担
B. 公共卫生支出应由政府财政承担
C. 科学研究的经费应由政府财政提供
D. 我国现行对事业单位的财政管理方法为全额管理

9. 农业基础设施投资主要应由(　　)承担。
A. 农民自身　　B. 商业银行　　C. 社会力量　　D. 国家财政

10. 当购买性支出增加时，其对市场价格和企业利润的影响是(　　)。
A. 价格上升，利润提高　　B. 价格上升，利润下降
C. 价格下降，利润上升　　D. 价格下降，利润下降

11. 关于购买性支出与转移性支出的经济影响的说法，正确的有(　　)。
A. 购买性支出对企业预算约束较强　　B. 购买性支出对政府的效益约束较弱
C. 转移性支出直接影响社会生产　　D. 转移性支出对政府的效益约束较强
E. 转移性支出执行收入分配的职能较强

12. 具有财政补贴性质的退税形式有(　　)。
A. 多征退税　　B. 再投资退税　　C. 误征退税
D. 提取代征手续费退税　　E. 出口退税

13. 下列支出中，属于特殊利益支出的有(　　)。
A. 国防支出　　B. 教育支出　　C. 司法支出
D. 医疗卫生支出　　E. 行政支出

14. 企业亏损补贴与价格补贴之间的区别有(　　)。
A. 价格补贴是行政性补贴，企业亏损补贴是法律性补贴
B. 价格补贴的直接受益人是居民，企业亏损补贴的直接受益人是企业
C. 价格补贴的对象是商品，企业亏损补贴的对象是企业
D. 价格补贴是在分配环节上的补贴，企业亏损补贴是在生产环节上的补贴
E. 价格补贴与市场零售商品有关，企业亏损补贴主要与工业生产资料有关

15. 与企业生产效益比较，财政支出效益的特点有(　　)。
A. 计算花费范围宽　　B. 计算的所得范围宽
C. 效益考核全部采取货币指标　　D. 择优的方法不同
E. 选择的时间周期不同

二、判断题

1. 近年来，我国行政管理支出占 GDP 的比重、行政管理支出占财政支出的比重呈逐年下降的趋势。(　　)

2. 通常在经济衰退阶段，转移性支出会自动降低。(　　)

3. 政府采购行为的目的是使盈利最大化。(　　)

4. 财政补贴是指国家财政为了实现特定的政治、经济和社会目标，向企业或个人提供的一种补偿。主要是在一定时期内对生产或经营某些销售价格低于成本的企业或因提高商品销售价格而给予企业和消费者的经济补偿。(　　)

5. 财政支出是政府为实现其职能对财政资金进行的再分配，属于财政资金分配的第一阶段。(　　)

6. 影响财政支出规模的主要因素包括经济性因素、政治性因素及社会因素。(　　)

7. 购买性支出是指政府按照一定方式，把一部分财政资金无偿地、单方面地转移给居民和其他受益者的支出，它体现的是政府的非市场型再分配活动。(　　)

8. 在财政支出总额中，购买性支出所占的比重越大，政府所配置的资源规模越大，财政活动对生产和就业的直接影响就越大。(　　)

9. 最低费用选择法的难点在于备选方案的确定。(　　)

10. 招标性采购，亦称非竞争性招标采购，是国际竞争招标采购、国内竞争招标采购的总称，它是政府采购最常用的方式之一。(　　)

三、名词解释

1. 财政支出　　2. 购买性支出　　3. 转移性支出　　4. 政府采购制度
5. 社会保障制度　　6. 财政补贴　　7. 税收支出　　8. 国防支出

9. 社会保险　　　　10. 社会福利

四、简答题

1. 试述财政支出的原则。
2. 试分析财政支出不断增长的原因。
3. 一国财政支出规模应如何衡量?
4. 转移性支出与购买性支出在社会经济中的地位和作用有何不同?
5. 分析我国一般公共服务、国防、教科文卫财政支出的现状。
6. 简述财政对基础产业的投资方式以及特征。
7. 简述财政与农业的关系，以及财政对农业投资的特点和范围。
8. 简述政府采购的方式。
9. 简述我国社会保障制度的内容。
10. 简述税收支出的含义及其主要形式。

案例分析

激发市场活力 保障改善民生
——财税部门详解直达资金、减税降费新进展

资料1 财政资金直达政策措施

(1) 为确保新增财政资金直达市县基层、直接惠企利民，财政部按照党中央、国务院决策部署，建立了特殊转移支付机制，主要内容是什么?

建立特殊转移支付机制，新增财政资金直达市县基层、直接惠企利民，是党中央、国务院做出的重大决策部署，是扎实做好“六稳”工作、落实“六保”任务的重要举措，主要内容有以下几个方面。①明确资金范围，主要是新增财政赤字和抗疫特别国债 2 万亿元相关资金；②细化分配流程，根据正常转移支付、特殊转移支付、抗疫特别国债等各类资金特点，分门别类细化制定资金直达流程；③加强资金监控，建立直达资金监控系统，实现全覆盖、全链条监控，确保资金下达和资金监管同步“一竿子插到底”；④压实地方责任，省级财政部门要当好“过路财神”，及时将资金全部下达到市县，也要将更多的自有财力下沉基层，不做“甩手掌柜”。市县财政部门要科学安排财政支出，强化公共财政属性，以民生为要，努力做到应保尽保；⑤加强监督问责。财政、审计、人行等部门密切配合，加大对直达资金的监督力度，确保资金直达市县基层、直接惠企利民。

(2) 通过特殊转移支付机制直达市县基层的资金具体包括哪些?

按照国务院常务会议审议通过的特殊转移支付机制实施方案，新增财政赤字和抗疫特别国债的 2 万亿元中，扣除支持中央财政减税降费的部分资金外，其他资金全部实行直达管理，具体包括 4 部分：①列入正常转移支付增量资金，主要用于弥补地方减税降费财力缺口，统筹支持落实“六保”任务；②列入特殊转移支付部分资金，作为一次性财力安排，主要用于解决基层面临的疫情防控、基本民生保障等临时性特殊困难；③政府性基金预算中安排的抗疫特别国债资金，主要用于有一定收益的基础设施建设以及抗疫相关支出，同时允许地方预留部分资金用于解决基层特殊困难；④地方新增财政赤字部分，由市县基层地方政府按照一般债务管理规定安排使用。

(3) 新增财政资金通过特殊转移支付机制到达市县基层的过程中涉及中央、省、市县等多级政府，如何确保资金能够扎实地直达市县基层？

建立特殊转移支付机制是在保持现行财政管理体制不变、地方保障主体责任不变、资金分配权限不变的前提下进行，按照“中央切块、省级细化、备案同意、快速直达”的原则直接快速下达市县基层。在上述原则的基础上，根据各类资金的特点，财政部分门别类细化制定了资金直达的流程，确保资金真正落实到市县基层，扎扎实实到市县基层。

一是对于列入特殊转移支付的资金，财政部主要按照因素法切块到省级财政部门，省级财政部门根据落实“六保”任务需要，提出细化到市县基层的方案，报财政部备案同意后下达市县基层。

二是对于列入政府性基金转移支付的抗疫特别国债资金，考虑到抗疫特别国债是由中央财政统一发行并支付利息，带有一定的财力补助性质，为了体现地区间的公平，财政部主要按因素法切块到省级财政部门。省级财政部门按照财政部规定的使用范围和“资金跟着项目走”原则，自主落实到市县基层和具体项目，报财政部备案同意后下达到市县基层。

三是对于列入正常转移支付的资金。这部分资金已有管理办法，财政部按管理办法分配到省级财政部门。省级财政部门提出细化到市县基层的方案，报财政部备案同意后下达到市县基层。

四是对于列入地方财政赤字的资金。这部分资金需要省级政府通过发行地方政府一般债券筹集，财政部按地方政府一般债务管理规定下达到省级财政部门，由省级财政部门提出细化到市县基层的方案，并报财政部备案。

(4) 中央直达资金如何分配，地方可以用在哪些方面？

中央直达资金主要按照以下几个原则分配和使用。

一是支持地方落实“六保”任务，重点用于保就业、保基本民生、保市场主体。按照这个原则，主要根据地方受疫情影响程度，还有财力状况、基层缺口来安排。

二是调动地方的积极性，鼓励地方在当好“过路财神”的同时，不当“甩手掌柜”。分配时除了考虑地方受疫情影响程度、财力状况、基层缺口等因素外，还与地方财力向基层倾斜的程度挂钩，鼓励地方财力下沉。

三是增强地方资金使用的自主性。资金在规定的范围内，在“六稳”“六保”工作中，由地方统筹安排使用。只要是用于“六稳”“六保”方面的支出，基层可根据实际作出妥善安排。

按照党中央、国务院决策部署，中央直达资金主要用于保就业、保基本民生、保市场主体，包括支持减税降费、减租降息、扩大消费和投资等方面，具体如下。

一是列入特殊转移支付的资金，主要用于解决当前基层面临的疫情防控、基本民生保障等特殊困难。

二是列入政府性基金预算的抗疫特别国债资金，主要用于有一定资产收益保障的公共卫生等基础设施建设和抗疫相关支出，包括支持小微企业发展、财政贴息、减免租金补贴等。各地可以在分配的额度内按照一定的比例预留机动资金，解决基层特殊困难的急需资金需求。

三是列入正常转移支付的相关资金，主要用于支持减税降费，用于弥补地方减税降费后形成的新增财力缺口，统筹支持落实“六保”任务。

四是新增地方财政赤字部分，由市县基层按照地方政府一般债务管理的有关规定安排使用，重点用在落实“六保”任务方面。

(5) 财政部采取了哪些具体措施加强监管，确保直达资金使用效果？

严格的监管机制是资金规范、安全、有效使用的重要保障。为确保新增财政资金用在刀刃上，直达市县基层，财政部建立严格的监管制度，建立直达资金的监控系统，确保资金下达和资金监管同步“一竿子插到底”，做到资金流到哪里，监控就跟到哪里。

一是制定管理办法，明确管理要求。财政部制定了有关资金管理办法，明确抗疫特别国债的资金用途、分配拨付、还本付息、预算编制等内容，以及特殊转移支付资金分配测算、拨付使用、监督管理和激励约束等内容。在此基础上，财政部还专门制定了直达资金的监督管理办法，明确建立台账、定期报告、信息公开、监督问责等要求，为加强资金监管提供制度依据和保障。

二是建立台账制度，实行全程监控。财政部对新增财政资金建立全覆盖、全链条、动态化的资金监控系统。一方面，对相关资金实行单独标识，资金监管贯穿资金下达、拨付和使用的全环节，从源头到末端，“一竿子插到底”，确保账务清楚、流向明确。另一方面，在系统中建立预警机制，按照直达市县基层、直接惠企利民要求，设定预警条件，对地方不符合规定的操作及时进行提醒和通报，并限时整改，确保资金规范使用。同时，要求市县抓紧摸排需要帮扶的困难企业和人员名单，建立实名台账，确保资金精准落实到位、尽快发挥效果。

三是加大监督力度，强化问责机制。财政部组织各级财政部门加强对资金的日常监督和重点监控，实时跟踪资金分配、拨付和使用情况，确保每笔资金流向明确、账目可查，及时发现并制止截留挪用、弄虚作假、资金沉淀等风险苗头。同时，推动社会监督，及时公开直达资金分配使用情况，对社会公众反映的情况及时回应、及时整改。针对监管过程中发现的问题，各地坚持查改结合，即查即改，有力强化了对直达资金“最后一公里”的监督，对提高直达资金效益发挥了重要作用。依法依规对相关责任人严肃问责，发现一起、处理一起、问责一起。对虚报冒领、截留挪用的行为，还要按规定收回相关资金，重新安排使用。

此外，财政部还与审计、人民银行等部门加强协作，形成监管合力，确保有关资金科学、规范、高效使用。

(6) 财政部与有关部门采取了哪些措施确保资金直达机制落实，以及如何让它发挥效能?

财政部会同有关部门采取健全工作机制、完善制度体系、创新监控手段等方式确保资金直达机制迅速建立到位，尽快发挥效果。

一是建立部门联动、上下对接的工作机制。财政部专门成立直达资金工作领导小组和工作专班，并牵头建立了部际专项工作机制，与民政部、人力资源社会保障部、人民银行、审计署、税务总局等有关部门召开专题会议，加强各种协调和信息共享，共同研究解决出现的新情况、新问题。地方也同步建立了有关部门的工作机制，完善政策措施，抓好资金直达机制的落实。

二是构建直达资金管理制度体系。为提高直达资金管理的科学性、规范性，财政部积极构建覆盖资金分配、拨付、使用和监管全过程的制度体系。根据直达资金所覆盖的范围，一方面制定特殊转移支付和抗疫特别国债资金的管理办法，明确资金分配使用等要求，确保资金管理有章可循；另一方面健全直达资金的监督监控制度，细化监管要求，织密织牢直达资金的监控网，确保宝贵的财政资金能够用到刀刃上。

三是快速下达直达资金。特殊转移支付机制实施方案获得批准后，财政部迅速动员部署，扎实有序做好直达资金下达工作，目前具备条件的直达资金已全部下达。同时，采取差异化调度、增加资金调拨频次、提高地方留用资金比例等措施，加大对基层库款支持力度，保证基层直达资金支出需要。

四是搭建全覆盖、全链条的监控系统。在较短时间内集中开发建设了连通中央、省、市、县各级财政的直达资金监控系统，对直达资金实行从源头到末端的全链条、全过程的跟踪，确保预算下达和资金拨付、资金监管同步的“一竿子插到底”。加强监控系统与国库集中支付系统有关资金发放系统的对接，减轻基层工作量。监控系统向审计等有关部门和地方全面开放共享，满足其监管要求，提高监管效率。

五是切实加强直达资金常态化监督。财政部通过建立直达资金常态化监督机制，组织各省级财政部门和各地监管局对直达资金实施常态化监督并定期报告监督情况。灵活采用线上线下相结合的监管方式，有针对性地开展现场核查。积极探索财会监督与审计监督的贯通协调，指导各地加强与审计等监管部门的沟通协调，既消除监督盲区，提升监督效能；也避免重复监督，切实减轻基层工作负担。

六是相关部门密切配合，共同做好直达资金管理工作。民政部等部门开展调研督导，实地检查政策落实及资金下达情况。人力资源社会保障部强化跟踪监测，按月调度各地社保资金发放。人民银行组织各级国库按照拨款指令，及时办理直达资金拨付。审计署组织开展直达资金专项审计，采取数据分析和现场审计等方式，加大跟踪审计力度，及时发现直达资金使用中存在的问题，督促地方认真整改。税务总局组织开展减税降费情况检查，及时查处各类不作为、乱作为问题。

七是开展相关人员培训。财政部对全国财政系统 4 万余人开展视频培训，提高了基层财政人员业务水平和工作能力，支持地方做好直达资金管理工作。

各地作为资金直达机制的实施主体，切实把思想和行动统一到党中央、国务院决策部署上，立足本地实际，多措并举抓好直达资金管理，促进资金尽快投入使用。

一是比照建立了资金直达机制工作领导小组、工作专班，统筹协调推进直达资金管理工作。

二是进一步细化制定本地区直达资金管理办法，明确管理要求，夯实职责分工。

三是升级改造信息系统，实现与直达资金监控系统的相连相通。四是迅速开展相关政策和业务培训，做好资金分配、测算、拨付、项目储备等准备工作。上述措施为直达机制有效落实奠定了坚实基础。

资料2 直达资金、减税降费新进展

2020 年建立财政资金直达机制和继续实施减税降费政策，是党中央、国务院为应对疫情影响做出的重大决策部署，是支持地方扎实做好“六稳”工作、落实“六保”任务的重要举措。这两项工作落实如何？效果怎么样？在 2020 年 11 月 12 日召开的国务院政策例行吹风会上，财税部门相关负责人一一解答。

直达资金已基本下达到位

“总体来看，当前落实财政资金直达机制和减税降费政策相关工作稳步推进，组织运转有力、有序、有效，政策效果正在逐步显现，对减轻企业负担、激发市场主体活力、保障改善民生、稳定经济增长发挥了关键作用。”财政部副部长许宏才在吹风会上说。

他表示，财政部、国家税务总局会同有关部门认真组织实施，把落实好直达机制要求和减税降费政策作为实施积极财政政策的重要抓手，完善工作机制，精心组织落实，加强政策解读。各地积极推动协调，健全工作机制，立足本地实际制定具体方案。

数据显示，截至 2020 年 10 月底，中央财政直达资金 1.7 万亿元已基本下达到位，地方实际支出 1.198 万亿元。

资金下达更加快速，资金运行效率提高；资金投向更加精准，惠企利民政策有效性提高；资金监管更加严格，资金使用规范性提高……许宏才表示，从当前成效来看，直达资金有效增强了基层财力水平，有力支撑了疫情防控、经济社会发展和脱贫攻坚等工作，为各地做好“六稳”工作、落实“六保”任务提供了有力保障。

全年新增减税降费超2.5万亿元可实现

减税降费惠企利民、公平有效，是应对经济下行压力的重大举措。

财政部税政司负责人陈东浩介绍，今年(2020年)以来，为应对疫情冲击，在财政收支十分困难的情况下，财政部会同国家税务总局等有关部门按照党中央、国务院的决策部署，及时出台了一系列阶段性、有针对性的减税降费政策。

数据显示，2020年前三季度，全国新增减税降费累计达20 924亿元。

“从今年以来减税降费的执行情况看，全年为企业新增减负超过2.5万亿元的目标任务能够预期完成。”国家税务总局收入规划核算司司长蔡自力说，减税降费政策成效显现，有力促进了市场主体负担持续下降、市场主体活力增强、企业经营效益增强。

国家税务总局开展的2万户企业生产经营状况调查问卷显示，68.6%的企业预计四季度发展预期向好，比上半年末提高了15.9个百分点。

“岁末年初，税务部门更加严格依法依规组织税费收入，在持续改进办税缴费服务等方面进一步提质增效，以更扎实的举措、下更大的力气，实打实、硬碰硬落实落细纾困惠企的各项减税降费优惠政策。”蔡自力说。

研究建立常态化、制度化财政资金直达机制

“持续抓好减税降费政策落实，加强直达资金使用管理，提高财政资金效益”——许宏才透露了下一步财税部门发力方向。同时，他表示，按照国务院常务会议要求，财政部正在研究建立常态化的财政资金直达机制，以改革的办法提高财政资金效能。

“我们将继续抓好财政直达机制的贯彻落实，并且对今年的直达运行机制进行认真总结，归纳好的经验做法，分析解决存在的一些操作中的问题，针对性地调整完善，抓紧研究建立常态化、制度化的财政资金直达机制。”财政部预算司负责人郝磊说。

郝磊表示，下一步，将在保持现行财政体制、资金管理权限和保障主体责任稳定的前提下，继续坚持今年的“中央切块、省级细化、备案同意、快速直达”的做法基本不变，拓展直达资金范围，改进完善直达机制。

“初步想法是，聚焦与人民群众密切相关的民生等重点领域，把可以直接分配的中央和地方共同财政事权转移支付，具备条件的专项转移支付和用于直接保基层财力的一般性转移支付，纳入直达资金的范围。”他说。

郝磊称，下一步，还将完善部门协调配合的工作机制，加快升级改造直达资金监控系统，推动把直达机制嵌入预算管理流程，不断完善体制机制，加强制度保障和约束，切实提高财政资金的使用效益。

(资料来源：中华人民共和国财政部官网，http://www.mof.gov.cn/)

问题：

1. 简述财政资金直达机制与特殊转移支付机制的关系。
2. 简述特殊转移支付机制的内容。
3. 简述直达资金的来源及用途。
4. 简述财政确保直达资金效果的措施。

第三章

财 政 收 入

政府提供公共产品的过程，实际上是政府耗费或运用社会物质财富的过程。财政支出反映的是政府对于社会物质财富的支出和运用，显然，这种支出和运用要以政府占有一定的社会财力为前提，财政收入便是政府为提供公共产品而获取的可供其支配的财力。财政收入的规模、结构及其增长变化趋势，关系着一个国家经济的发展和社会的进步。

【学习重点】

本章的学习重点是财政收入的分类与财政收入的规模及其增长变化的影响因素。

【学习难点】

本章的学习难点是对经济发展水平、生产技术水平、分配政策、价格等因素如何影响财政收入规模进行分析。

【教学建议】

本章应主要采用理论联系实际的方式对主要内容进行讲授。要求学生在课后搜集整理有关我国财政收入的相关数据，结合所学知识进行分析。布置课程小论文，加深对财政收入规模增长变化的理解。

第一节　财政收入概述

一、财政收入的含义

财政收入又称公共收入，是指一国政府为履行其职能、实施公共政策和提供公共物品与服务需要而筹集的一切资金的总和。财政收入的定义可以从不同角度加以描述，从而有了广义和狭义的区别。所谓广义的财政收入，包括政府的一切进项或收入，主要有税收收入、国债收入、国有资产收入和各种行政收入等。所谓狭义的财政收入，仅仅指政府每年的“定期收入”，即被称为“岁入”

的收入，只包括税收收入和除国债外的非税收收入，如规费、管理费、政府提供劳务的工本费、公产收入及国内外援助收入等。财政收入是衡量一国政府财力的重要指标，政府在社会经济活动中提供公共物品和服务的范围和数量，在很大程度上取决于财政收入的充裕状况。2011年中国财政收入103 874.43亿元，比2010年增加了20 772.92亿元，增长25%，全年财政收入首次突破10万亿元。2019年全国一般公共预算收入190 390.08亿元。

财政收入对于国民经济运行和社会发展具有重要影响：首先，财政收入是国家各项职能得以实现的物质保证，一个国家财政收入规模的大小是衡量其经济实力的重要标志。其次，财政收入是国家对经济实行宏观调控的重要经济杠杆。宏观调控的首要问题是社会总需求与总供给的平衡问题，实现社会总需求和总供给的平衡，包括总量上的平衡和结构上的平衡。财政收入杠杆既可以通过增收或减收来发挥总量调控作用，又可以通过对不同财政资金缴纳者财政负担大小的调整，来发挥结构调整的作用。最后，财政收入可以调整国民收入初次分配形成的格局，缩小贫富差距，是实现社会财富公平合理分配的主要工具。

为了深入研究影响财政收入的各种因素，探寻增加财政收入的主要途径，加强对财政收入的管理，需要根据各种财政收入的特点和性质，对财政收入的内容进行一定的分类。

二、财政收入分类的依据

财政收入可以从财政收入的形式、来源、规模和结构等多个角度进行分析。财政收入分析顺利进行的首要条件是对财政收入做科学的分类。财政收入分类的必要性源于财政收入的复杂性。如从财政作为以国家为主体的分配活动的角度来看，应将财政收入理解为一个分配过程，这一过程是财政分配活动的一个阶段或一个环节。在商品货币经济条件下，财政收入是以货币来度量的，从这个意义上来理解，财政收入又是一定量的货币收入，即国家占有的以货币表现的一定量的社会产品的价值，主要是剩余产品价值。

具有理论和实践价值的财政收入分类应合乎以下两个方面的要求。

1. 要与财政收入的性质相吻合

财政收入具有双重性质：首先，财政收入是一定量的公共性质的货币资金，即通过一定筹资形式和渠道集中起来的由国家集中掌握使用的货币资金，是国家占有的以一定量的货币表现的社会产品价值，主要是剩余产品价值；其次，财政收入又是一个过程，即组织收入、筹集资金的过程，它是财政分配的第一阶段或基础环节。所以，财政收入分类应能体现这一特点。

2. 要同各国实际相适应

中国是发展中的社会主义国家，经济中的所有制结构和部门结构与其他国家有较大的差别，财政收入的构成自然也与其他国家不同，财政收入的分类必须反映这一现实。按照上述分类的要求，我国财政收入分类应同时采用两个不同的标准：①以财政收入的形式为标准，主要反映财政收入过程中不同的征集方式以及通过各种方式取得的收入在总收入中所占的比重；②以财政收入的来源为标准，主要体现为一定量的货币收入从何处取得，并反映各种来源的经济性质及其变化趋势。

三、财政收入的分类

(一) 按照财政收入形式分类

按照财政收入形式分类，是指以财政收入的形式为标准进行分类。收入依据不同，财政收入的表现形式也不同。通常，把财政收入分为税收收入和非税收入两大类。这种分类的好处是突出了财政收入中的主体收入，即国家凭借政治权力占有的税收。税收收入的形成依据的是国家的政治管理权，它在财政收入中占据主导地位，为一般的财政支出提供基本的资金来源，同时也是政府实施经济管理和调控的重要手段。非税收入涵盖除了税收收入以外的其他形式的财政收入，各有其特定的形成依据，反映其他不同来源项目的收入，在财政收入中所占份额相对较小。按照财政收入形式进行分类，主要应用于分析财政收入规模的增长变化及其增长变化的趋势。

根据《中华人民共和国预算法》和《中华人民共和国预算法实施条例》，预算包括一般公共预算、政府性基金预算、国有资本经营预算、社会保险基金预算，其中：一般公共预算收入包括各项税收收入、行政事业性收费收入、国有资源(资产)有偿使用收入、转移性收入和其他收入。下面按照预算编制情况进行介绍。

1. 一般公共预算收入

1) 税收收入

税收是政府为实现其职能的需要，凭借其政治权力并按照特定的标准，强制、无偿地取得财政收入的一种形式。政府通过税收筹集收入去购买及生产政府所提供的产品和服务过程中所必需的投入要素，或者在一国公民或居民间进行购买力的再分配。税收无论是在哪一种社会形态下都是国家筹集财政收入的主要来源，是一国政府的重要经济支柱。

在我国税收收入按照征税对象可以分为4类税，即货物和劳务税、所得税、财产税和行为税，我国以货物和劳务税以及所得税为主。货物和劳务税是以货物交换和提供劳务的流转额为征税对象的税收，是我国税收收入的主体税种，主要税种有增值税、消费税、关税等。所得税是指以纳税人的所得额为征税对象的税收，我国目前已经开征的所得税有企业所得税、个人所得税。财产税是指以各种财产(动产和不动产)为征税对象的税收，我国目前开征的财产税有房产税、城镇土地使用税、耕地占用税、车船税、契税等。行为税是指对某些特定的经济行为开征的税收，其目的是贯彻国家政策，目前我国的行为税包括资源税、土地增值税、印花税、环境保护税、城市维护建设税、烟叶税、船舶吨税等。

在市场经济体制下，税收可以作为政府最有效的财政政策工具，对经济进行宏观调控，实现社会经济资源的优化配置，以达到社会经济稳步发展等目标。目前在我国，税收收入占全部财政收入的80%以上，是财政收入的最主要形式。

2) 非税收入

(1) 行政事业性收费收入。行政事业性收费收入是指国家机关、事业单位等依照法律法规规定，按照国务院规定的程序批准，在实施社会公共管理以及在向公民、法人和其他组织提供特定公共服务过程中，按照规定标准向特定对象收取费用形成的收入。例如，工商执照费、商标注册费、户口证书费、结婚证书费、商品检验费以及护照费。

(2) 国有资源(资产)有偿使用收入。国有资源(资产)有偿使用收入是指矿藏、水流、海域、无居民海岛以及法律规定属于国家所有的森林、草原等国有资源有偿使用收入，按照规定纳入一般公共预算管理的国有资产收入等，包括国有自然资源有偿使用收入、社会公共资源有偿使用收入和行政事业单位国有资产有偿使用收入，具体项目有土地出让金收入、新增建设用地土地有偿使用费、海域使用金、探矿权和采矿权使用费及价款收入、场地和矿区使用费收入；出租汽车经营权、公共交通线路经营权、汽车号牌使用权等有偿出让取得的收入；政府举办的广播电视机构占用国家无线电频率资源取得的广告收入；利用其他国有资源取得的收入。

(3) 转移性收入。转移性收入，是指上级税收返还和转移支付、下级上解收入、调入资金以及按照财政部规定列入转移性收入的无隶属关系政府的无偿援助。

(4) 其他收入。其他收入包括国际组织援助捐赠收入、收回国外资产收入等。

此外，历年财政收入还包括专项收入和罚没收入。专项收入是指根据特定需要由国务院批准或者经国务院授权由财政部批准、设置、征集和纳入预算管理、有专门用途的收入，包括排污费收入、水资源费收入、教育费附加收入、矿产资源补偿费收入等。罚没收入是指工商、税务、海关、公安、司法等国家机关和经济管理部门按规定依法处理的罚款和罚没品收入，以及各部门、各单位依法处理追回的赃款和赃物变价收入。

一般公共预算收入形式详见全国一般公共预算收入决算表(2019 年)，如表 3-1 所示。

表 3-1 全国一般公共预算收入决算表(2019 年)

单位：亿元

项目	决算数
一、税收收入	158 000.46
国内增值税	62 347.36
国内消费税	12 564.44
进口货物增值税、消费税	15 812.34
出口货物退增值税、消费税	−16 503.19
企业所得税	37 303.77
个人所得税	10 388.53
资源税	1 821.64
城市维护建设税	4 820.57
房产税	2 988.43
印花税	2 462.96
其中：证券交易印花税	1 229.38
城镇土地使用税	2 195.41
土地增值税	6465.14
车船税	880.95
船舶吨税	50.26
车辆购置税	3 498.26
关税	2 889.13
耕地占用税	1 389.84
契税	6212.86
烟叶税	111.03
环境保护税	221.16
其他税收收入	79.57

(续表)

项目	决算数
二、非税收入	32389.62
专项收入	7 134.16
行政事业性收费收入	3888.07
罚没收入	3602.09
国有资本经营收入	7 720.52
国有资源(资产)有偿使用收入	8061.01
其他收入	2523.77
全国一般公共预算收入	190 390.08
全国财政使用结转结余及调入资金	22 196.75
支出大于收入的差额	27 600.00

(资料来源：中华人民共和国财政部网站，http://www.mof.gov.cn/)

2. 政府性基金预算收入

政府性基金预算收入包括政府性基金各项目收入和转移性收入，具体包括铁路建设基金、民航基础设施建设基金、港口建设费、国家重大水利工程建设基金、国有土地使用权出让收入、彩票公益金、政府住房基金、教育文化体育等事业发展基金、生态环境建设基金等。

3. 国有资本经营预算收入

国有资本经营预算收入包括依照法律、行政法规和国务院规定应当纳入国有资本经营预算的国有独资企业和国有独资公司按照规定上缴国家的利润收入、从国有资本控股和参股公司获得的股息红利收入、国有产权转让收入、清算收入和其他收入。

4. 社会保险基金预算收入

社会保险基金预算收入包括各项社会保险费收入、利息收入、投资收益、一般公共预算补助收入、集体补助收入、转移收入、上级补助收入、下级上解收入和其他收入。

(二) 按财政收入来源分类

无论国家以何种方式参与国民收入分配，财政收入过程总是和该国的经济制度和经济运行密切相关。把财政收入视为一定量的货币收入，它总是来自国民收入的分配和再分配。经济决定财政，经济是财政的基础，GDP是财政收入的来源，经济发展状况对财政分配过程和财政收入本身具有决定性的作用。按财政收入的来源分类，有助于研究财政与经济之间的制衡关系，有利于选择财政收入的规模和结构，并有助于建立经济决定财政、财政影响经济的和谐运行机制。

按财政收入来源分类，包括两种不同的分类标准：①以财政收入来源中的所有制结构为标准，将财政收入分为国有经济收入、集体经济收入、中外合营经济收入、私营经济或外商独资经济收入、个体经济收入等；②以财政收入来源中的部门结构为标准，将财政收入分为工业部门和农业部门收入，轻工业部门和重工业部门收入，生产部门和流通部门收入，第一产业部门、第二产业部门和第三产业部门收入等。这种分类的目的主要是体现财政收入从何处取得，反映各种收入来源的经济性质。

第二节 财政收入规模

一、财政收入规模的含义

财政收入规模是指一国政府在一个财政年度内所拥有的财政收入总水平。财政收入规模是衡量一国政府财力的重要指标，很大程度上反映了政府为社会提供公共产品和服务的能力。财政收入的持续增长是每个国家的政府学习追求的目标，也是现代社会不断发展、政府职能不断扩大、财政支出不断增加的需要。

对一个国家或者社会而言，财政收入的规模一定要适当，既不能过大，也不能过小。如果财政收入规模过大，政府集中的财力过多，就会压缩企业与个人的生产和消费，企业不能扩大再生产，个人不能按意愿消费，市场就会走向萧条，经济就会出现萎缩，全社会的经济效率就会受到影响；如果财政收入规模过小，政府的职能受到限制，不能满足公众对公共产品的需求，同样会降低社会的经济效率。财政收入的规模既要满足政府支出的需要，又要保证经济的持续发展。因此，财政收入规模是老百姓关注的热点问题。

二、财政收入规模的衡量指标

财政收入规模的大小可以从静态和动态两个角度进行分析，并分别采用两个不同的指标来描述：①可以从静态的角度来描述，这是绝对量指标；②可以从动态的角度来描述，这是相对量指标。

(一) 财政收入规模的绝对量及其衡量指标

财政收入规模的绝对量是指一定时期内财政收入的实际数量。该指标表现了一国政府在一定时期内的具体财力有多大，因而这一指标适用于财政收入计划指标的确定、完成情况的考核及财政收入规模变化的纵向比较。衡量财政收入规模的绝对指标是财政总收入，而财政收入的绝对指标系列则具体反映了财政收入的来源、构成、形式和数量。财政部公布的数据显示，2021 年 1—8 月累计，全国一般公共预算收入 150 088 亿元，同比增长 18.4%。其中，中央一般公共预算收入 70 467 亿元，同比增长 18.9%；地方一般公共预算本级收入 79 621 亿元，同比增长 17.9%。全国税收收入 129 627 亿元，同比增长 19.8%；非税收入 20 461 亿元，同比增长 10.4%。

(二) 财政收入规模的相对量及其衡量指标

财政收入规模的相对量是在一定时期内财政收入与有关经济和社会指标的比率。该指标主要反映一国政府参与国内生产总值分配的程度(财政的集中程度)有多高，因而具有重要的分析意义，其分子根据反映对象和分析目的的不同可以运用不同口径的指标。衡量财政收入相对规模的指标通常有以下 3 个。

1. 财政收入占国内生产总值的比例

这一指标综合体现了政府与微观经济主体之间占有和支配社会资源的关系，进而影响经济运行和资源配置的力度、方式和地位等。

2. 税收收入占国内生产总值的比例

财政收入的相对规模在很大程度上可由税收收入占国内生产总值的比例体现出来。税收收入占国内生产总值的比例又称宏观税率，它是衡量一国(地区)宏观税负水平高低的基本指标。

3. 非税收收入占国内生产总值的比例

非税收收入占国内生产总值的比例反映了一国(地区)的国内生产总值中由政府以各种非税收收入形式占有或支配的份额。

近年来，我国财政收入的绝对规模和相对规模如表 3-2 所示。

表 3-2　财政收入的绝对规模和相对规模

年份	财政收入/亿元	财政收入占 GDP 的比重/%
2001	16 386.04	14.94
2002	18 903.64	15.71
2003	21 715.25	15.99
2004	26 396.47	16.51
2005	31 649.29	17.30
2006	39 343.62	18.79
2007	51 304.03	19.90
2008	61 330.40	19.50
2009	68 518.30	20.09
2010	83 101.51	20.70
2011	103 874.43	21.97
2012	117 253.52	22.57
2013	129 209.64	22.71
2014	140 349.74	22.05
2015	152269.23	22.50
2016	159552.08	21.46
2017	172592.77	20.87
2018	183351.84	20.37
2019	190 390.08	19.21
2020	182 894.92	18.00

(资料来源：根据《政府工作报告》和《预算报告》等经济数据整理而成，中华人民共和国国家统计局网站，http://www.stats.gov.cn/tjsj/2009/indexch.html)

三、影响财政收入规模的因素

从历史上看，保证财政收入持续稳定增长始终是世界各国的主要财政目标，而在财政赤字笼罩世界的时代，谋求财政收入增长更为各国政府所重视。但是，财政收入规模多大，财政收入增长速度多快，不是或不仅仅是以政府的意愿为转移的，它会受到各种政治经济条件的制约和影响。这些条件包括经济发展水平、生产技术水平、价格及收入分配体制等，其中最主要的是经济发展水平和生产技术水平。

(一) 经济发展水平和生产技术水平对财政收入规模的影响

1. 经济发展水平对财政收入规模的影响

从理论上看，经济发展水平反映一个国家的社会产品的丰富程度和经济效益的高低。经济发展水平高，社会产品丰富，国内生产总值增加，一般而言，则该国的财政收入总额较大，占国内生产总值的比重也较高。当然，一个国家的财政收入规模还受其他各种主客观因素的影响，但有一点是清楚的，就是经济发展水平对财政收入的影响表现为基础性的制约，两者之间存在源与流、根与叶的关系，源远则流长，根深则叶茂。

经济发展水平对财政收入规模的影响还可以从定量角度，运用回归分析方法进行分析，回归分析是考察经济活动中两组或多组经济数据之间存在的相关关系的数学方法，其核心是找出数据之间相关关系的具体形式，得出历史数据，借以总结经验，预测未来。

假设 Y 代表财政收入，X 代表国内生产总值，最简单的回归关系是线性回归，即假定 X、Y 之间存在线性关系，则

$$Y = \alpha + \beta X$$

式中：α 和 β 为待定系数。

由此可确定这种相关关系是否存在，如果存在，可计算出 α 值和 β 值。β 值越大，财政收入和国内生产总值的相关度就越高。这里需要说明一点：尽管回归分析是一种科学的定量分析方法，但其应用也是有条件的，当有关经济变量受各种非正常因素影响较大时，应用回归分析就不一定能得出正确的结论。为了解决此类问题，在进行回归分析之前往往需要做一些数据处理，通常在数据中剔除非正常的和不可比的因素。

2. 生产技术水平对财政收入规模的影响

生产技术水平也是影响财政收入规模的重要因素，但生产技术水平是内含于经济发展水平之中的，因为一定的经济发展水平总是与一定的生产技术水平相适应的，较高的经济发展水平往往是以较高的生产技术水平为支柱的。所以，对生产技术水平制约财政收入规模的分析，事实上是对经济发展水平制约财政收入规模的研究的深化。

简单来说，生产技术水平是指生产中采用先进技术的程度，又可称之为技术进步。技术进步对财政收入规模的制约可从两个方面来分析。①技术进步往往以生产速度加快、生产质量提高为结果。技术进步速度较快，GDP 的增长也较快，财政收入的增长就有了充分的来源。②技术进步必然带来物耗比例降低，经济效益提高，产品附加值所占的比例上升。由于财政收入主要来自产品附加值，所以技术进步对财政收入的影响更为直接和明显。随着我国改革开放的不断深入，技术进步的速度正以前所未有的态势在加快，其对我国经济增长的贡献也日益突出，并且技术进步带来的经济效益的大幅度提高，直接对我国财政收入规模产生积极的影响。因此，促进技术进步、提高经济效益，是增加财政收入首要的有效途径，在我国更是如此。

(二) 分配政策和分配制度对财政收入规模的制约

如果说经济增长决定了财政赖以存在的物质基础，并对财政收入规模形成了根本性约束，那么政府参与社会产品分配的政策倾向则确定了财政收入的水平。我国改革开放以来的财政收入变化趋势大体走出了一条马鞍形的轨迹，而同时期的 GDP 规模却是呈持续性增长态势。这说明，在一定时期内，在经济总量增长的前提下，财政收入规模(特别是相对规模)并非总是与其保持同样的变化格

局。究其原因，主要是国家为适应经济改革深化的要求而调整分配政策所引起的。

制约财政收入规模的另一个重要因素是政府的分配政策和分配体制。经济决定财政，财政收入规模的大小，归根结底受经济发展水平的制约，这是财政学的一个基本观点。经济发展水平是分配的客观条件，而在客观条件既定的条件下，还存在通过分配进行调节的可能性。所以，在不同的国家(即使经济发展水平是相同的)和一个国家的不同时期，财政收入规模也是不同的。一国政府在收入分配中越是追求公平，政府进行收入再分配的力度就会越大，政府要求掌握的财力就会越多。在国民收入或者社会产品水平同等的情况下，政府再分配的力度越大，财政收入规模就会越大。从收入分配的表现形式上看，收入分配政策对财政收入规模的作用有两个：①收入分配政策能够影响剩余产品占国内生产总值的比重；②收入分配政策直接决定财政收入占剩余产品的份额。一般来说，计划经济体制国家比市场经济体制国家更强调收入分配公平，因而在剔除其他因素的影响下，前者的财政规模会相对大一些。

从以上分析可以看出，在经济体制改革中调整分配政策和分配体制是必要的，但必须有缜密的整体设计，并要考虑国家财政的承受能力。对分配政策和分配体制的调整缺乏有序性，存在过急过度的弊病，会削弱财政的宏观调控能力，造成资金分散与保证国家重点建设的严重矛盾。因此，在提高经济效益的基础上，整顿分配秩序，调整分配格局，适当提高财政收入占国民收入的比重，是深化改革中应重点考虑的课题。

(三) 价格对财政收入规模的影响

财政收入是一定量的货币收入，它是在一定的价格体系下形成的，又是按一定时点的现价计算的，所以，由于价格变动引起的GDP分配的变化也是影响财政收入增减的一个不容忽视的因素。

价格变动对财政收入的影响，首先表现在对价格总水平升降的影响。在市场经济条件下，价格总水平一般呈上升趋势，一定范围内的上涨是正常现象，持续地、大幅度地上涨就是通货膨胀；反之，则为通货紧缩。随着价格总水平的上升而财政收入同比例地增长，则表现为财政收入的“虚增”，即名义增长而实际并无增长。在现实经济生活中，价格分配对财政收入的影响可能出现各种不同的情况：①财政收入增长率高于物价上涨率，其高出的部分为财政收入的实际增长；②财政收入增长率低于物价上涨率，财政收入名义上正增长，而实际上负增长，财政收入实际上是下降的；③财政收入增长率与物价上涨率大体一致，财政收入只有名义增长，而实际不增不减。

在现实经济生活中，价格分配对财政收入增减的影响，主要取决于两个因素：①引发物价总水平上升的原因；②现行的财政收入制度。

假如物价总水平的上升主要是由财政赤字引致的，即流通中过多的货币量是因弥补财政赤字造成的结果，国家财政就会通过财政赤字从GDP再分配中分得更大的份额；在GDP因物价上升形成名义增长而无实际增长的情况下，财政收入的增长就是通过价格再分配机制实现的。因此，财政收入的增量通常可分为两部分：①GDP正常增量的分配所得；②价格再分配所得。

决定价格对财政收入影响的另一个因素是现行财政收入制度。如果是以累进所得税为主体的税制，纳税人适用的税率会随着名义收入增长而提高，即出现所谓“档次爬升”效应；当然也会随着名义收入下降而降低档次，从而财政在价格再分配中所得份额将有所变化。如果实行的是以比例税率的货物和劳务税为主体的税制，这就意味着税收收入的增长率等同于物价上涨率，财政收入只有名义增长，而不会有实际增长。如果实行的是定额税制，在这种税制下，税收收入的增长总要低于物价上涨率，所以财政收入即使有名义增长，而实际必然是下降的。

另外，价格变动的情况不同，造成价格变动的原因不同，对财政收入规模的影响也不同。在一定的财政收入制度下，当商品的比价关系向有利于高税商品(或行业)的方向变动时，即高税商品价格涨幅大于低税商品价格涨幅时，财政收入会有更快的增长，即财政收入的规模将会变大；反之，当商品的比价关系向有利于低税商品(或行业)的方向变动时，即低税商品价格涨幅大于高税商品价格涨幅时，财政收入的规模将会变小。

除了价格总水平外，价格结构性的变化也会引起财政收入的变化。因为不同商品的价格变化会引起不同部门或行业收入的变化，致使财政收入部门结构发生变化，从而对财政收入规模产生影响。

四、我国财政收入规模分析

我国财政收入的增长过程大致可分为 4 个阶段。①水平徘徊阶段。财政收入由 1978 年的 1 132.26 亿元上升至 1982 年的 1 212.33 亿元，年平均增长率仅为 1.72%。②缓慢增长阶段。财政收入由 1982 年的 1 212.33 亿元增长到 1992 年的 3 483.37 亿元，年平均增长率为 11.13%。③大幅增长阶段。财政收入由 1992 年的 3 483.37 亿元增长到了 1997 年的 8 651.14 亿元，年平均增长率为 19.95%。④高速增长阶段。财政收入由 1997 年的 8 651.14 亿元猛增至 2019 年的 190 390.08 亿元。

1979 年以来，在我国财政收入绝对数上升的同时，其占 GDP 的相对比重也经历了一个先降后升的变化过程。下降的过程是 1979—1995 年，财政收入的比重从 28.4%下降至 10.27%。期间有过两次跳跃式的下降，一次是 1979—1982 年，财政收入比重从 28.4%下降至 22.9%，降幅达 5.5 个百分点。另一次是 1985—1988 年，从 22.34%跌至 15.8%，降幅为 6.6 个百分点。上升的过程是从 1995 年开始，至今一直呈单边上升态势，多数年份维持在 20%以上。1978 年至 2019 年我国财政收入增长变化情况如表 3-3 所示。

表 3-3 1978—2019 年我国财政收入增长变化情况

年份	财政收入/亿元	比上年增长/%	财政收入占 GDP 的比重/%
1978	1 132.26	29.50	31.06
1980	1 159.93	1.18	25.52
1985	2 004.82	22.03	22.24
1990	2 937.10	10.21	15.73
1991	3 149.48	7.23	14.46
1992	3 483.37	10.60	12.94
1993	4 348.95	24.85	12.31
1994	5 218.10	19.99	10.83
1995	6 242.20	19.63	10.27
1996	7 407.99	18.68	10.41
1997	8 651.14	16.78	10.95
1998	9 875.95	14.16	11.70
1999	11 444.08	15.88	12.76
2000	13 395.23	17.05	13.50
2001	16 386.04	22.33	14.94
2002	18 903.64	15.36	15.71
2003	21 715.25	14.87	15.99
2004	26 396.47	21.60	16.51

(续表)

年份	财政收入/亿元	比上年增长/%	财政收入占 GDP 的比重/%
2005	31 649.29	19.90	17.30
2006	39 343.62	24.30	18.79
2007	51 304.03	32.40	19.90
2008	61 330.40	19.50	19.50
2009	68 518.30	11.70	20.09
2010	83 101.51	21.30	20.70
2011	103 874.43	25.00	21.97
2012	117 253.52	12.88	22.57
2013	129 209.64	10.20	22.71
2014	140 349.74	8.62	22.05
2015	152 269.23	8.49	22.50
2016	159 552.08	4.78	21.46
2017	172 592.77	8.17	20.87
2018	183 351.84	6.20	20.37
2019	190 390.08	3.84	19.21

(数据来源：根据《政府工作报告》和《预算报告》等经济数据整理而成，中华人民共和国国家统计局. http://www.stats.gov.cn/tjsj/ndsj/2009/indexch.htm.)

我国财政收入占 GDP 的比重经历了一个先降后升的变化过程，应该说是我国社会改革和经济发展中不可避免和不可逾越的，其原因主要体现在以下几个方面。

(一) 1995 年以前下降的原因

1. 财税改革的总体策略

我国 20 世纪 70 年代末开始的改革是一项史无前例的宏大工程，特别是财税体制改革，直接关系到社会经济利益的分配，因此备受人们关注。政府既要推行财税体制的改革，又要保证社会的稳定，尽量在社会创造的增量中做文章。这种策略在改革的初期(1995 年以前)很大程度上保护了纳税主体或上缴主体的既得利益，而改革的成本只能由政府“埋单”，这就造成了政府收入比重在 1978—1995 年期间的逐年下降。

2. 两次重大改革

我国财政收入比重经历了两次跳跃式的下跌，这两次下跌正好对应我国历史上两次重大改革：1978 年的农村体制改革和 1984 年的城市体制改革。这两次重大改革是对我国生产力发展的“松绑”，因而在改革的次年 GDP 都得到大幅提升，而当时财税的体制改革还不能马上适应整个经济体制改革的需要，因此显得相对滞后，在 GDP 大幅增长而财政收入却维持原状的情况下，相对比重就大幅度下降了，两次降幅合计超过 12%。

3. 两次让利放权

1984—1988 年，国家财政先后对国有企业实行了两次让利放权的改革，这项改革使国有企业的利润水平提高了，但使财政收入减少了。再者，享受了让利放权政策的国有企业，由于众多的原因，并没有如改革所期望的那样显示出应有的活力，效益仍在不断下滑，也不能为财政带来增量，所以也造成财政收入比重的下降。

4. 所有制结构的调整

改革开放以前，我国的所有制结构比较单一，基本上是国有和集体所有制结构，其中国有经济占 90%左右。改革开放以后，经过所有制结构的调整，国有经济由原来的 90%下降至 50%以下，其他经济成分大幅增加，全社会的所有制结构已发生了重大改变。这种调整在当时对财政收入的影响是很大的，因为退出的经济成分直接减少财政收入，而新增的经济成分往往又有一个成长过程，不能马上增加(或者明显增加)财政收入，加之对新设立的企业，特别是外商投资企业，国家往往还有诸多税收优惠政策等，这就更加重了财政收入比重的下降。

5. 管理方面的原因

改革转轨期间，我国财政体制包括税制和公共收费体制一直在变，这些改革出台以后，就要求社会管理方面尽快适应和相应改变。但由于种种原因，我国财政税务和相关部门管理相对滞后，包括税收征管水平较低，手段比较落后，全社会纳税意识薄弱，偷税逃税较严重，税收制度较滞后，优惠政策不规范等。这些都导致了 1978—1995 年期间财政收入比重的下降。

(二) 1995 年以后上升的原因

1. 经济结构调整的成效

经济结构的调整包括所有制结构和产业结构的调整。从时间上看，所有制结构调整和产业结构调整几乎是同步进行的，二十多年来一直没有间断过，但其幅度、力度最大的阶段当数 20 世纪 90 年代中期。当时为了调整经济结构，关、停、并、转了一部分老企业，牺牲了一部分财政收入的“存量”；调整之后，新创立企业要经过 2～3 年的成长期才能明显贡献出财政收入的“增量”，这是新创立企业的一个成长过程，而且 2～3 年也是企业开创初期享受的税收优惠逐渐取消的时间。1997 年是我国经济结构大幅度调整的年份，2 年以后，财政收入比重开始回升，正好符合这个时间表。这个事实说明，我国经济结构调整已经初步取得成效，也说明了我国这项调整战略的正确性。

2. 经济快速发展的结果

改革开放 40 年来，我国经济总量一直在快速增长，年平均增长率达到 9%以上。这是我国多年来财政收入绝对数保持上升的直接原因。即便是 1995 年以前在比重下降的情况下，财政收入绝对数仍在增长，但是增幅小于经济总量的增幅。中国的企业已开始由粗放型向集约型、由规模型向效益型、由劳动密集型向科技密集型、由低附加值型向高附加值型全面转变。这种转变和经济发展的整体理念，在我国经济工作中已开始起主导作用，实际上已经对近几年财政收入比重的上升产生了作用。

3. 税制改革的作用

在改革期间，我国对税制也在不断进行调整，这些税制的调整在适应改革和经济发展的需要，以及在保证财政收入规模水平方面都起到了很好的作用。特别是 2001 年的改革，当年就使财政收入增长 3 000 亿元，比重增加 1.5 个百分点，明显高于其他年份。至于 1994 年的改革，虽然数字上反映不是特别明显，但应该承认它的作用，因为当时正是经济结构大调整之际，“减量”比较大，财政收入效果被结构调整的代价所抵消，反过来说，若没有这一次改革，则当年或次年财政收入比重下降的幅度会更大。

4. 其他原因

除了上述 3 个主要原因以外，致使财政收入比重回升的原因还有很多。比如，中央政府对走私的严厉打击，一些地区对偷税逃税的治理，税务部门征管水平的不断提高，各级政府对预算的强化管理，全社会纳税意识的增强等。总体来说，我国财政收入回升是社会综合改革的成果，是各种因素组合的结果，也反映了我国经济体制正在逐步理顺的过程。

2014—2020 年，全国一般公共财政收入增长率下降，分别为：8.6%、5.8%、4.5%、7.4%、6.2%、3.8%、-3.9%。其主要影响因素包括以下几个方面。①工业生产、消费、投资、进出口、企业利润等指标增幅均不同程 度回落，受新冠肺炎疫情对中国经济造成的不利影响，增值税、进口环节税收、企业所得税等主体税种增幅相应放缓；②工业生产者出厂价格(PPI)持续下降，影响以现价计算的财政收入增长；③房地产市场调整影响与之相关的税收；④减税降费政策措施的实施，在减轻企业负担的同时，对财政形成减收。

第三节 财政收入结构

财政收入结构可以根据研究角度的不同和对实践分析的不同进行分析。目前，各国学者主要从财政收入分项目构成、财政收入所有制构成、财政收入部门构成等方面对财政收入结构进行分析。

一、财政收入分项目构成

财政收入分项目构成，是指按财政收入形式分析财政收入的结构及其变化趋势。这种结构的发展变化，是我国财政收入制度变化的反映。

在过去的计划经济体制下，财政收入对国有企业主要采取上缴利润和税收两种形式。由于实行统收统支体制，区分上缴利润和税收并没有实质性的意义，而且长期存在简化税制、以利代税的倾向，所以直到改革前夕的 1978 年，以上缴利润为主的企业收入项目仍占财政收入的 50%以上。改革开放后，随着经济体制改革的逐步深化，税收才逐步取代上缴利润，至今已占主导地位。1993 年的第一步“利改税”迈出了重要的一步，就是对国有企业开征企业所得税。1994 年的第二步“利改税”又将原先已经简并的工商税重新划分为产品税、增值税、营业税和盐税，同时开征或恢复了资源税等其他一些税种，这就大大增强了税收的财政收入作用和经济调节作用。为了适度集中财力，1983 年开始征集能源交通重点建设基金，1989 年开始征集预算调节基金，1991 年又开始征集教育费附加。但随后国有企业进行了改制，并在较长一段时间内实行企业包干制。企业包干实际上就是将已经开征的国有企业所得税包干上缴，而且不是按固定比例上缴，是按包干合同分别核定每个企业上缴的金额或比例，实际上已经失去了税收的性质。但为了维持“利改税”已经取得的成果，在财政核算上仍将包干收入计入税收项下，这样在形式上维持了税收在财政收入中的主导地位。1994 年，工商税实行全面改革，同时停止了能源交通重点建设基金和预算调节基金的征集，从此才最终奠定了税收在财政收入中的主导地位。1996 年，各项税收占财政收入的 95.3%，各项税收中工商税收占 76.3%，工商税收中增值税、消费税、营业税三税共占 88%，企业收入从 1994 年开始从财政收入项目中消失。这些数字说明，我国财政收入的比重逐年上升，非税收收入的比重逐年下降，直到今天，财政收入结构已发生了根本性的转变。这个转变既显示了我国 40 年改革的成果，又坚定了我国财税进一步改革的决心和信心。目前财政收入的项目主要集中在国内增值税、国内消费税、企业所得税、个人所得税、进口货物增值税和消费税、出口退税(体现为减收)、城市维护建设税、车辆购置税、印花税(证券交易印花税占较大比重)、资源税、环境保护税(2018 年新开征)、土地和房地产相关税收(契税、土地增值税、房产税、城镇土地使用税、耕地占用税)、车船税、船舶吨税、烟叶税等。

二、财政收入所有制构成

财政收入所有制构成是指来自不同经济成分的财政收入所占的比重。这种结构分析的意义在于说明国民经济所有制构成对财政收入规模和结构的影响及其变化趋势，从而采取相应的增加财政收入的有效措施。

财政收入按经济成分分类，包括来自国有经济成分的收入和来自非国有经济成分的收入两个方面。对财政收入做进一步细分，则有来自全民所有制经济的收入、集体所有制经济的收入、私营经济的收入、个体经济的收入、外资企业的收入、中外合资企业的收入和股份制企业的收入。我国经济以公有制为主体，国有经济占支配地位，同时允许并鼓励发展城乡个体经济、私营经济、中外合资经营企业和外商独资企业。在过去传统经济体制下，国有经济占绝对主导地位，自然财政收入主要来自国有经济。

但是，自从改革开放以来，集体经济及其他非国有经济的发展速度远远超过国有经济，在 GDP 以及工业总产值中所占的比重迅速提高，而它们所提供的财政收入的增长速度却相对缓慢，同这些经济成分的增长速度不相称。出现这种情况的原因主要有以下几点：①税率高的企业，如石化、烟酒等行业主要还是由国有企业经营，相应的国有经济上缴财政收入的比重较大。②改革开放以来，长期未能实现企业所得税税制的统一，特别是外商投资企业能够享受到许多内资企业不能享受的税收优惠政策，目前虽有改善，但是效果并不明显。这种税收政策的倾斜，自然把重负压在国有经济身上。③集体经济和个体经济以小型企业居多，征管难度较大，税收征管上存在抓大轻小的倾向，税收管理漏洞较大。

虽然，改革开放后，随着城乡集体经济、个体经济、私营经济的发展以及三资企业的增加和财税管理制度的进一步完善，来自这些经济成分的财政收入相应增加。国有经济上缴的收入占整个财政收入的比重也随之发生了一些变化，但国有经济作为财政收入支柱的地位基本没有太大改变。

三、财政收入部门构成

财政收入部门结构分析，能够表明各生产流通部门在提供财政收入中的贡献及其贡献程度。这里的部门有双重含义：一是按传统意义上的部门分类，分为农业、工业、建筑业、交通运输业及服务业等；二是按现代意义上的产业分类，分为第一产业、第二产业和第三产业。这两种分类的依据虽然不一样，但对财政收入部门结构分析的意义却是一致的。

按照传统意义上的分类，农业和工业是国民经济中的两大部门。但是由农业部门直接提供的财政收入的比重是比较低的，一般为 5%左右。然而，农业是国民经济的基础，是其他部门赖以发展的基本条件，没有农业的发展，其他部门的发展及其所能提供的财政收入都将受到制约，从这个意义上说，农业也是财政收入的基础。农业部门提供的财政收入表现为两种形式：一种形式是直接上缴的农业(牧)税。由于我国农业的劳动生产率较低，农业部门的经济收益较低，通过税收上缴财政的只占全部财政收入中的很小一部分。2006 年，我国为了减轻农民负担，原来征收的农业税已全面取消。另一种形式是间接提供财政收入。即农业创造的一部分价值是通过为工业提供原材料，而转到工业部门来实现的。农业的丰歉，对本年度特别是下年度财政收入有重大的影响，因为农业丰歉与工业特别是轻工业部门产值的增长有密切的联系。

工业是创造 GDP 的主要部门，当然也是财政收入的主要来源。过去我国工商税收是在生产环节征收，所以工业部门提供的财政收入在整个财政收入中所占的比重较高，1985 年以前一直占到60%以上。随着税制的改革，主要是实行增值税以后，来自工业的财政收入虽有所下降，但仍占40%左右，仍然是财政收入的主要来源。因此，加快企业改革，特别是国有大中型企业的改革，提高经济效益，减少亏损，仍然是财政收入增长的关键所在。

除工农业部门以外，其他部门对财政收入增长的贡献率在快速增长。从我国 1994 年实行税制改革以来，增值税和所得税的作用大大增强了，其中商品流通部门提供的财政收入增长迅速。另外，随着我国房地产业和各种服务业的快速发展，这些行业已经成长为我国财政收入的非常重要的来源。

现代产业结构的分类与传统的产业结构分类不同，但又是相互交叉的。现代产业结构分类可将产业结构分为第一产业、第二产业和第三产业。第一产业的生产物取之于自然，包括农业、畜牧业、林业等。第二产业的属性是取自于自然的加工生产物，包括采矿业、制造业、建筑业、煤气、电力等工业部门。以上两大产业部门都是有形物质财富的生产部门。第三产业部门则属于繁衍于有形物质财富之上的无形财富的生产部门，包括商业、金融业及保险业、运输业、服务业、公益事业等部门，简称为广义的服务业。应当说明的是，部门结构属于传统的核算方法，已经不能完全适应市场经济发展的要求，而按第一、第二、第三产业分类是我国改革后的现行核算方法的分类，更具有实际意义。目前，我国的第三产业已呈现出快速增长的势头，随着改革开放的不断深化和经济的快速发展，第三产业将以更快的速度增长，成为财政收入的重要来源。为此，必须加强对第三产业部门的管理，建立科学化、系统化的管理制度，并加强税收的征收管理，通过大力发展第三产业来进一步推动财政收入的不断增长。

由于各个国家的产业结构总是处在不断调整和变化之中，因此，在行业间存在平均利润率作用的情况下，财政收入的部门结构分析可以通过不同部门提供的收入在全部财政收入中的比重来反映不同产业部门在国民经济中的地位，提供财政收入比重较高的部门通常在国民经济中处于较重要的地位，反之亦然。这种结构状态如果与各产业在国民经济结构中的实际地位相一致，又与政府产业政策的取向基本一致，则可以维持目前政府与各部门之间的分配关系；而如果这种结构与各产业在国民经济中的实际地位不一致，则反映了财政现行分配政策上的偏向性。如果追求收入分配的中性政策，则应对现行分配政策进行调整。

本章小结

1. 财政收入又称公共收入，是指一国政府为履行其职能、实施公共政策和提供公共物品与服务需要而筹集的一切资金的总和。

2. 我国财政收入的主要分类方法有：按财政收入的形式分类、按财政收入的来源分类、按财政收入的管理方式分类。

3. 财政收入规模是指一国政府在一个财政年度内所拥有的财政收入总水平。财政收入规模是衡量一国政府财力的重要指标，很大程度上反映了政府为社会提供公共产品和服务的能力。

4. 影响财政收入规模的因素主要有：经济发展水平和生产技术水平、分配政策和分配体制、价格因素。

5. 财政收入结构可以根据研究角度的不同和对实践分析的不同进行分析。目前，各国学者主要从财政收入分项目构成、财政收入所有制构成、财政收入部门构成等方面对财政收入结构进行分析。

课后习题

一、选择题

1. 政府以国家信用为依托取得的财政收入是(　　)。
   A. 存款　　B. 国债　　C. 税收　　D. 罚款
2. 关于财政收入，表述正确的是(　　)。
   A. 财政分配的对象是社会产品
   B. 我国现阶段财政收入形式由税收收入和非税收入构成
   C. 专项收费是指国家机关为居民或各类组织机构提供某些特殊服务时所收取的手续费和工本费
   D. 在许多国家，财政收入的绝大部分要靠税收来保证，以至于可以近似地用税收收入的分析来观察整个财政收入的状况
3. 关于财政收入规模，表述正确的是(　　)。
   A. 正常环境下，财政收入绝对规模会随着财源的扩大而保持上升势头
   B. 正常环境下，财政收入相对规模呈现出上升状态
   C. 中国财政收入相对规模的变化轨迹基本平稳
   D. 中国财政收入相对规模的变化呈马鞍形
4. 影响财政收入规模的因素有(　　)。
   A. 经济发展水平　　B. 分配政策　　C. 价格水平　　D. 税收征管水平
5. 财政收入规模的大小，可以从(　　)的角度进行衡量。
   A. 绝对规模　　B. 相对规模　　C. 数量规模　　D. 质量规模
6. 财政收入实际增长是指(　　)。
   A. 财政收入增长率高于物价上涨率　　B. 财政收入增长率低于物价上涨率
   C. 财政收入增长率等于物价上涨率　　D. 财政收入增长率高于 GDP 增长率

二、判断题

1. 从为国家组织财政收入的数量上看，非税收收入与税收收入基本相当　　(　　)
2. 财政收入作为财政活动的基本阶段，是一个组织收入、筹集资金的过程。　　(　　)
3. 财政收入规模与财政支出规模密切相关，但在变化趋势上一般不具有一致性。　　(　　)
4. 一个国家取得多少财政收入也就决定了公共部门和私人部门之间的资源配置问题。　　(　　)
5. 在我国社会主义市场经济时期，财政收入主要是为满足全社会生产建设资金需要。　　(　　)

三、名词概念

1. 财政收入　2. 财政收入形式　3. 财政收入来源　4. 财政收入规模
5. 预算收入　6. 罚没收入　7. 国有资产收益　8. 财政收入结构

四、问答题

1. 财政收入的分类方法有哪些？
2. 简述财政收入的形式。
3. 衡量财政收入规模的指标有哪些？
4. 影响财政收入规模的主要因素是什么？
5. 如何从财政收入的产业来源角度理解财政收入结构？
6. 我国转型时期的财政收入比重为什么会先降后升？
7. 通货膨胀或通货紧缩对我国的财政收入规模各会有什么影响？作用机制分别是什么？

案例分析

2021 年 1—8 月财政收支情况

一、全国一般公共预算收支情况

(一) 一般公共预算收入情况

2021 年 1—8 月累计，全国一般公共预算收入 150 088 亿元，同比增长 18.4%。其中，中央一般公共预算收入 70 467 亿元，同比增长 18.9%；地方一般公共预算本级收入 79 621 亿元，同比增长 17.9%。全国税收收入 129 627 亿元，同比增长 19.8%；非税收入 20 461 亿元，同比增长 10.4%。

主要税收收入项目情况如下。

(1) 国内增值税 45 355 亿元，同比增长 19.1%。

(2) 国内消费税 10 957 亿元，同比增长 11.6%。

(3) 企业所得税 34 873 亿元，同比增长 18.7%。

(4) 个人所得税 9 397 亿元，同比增长 23%。

(5) 进口货物增值税、消费税 12 022 亿元，同比增长 25.9%。关税 1 981 亿元，同比增长 19.8%。

(6) 出口退税 11 419 亿元，同比增长 14%。

(7) 城市维护建设税 3 636 亿元，同比增长 19.4%。

(8) 车辆购置税 2 525 亿元，同比增长 14.6%。

(9) 印花税 3 063 亿元，同比增长 34.8%。其中，证券交易印花税 1 990 亿元，同比增长 39.5%。

(10) 资源税 1 517 亿元，同比增长 32.3%。

(11) 土地和房地产相关税收中，契税 5 464 亿元，同比增长 24.1%；土地增值税 5 189 亿元，同比增长 20.9%；房产税 2 040 亿元，同比增长 18.6%；耕地占用税 733 亿元，同比下降 15.4%；

城镇土地使用税 1 378 亿元，同比增长 4.8%。

(12) 环境保护税 159 亿元，同比增长 4.2%。

(13) 车船税、船舶吨税、烟叶税等其他各项税收收入合计 758 亿元，同比增长 7.2%。

(二) 一般公共预算支出情况

2021 年 1—8 月累计，全国一般公共预算支出 155 371 亿元，同比增长 3.6%。其中，中央一般公共预算本级支出 20 502 亿元，同比下降 3.6%；地方一般公共预算支出 134 869 亿元，同比增长 4.8%。

主要支出科目情况如下。

(1) 教育支出 23 157 亿元，同比增长 7.9%。

(2) 科学技术支出 4 653 亿元，同比下降 0.9%。

(3) 文化旅游体育与传媒支出 2 238 亿元，同比增长 6.4%。

(4) 社会保障和就业支出 23 739 亿元，同比增长 1.9%。

(5) 卫生健康支出 12 986 亿元，同比增长 3.9%。

(6) 节能环保支出 3 149 亿元，同比下降 7.9%。

(7) 城乡社区支出 12 229 亿元，同比增长 0.4%。

(8) 农林水支出 12 998 亿元，同比下降 3%。

(9) 交通运输支出 7 043 亿元，同比下降 4.9%。

(10) 债务付息支出 7 028 亿元，同比增长 7.5%。

二、全国政府性基金预算收支情况

(一) 政府性基金预算收入情况

2021 年 1—8 月累计，全国政府性基金预算收入 53 693 亿元，同比增长 14.2%。分中央和地方看，中央政府性基金预算收入 2 919 亿元，同比增长 24.6%；地方政府性基金预算本级收入 50 774 亿元，同比增长 13.6%，其中，国有土地使用权出让收入 47 110 亿元，同比增长 12.1%。

(二) 政府性基金预算支出情况

2021 年 1—8 月累计，全国政府性基金预算支出 59 213 亿元，同比下降 7.3%。分中央和地方看，中央政府性基金预算本级支出 1 603 亿元，同比增长 5.7%；地方政府性基金预算相关的支出 57 610 亿元，同比下降 7.6%，其中，国有土地使用权出让收入相关支出 44 335 亿元，同比增长 13.8%。

(资料来源：中华人民共和国财政部网站，http://www.mof.gov.cn/)

问题：

1. 试分析我国财政收入的项目构成。
2. 简述财政收入下降的原因。

第四章

税 收 原 理

本章内容为税收基础知识，主要介绍税收的概念和分类，现代课税原则，税负转嫁的形式与税负转嫁的影响因素，税收在经济生活中的宏微观经济效应等。通过本章的学习，要求学生了解税收的一些基本概念和相关知识，为后续章节的学习打下基础。

【学习重点】

税收转嫁问题，现代课税的公平与效率原则问题，税收的宏微观经济效应问题。

【学习难点】

税收的宏微观经济效应问题。

【教学建议】

教师要以适当的讲解，并配合案例分析以及课堂讨论，帮助学生理解税收基础理论知识。

第一节 税收概述

一、税收的基本概念

(一) 税收定义

自古以来，税收问题关系国计民生，影响社会安定，既是重大的经济问题，又是重大的政治问题。

税收是国家依据法律规定，按照固定比例对社会产品进行的强制、无偿的分配，它是财政收入的主要形式。到了现代社会，税收已成为政府对经济进行宏观调控的重要手段。

税收定义包含着丰富的内涵，具体内容大致可归纳为 5 个方面。

1. 税收是由政府征收的

只有政府才能行使征税权，其他任何组织或机构均无征税权。税收征收的主体只能是代表社会全体成员行使公共权力的政府。

2. 政府征税凭借的是国家的政治权力

国家的权力分为两种，一种是财产权力，一种是政治权力。政府征税正是凭借政治权力，并以法律的形式予以明确规定，因而可以依法强制地向社会成员征税。

3. 政府征税的目的是满足整个社会对公共产品的需求

国家在履行其公共职能过程中必然要有一定的公共支出。公共支出一般情况下不能由公民个人、企业采取自愿出资的方式，而只能采用由国家(政府)强制征税的方式，由经济组织、单位和个人来负担。国家征税的目的是满足政府经费开支的需要、满足社会公众对公共物品的需求、满足国家提供公共产品的需要，其中包括政府弥补市场失灵、促进公平分配等需要。同时，国家征税也要受到所提供公共产品规模和质量的制约。税收成为各国政府进行宏观经济调控的重要政策手段。

4. 按照法律规定的条件和标准征税

凭借国家的政治权力，把劳动者创造的一部分社会产品用税收的形式集中到国家手中，必须依据法律规定的条件和标准进行。国家通过制定税法及其实施细则，凭借税法要求纳税人将其收入或财产的一部分以货币或实物的形式转移给国家，具有强制性。若没有税法，无论法人还是自然人都会感到无所适从，难以纳税。

5. 税收属于分配范畴

国家征税就是把一部分社会产品从纳税人所有强制地、无偿地转变为国家所有，在全社会范围内统一分配使用。同时，政府征税的结果转化为财政支出，必然引起社会各成员间占有社会产品和国民收入分配比例的变化，使得一部分社会成员占有的比例增加，另一部分社会成员占有的比例减少。

(二) 现代税收的本质

税收在本质上是以满足社会公共需要为目的，由政府凭借政治权力(公共权力)进行分配而体现的特殊分配关系。

1. 税收的本质是一种分配关系

当税收参与社会产品价值分配时，必然导致政府与产品价值原拥有者之间的利益分配关系。税收是国家取得财政收入的一种重要工具，其本质是一种分配关系。国家要行使职能必须有一定的财政收入作为保障。取得财政收入的手段多种多样，如税收收入、专项收入、行政事业性收费收入、罚没收入等，而税收收入是大部分国家取得财政收入的主要形式。我国自1994年税制改革以来，税收收入占财政收入的比重基本维持在80%以上。在社会再生产过程中，分配是连接生产与消费的必要环节，在市场经济条件下，分配主要是对社会产品价值的分割。税收解决的是分配问题，处于社会再生产的分配环节，因而它体现的是一种分配关系。

2. 税收是一种特殊的分配关系

(1) 税收分配关系的特殊性首先应从税收分配的“目的”着眼。

(2) 税收分配关系特殊性的进一步理解在于税收分配的依据。

(3) 税收分配关系的特殊性还可从社会财富分配的层面去理解，我们知道，社会财富的分配可以分为两个层次，即初次分配与再分配。

国家征税的依据是政治权力，它有别于按要素进行的分配，征税的目的是满足社会公共需要，国家参与的分配更多的是再分配过程。国家通过征税，将一部分社会产品由纳税人所有转变为国家所有，因此征税的过程实际上是国家参与社会产品的分配过程。国家与纳税人之间形成的这种分配关系与社会再生产中的一般分配关系不同。分配涉及两个基本问题：①分配的主体；②分配的依据。税收分配是以国家为主体所进行的分配，而一般分配则是以各生产要素的所有者为主体所进行的分配；税收分配是国家凭借政治权力进行的分配，而一般分配则是基于生产要素所进行的分配。

二、税收的特征

税收特征，亦称“税收形式特征”，是指税收分配形式区别于其他财政分配形式的质的规定性，与其他分配形式相比所具有的不同点。税收特征是由税收的本质决定的，是税收本质属性的外在表现，是区别税与非税的外在尺度和标志，也是古今中外税收的共性特征。税收的形式特征通常被概括为三性，即强制性、无偿性和固定性。

(一) 强制性

税收强制性，是指税收凭借国家政治权力征收，通过强制手段对国民收入分配中已实现的收入进行再分配。强制的含义是指：一方面国家依法获得各种税的征税权；另一方面使纳税人的纳税义务成立。

强制性是国家的政治权力在税收上的法律体现，是国家取得税收收入的根本前提。它也是与税收的无偿性特征相对应的一个特征。正因为税收具有无偿性，才需要通过税收法律的形式规范征纳双方的权利和义务，对纳税人而言依法纳税既是一种权利，更是一种义务。

因此，纳税人必须依法纳税，尽其纳税义务；如果不依法纳税，就要受到法律的制裁。税务机关可以通过加收滞纳金、罚款、通知银行扣缴入库、扣押财产和最终提请法院强制执行等种种办法和制度，进行强制征收；而对于构成税务犯罪的，司法机关还要追究其刑事责任。

税收的强制性特征使其与公债、政府收费和接受捐款等财政收入形式区别开来，是税收形式的最根本特征。与税收形式相比，政府发债取决于债权人的认购意愿，政府收费有着直接的服务对象，政府接受捐款更是依赖于捐款者的行为选择，这些都不具有强制性的形式特征。

(二) 无偿性

税收的无偿性，是指国家征税以后对具体纳税人既不需要直接偿还，也不付出任何直接形式的报酬，纳税人从政府支出中所获利益通常与其支付的税款不完全构成一一对应的比例关系。无偿性是税收的关键特征，它使税收明显地区别于国债等财政收入形式，决定了税收是国家筹集财政收入的主要手段，并成为调节经济和矫正社会分配不公的有力工具。

税收的这个特征是针对具体纳税人而言，即税款交纳后，国家与纳税人之间不再有直接的返还关系。无偿性特征既使税收和国债产生鲜明的区别，也与银行信用不同，它们都是需要偿还或付出代价的。

(三) 固定性

税收的固定性，是指国家通过法律形式预先规定对什么征税及其征收比例等税制要素，并保持相对的连续性和稳定性，即使税制要素的具体内容会因经济发展水平、国家经济政策的变化而进行必要的改革和调整，但这种改革和调整也总是要通过法律形式事先规定，而且改革调整后要保持一定时期的相对稳定。基于法律的税收固定性始终是税收的固有形式特征，税收固定性对国家和纳税人都具有十分重要的意义。对国家来说，可以保证财政收入的及时、稳定和可靠，使国家征税充分考虑客观经济条件和纳税人的负担能力，不会滥用征税权力；对于纳税人来说，可以保护其合法权益不受侵犯，增强其依法纳税的法律意识，同时也有利于纳税人通过税收筹划选择合理的经营规模、经营方式和经营结构等，降低经营成本。

税收的这一特点又与上缴利润和各种罚没收入不同。它既把国家和企业、个人的分配关系通过法律的形式固定下来，从而保证了财政收入的稳定性，也有利于维护纳税人的合法权益。

税收三性是一个完整的统一体，它们相辅相成、缺一不可。其中，无偿性是核心，强制性是保障，固定性是对强制性和无偿性的一种规范和约束。税收是以上三性的统一，只有同时具备这三个特征才构成税收。

三、税收的分类

世界各国的税收制度不同，税种名称不同，且税种数量多少不一，为了便于分析研究，有必要从不同角度对税种进行分类。

(一) 按课税对象的性质分类

这是最基本的一种分类方法，我国现行税种按课税对象的性质可分为 4 大类：货物和劳务税、所得税、财产税和行为税。

西方经济学把税收主要划分为 3 类：货物劳务税类、所得税类和财产税类。对行为征税划在货物劳务税中的消费税里。

货物和劳务税，是指以货物流转额和劳务流转额为征税对象的税种，如增值税、消费税和关税等。

所得税，是指以纳税人的所得额为征税对象的税种，如企业所得税、个人所得税等。

财产税，是指以纳税人所有或占有的财产为征税对象的税种。它主要有两种类型：一是对纳税人占有或移转的财产进行征税；二是对纳税人占有的财产的增值部分进行征税，如房产税、车船税等。

行为税，即政府出于调节和影响纳税人社会经济行为的目的而设立的税收，如印花税、环境保护税等。

(二) 按计税依据分类

按税收的计量(或计征)标准分类，可分为从量税和从价税两大类。

从量税，是以征税对象的数量(如重量、长度、面积、容积、件数等)为课征标准，根据单位税额计算应纳税额的税种。计税数量单位的确定和计算，在方法和手续上都极为简便易行。但从量税的税负轻重不能与物价变动相联系，在物价上涨时税额不能随之增加，使税收遭受损失。为此，从量税在设计上常常将同类物品区分为不同的税目，对价格高的规定较高的固定税额，对价格低的规定较低的固定税额，如车船税、城镇土地使用税等。

从价税，是指以征税对象的价格或金额为课征标准，根据一定的比率计算应纳税额的税种。从价税的税负轻重与征税对象的价格或金额高低的变化成正比关系。在物价上涨时，税额也随之增加，能保证税收的稳定。同时，从价税中的累进税其税负轻重还受到征税标准高低的影响。国家通过不同税率结构的设计，可以非常有效地实现量能纳税和公平税负，并达到各种调节目的。从价税包括增值税、消费税等。目前，世界各国所实行的大部分税种均属于从价税，只有少数几种税属于从量税。

从税率的使用情况看，从价税多使用比例税率，而从量税多使用定额税率。

(三) 按税收与价格的关系分类

按税收与价格的关系分类，可分为价内税和价外税两大类。

价内税，即计税价格中含有税金的一类税收，如我国的消费税。

价外税，即计税价格中不含有税金的一类税收，如我国的增值税。

在从价计税的税种中，计税价格(以货物和劳务税为例)一般为销售额或流转额。计税价格分为含税价格和不含税价格两种。含税价格是指包含税金在内的计税价格，价格由成本、利润和税金组成。不含税价格是不包含税金的计税价格，价格由成本和利润组成。凡是以含税价格计税的税收称为价内税，凡是以不含税价格计税的税收称为价外税。无论是价内税还是价外税，税金都可能由消费者作为买方承担，其实际结果取决于供求关系。

(四) 按税负能否转嫁分类

按税负能否转嫁分类，可分为直接税和间接税两大类。

1. 直接税

直接税，是指税负由纳税人直接承受而不转嫁于他人的税种。直接税以归属于纳税人的所得和财产为征税对象，即税收法律主体与税收经济主体保持一致。这类税收的纳税人也就是负税人，税款由纳税人即负税人直接向税务机关缴纳。

直接税的显著特点如下。

(1) 直接税的纳税人较难转嫁其税负。

(2) 直接税税率多采用累进税率，根据纳税人所得和财产的多少决定其负担水平。

(3) 直接税中的所得税，可以根据纳税人的生存能力和状况设置相应的减免额，使纳税人的基本生存权利得到保障。

直接税比较符合现代税收税负公平和量能纳税的原则，对于社会财富的再分配和社会保障的满足具有特殊的调节作用。

直接税特别是所得税的计算征收，涉及纳税人的各种复杂情况及采用累进税率等问题，比较烦琐，易产生税务纠纷。

直接税的存在与经济的发展水平有着密切的关系。世界上各经济发达国家(除法国等少数国家外)均以各种直接税特别是所得税为主要税种。

2. 间接税

间接税，是指税负由纳税人转嫁给他人承受的税种。该税收的纳税人一般并不是负税人。间接税主要是对商品和劳务的流转额征税，纳税人通常把间接税款附加到或合并于商品价格或劳务收费标准之中，实际是由消费者最终承担税负。

间接税的特点如下。

(1) 税负转嫁特征明显，税收法律主体与税收经济主体多数不一致。

(2) 间接税不能体现现代税收税负公平和量能纳税的原则。

(3) 间接税几乎可以对一切货物和劳务征税，其征税对象普遍，税源丰富。

(4) 间接税具有突出的保证财政收入的内在功能。

间接税的计算与征收无须考虑生产经营成本与是否盈利等因素，只要应税项目发生，就可进行征税。因此，间接税具有突出的保证财政收入的内在功能。间接税的计算和征收，无须考虑到纳税人的各种复杂情况并采用比例税率，较为简便易行。间接税的存在与经济的发展水平有着密切的关系。在经济相对落后的发展中国家，几乎均以各种间接税作为主要税种。

一般认为，所得税和财产税属于直接税，而货物和劳务税属于间接税。

第二节　税收原则

税收既是政府筹集财政收入的基本手段，又是政府实现资源配置、收入公平分配以及经济稳定增长的重要工具。因此，在税收政策制定、税制设计中必须符合某些基本要求，以便实现上述目标，这些基本要求即税收原则。由此可见，税收原则既是制定税收政策、设计税收制度的指导思想，也是鉴别税制优劣的准则。现代国家税收原则主要包括公平与效率两个方面。

一、税收原则主要观点阐述

(一) 我国古代税收原则思想

孟子是战国时期儒家的主要代表人物。他认为搞好生产和轻赋税是富民的两个条件，因此主张轻税政策，并把它列为仁政的一项内容。孟子认为，应减少赋税的征收品种，以减轻农民的赋税负担。关于农业税税率问题，孟子认为征十分之一最为恰当，即什一税是最合理的税率。

《管子》是战国时期齐国学者们托名管仲所写的论文集，包含了哲学、天文、地理、经济、管理、农业等多方面的知识与思想，是一部保留了先秦时期文化思想精华的重要论著。书中包含着丰富的财政经济思想。《管子》主张“府不积货，藏于民也”，即要减轻赋税，实行藏富于民的政策。

战国末年的荀子提出了反映经济和财政关系的开源节流论和节用裕民论。节流是指撙节税收，裕民政策的核心内容也是薄税敛。荀子认为财富的生产是本、是源，官府储藏财富和征收赋税是末、是流。因此，要多生产、少征税，将收获的农产品尽量保留在民间。

韩非子提出“均贫富”的税收原则，把“论其赋税以均贫富”定为“明主之治国”的政策之一，即富人和穷人的赋税负担要合理。韩非也主张薄税敛、轻徭役，他认为赋税的轻重会影响农民耕作的积极性，应该对农民实行轻税的政策。

《淮南子》提出一个征税原则说：人主租敛于民也，必先计岁收，量民积聚，知饥馑有余不足之数，然后取车舆衣食供养其欲。

西晋时期的傅玄提出至平、积俭、有常的征收赋役的三原则。

唐代的杨炎创立了两税法。之所以称为“两税”，是因为税收每年分夏、秋两季缴纳。

陆贽则反对两税法，坚持要量入为出。

明代的丘濬在其著作《大学衍义补》中提出了丰富的财政税收思想。丘浚反对聚敛，认为取得财政收入即征税时，应遵循“征敛有其艺”“取财有义”“取之有度”的原则。

(二) 西方税收原则的发展

1. 西方古代税收原则

1) 威廉·配第的税收原则

威廉·配第(1623—1687 年)作为古典政治经济学的奠基人和财政理论的先驱，不仅在国家财政支出方面进行了深入研究，而且在国家财政收入理论上也颇有建树。他的主要著作是 1662 年的《赋税论》和 1672 年的《政治算术》。他的一般课税原则可概括为：公平原则、便利原则、节省原则。在他看来，所谓的“公平”，就是税收要对任何人、任何东西“无所偏袒”，税负也不能过重；所谓“简便”，就是征税手续不能过于烦琐，方法要简明，应尽量给纳税人以便利；所谓“节省”，就是征税费用不能过多，应尽量注意节约。

2) 亚当·斯密的税收原则

英国古典政治经济学家亚当·斯密第一次将税收原则提到理论的高度，明确而系统地加以阐述，他在经济学名著《国民财富的性质和原因的研究》中提出了税收的 4 项原则：平等原则、确实原则、便利原则、经济原则。

(1) 平等原则。平等原则是指国民应依其在国家的保护下所得收入的多少按一定比例向国家缴纳税收。

(2) 确实原则。确实原则是指国民所纳税目与条例应该是确定的，而且纳税的时间、地点、手续、数额等都要明确规定，使纳税人明了。

(3) 便利原则。便利原则是指各种税收的缴纳日期和缴纳方式等都要给纳税人以最大的便利。例如：纳税时间应规定在纳税人收入丰裕的时期；征税方法应力求简便易行；征收地点应设在交通便利的场所；征收形式应当尽量采用货币形式，以避免因运输实物而增加纳税人的负担等。

(4) 经济原则。经济原则是指在征收过程中，应尽量减少不必要的费用开支，所征税收尽量归入国库，使国库收入与人民缴纳税收的差额最小，即征收费用最少。

亚当·斯密的税收原则理论，反映了资本主义自由经济时期资产阶级的思想和利益，成为资本主义国家制定税收制度所奉行的重要理论指导原则。

2. 西方近代税收原则

1) 西斯蒙第的税收原则

西斯蒙第，著名经济学家、历史学家，出生于瑞士日内瓦，法国古典政治经济学完成者，也是经济浪漫主义的创始人。西斯蒙第代表性经济著作为1819年发表的《政治经济学新原理：或论财富同人口的关系》。

西斯蒙第身处欧洲国家产业革命后的资本主义经济发展时期。他从发展资本主义经济的观点出发，在肯定亚当·斯密提出的税收原则的基础上，在他的《政治经济学新原理》中补充和发展了亚当·斯密的税收原则理论，增加了如下 4 条。

(1) 一切税收应该以收入作为课税对象，不应以资本作为课税对象，对资本课税就是毁灭用于维持个人和国家生存的财富。

(2) 不应该以每年的总产品作为课税标准，因为总产品中除了年收入之外，还包括全部流动资本。

(3) 不能对纳税人维持生活所必需的那部分收入课税。

(4) 决不可以因为征税而使应纳税的财富逃到国外。

西斯蒙第是从资本主义经济发展的角度来研究税收的，为了适应资本积累的要求，他大力倡导轻税的原则。他的第三、第四条原则，补充了亚当•斯密在经济方面的空白，是一种新的贡献。

2) 瓦格纳的税收原则

阿道夫•瓦格纳，德国最著名的财税学家，优秀的经济学家，资产阶级近代财政学的创造者，代表作有《政治经济学教程》(1876 年)、《财政学》(1877—1901 年)。为了更好地制定和实施他的社会政策税收目标，瓦格纳提出了著名的“四项九端”税收原则。

(1) 财政政策原则。所谓财政政策原则，即课税能充足而灵活地保证国家经费开支需要的原则，故有人也称之为财政收入原则。该项原则包含收入充分原则和收入弹性原则。

(2) 国民经济原则。所谓国民经济原则，即国家征税不能阻碍国民经济的发展，以免危及税源，在可能的范围内应尽量有助于资本形成，促进国民经济的发展。该项原则包含税源选择原则和税种选择原则。

(3) 社会公正原则。所谓社会公正原则，即税收负担应普遍和平等地分配给各个阶级、阶层和纳税人。该项原则包含普遍原则和平等原则。

(4) 税务行政原则。所谓税务行政原则，即税法的制定与实施都应当便于纳税人履行纳税义务。该项原则包含确实原则、便利原则、最少征收费用原则。

二、现代西方税收原则

自 20 世纪 30 年代以来，随着世界经济形势的变化，经济学家们对市场机制和国家职能的认识不断提高，人们对税收原则的认识也随之变化。从现代经济学理论角度来看，目前国际上通常公认的税收原则可归纳为两个主要方面：①效率原则；②公平原则。

(一) 效率原则

税收效率原则指政府课税必须使社会所承受的非税款负担为最小，即以较少的税收成本换取较多的税收收入。要求国家征税要有利于资源的有效配置和提高税收行政管理效率。它包括税收的经济效率和行政效率两个方面的内容。

1. 税收的经济效率

税收的经济效率是指税收对经济资源配置、对经济机制运行的消极影响越小越好。资源的优化配置一般以帕累托最优效率进行定义，如果生产资源在各部门之间的分配和使用已经达到这样一种状态——生产资源无论如何重新配置，已经无法使任何一个人的境况变好，并且也不会使其他人的境况变坏，这种生产资源配置状态为最大效率。税收要促进社会生产力的发展，不影响或很少影响国民经济的正常运行。纳税人超额负担越小，税收的经济效率越高；反之，税收的经济效率越低。

税收的经济效率就是通过正确制定税收政策改善资源配置状况、减少经济效率的损失。因此，税种选择、税基选择和税率选择都应该有助于提高社会资源的利用效率，促进资源配置的优化，产生使经济效益增加的效应。

2. 税收的行政效率

税收的行政效率是指以较少的征管费用和执行费用换取较多的税收收入。征管费用和执行费用越少，税收的行政效率越高；反之，税收的行政效率越低。

税收是通过强制性手段将一部分资源从私人部门转移到政府部门，这种转移会造成资源的耗费，即各种税务支出。经济学家们将这些税务支出分为政府征管成本和纳税人缴纳成本。

行政效率要求政府税收征管成本支出要力求最少，以保证国家取得更多的税收收入。如果征管成本支出过大，会使相当一部分税收收入被抵销掉，最终造成国家财政收入的不足。因此，必须尽量节省开支，采用先进的征管手段进行管理。

另一方面也必须努力使纳税人的缴纳成本支出最少。要求税收制度能方便纳税人，使纳税人很容易理解和掌握税法，节省他们在这方面花费的时间、精力和费用，同时还要减少纳税人逃税的企图和机会。

税收行政效率的衡量指标如下。

1) 质量指标

衡量税收制度效率状况的质量指标一般是从税种结构、税基大小、时滞长短以及执行程度等方面考察，分别归类为集中性指标、侵蚀性指标、时滞性指标以及执行性指标。

(1) 集中性指标。在某种既定的税制体系下，如果相对少量的税种和相对较低的税率就能筹措到大部分税收收入，那么，这种税制就是优良的税制。因为一般而言，集中程度越高，税制的透明度就越高，管理就越容易。

(2) 侵蚀性指标。该指标用于估算实际税基与潜在税基相接近的程度。无论是发展中国家还是发达国家，税基侵蚀是税收制度的主要问题之一。税基侵蚀一般有两种原因：①合法措施，如免税期、税收豁免、纳税扣除、进口关税减免、零税率等；②非法行为，如逃税、走私等。不管是合法措施还是非法行为，其结果都是使实际税基大大低于其潜在税基。

(3) 时滞性指标。该指标用于衡量税款的实际缴纳(入库)时间与其应缴纳时间的差距，称之为征收时滞，可分为合法时滞和拖欠时滞。

(4) 执行性指标。如果一种税制由于来自纳税人的阻力而得不到有效执行，法定税制与有效税制之间的偏差就可能大到足以使合法税制失去其存在的意义。这种情况常常与不重视对不遵章纳税行为的处罚制度有关。

2) 成本指标

成本指标一般包括管理费用或征收费用、纳税费用或服从费用以及政治费用。

依据税收学的最新研究成果，税务费用一般包括管理费用或征收费用、纳税费用或服从费用以及政治费用。毋庸置疑，在其他条件相同的情况下，税务成本越低，这种税制就越好。从目前来看，征收成本占税收收入的比重，有些国家为2%～3%，而有些国家为7%～8%。一般来说，货物和劳务税的征收成本大大低于所得税。

(二) 公平原则

税收公平原则是指政府征税要使各个纳税人承受的负担与其经济状况相适应，并使各纳税人之间的负担水平保持均衡。

税收的公平原则，要求政府依据社会福利公平准则，运用税收工具，对市场所决定的分配的前提条件和分配结果进行调节。由于种种原因，社会财富和个人所得分配是不均等的。因而，税收矫正收入分配悬殊的作用日趋重要，公平原则也日益受到重视。税收学界一般把公平原则进一步区分为两个概念：横向公平和纵向公平。

1. 税收的横向公平

税收的横向公平是指对于具有相同纳税能力的纳税人，应当缴纳相同的税，即以同等方式对待经济情况和条件相同的纳税人，使他们税后仍具有同样的福利水平。这里的公平是以纳税能力作为依据的。但纳税能力却可以分别用个人收入、个人支出和个人财富这三个指标来衡量，选用指标的不同会涉及征税对象或税基的选择。

1) 个人收入指标

个人收入是个人货币收入的统称。一般认为，收入最能反映纳税人的纳税能力，收入的增加意味着支出能力的增加和增添财富能力的增强。个人收入反映了个人的纳税能力。作为衡量指标，个人收入具有较大的透明度，易于掌握、管理，但也存在由于纳税人本人及家庭成员数量与劳动能力的差异而使纳税能力的确定具有技术上的困难。

2) 个人支出指标

个人支出是个人收入扣除个人净储蓄后的余额。若个人收入大于个人支出，其余额为正值；若个人收入小于个人支出，其余额为负值。个人支出也能反映个人的纳税能力。作为衡量指标，它具有鼓励节俭和储蓄，加速资本形成的作用，但也会因为个人(家庭)情况不同，个人支出极其分散，从而使纳税能力的确定也具有技术上的困难。

3) 个人财富指标

个人财富是个人收入的积累，包括动产和不动产、有形财产和无形财产等。纳税人可以利用财富赚取收入，增强纳税能力。因此，个人财富也能反映个人的纳税能力。作为衡量指标，也存在一些不足，主要在于财富与收益往往是不对等的，财富的管理(尤其是动产或无形资产)比收入、支出更不易掌握。

对个人收入、个人支出和个人财富这三个指标进行比较，个人收入是目前衡量纳税人纳税能力最主要的指标。因此，公平税收主要是以个人收入为征税基础，同时，根据具体情况，也适当选择个人支出或个人财富作为征税基础。

2. 税收的纵向公平

税收的纵向公平是指对于具有不同纳税能力的纳税人，应当缴纳不同数额的税，即以不同的方式对待经济情况和条件不同的纳税人，纳税能力强的纳税人要比纳税能力弱的纳税人承担更重的税收负担率。西方经济学家曾经提出效用牺牲理论来衡量纵向公平，即如果政府征税使每个纳税人的效用牺牲程度相同或均等，那么税收就达到了纵向公平。效用牺牲的衡量标准也有 3 种：边际效用均等牺牲、绝对效用均等牺牲和比例效用均等牺牲。

概括来说，衡量课税或纳税是否公平，主要有以下两种主张。

1) 能力原则

能力原则要求纳税人应当按照他们的支付能力纳税，或者他们缴纳的税收数量要与他们的支付能力成正比。通常分为客观说和主观说。

如果某种税同等地对待同样的人，那么这种税就是横向公平的。也就是说，如果在征税前，两个人具有相同的福利水平，在征税之后，他们的福利水平也应是相同的。纵向公平标准说的是税收制度如何对待福利水平不同的人。

2) 受益原则

受益原则要求纳税人应根据其从公共服务中获得的利益纳税。税收学者认为，纳税人从不同的公共服务中获得的利益不同，导致纳税人之间的福利水平不同，结果是享受相同利益的纳税人具有相同的福利水平，应缴纳相同的税(横向公平)；而享受到较多利益的纳税人具有较高的福利水平，就应缴纳较高的税(纵向公平)。

受益原则的三大缺陷如下：①受益原则的应用因公共物品的集体消费性质而受到极大限制；②受益原则的应用因公共物品的内在性质难以确定受益的多少；③受益原则的应用很可能使某些税种具有很大的扭曲性。

三、我国社会主义市场经济中的税收原则体现

(一) 财政原则

(1) 财政收入要足额、稳定。一方面，可以考虑开征一些新的税种，如有利于环境保护的环境保护税，在全社会范围内普遍征收社会保障税，对遗产和赠与行为征收遗产税和赠与税，对股票等有价证券的交易行为征收印花税或者开征证券交易税等。另一方面，要加强对现有直接税税种的征收管理，减少税收流失，从而逐步提高直接税收入在全部税收收入中的比重。

(2) 财政收入要适度、合理。政府征税，包括税制的建立和税收政策的运用，应兼顾需要和可能，做到取之有度。

(二) 公平原则

我国社会主义市场经济下的税收公平原则应具有两层内涵：税负公平和机会均等。

税负公平，是指纳税人的税收负担要与其收入相适应，这既要求做到税收的横向公平，又要求达到纵向公平。要实现税负公平，就要做到普遍征收、量能负担，还需要统一税政、集中税权，保证税法执行上的严肃性和一致性。

机会均等，是基于竞争的原则，通过税收杠杆的作用，力求改善不平等的竞争环境，鼓励企业在同一起跑线上展开竞争，以达到社会经济的有序发展。要实现机会均等，就必须贯彻国民待遇原则，实现真正的公平竞争。

(三) 效率原则

效率原则，一方面要求提高税收的经济效率，使税收对市场微观主体的效率损害达到最小化；另一方面要求提高税收的行政效率，即使税收的征管费用和执行费用最小化。提高征税效率，需要做到以下几点。

首先，要加强计算机网络建设，提高税收征管的现代化程度，这是提高我国征管效率的根本途径。

其次，要改进管理形式，实现征管要素的最佳结合。

最后，要健全征管成本制度，精兵简政、节约开支。

(四) 法治原则

法治原则的内容包括两个方面：税收的程序规范原则和征收内容明确原则。前者要求税收程序(包括税收的立法程序、执法程序和司法程序)法定，后者要求征税内容法定。要实现依法治税，需要做到以下几点。

首先，要做到有法可依，这是法治原则的前提。

其次，要从严征管。要实现依法治税，还必须使用现代化手段，完善税务信息网络。

最后，还必须加强税收法制教育。

第三节 税收负担与税负转嫁

一、税收负担

税收负担简称税负，一般而言，是指纳税人或负税人因国家征税而承受的利益损失或经济利益转移。它反映一定时期内，社会产品在国家和纳税人之间税收分配的数量关系和纳税人或征税对象的税收的量度状况。

税收负担一般用相对值表示，反映一定时期纳税人的实纳税额与其征税对象价值的比率，即税收负担率。这个比率通常被用来比较各类纳税人或各类征税对象的税负水平的高低，因而是各国政府研究制定和调整本国税收政策的重要依据。

税收负担是税收制度的核心问题。它一方面关系到国家从总体预算上向纳税人征多少税才能满足国家财政的需要，另一方面关系到广大纳税人可以承受的税负能力的大小。税收负担对生产、生活以及税收政策的制定有很大的影响。在税收负担分析上，可以从宏观税负和微观税负两方面进行研究。

(一) 宏观税负分析

宏观税负水平是从一个国家的国民经济角度来考虑分析税收负担状况，是税收负担分析中的一个最重要的分析指标。

1. 衡量总体税负的国民经济的总量指标

能够衡量总体税负的国民经济的总量指标主要有国民收入、国民生产总值和国内生产总值。

国民收入是指一个国家的物质生产部门在一定时期内新创造的价值。

国民生产总值是指一国国民在一年内所生产的最终产品和服务的市场价值的总和。按照国民原则，以本国居民为统计标准。

国内生产总值是一个国家(或地区)在一定时期内运用生产要素所生产的全部最终产品和服务的市场价值。按照国土原则，以地理上的国境为统计标准。国内生产总值常被公认为是衡量国家经济状况的最佳指标。

这 3 个指标均不包括已消耗的生产资料的转移价值，均是生产中新创造的价值，它们是社会生产中分配的对象和结果，是税收分配的客体，可以作为衡量税负总水平的重要依据。

2. 衡量宏观税负的指标

国际上对宏观税负的衡量主要有 3 个指标。

(1) 国民收入税收负担率。它是指一定时期内税收收入总额与国民收入的比率(T/NI)。

(2) 国民生产总值税收负担率。它是指一定时期内税收收入总额与国民生产总值的比率(T/GNP)。

(3) 国内生产总值税收负担率。它是指一定时期内税收收入总额与国内生产总值的比率(T/GDP)。该指标是中国采用的重要指标。近年来中国国内生产总值税收负担率如表 4-1 所示。

表 4-1　中国国内生产总值税收负担率

年份	税收收入/亿元	国内生产总值/亿元	国内生产总值税收负担率/%
2011	89 738	484 124	18.5
2012	100 614	534 123	18.8
2013	110 530	588 019	18.8
2014	119 175	635 910	18.7
2015	124 922	676 708	18.5
2016	130 360	743 585	17.5
2017	144 370	827 122	17.5
2018	156 401	900 309	17.4
2019	157 992	990 865	15.9
2020	136 780	1 015 986	13.5

(数据来源：国家统计局官网，http://www.stats.gov.cn/.)

3. 宏观税负因素分析

纵观世界各国经济的发展，我们可以发现，不同国家在同一时期或同一国家在不同时期，其宏观税负差异较大，这种现象不是人们主观意志的结果，而是由各种复杂的客观因素共同作用的结果。这些因素大致可归纳为 3 个方面：经济发展水平因素、国家政府职能因素和国家财政收入结构因素。

(1) 经济发展水平因素。税收负担水平同经济发展水平存在着比较密切的关系。一般认为，经济发展水平同税收负担水平呈正相关。在经济发展水平较低的情况下，人均收入较少，其中可供国家集中使用的部分也比较小，税负水平只能较低。而经济发展水平较高且人均收入较多的情况下，国家才能支配其中的较大部分，税负水平也才会较高。

众多经济学家们对许多国家的税负进行了统计与分析，得出了人均国民生产总值与国民生产总值税收负担率之间的数据关系。税收负担水平随人均 GNP 增加而递增。由于人均 GNP 基本反映了一个国家的经济发展水平，一般情况下，经济发展水平同税收负担水平呈正相关。

(2) 国家政府职能因素。税收作为财政收入的主要来源，是为了满足政府职能的需要，保证政府执行国家公共事务的各项开支。

政府职能的范围，必然影响宏观税负的高低。如果一个国家政府的职能范围较小，它的各项开支也比较少，对税收收入的需求也比较少，宏观税负就可以比较低。反之，如果国家职能范围较大，支出开支较大，则宏观税负就较高。世界一些经济发展水平大体相同的国家的宏观税负水平不一样，主要就是由于国家政府职能范围不完全相同。

(3) 国家财政收入结构因素。税收是国家取得财政收入的一种手段，除了税收之外，国家财政收入还有非税收入和发行国债收入等。

在多种收入形式并存的情况下，国家对其他财政收入形式的依赖程度直接影响税收的规模，相应地影响宏观税负的水平。如果非税收入高些、国债发行的规模大些，宏观税负的水平就会低些，反之则会相对高些。世界上一些经济发展水平相近、政府职能相近的国家，宏观税负水平不一样，主要原因就在于国家财政收入的结构不同所致。

综上所述，这 3 个因素均对宏观税负起制约作用，但其作用各不相同。其中，从根本上起决定作用的是经济发展水平。它不仅决定宏观税负水平高低的可能性，而且决定国家政府职能的适宜范围与规模。

(二) 微观税负分析

微观税负水平是从企业或个人，即从纳税人或负税人个体的角度来考察分析税收负担状况，也是税收负担分析中的一个重要的分析指标。

1. 衡量微观税负的指标

国际上对企业和个人税收负担的衡量主要有 2 个指标。

(1) 企业盈利税负率。它是指一定时期内企业实际缴纳的各种税收与企业税利总额的比率。

(2) 个人所得税负率。它是指一定时期内个人实际缴纳的各种税收与个人所得总额的比率。

2. 微观税负因素分析

企业税收负担和个人税收负担变化受多种因素影响，主要包括 2 个方面。

(1) 企业税收负担主要受一国经济体制变化、税制结构变化和税收制度变化的影响。当市场经济较发达，企业自主权较大时，税负就会较低；当企业所得税在税收总额中所占比重较低时，税负就会相对较轻；当税收优惠条件较充足时，边际税率就会降低，同样也会降低企业的税收负担。

(2) 个人税收负担主要受一国分配制度、税制结构和个人所得税制度的影响。当个人收入来源渠道较广、个人收入水平较高时，税负将会有所提高；当个人所得税在税收总额中所占比重上升时，个人税负也将会随之上升；当个人所得税实行累进税率时，由于累进税率具有弹性，将会随个人收入的增加而使税负上升。

二、税负转嫁

(一) 税负转嫁与税收归宿

1. 税负转嫁的概念及特征

1) 税负转嫁的概念

所谓税负转嫁，亦称税收负担转嫁，是指纳税人在名义上缴纳税款之后，主要以改变价格的方式将税收负担转移给他人的过程。税负是在运动着的，总要由纳税人或其他人来承担。税负运动的结果形成 3 种不同的形态，展示税负转嫁的不同程度。

(1) 税负完全转嫁，即纳税人将自己应负担的税款全部转嫁给他人承担。

(2) 税负部分转嫁，即纳税人将自己负担的税款的一部分转嫁给他人承担，余下部分则由自己承担。

(3) 税负完全不转嫁，即纳税人缴纳的税款全部由自己承担，不转给他人承担。纳税人具有独立的经济利益是税负转嫁存在的主观条件，自由价格机制的存在是税负转嫁存在的客观条件。

2) 税负转嫁的特征

(1) 税负转嫁是和价格的升降直接关联的，而且价格的升降是由税负转嫁引起的。

(2) 税负转嫁是各经济主体之间税负的再分配，也就是经济利益的再分配，税负转嫁的结果必然导致纳税人与负税人的不一致。

(3) 税负转嫁是纳税人的一般行为倾向，是纳税人的主动行为。如果纳税人纳税后不能将税负转嫁给他人，而由自己承担，则该纳税人是税负的直接承担人(称为直接税负)。如果纳税人在纳税后可以将税负转嫁给他人，由别人承担，则该纳税人是税负的间接承担人(称为间接税负)。

2. 税收归宿

所谓税收归宿，是指税收负担的最终归着点或税收转嫁的最终结果，它表明转嫁的税负最后是由谁来承担的。

税负转嫁往往不是一次性的，税负会随着生产流通领域环节不断发生转嫁与再转嫁现象。如生产企业转嫁给批发商，批发商再转嫁给零售商，零售商还可再转嫁给消费者。当税收不能再转嫁时，称为税收归宿，即总存在一个不可能再转嫁而要自己负担税款的负税人。

税收归宿是税负运动的终点或最终归着点。按纳税人和负税人的关系，可以把税收归宿分为法定归宿和经济归宿两种。其中，法定归宿是指税法规定的法定纳税人所承担的税负归着点；经济归宿是指随经济活动而不断转嫁以后的实际负税人所承担的税负归着点。

(二) 税负转嫁的形式

纳税人将税负转嫁给他人负担的途径和方法很多，可以归纳为六种形式：税负前转、税负后转、税负消转、税负辗转、税负叠转和税收资本化。

1. 税负前转

税负前转也称顺转或向前转嫁。它是指企业将所纳税款通过提高货物或生产要素价格的方法，转嫁给购买者或者最终消费者承担，这是最为典型、最具普遍意义的税负转嫁形式。例如，在生产环节课征的税款，生产企业就可以通过提高货物出厂价格而把税负转嫁给批发商，批发商再以类似的方式转嫁给零售商，零售商最后将税负转嫁给终极的消费者。这样，消费者必须付出包含诸环节全部或部分税款在内的价格才能购进所需的商品。可见，名义上的纳税人是各环节的货物和劳务税的提供者，而真正的负税人却是消费者。

尽管税负前转是税负转嫁的基本形式，但是并非意味着所有税负都可以通过这一方式转移出去。从各国的情况来看，能够进行税负前转的，主要是那些难以查定税源的货物，即那些征税时无法确定其最终负担者是谁的税种，如对香烟征收的消费税，香烟的消费者实际上是消费税的负担者，但由于预先并不能确定每包香烟的消费者(或购买者)是谁，因而只能以香烟为对象，并以其制造者和销售者为纳税人，由制造者和销售者将税款转移给消费者或购买者。类似香烟消费税的还有关税等税种，它们的共同点在于，将税负加在价格之内，随着课税货物的转移，与货物一同转移到消费者身上。即使像增值税这种价外税，同样也会随课税货物的转移实现税负转嫁。

一般来说，前转既可以一次完成，也可以多次完成或通过多次才能完成，通过多次才能完成的前转称为复前转。如，对甲课税，甲转嫁给乙，乙又转嫁给丙，丙又转嫁给丁，丁为税负的归宿者，转嫁过程经历了 3 个环节，这就是复前转。

2. 税负后转

税负后转也称税负逆转或税负向后转嫁，就是纳税人已纳税款因种种原因不能向前转给购买者和消费者，因而向后逆转给货物的生产者或供应商。比如，批发商纳税后，因为商品价格下降，已纳税款难以加在价格之内转移给零售商，批发商不得不要求厂家退货或要求厂家承担全部或部分的已纳税款。此时，厂家宁愿承担部分或全部税款而不愿接受退货，这样就将税款向后转嫁了。另一种情况，如批发商所纳之税，原已转嫁给零售商，后因课税货物价格昂贵而需求减少，零售商不能顺转给消费者，而只能后转给批发商或厂家。可见，税负后转是指由于课税造成货物涨价，市场需求减少，货物销售量减少，迫使销售者和生产者同意降价出售，税款不由购买者或消费者承担，而是由生产者或经营者承担。

3. 税负消转

税负消转是一种独特的经济现象。它是指一定的税额在名义上分配给纳税人后，既不能前转也不能后转，而是要求企业对所纳税款完全通过自身经营管理水平的提高和工艺技术的改进等手段，自行补偿其纳税的损失，使税负在国民收入的增加部分中自行消失，故而又称为税收消化。

税负消转须具备一定的条件，如生产经营成本递减、货物的销售量尚有扩大的弹性、生产技术与方法尚有改进的余地、物价有上升的趋势等。正因如此，课税货物在生产与流通中增获的利益才足以抵销税负而有余，纳税人也就不用提高货物价格，即可保持原有的利润水平，所课之税因此自我消化。但是，无论企业内部税负消转的程度如何，都毕竟是对企业既得利益的冲抵，因为倘若无此项税收负担，企业实际收益将会相应地增加。因此，税负消转不是税负转嫁中的普遍形式，也不属于税负转嫁要解决的问题，只是在实际中有一定的意义罢了。

4. 税负辗转

税负辗转是指税收前转、后转次数在两次以上的转嫁行为。比如棉花课税后可以转嫁给纱商，纱商又可以转嫁给布商，布商再转嫁给消费者，这是向前辗转转嫁。反过来，布被课税后，因需求减少，价格下降，布商可以将税负逆转给纱商，纱商逆转给棉花商，棉花商再逆转给农民，这是向后辗转转嫁。辗转转嫁随社会分工的深入和细致而日益普遍。

5. 税负叠转

在现实经济生活中，前转、后转和消转等方法对纳税人来说，采取其中一种方法往往达不到转嫁税负的目的而需要几种方法同时使用，通常就称几种转嫁方法同时使用的方法为叠转。例如织布厂将税负一部分用提高布匹价格的办法转嫁给印染厂，一部分用压低棉纱购进价格的办法转嫁给纱厂，一部分则用降低工资的办法转嫁给本厂职工等。严格来说，税负叠转并不是一种独立的税负转嫁方式，而是前转与后转等的结合。

6. 税收资本化

税收资本化也称资本还原，这是一种特殊的税负转嫁。其主要特征是：课税货物出售时，买主将今后若干年应纳的税款，从所购货物的资本价值中预先扣除。今后若干年名义上虽由买主按期纳税，但这税款实际上已全部由卖主负担。这种情况多发生于土地买卖或其他收益来源较为永久性的财产(如政府公债和公司债券)。例如，某房地产公司购买一块 1 000 平方米的土地，购买价款 800 万元，每平方米土地每年缴纳的城镇土地使用税是 10 元，未来 70 年的税款共计 70 万元，该公司将预期缴纳的 70 万元税款转嫁给土地出售者，进而实际的购地款为 800－70＝730(万元)，此后该公司每年支付 1 万元的土地使用税，但实际上税款是由土地出售者负担的。

税收资本化是将今后若干年应纳的税款预先做一次性的转移，而其他转嫁形式是在每一次经济交易时将税款即时转移。

(三) 影响税负转嫁的因素

一般认为，价格自由波动是税负转嫁的基本前提条件，商品供求弹性、市场结构、课税制度等则是税负转嫁的制约和影响因素。

1. 商品供求弹性

在商品经济中，市场调节的效应往往使税收负担能否转嫁和如何转嫁在很大程度上取决于市场上的供求状况。在自由竞争的市场中，课税商品的价格受供求规律的制约，市场上商品的供给和物价的涨落，都非一个生产者或一群生产者所能操纵的。商品价格一有变化，需求就随之发生变动，而供给也会发生相类似的变化。

1) 需求弹性与税负转嫁

需求弹性是指商品或生产要素的需求量对市场价格变动反应的敏感程度。一般用需求弹性系数表示，其公式为

$$需求弹性系数=\frac{需求量变动百分比}{价格变动百分比}$$

一般来讲，需求弹性系数越大，需求量对市场价格变动的反应越敏感。依据需求弹性的差异，税负转嫁可以分为如下 3 种情形进行考察。

(1) 需求完全无弹性，即需求弹性系数等于 0。需求完全无弹性，说明当某种商品或生产要素因征税而导致企业加价出售时，购买者对价格的变动毫无反应，其购买量不会因为价格的提高而受到影响。在这种情况下，企业完全可以通过提高商品或生产要素的价格的方式将税负向前顺次转嫁给其他需求者直至终极的消费者。

(2) 需求缺乏弹性，即需求弹性系数大于 0 小于 1。如果购买者或消费者对于提供商品或生产要素的企业因征税而加价的行为反应较弱，即其购买量下降的幅度低于价格提高的幅度，便表明相关商品或生产要素的需求缺乏弹性。此时，因价格提高的阻力较小，企业便可以比较容易地将所纳税款通过前转的方式实现转嫁。

(3) 需求富有弹性，即需求弹性系数大于 1。当企业把所纳的税款附加于商品或生产要素的价格之内而诱发购买者强烈反应时，就意味着这些商品或生产要素的需求有较大的弹性。此时，购买者的欲望将会大大受到抑制，从而导致有关企业商品或生产要素购买量的下降幅度超过价格上涨的幅度，甚至完全停止购买行为，当然购买者也可能选择某替代品满足需求。当出现这种情形时，表明企业的定价已超过极限，其结果是，企业提价得到的边际效益抵补不了销量减少的边际损失，致使企业不得不调低价格或阻止价格提高。一旦出现这种情形，企业所纳的税款便无法进行顺向转嫁，而只能谋求逆转给前面的供应者负担。倘若后转不能实现，企业在作为直接的纳税人的同时，又不得不成为终极的负税人。

2) 供给弹性与税负转嫁

供给弹性是指商品或生产要素的供给量对市场价格变动反应的敏感程度。一般用供给弹性系数来表示，其公式为

$$供给弹性系数=\frac{供给量变动百分比}{价格变动百分比}$$

供给弹性的大小对企业税负转嫁的影响，亦可区分 3 种情况进行考察。

(1) 供给完全无弹性，即供给弹性系数等于 0。供给完全无弹性，说明当某种商品或生产要素因征税而价格不能提高时，生产及供应企业对价格的相对下降没有任何反应，其生产量不会因价格下降而减少。在这种情况下，企业只能将所纳的税款谋求向后转嫁，甚至无法进行转嫁。

(2) 供给缺乏弹性，即供给弹性系数大于 0 小于 1。供给弹性系数小，表明当某种商品或生产要素因征税而价格得不到相应的提高时，生产及供应企业往往会因生产条件、转产困难等因素的限制而未能或无法对价格的相对下降做出较为强烈的反应，其实际生产供应量调减的幅度不会很大，通常低于价格相对下降的幅度。由于此时生产供应量基本还是维持原有水平，故而价格难有较大幅

度的升降，也就导致企业无法将所纳税款以前转的方式转移出去，更主要的便是考虑能否实现逆转并通过怎样的途径进行。

(3) 供给富有弹性，即供给弹性系数大于 1。供给富有弹性，意味着当某种商品或生产要素因征税而价格不能相应提高时，供应者将会对价格的相对下降做出强烈的反应，使得其生产供应量的下降幅度大于价格相对下降幅度。这种情形，一方面表明价格有些偏低，影响市场供应量，使供应量减少，从而隐藏着价格上涨的趋势；另一方面由于有效生产供应量的不断减少，渐已出现供不应求，进而直接推动价格趋涨。基于这种考虑，企业便可以将所纳税款的大部分甚至全部以商品加价的方式实现前转，使税负落于购买者身上。

3) 供求弹性与税负转嫁

供给弹性与需求弹性的比值即为供求弹性。由于供求间制衡统一的关系，决定了企业税负转嫁及其实现方式不能片面地依从其中某一方面，而必须根据供给弹性和需求弹性的力量对比及转换趋势予以相机决策。一般而言，当供给弹性大于需求弹性，即供求弹性系数大于 1 时，企业应优先考虑税负前转的可能性；反之，如果供求弹性系数小于 1，则进行税负后转或无法转嫁的可能性比较大。如果供给弹性系数等于需求弹性系数，则税款趋于买卖双方均分负担。综合分析，可以得出这样的结论：税负转嫁是商品经济发展过程中客观存在的。以此为基点，直接纳税的企业通常会把能够转嫁出去的税收仅仅作为虚拟的成本(或称为额外的成本)，而把不可转嫁的税收视为真正的成本。因此，众多国家把纳税人和负税人一致的税种称为直接税种，把纳税人和负税人不一致的税种称为间接税种。

2. 市场结构

由于市场结构不同，税负转嫁情况也不同。税负转嫁存在于经济交易之中，通过价格变动实现，价格自由变动是税负转嫁的基本前提条件，市场结构不同，商品价格所处的状态不同，税负转嫁的程度就有区别。市场结构一般有完全竞争、不完全竞争、寡头垄断和完全垄断 4 种。

(1) 完全竞争市场结构下的税负转嫁。在完全竞争市场结构下，任何单个厂商都无力控制价格，因而不能把市场价格提高若干而把税负向前转嫁给消费者，只能在短期内利用提价的办法将部分税负转嫁给消费者，但在长期供应成本不变的情况下，各个厂商会形成一股力量，则税负可能完全转嫁给消费者。

(2) 不完全竞争市场结构下的税负转嫁。商品的差异性是不完全竞争的重要前提。在不完全竞争市场结构下，单个厂商虽很多，但各个厂家可利用其产品差异性对价格做出适当的调整，借以把税负部分地向前转嫁给消费者。

(3) 寡头垄断市场结构下的税负转嫁。寡头是指少数几家企业供应市场某种商品的大部分，各家都占市场供应量的一定比重，它们的产品是一致的，或稍有差别。寡头垄断的价格波动不像一般竞争工业那样大。它们总是互相勾结，达成某种协议或默契，对价格升降采取一致行动。因此，如果对某产品征收一种新税或提高某种税的税率，各寡头厂商就会按早已达成的协议或默契在各家成本同时增加的情况下，自动按某一公式各自提高价格，而把税负转嫁给消费者负担(除非该产品需求弹性大或差异大)。

(4) 完全垄断市场结构下的税负转嫁。垄断竞争市场是指某种商品只有一个或少数几个卖主的市场结构，并且没有代用品。垄断厂商可以采取独占或联合形式控制市场价格和销售量，以达到获得最大利润或超额利润的目的。如果某垄断产品为绝对必需品，且需求无弹性又无其他竞争性的代用品，则垄断者可以随意提价，不会影响销售量，税负就可以全部向前转嫁给消费者。如果需求有弹性，则垄断厂商不能把税负全部向前转嫁给消费者，而只能考虑部分前转、部分后转。因为如果全部前转，可能引起价格太高，需求量减少，达不到最大利润。但不管怎样，在完全垄断市场结构下，垄断厂商可以随时改变价格，把税负向前转嫁给消费者。

3. 课税制度

课税制度中税种的设置及各个要素的设计差异，如课税范围的宽窄、税率的形式和高低、课税方法等，都对税负转嫁有一定的影响。

(1) 税种性质。商品交易行为是税负转嫁的必要条件，一般来说，只有对商品交易行为或劳务课征的间接税才能转嫁，而与商品交易行为无关或对人课征的直接税则不能转嫁或很难转嫁。如消费税、增值税和关税等一般认为是间接税，税负可由最初纳税人转嫁给消费者，这类税的税负还可以向后转嫁给生产要素提供者来承担。而个人所得税、企业所得税、房产税等一般认为是直接税，税负不能或很难转嫁。

(2) 税基宽窄。一般情况下，税基越宽，越容易实现税负转嫁；反之，税负转嫁的可能性便会越小。原因在于，税基宽窄直接决定着购买者需求选择替代效应的大小，进而影响市场供求弹性的程度及转嫁态势，导致税负转嫁或易或难的变化。如果对所有商品课税，购买者需求选择替代效应就小，税负转嫁就较容易；反之，如果只对部分商品课税，且课税商品具有替代效应，税负就不易转嫁。

(3) 课税对象。对生产资料课税，税负辗转次数多，容易转嫁，且转嫁速度快。对生活资料课税，税负辗转次数少，较难转嫁，且转嫁速度慢。

(4) 课税依据。税收计算的方法大致可以分为从价计征和从量计征两种。从价计征，税额随商品或生产要素价格的高低而变化。商品或生产要素价格昂贵，加价后税额必然亦大；反之，价格越低廉，加价后税额亦小。因此，在从价计征的方法下，通过商品加价转嫁税负难以被察觉，转嫁较容易。但从量计征则完全不同，在此方法下，每个单位商品的税额很明显，纳税人很容易察觉到这是一种额外的负担，因而必然想方设法提高商品价格把税负转嫁给消费者，但或轻或重的税负同样易直接为购买者所察觉。因此，如果需求方面有弹性，税收负担便无法转嫁。

(5) 税负轻重。税负轻重也是税负转嫁能否实现的一个重要条件。在其他条件相同的情况下，如果一种商品的税负很重，出卖者试图转嫁全部税负就必须大幅度提高价格，这势必导致销售量的减少。

4. 企业决策者市场价值判断及行为观念

企业决策者市场价值判断及行为观念对税负转嫁也有重要的影响。相同市场供求弹性的同一商品，往往会因企业决策者不同的行为偏好或价值判断而产生不同的税负转嫁效果。因为在许多情况下，企业决策者个人偏好是一回事，市场作用则是另一回事。

市场需求弹性大的商品，企业未必就不愿生产经营；相反，对于那些需求弹性小的商品，企业也未必会进行投资。供给弹性变动亦有同样的情况，如当课征某种新的货物税时，往往会造成课税商品价格上涨，否则生产经营企业便会因无利可图，或者减少生产供应量，或者转移生产方向，选择替代产品，一旦课税商品供应量降至某种程度，在利润的驱动下，企业必然会增加该项产品的有效供应量，最后上升的价格随着供应量的增加又渐趋税收未开征时的水平。而倘若企业不随价格的变动做出相应的投资决策，或企业决策者更偏好于其他商品的生产经营，那么，以上变化就不可能实现。

(四) 税负转嫁与归宿的一般规律

(1) 货物和劳务税较易转嫁，所得税一般不易转嫁。

(2) 供给弹性较大、需求弹性较小的商品的课税较易转嫁，供给弹性较小、需求弹性较大的商品的课税不易转嫁。

(3) 课税范围广的商品课税较易转嫁，课税范围狭窄的商品课税难以转嫁。

(4) 对垄断性商品课征的税容易转嫁，对竞争性商品课征的税较难转嫁。

(5) 从价课税的税负容易转嫁，从量税的税负不容易转嫁。

第四节　税收效应

税收效应是指政府征税所引起的各种经济反应，即税收对经济和社会的影响。政府征税除为满足财政支出需要外，总是要对经济施加某种影响。税收对经济的影响十分广泛，既可直接影响纳税人的收入，又可影响生产与消费商品的选择，还可间接影响国民经济其他方面(如储蓄、投资等)，甚至影响社会生活各方面。

税收效应在理论上常分为正效应与负效应、收入效应与替代效应、中性效应与非中性效应、激励效应与阻碍效应等。在实际分析中，根据需要，税收的效应还可进一步分为储蓄效应、投资效应、产出效应、社会效应、心理效应等。

一、税收宏观作用机制

(一) 税收的平衡作用机制

税收的平衡作用机制是指税收在实现总供给与总需求平衡过程中产生的影响和作用。

在总供求失衡时，政府可以运用税收和财政支出手段直接调节消费总量或投资总量，使社会总供求达到均衡。即当社会总需求大于总供给，出现需求膨胀时，政府可以采取紧缩性财政政策，通过增加税收或减少财政支出的方式，减少民间消费，或削减企业投资，从而使总需求水平下降，消除通货膨胀，缓解过旺需求对供给的压力；当社会总需求小于社会总供给，出现总供给过剩时，政府可采用扩张性财政政策，通过减税降费或增加财政支出的方式，增加民间消费能力，促使企业增加投资，使总需求水平上升，防止通货紧缩，抑制经济衰退。

(二) 税收的协调作用机制

税收的协调作用机制，是指税收在协调国民经济结构(或优化资源配置)过程中产生的影响和作用。

1. 税收促进产业结构协调

对人民生活必需品确定较低税率，使这类商品可以以较低的价格供应市场，保证人民的基本生活需要；而对非必需品或奢侈品确定较高税率，将生产经营者获得收益的较大部分作为税收上缴国家财政，防止过高收益对社会资源流向的不合理诱导。

2. 税收促进地区结构协调

在税制的规定中给予经济欠发达地区更多的优惠照顾，改善这些地区的投资环境，提高投资者对经济欠发达地区投资的兴趣，引导更多资源流向该地区。

3. 税收促进资本市场结构协调

税收对不同投资方式的制度规定不同会引起资本不同方向的流动。

(三) 税收的稳定作用机制

税收的稳定作用机制是指在经济周期波动中税收自动地或人为地进行逆向调节，减缓经济波幅，避免资源浪费的一种经济调节机制。

税收的“内在稳定器”作用机制可以理解为：当经济处于高速增长时期，税收随着纳税人收入的增加而增加，从而减少纳税人的可支配收入，缩减纳税人的投资与消费能力，自动地抑制社会总需求的过度扩张；当经济处于衰退时期，税收随纳税人收入的减少而递减，从而增加纳税人的可支配收入，推动社会总需求的增加。

税收的“相机抉择”作用机制可以理解为：当经济处于高速增长时期，政府可以人为地选择增加税收的抑制性政策来防止经济的过度膨胀。因为不同税种、不同税制要素对经济作用的环节和层面不同，所以政策手段的选择可以有明确的针对性。

(四) 税收的调节作用机制

税收的调节作用机制是指税收对市场机制形成的个人收入分配差距过大进行的调节。

税收在缩小个人收入分配差距中的作用就是将税前收入分布曲线向“绝对平均曲线”推进。其主要做法，如在个人所得税中采用累进税制的方式，对高收入者多征税，对低收入者不征税或少征税，从而使高收入者与低收入者税后所得差距缩小；再如，个人所得税免征额、专项扣除、专项附加扣除等的规定也可以提高其调节收入的有效性。

(五) 税收的乘数作用机制

税收的乘数作用机制是指税收增减引起的国民经济变化量与税收变化量之间的倍数作用。

税收的变动会影响企业或个人的可支配收入，而企业或个人的可支配收入又是影响投资和消费的决定性因素。政府降低税收，就会增加企业或个人的可支配收入，从而增加其投资与消费的数量，进而使整个社会的投资、消费总量上升；反之，就是投资、消费总量下降。而每一轮投资或消费的产生又是下一轮收入的取得，这样一轮一轮地运转下去，初始一个单位收入的增减会使国民收入产生几倍于此的效应。

二、税收微观作用机制

(一) 税收对劳动投入的作用机制

从收入效应看，由于减税使劳动者个人可支配收入增加，就会调动劳动者的积极性，进而进一步增加劳动者的劳动收入。从替代效应看，政府对个人的减税降费不仅使劳动者劳动收入增加，而且降低了劳动相对于“闲暇”的“价格”，由于劳动与“闲暇”两种商品相对价格的变化，使得纳税人在两种商品的选择中更倾向于选择“价格”较低的劳动，而增加对劳动的投入。

(二) 税收对储蓄的作用机制

如果既对个人综合所得等减轻税收负担，又对储蓄利息收入免税，就可增加纳税人的可支配收入，又由于边际消费倾向和边际储蓄倾向是固定不变的假设前提，纳税人会随着可支配收入的增加，等比例增加现实的消费与储蓄。

(三) 税收对消费的作用机制

1) 税收对消费总量的影响

由于纳税人可支配的收入可以分为消费与储蓄两大用途，个人用于消费的收入等于其总收入减去储蓄后的余额。所以，税收对消费总量的影响实际上与税收对储蓄的影响恰恰相反，即增加储蓄的效应就是减少消费的效应，减少储蓄的效应就是增加消费的效应。

2) 税收对消费结构的影响

政府对某种商品征税后，当生产经营者意图通过提高商品价格的方式将税负转嫁给消费者负担时，这种商品的价格就会上涨，就会改变这种商品与未被课税商品的比价关系，从而造成消费者在选购商品时，减少对已税商品的购买，相应增加对未被课税商品的购买。

(四) 税收对投资的作用机制

1) 税收对投资总量的影响

政府对投资收益减税，就会增加投资者的预期收益，提高投资对投资者的吸引力，刺激其进一步投资的意愿，从总体上讲，最终就会扩大社会投资总额。政府运用税收对投资总量进行调整，既可以采取直接减免税的方式，也可以采用再投资退税等方法。

2) 税收对投资结构的影响

如果政府对不同的投资项目采用不同的税收政策，则税收不仅会影响投资者的投资水平，而且会影响其投资方向。引起投资结构和投资方向变化的税收政策既可以体现为征税模式、税率的调整，也可以体现为征税依据、税收优惠的变更。

本章小结

1. 税收是国家依据法律规定，按照固定比例对社会产品进行的强制、无偿的分配，它是财政收入的主要形式。税收在本质上是以满足社会公共需要为目的，由政府凭借政治权力(公共权力)进行分配而体现的特殊分配关系。

2. 税收的形式特征包括：强制性、无偿性和固定性。

3. 税收的分类。按课税对象的性质分类，可分为货物和劳务税、所得税、财产税、行为税。按税收的计量(或计征)标准分类，可分为从价税和从量税。按税收与价格的关系分类，可分为价内税和价外税。按税负能否转嫁分类，可分为直接税和间接税。

4. 目前，国际上公认的税收原则可归纳为 2 个主要方面：一是效率原则，二是公平原则。

5. 税收负担一般用相对值表示，反映一定时期纳税人的实纳税额与其征税对象价值的比率，即税收负担率。

6. 税收转嫁是指纳税人在名义上缴纳税款之后，主要以改变价格的方式将税收负担转移给他人的过程，可以归纳为6种形式：税负前转、税负后转、税负消转、税负辗转、税负叠转和税收资本化。

7. 一般认为，价格自由波动是税负转嫁的基本前提条件，商品供求弹性、市场结构、课税制度等则是税负转嫁的制约和影响因素。

8. 税收效应包括宏观经济效应和微观经济效应。

课后习题

一、选择题

1. 下列选项中，属于货物和劳务税的有(　　)。
   A. 消费税　B. 个人所得税　C. 资源税　D. 关税
2. 税收的特征主要表现在(　　)。
   A. 强制性　B. 及时性　C. 固定性　D. 无偿性
3. 税收法律关系中的征税主体，包括(　　)。
   A. 各级政府　B. 海关　C. 税务局　D. 代扣代缴单位
4. 国家税收课征的依据是国家的(　　)。
   A. 政治权力　B. 财产权力　C. 管理权力　D. 财产与政治权力
5. 亚当·斯密提出的税收原则是(　　)。
   A. 平等原则　确实原则　税务行政原则　节约原则
   B. 平等原则　效率原则　确实原则　便利原则
   C. 平等原则　确实原则　便利原则　节约原则
   D. 平等原则　财政原则　确实原则　便利原则

二、判断题

1. 税务机关在征税过程中，是否征税或征收多少税款，可以与纳税人协商议定。(　　)
2. 税收转嫁是指纳税人主要以改变价格的方式，将其应纳税款的一部分或者全部转移给他人负担的过程。(　　)
3. 税收采取的是自愿缴纳方式。(　　)
4. 现代西方经济学家认为，良好的税制应该符合的两大原则是公平原则与节约原则。(　　)

三、名词概念

1. 税收　2. 税负转嫁　3. 效率原则　4. 公平原则　5. 税收负担

四、问答题

1. 简述市场经济条件下税收的效应。
2. 简述现代税收制度遵循的原则。
3. 简述税负转嫁的一般规律。
4. 简述税负转嫁的形式与影响税负转嫁的因素。

案例分析

减税降费促发展 利企惠民添动能
——“十三五”时期我国减税降费取得积极成效

亿万市场主体是稳就业的“顶梁柱”，是稳增长的“发动机”。“十三五”时期，一项项为市场主体减负的减税降费政策接连出台，为千千万万企业减轻负担，增添创新创业的底气和信心，在促进经济高质量发展中发挥了重要作用。

税惠利企 减税降费持续加力升级

“十三五”时期，我国将税制改革与减税降费相结合，通过制度性安排与阶段性政策并举、普惠性减税与结构性减税并举，一系列政策持续出台、不断推进：

2016 年，全面推开“营改增”，释放大规模减税红利；

2017 年，通过简并增值税税率、全面清理规范涉企收费等措施，切实减轻企业和个人负担；

2018 年，通过降低增值税税率、提高个人所得税基本减除费用标准等措施，进一步减轻广大纳税人负担；

2019 年，更大规模减税降费政策实施出台，重点聚焦减轻制造业和小微企业负担，全年减税降费 2.36 万亿元；

2020 年，为应对疫情影响、稳住经济基本盘，财税部门及时出台实施一批阶段性、有针对性的减税降费政策，国家税务总局最新数据显示，2020 年 1—11 月，全国累计新增减税降费 23 673 亿元。其中，今年出台的支持疫情防控和经济社会发展税费优惠政策新增减税降费 16 408 亿元，去年年中出台政策在今年翘尾新增减税降费 7 265 亿元。预计全年新增减税降费规模将超过 2.5 万亿元。

财政部税政司副司长陈东浩表示，为使企业有实实在在的获得感，今年以来，财税部门坚决落实落细减税降费政策，确保企业用足用好政策；加快直达资金下达，缓解基层财政压力，支持落实减税降费政策；加强监督检查，确保依法依规组织收入，严禁违规征收税费。

国家税务总局党委书记、局长王军介绍，2016 年至 2020 年新增的减税降费累计将达 7.6 万亿元左右，特别是 2019 年实施更大规模减税降费，全年新增减税降费达到 2.36 万亿元，占 GDP 的比重超过 2%，拉动全年 GDP 增长约 0.8 个百分点。

“减税降费是一项应对经济下行压力的重大财税政策抉择，是一项推动高质量发展的重大经济战略决策，是一项事关国家治理全局的重大政治决断。”王军多次强调落实减税降费政策的重要意义。

鼓励创新 为实体经济增添动能

实体经济是建设现代化经济体系的基础。为推动实体经济特别是制造业发展，2018 年国家推出了深化增值税改革三项措施，2019 年实施更大规模减税降费，2020 年巩固和拓展减税降费成效，深化增值税改革再次成为减轻企业负担“重头戏”。

“2019 年公司全年增值税减税达到了 3 369 万元。2020 年 1—8 月，仅增值税降率就能减税大约 3 048 万元。”山东联泓新材料科技股份有限公司财务人员彭杰说。

“十三五”时期，国家多次优化调整研发费用加计扣除等鼓励创新政策，2017 年提高科技型中小企业研发费用税前加计扣除比例，并于 2018 年将研发费用加计扣除比例提高到 75%的政策享受主体扩大至所有企业。

税收成本的降低，成为点燃科技创新的“新引擎”。国家税务总局统计数据显示，2016 年至 2019 年，享受研发费用加计扣除政策的企业累计达 84.3 万户次，累计申报研发投入 5.2 万亿元，共计减免企业所得税 8 730 余亿元，有效支持了科技创新发展。

对于初创型科技企业，资金需求尽管数额相对不大但却十分迫切。为吸引投资资金向初创科技型企业倾斜，助力科创企业成长发展，2017 年国家出台了创业投资企业和天使投资个人有关税收试点政策。

以民为本　促创业稳就业保民生

“十三五”时期，我国减税降费政策红利的释放，让数千万市场主体活力得到进一步激发。

“一系列减税降费政策，确实给足了我们文化旅游事业重启发展的信心！”江西抚州市文化旅游投资发展有限责任公司总经理聂英说，“今年 1 到 9 月份，公司光社保费就减免了 21.6 万元，加上增值税等税费的减免，公司一下子就省出来近 40 万元，发展动力更足了！”

绿水青山就是金山银山。“十三五”时期，在税收优惠政策的引导鼓励下，一大批企业致力于清洁生产的转型，实现了环境保护和经济效益共赢的局面。

福建尤溪华港电源科技有限公司董事长陈华阳回忆：“国家加快铅蓄电池行业环保转型步伐，公司治污能力不达标一度面临关停，税费压力也很大。好在税务、环保等部门多次上门开展政策辅导，公司很快升级了生产废水治理设施，排污少了，税费负担也轻了，现在每年仅环保税就省下 6 万元。”

国家税务总局收入规划核算司司长蔡自力表示，“十三五”时期，减税降费展现了国家积极主动提振经济高质量发展的决心和信心，税费优惠政策红利的持续释放，为我国经济稳步发展提供了坚实支撑。

(资料来源：国家税务总局官网，http://www.chinatax.gov.cn/chinatax/n810219/n810780/c5157719/content.html)

问题：

1. 简述税收的宏观及微观经济效应。
2. 分析当前减税降费的重要意义。

第五章

税收制度与税收管理制度

税收制度的确立是为实现税收职能服务的。随着一国生产力发展水平、生产关系性质、经济管理体制、产业结构以及国家的税收政策等的变化，一国税收制度的内容也会随之发生改变。因此，掌握税收制度的构成要素，理解税收管理制度的内容，对于合理设计税种、保障税收征纳关系的顺利实现并确保税款征收具有重要的实践意义。

【学习重点】

通过本章的学习，要求学生掌握税收制度的概念、要素、类型，了解税收征收管理制度的发展变化并掌握其主要内容。

【学习难点】

理解税收制度的构成要素。

【教学建议】

建议结合我国税收制度和税收管理制度的内容及发展变化趋势，引导学生查阅课外相关资料进行分析与学习。

第一节　税收制度

一、税收制度的内涵

税收制度是指国家通过立法程序规定的各种税收法令和征收管理办法的总称，其核心是主体税种的选择和各税种的搭配问题。税收制度有广义和狭义之分。狭义的税收制度是指国家以法律或法令形式确定的各种课税办法的总称，包括税种的设置、各税种的具体内涵，体现税收的征纳关系；广义的税收制度是指税收基本法规、税收征收管理体制、税收征收管理制度以及国家机关之间因税收管理而发生的各种关系。本节主要分析狭义的税收制度。

二、税收制度的要素

虽然各国开征了很多税种，内容各不相同，作用差别较大，但其主要构成要素是基本相同的，主要包括以下几个方面。

(一) 税收主体

税收主体是指税收法律关系的主体。由于税收法律关系体现的是国家和纳税人之间的税收分配关系，所以，税收主体分为征税主体和纳税主体。征税主体是指具有征税权力的国家或地区；纳税主体是指法律规定的直接负有纳税义务的单位或个人。纳税人可以是自然人，也可以是法人。纳税人与负税人是两个既有区别又有联系的概念。负税人是指实际或最终承担税款的单位和个人。在同一税种中，纳税人与负税人可以是一致的，也可以是不一致的。如果纳税人通过一定的途径把税款转嫁或转移出去，纳税人就不再是负税人；否则，纳税人同时也是负税人。

在我国，纳税信用管理是信用体系建设的重要方面，纳税信用是衡量企业信用的重要指标。按照国务院印发的《社会信用体系建设规划纲要(2014—2020 年)》总要求，自 2014 年 7 月起，税务总局先后印发《纳税信用管理办法》《纳税信用评价指标和评价方式》等一系列纳税信用规范性文件，形成了涵盖信息采集、级别评价、结果应用、异议处理、信用修复等“全环节”的纳税信用制度框架体系，逐步推进纳税信用由静态评价向动态管理过渡。

目前，纳税信用评价基本覆盖了全部企业纳税人。税务部门每年依据主观态度、遵从能力、实际结果和失信程度 4 个维度、近 100 项评价指标，对企业纳税人信用状况进行评价，评价结果由高到低分为 A、B、M、C、D 5 级。税务部门按照守信激励、失信惩戒的原则，对不同信用级别的纳税人实施分类服务与管理。

不同级别纳税人在发票领用、绿色通道、跨区域同等税收待遇、优先办理出口退税、优先获得信用贷款等方面享受不同的激励或者惩罚措施。

(二) 税收客体

税收客体又称课税对象，是指税法规定的征税的标的物，是区分不同税种的重要标志。例如消费税的课税对象是特定的应税消费品，增值税的课税对象是在中国境内销售货物、服务、无形资产、不动产和金融商品的增值额，财产税的课税对象是纳税人拥有或使用的财产。

(三) 税率

税率是指税额与税收客体的数量关系或比例关系，是计算应纳税额的尺度，是税收制度的中心环节。税率的高低，体现着征税的深度，反映了国家在一定时期内的税收政策和经济政策，直接关系着国家的财政收入和纳税人的税收负担。税率通常可以分为以下 3 种形式。

1. 比例税率

比例税率是对征税对象只规定一个征税比率，不论其数额的大小，都按同一比率征税。它是目前应用最为广泛的税率。在具体运用上，可以采取不同的表现形式，如行业差别比例税率、产品差别比例税率、地区差别比例税率、幅度比例税率、有起征点的比例税率等，体现鼓励先进、鞭策落后的政策意图。

2. 累进税率

累进税率是指按课税对象数额的大小划分为若干等级，每个等级由低到高规定相应的税率，课税对象数额越大，适用的税率就越高。累进税率一般适用于对所得的课税。累进税率按照其累进依据和计算方法的不同，可以分为全额累进税率和超额累进税率。

全额累进税率是按课税对象数额适用的最高级次的税率统一征税；超额累进税率是将课税对象按数额大小划分为若干不同的等级，每个等级由低到高分别规定税率，各等级分别计算税额，一定数额的课税对象可同时适用几个等级税率。

全额累进税率和超额累进税率各有优缺点，全额累进税率计算比较简便，但是税负不够合理；超额累进税率计算比较复杂，但税负比较合理。为了解决超额累进税率计算方法复杂的问题，可采用速算扣除数的方法予以解决。

速算扣除数是按全额累进税率计算的税额减去按超额累进税率计算的税额的差额，用公式表示为

速算扣除数＝全额累进税额－超额累进税额

按超额累进税率计算并使用速算扣除数的应纳税额的计算公式为

应纳税额＝应纳税所得额×适用税率－速算扣除数

3. 定额税率

定额税率又称固定税额，是按单位课税对象直接规定固定的税额，而不采用百分比的形式，它是税率的一种特殊形式。定额税率在计算上比较简单，而且采用从量计征方法，不受价格变动的影响。它的缺点是税收负担不尽合理，因而只适用于特殊的税种，如我国的车船税、城镇土地使用税等。

(四) 纳税环节

纳税环节是税法规定的从货物生产到消费的流转过程中缴纳税款的环节。货物从生产到消费一般经过许多流转环节，例如工业品一般经过工业生产、商业采购、商业批发和商业零售等环节。按照纳税环节多少，税收分为三种课征制度：只在一个流转环节征税；在两个流转环节征税；在每个流转环节都征税。正确确定纳税环节关系到税款能否及时、足额缴入国库，对于平衡税负，保证国家财政收入，便于征收管理和监督具有重要的意义。

(五) 纳税期限

纳税期限即税法规定的纳税人缴纳税款的时间界限，也是纳税的最后时点。我国现行各税种规定的纳税期限有按天(如 10 天、15 天等)缴纳，也有按月、季度、年缴纳，以及按次缴纳，一般由主管税务机关根据纳税人的具体情况确定，但纳税期限一经确定，不得随意改变。

(六) 附加、加成和减免税

附加、加成和减免是对纳税人税收负担的调整措施。附加和加成属于加重纳税人负担的措施。所谓附加是指在正税之外，附加征收的一部分税款。一般来说，附加收入是为了解决特定方面的资金需求，比如教育费附加。加成是对特定纳税人的一种加税措施，加一成即加征正税税额的10%，以此类推。

减税、免税以及与此相关的起征点和免征额属于减轻纳税人负担的措施。减税是减征部分税款。免税是免缴全部税款。免征额是指征税对象免予征税的数额。起征点是税法规定的课税对象开始征税时应达到的一定数额。起征点与免征额的区别是：课税对象未达到起征点时，不征税，但达到起征点时，全部课税对象都要征税；而对有免征额的课税对象，只就其超过免征额的部分课税。

(七) 违章处罚

违章处罚是对纳税人违反税法的行为所规定的惩罚措施，用以保障税收活动的正常进行。纳税人的违章行为一般包括偷税、抗税、漏税、欠税等。偷税是指纳税人使用欺骗手段，不履行国家税法规定的纳税义务的违法行为。抗税则主要是采用明显的、公开的以及暴力的方式拒绝履行纳税义务的违法行为。漏税是指纳税人因非主观的原因造成未缴纳或少缴纳国家税款的行为。欠税是指纳税人未按税法规定如期纳税，拖欠国家税款的违章行为。国家对违章行为的处罚方式主要有批评教育、强行扣款、加收滞纳金、罚款及追究刑事责任等。

三、税收制度的类型

税收制度的类型是指按照一定标准对税收制度进行分类而形成的类别模式。税收制度基本可以分为单一税制和复合税制两种类型。

(一) 单一税制

单一税制是指一个国家只征收一种税的税收制度。这种税制只在理论上存在，难以在实践中施行。在税收理论发展史上，与不同时期的政治主张、经济学说相呼应，曾有不少学者提出过实行单一税制的理论主张，大致可分为单一土地税制、单一消费税制、单一财产税制和单一所得税制等。

1. 单一土地税制

单一土地税制为 18 世纪初以布阿吉尔贝尔为代表的重农学派首创，布阿吉尔贝尔提出土地纯收益税论，并认为只有土地才是价值的源泉，土地生产剩余产品并形成土地所有者的纯收益，故应课征于土地，实行单一土地税制。土地税不能转嫁，若课征于他物，最终还要由土地纯收益负担。19 世纪中叶，美国庸俗资产阶级经济学家亨利·乔治倡导土地价值税论。按照他的观点，每年要对土地所有者所获得的经济租金征收 100%或接近 100%的税款。经济租金完全是一种不劳而获的剩余，这种剩余不应归土地所有者占有而应交给国家，以满足国家的全部开支。他认为，实行单一税制可消除不平等和贫困，是促进经济发展的一种税收政策工具。

2. 单一消费税制

英国政治家托马斯·霍布斯以 17 世纪刚刚萌芽的利益说为理论依据，主张单一消费税制。他认为，消费税可以反映人民受自国家的利益。19 世纪中叶，德国经济学家普费菲等倡导从税收的社会原则出发，税收应以个人支出为课征标准，人人消费则人人纳税的消费税最符合税收的普遍原则；同时还认为，消费是纳税人的纳税能力的体现，消费多者负税能力大，消费少者负税能力小，这也符合税收的平等原则。

3. 单一财产税制

法国人日拉丹和门尼埃曾提出单一资本税制，他们所指的资本基本上是指不产生收益的财产。他们认为，课征单一财产税，既可以刺激资本用于生产，又可以促使资本的产生。

4. 单一所得税制

16 世纪后期的法国人文主义学者波丹、18 世纪初的福班等人都主张过单一所得税制，但他们也认为在必要时需要以关税等为辅。进入 18 世纪以后，德国税官斯伯利才明确提出单一所得税制，德国社会民主党在 1869 年就曾以单一所得税制为纲领。

单一税制的主张之所以能产生，是因为主张者们认为单一税有如下优点：①征税范围明确，便于征纳；②课税次数较少，有利于生产流通；③纳税人易于接受，减少苛扰之弊；④稽征手续简单，可以减少征管机构，节约征管费用。

反对单一税制主张的许多学者则认为单一税制有如下缺点：①无法保证财政收入的充裕、稳定和可靠，也不能充分发挥税收对社会经济的有效调控作用；②课税来源单一，容易导致税源枯竭，妨碍国民经济协调发展；③课税对象单一，无法实现税负公平。由于单一税制结构存在很多缺陷，因而它只不过是一种纯理论上的设想，只停留在理论讨论阶段，至今世界各国无一付诸实施，各国实行的税收制度都是复合税制。

(二) 复合税制

复合税制是指一个国家同时开征两个以上税种的税收制度。由于复合税制具有多种税同时征收的特点，可在税制系统内部各税种之间发挥相互协调、相辅相成的功效。就财政收入而言，税源广，弹性充分，能保证财政收入充裕可靠；就税收负担而言，税收落点全面、普遍、公平；就税收作用而言，多种税并用可以充分发挥税收的作用。鉴于复合税制具有以上优点，世界各国均采用复合税制，我国采用的也是复合税制。

在当今世界各国，复合税制普遍包括若干税种，每一税种都有不同的课税对象，但所有税种的纳税人不外乎企业和个人，这就对税制设计提出了更高的要求。在选择税种、税源，确定税目、税率等方面，应根据本国国情，既要考虑能否符合税收原则的要求，还要考虑每种税之间的关系和搭配，更要考虑税收负担和征管能力。

几经变革，目前，我国共有增值税、消费税、企业所得税、个人所得税、资源税、城市维护建设税、房产税、印花税、城镇土地使用税、土地增值税、车船税、车辆购置税、烟叶税、耕地占用税、契税、环境保护税、关税、船舶吨税 18 个税种。海关负责征收关税和船舶吨税，另外的 16 个税种由税务部门负责征收，海关同时需要代征进出口货物的增值税、消费税。

四、税收制度的发展

任何国家或地区的税收制度都经历了税种演变和主体税种交替的历史过程。概括起来，税收制度大致经历了由简单的直接税税制到以间接税为主的税制，再发展到以现代直接税为主体的税制或以间接税和直接税为主体的双主体税制。

(一) 古老的直接税税制

税收制度最早实行的是简单的直接税税制。在以土地私有制为基础的奴隶社会和封建社会，由于课税对象和社会财富极为有限，因此劳动者的人身和以房屋为主体的财产成为提供税收的重要源泉。结果是以土地、人身、房屋为对象课征的直接税成为主导性税收。虽然不同国家或地区在不同时期，在税收名称或形式上有些变化，但其实质内容一直沿袭了较长时间。由于早期的直接税是以课税对象的某些外部标准(如人口多少、土地面积大小、房屋数量等)规定税额，而不考虑纳税人实际支付能力，也不存在任何扣除，所以其税收负担是极不公平的，而且税率一般固定不变，缺乏灵活性和弹性，因而不能满足调节经济和提供政府财政收入的需要。

(二) 以间接税为主体的税制

早期的间接税也是非常简单的，早在封建社会已被许多国家采用，如商品进出口税、盐税、茶税、渔税、市场税等，但由于当时商品经济极不发达，间接税的课征范围窄，在财政和经济中的地位也不重要。进入到资本主义社会，生产力得到了惊人的发展，客观上为间接税的推行提供了条件，关税、消费税、产品税、销售税等税种得以发展。到了 18 世纪中叶，传统的直接税税收体系逐渐被以关税、消费税等为主体的间接税税收体系所取代。

间接税为主体的税收体系之所以能够取代直接税税收体系，其原因主要包括以下几点。

(1) 商品税是一种对物税，税源充裕，课征范围广泛，并且富有弹性，有利于组织政府财政收入；同时，商品税课征方便，可以及时组织财政收入。

(2) 间接税较直接税更为隐蔽，可以顺应人们的要求，达到资产阶级宣传的“减轻税负”的目的。

(3) 推行间接税有利于资本主义工商业发展。只要被征税的商品能够按照售价顺利销售，纳税人缴纳的税款就可以转嫁到消费者头上，从而保证了资本家个人利益不受或少受侵犯。

(4) 推行间接税有利于限制和削弱封建势力。由于间接税的征税对象涵盖很多高档消费品，而这些高档消费品主要由封建贵族消费，因此对其征税，无形中将封建贵族和大地主的财富从他们手中转移到资本主义政府手中，进而从经济上削弱了封建势力。

但是在间接税运行一段时间后，资产阶级发现这种税制开始阻碍资本主义经济发展，同资产阶级利益时常发生矛盾，主要表现为两方面：①国境消费税即关税成为实行自由贸易政策的桎梏；②国内消费税的范围扩展到全部生活必需品和资本工业品，且税率不断提高，对于资本主义发展造成了相当大的消极影响。因此，标志着现代直接税税收制度的现代所得税制度应运而生。

(三) 现代直接税税制

与古老的直接税相比，现代所得税具有税源充裕、有弹性、符合各项税收原则、税收负担合理、对经济没有直接的阻碍等优点，能保证国家的财政收入，能有效地进行收入再分配，具有调节经济和收入差距、促进公平分配的作用。因此一些主要资本主义国家于 19 世纪末 20 世纪初相继推行所得税。第二次世界大战后，所得税在资本主义国家得到了普遍推广。

综上所述，世界税制模式发展经历了一个由原始直接税到间接税再到现代直接税即所得税这样一个“否定之否定”的历史过程。不过，现代世界各国因各自的国情不同，其税制模式选择尚处在这个发展过程的不同阶段上。一般来说，发展中国家大都实行以间接税为主体的税制模式，发达国家则采用以所得税为主体的税制模式。

发展中国家之所以仍然以间接税为主，其原因主要包括以下几个方面：①发展中国家经济发展水平比较低，相应人均收入水平也比较低，推行以所得税为主体的税制，不能保证政府开支需要；②发展中国家税收征管水平一般较低，所得税相对于商品税而言比较复杂，因此以商品税为主体比较切实可行；③商品税比所得税隐蔽，大多是从价计征，比较容易为纳税人所接受，对私人投资和储蓄的影响也较小。

但是同时我们也应该看到，在某些以所得税为主体的发达国家，其经济发展已经被现行税率较高、税前扣除过滥、逃税严重和课税不公等问题所困扰，其中有的国家正考虑由以所得税为主体的税制模式转向以增值税为主体的税制模式。因此，以增值税为主体的现代间接税税制模式的发展前景广阔。

五、税制结构

(一) 税制结构的概念

所谓税制结构是指构成税制的各税种在社会再生产中的分布状况及相互之间的比重关系。税制结构的研究范围主要包括主体税种的选择以及主体税与辅助税的配合等问题。主要包括三个层次：第一个层次是不同税类的地位和相互关系；第二个层次是同一税类内部和不同税类的各个税种之间的相互关系；第三个层次是各个税制要素之间的相互关系。税制结构是一国税制体系建设的主体工程，合理地设置各类税种，从而形成一个相互协调、相互补充的税制体系，是有效发挥税收职能作用的前提，也是充分体现税收公平与效率原则的有力保证。

(二) 税制结构的分类

通常可以把税制结构分为单一主体税种的税制结构和双主体税种的税制结构两大类。

1. 单一主体税种的税制结构

单一主体税种的税制结构根据主体税种的不同，在当今世界各国主要存在两大模式，一个是以所得税为主体，另一个是以货物和劳务税为主体。

在以所得税为主体的税制结构中，个人所得税、社会保障税、企业所得税占据主导地位，同时辅之以选择性商品税、关税和财产税等，以弥补所得税功能的欠缺。在以货物和劳务税为主体的税制结构中，一般是以增值税、销售税、货物税、消费税等税种作为国家税收收入的主要筹集方式，其税额占税收收入总额比重大，并对社会经济生活起主要调节作用，而所得税、财产税、行为税等作为辅助税，发挥弥补商品税功能欠缺的作用。

当前，世界上的经济发达国家大多实行以个人所得税(含社会保险税，下同)为主体税种的税制结构。这一税制结构的形成与完善建立在经济的高度商品化、货币化、社会化的基础之上，并经历了一个长期的演变过程。目前发达国家形成以个人所得税为主体的税制结构主要取决于以下客观条件：发达国家较高的人均收入水平为普遍课征个人所得税提供了基本条件；发达国家经济的高度货币化及整个社会高度城市化为个人所得税的课征提供了良好的外部社会条件；发达国家较为健全的司法体制以及先进的税收征管系统为个人所得税的课征提供了现实条件。

2. 双主体税种的税制结构

双主体税种的税制结构即以所得税、货物和劳务税为双主体的税制结构。在这类税制结构中，即货物和劳务税与所得税并重，均居主体地位。这两类税收的作用相当，互相协调配合，兼容两种税制模式的各自优势，可更好地发挥税收的整体功能，既能保持货物和劳务税征税范围广、税源充足、保证财政收入的及时性和稳定性以及征收简便等特点，也能发挥所得税按负担能力大小征收、自动调节经济和公平分配等特点，即两个主体税类优势互补。自 1994 年税制改革以来，我国一直坚持“货物和劳务税与所得税并重的多种税、多环节征收”的复合税制结构。

大多数发展中国家(特别是低收入国家)实行以货物和劳务税与关税等为主、所得税和其他税为辅的税制结构。同发达国家的税制结构比较，发展中国家的税制结构更突出国内商品和劳务税的地位。这种税制结构的形成是与发展中国家的社会经济状况紧密联系的，尤其受到发展中国家较低的人均收入和落后的税收征管水平等因素的制约。

(三) 影响税制结构的因素

1. 生产力发展水平

税收取自于社会财富，生产力水平的高低直接决定着人均国内生产总值的高低，经济发展水平是影响税收收入及税制结构的主要因素。

2. 经济结构

经济结构决定税源结构，从而决定税制结构。税制结构只能建立在既定的经济结构之上，受既定的经济结构的影响。以产业结构为例，产业结构直接影响着税种的设置和不同税种的地位，有什么样的产业才有什么样的税源，有什么样的税源，才能根据这样的税源开征相应的税种。

3. 政府调节经济的意图

由于不同税种对经济具有不同的调节作用，各国政府调节经济的意图不同，税制结构就会不同。

4. 税收征管水平

税制结构的预期目标要通过税收征管来实现，一定的税收征管水平又会制约税制结构的选择。

5. 历史原因

一个国家税制结构的选择，会受历史传承、重大事件(如战争)等因素的影响。

6. 国际影响

在国际经济一体化的今天，一国税制还往往受到别国税制的影响。税收的国际竞争，会使各国关注别国税制的变化，以避免在国际竞争中处于劣势地位。

【专栏 5-1】

改革开放40年间，税收制度有了这些变化

2018年是中国改革开放40周年，40年间牵涉亿万企业、民众的税收制度有着怎样的变化？未来税收现代化将如何建设？

2018年4月17日，带着这些问题，中国税务学会召开纪念改革开放40周年“回顾与展望”专题座谈会，企业、学者、税务机关等各界代表对此进行讨论。

中国税务学会第一副会长丘小雄在座谈会上指出，以1978年底召开的党的十一届三中全会为标志，我国社会主义革命和建设进入了一个崭新的历史时期。税收工作同其他各项工作一样，随着改革开放的逐步深入而不断前行。

1979—1981年，为配合对外开放，国家颁布实施了中外合资经营企业所得税法等基本适用的涉外税收制度，并实行了一系列税收优惠政策。

1983年起，从中国国情出发，全国试行国营企业“利改税”。1984年10月，全面实施国营企业第二步“利改税”，从而实现了以税收为标志的国家与企业分配关系。这一阶段的税收改革，逐步扩大了税收在财政收入中的比重，注意发挥了税收的经济杠杆作用，促进了对外开放和经济发展。

按照党中央提出的战略目标和十四届三中全会通过的《关于建立社会主义市场经济体制若干问

题的决定》，1994 年起在全国范围内实行了税制改革，确定了以增值税为主体的货物和劳务税制，改革了所得税制，调整了其他税收，初步建立起适应社会主义市场经济体制需要的税制。同时，还进一步推进了税收征收管理改革和税务机构改革。

1994 年的分税制财政体制改革是我国财政体制发展进程中一次具有里程碑意义的重大改革，是中华人民共和国成立以来改革范围最广、力度最大、影响最深远的一次财税制度创新。它构建起市场经济条件下的分级财政体制基本框架，调动了各方的积极性，国家财政实力显著增强。中央政府调控能力增强，促进了地区协调发展。而增值税和企业所得税中央与地方分成，也推动了经济结构调整，抑制了地方的盲目投资，这对促进经济和社会发展发挥了重要的作用。

为了适应经济社会发展，中国税制改革也一直在深化，并在近些年呈现改革高潮，而其中又以营业税改增值税最为亮眼。

丘小雄表示，党的十八大以来，税收改革不断深化。以增值税为例，先后实施了七步改革措施：第一步，2012年1月1日，在上海市针对交通运输业和部分现代服务业启动了营改增试点；第二步，将上海改革试点分批扩大至北京等11个省市；第三步，2013年8月1日，将上述试点在全国推开；第四步，2014年1月1日，将铁路运输和邮政业纳入试点；第五步，2014年6月1日将电信业纳入试点；第六步，2016年5月1日，全面推开营改增试点，将建筑业、房地产业、金融业和生活服务业纳入试点；第七步，2017年7月1日，将17%、13%、11%、6%四档税率简并至17%、11%、6%三档。

2017 年存在重复征税弊端的营业税正式退出历史舞台，被增值税取代，而为了继续给企业减负，并进一步完善税制，增值税改革并未停歇。

丘小雄说，党的十九大后，中国特色社会主义进入了新时代，我国经济已由高速增长阶段转向高质量发展阶段。中央经济工作会议做出推动经济高质量发展的重大部署，2018年政府工作报告明确了具体目标、任务和措施。2018年5月1日起，我国又将增值税税率17%、11%、6%三档下调至16%、10%、6%，同时统一增值税小规模纳税人标准，对装备制造等先进制造业、研发等现代服务业符合条件的企业和电网企业在一定时期内未抵扣完的进项税额，予以一次性退还。

“增值税的改革措施，为实体经济普遍减税，并向先进制造业、研发服务业倾斜，是党中央、国务院综合把握国际国内经济形势，着眼于建设现代化经济体系、深化供给侧结构性改革、优化营商环境做出的重要举措，预计全年减税将超过 4 000 亿元，且不论国有企业还是民营企业，不论内资企业还是外资企业，均一视同仁，公平对待，平等享受改革红利，进一步创造更加优化、更具吸引力和竞争力的营商环境。”丘小雄说。

近些年税制改革的亮点不只体现在第一大税种增值税。个人所得税也实施了改革，通过提高起征点，增加子女教育等专项抵扣来合理降低工薪阶层税负。房地产税立法已经被提上日程，将对工商业房地产和个人住房按照评估值征收房地产税，适当降低建设、交易环节税费负担，逐步建立完善的现代房地产税制度。2018 年我国首部绿色税种环境保护税正式实施，利用税收杠杆来加大环境保护力度。

除了税收制度外，税收征管体制也在不断完善。国务院机构改革方案已经明确国税和地税合并，这可以减少企业纳税的时间和精力，提高效率，更好地服务纳税人。

(资料来源：第一财经网站，https://www.yicai.com/news/5415839.html)

第二节　税收管理制度

税收管理是国家财政管理和财政监督的重要组成部分，是国家组织财政收入的基础性工作，也是贯彻实施国家税收政策法规、实现税收职能、发挥税收作用的基本保证。

一、税收管理制度的概念及分类

(一) 税收管理的概念

税收管理是国家以法律为依据，根据税收的特点及其客观规律，对税收参与社会分配活动全过程进行决策、计划、组织、协调和监督控制的一系列活动。保证税务管理活动实施的法律、法规、规章、规范共同构成税收管理制度。

(二) 税收管理制度的分类

税收管理制度有广义和狭义之分。

广义的税收管理制度按其管理内容可划分为4类：①税收法制管理制度。该制度涉及税法的制定和实施，具体包括税收立法、税收执法和税收司法全过程的制度。②税收征收管理制度。这是一种执行性管理制度，是指税法制定之后，税务机关组织、计划、协调、指挥税务人员，将税法具体实施的制度，具体包括税务登记管理、纳税申报管理、税款征收管理、减税免税及退税管理、税收票证管理、纳税检查和税务稽查、纳税档案资料管理等方面的制度。③税收计划管理制度。该制度主要包括税收计划管理、税收重点税源管理、税收会计管理、税收统计管理等方面的制度。④税务行政管理制度。该制度又称税务组织管理制度，是有关税务机关内部的机构设置和人员配备的制度和规范，具体包括：税务机构的设置管理、征收机关的组织与分工管理、税务工作的程序管理、税务人员的组织建设与思想建设管理、对税务人员的监督与考核、税务行政复议与诉讼的管理等方面的制度和规范。

狭义的税收管理制度是指税收征收管理制度，这是征纳双方关注的焦点。在税收问题上，除了税制设计外，政府最重要的工作莫过于强化税收征收管理，税收征收管理是税务管理的核心，在整个税务管理工作中占有十分重要的地位。

二、税收管理制度的功能

税收管理对于决定实际的或有效的税收制度起着关键作用。要保证国家满足社会公共需要和行使职能的需要，使税收能够及时、足额地上缴国库，并充分发挥税收的职能作用，就离不开税收管理制度的规范。

(一) 保护征纳双方的利益

税收管理过程实质上就是依法组织税收收入的过程。税收管理制度作为管理依据和规范，可以要求征纳双方严格遵守税法，依法征税和纳税，做到有法可依，有章可循，即规范纳税人的纳税行为、规范征收机关和税务人员的征税行为，尤其是提高执法人员的执法意识，尽量减少违规执法或执法不当的现象，保护征纳双方的权益。

(二) 实现税收职能

税收管理制度是税收制度得以顺利实施的重要保证，也是税收职能得以实现的重要保证。征收管理活动是围绕着税款征收这一中心任务展开的，征收管理制度的制定和实施可以保证税款征收工作的顺利完成，在管理过程中能够了解国民经济发展情况、纳税人对税法的执行情况、税制设计是否符合客观经济状况，并能及时把这些信息反馈给国家决策机关，实现税收的财政职能、调节职能和监督职能。

(三) 完善税收法律法规体系

税收制度和税收管理制度都是国家法律法规体系的重要组成部分。税收管理制度从程序和管理角度规范征纳双方行为，在税收制度层面不可或缺。

三、税收征收管理制度的主要内容

(一) 税务登记

税务登记是税收征管过程的首要环节，是征纳双方法律关系成立的书面依据。税务登记亦称纳税登记，是税务机关对纳税人的生产经营活动及其他应税活动、行为实行法定登记的一项管理制度，也是纳税人履行纳税义务向税务机关办理的一项法律手续。税务登记通常分为开业登记、变更登记、停复业登记、注销登记和报验登记五种类型。

(二) 账簿与凭证管理

账簿与凭证管理是征纳双方依法治税的主要凭据。账簿亦称账册，是纳税人用来全面、系统、连续记录和反映其全部经营业务的簿籍，是编制报表的依据，也是保存会计资料的载体。凭证是纳税人据以登记账簿的会计核算工具，也是记载经济业务、明确经济责任的重要书面依据。账簿与凭证管理包括两类内容：①会计凭证的填制与审核；②账簿的设置与登记。其中，完税凭证是纳税人或扣缴义务人依法履行纳税义务的书面证明，也是税务机关依法检查纳税人或扣缴义务人是否按期足额缴纳税款或已代扣代缴税款的重要依据之一。完税凭证是指由国家税务机关统一印制，税务人员向纳税人征收税款或纳税人向国家金库缴纳税款所使用的一种专用凭证。

(三) 纳税申报

纳税申报是纳税人发生纳税义务后，在税法规定的期限内向主管税务机关提交书面报告的一种法定手续，也是税务机关办理征税业务、核实应纳税款、开具完税凭证的主要依据。纳税申报是目前世界上实行的自行报税征管模式的主要特征。税务机关应当建立、健全纳税人自行申报纳税制度。纳税人、扣缴义务人可以采取邮寄、数据电文方式办理纳税申报或者报送代扣代缴、代收代缴税款报告表。纳税人在纳税期内没有应纳税款的，也应当按照规定办理纳税申报。纳税人享受减税、免税待遇的，在减税、免税期间应当按照规定办理纳税申报。纳税人办理纳税申报时，应当如实填写纳税申报表，并根据不同的情况相应报送下列有关证件、资料：财务会计报表及其说明材料；与纳税有关的合同、协议书及凭证；税控装置的电子报税资料；外出经营活动税收管理证明和异地完税凭证；境内或者境外公证机构出具的有关证明文件；税务机关规定应当报送的其他有关证件、资料。

(四) 税款征收

税款征收是整个税收征管过程的核心环节，它不仅关系到税收收入能否满足政府的财政需要，而且直接影响税收政策在国民经济宏观调控中的作用力度。税款征收是指国家税务机关依照税收法律、法规，将纳税人应税款项组织入库的执法过程的总称，它从一个侧面反映了纳税人依法缴纳税款的遵法与守法过程。

税务机关应当加强对税款征收的管理，建立、健全责任制度。税务机关根据保证国家税款及时足额入库、方便纳税人、降低税收成本的原则，确定税款征收的方式。税款征收方式具体有：查账征收、委托代征、代扣代缴、查定征收、查验征收、定期定额征收等。纳税人有下列情形之一的，税务机关有权核定其应纳税额：依照法律、行政法规的规定可以不设置账簿的；依照法律、行政法规的规定应当设置账簿但未设置的；擅自销毁账簿或者拒不提供纳税资料的；虽设置账簿，但账目混乱或者成本资料、收入凭证、费用凭证残缺不全，难以查账的；发生纳税义务，未按照规定的期限办理纳税申报，经税务机关责令限期申报，逾期仍不申报的；纳税人申报的计税依据明显偏低，又无正当理由的。

税务机关应当根据方便、快捷、安全的原则，积极推广使用支票、银行卡、电子结算方式缴纳税款，如邮寄纳税、利用网络申报纳税、用 IC 卡纳税等。

为了保证税款能够及时、足额入库，《中华人民共和国税收征管法》还明确了税收保全措施。税收保全措施是指税务机关对可能由于纳税人的行为或者某种客观原因，致使以后税款的征收不能保证或难以保证的案件，采取限制纳税人处理或转移商品、货物或其他财产的措施。税收保全的措施包括：书面通知纳税人开户银行或者其他金融机构冻结纳税人相当于应纳税款的存款；扣押、查封纳税人的价值相当于应纳税款的商品、货物或其他财产。

(五) 税务检查

税务检查亦称纳税检查，是税务机关根据国家税收法律、法规以及财务会计制度的规定，对纳税人是否正确履行纳税义务的情况进行检查和监督，以充分发挥税收职能作用的一种管理活动。税务检查是整个税收征管过程中最为关键的环节。税务机关应当建立科学的检查制度，统筹安排检查工作，严格控制对纳税人、扣缴义务人的检查次数。

(六) 法律责任

法律责任是违法主体因其违法行为所应承担的法律后果。税收的法律责任是指在税收征管活动中，纳税人、扣缴义务人不能正确履行纳税义务所应承担的法律后果。按其性质，可以划分为税收违法行政法律责任和刑事法律责任两种类型。税收违法行政法律责任是指税收法律关系的主体违反了税收行政管理法律、法规，尚不构成税收刑事法律责任，按照处罚的形式可以分为行政处分和行政处罚。税收违法刑事法律责任是指税收法律主体违反税收法律规定，情节严重构成犯罪所应承担的法律责任，主要有偷税罪、抗税罪、伤害罪、杀人罪、行贿罪、诈骗罪、受贿罪、玩忽职守罪等。犯罪所要承担的法律责任就是刑罚。刑罚分为主刑和附加刑。主刑有管制、拘役、有期徒刑、无期徒刑、死刑 5 种；附加刑有罚金、剥夺政治权利、没收财产等。

(七) 文书送达

税务机关送达税务文书，应当直接送交受送达人。受送达人是公民的，应当由本人直接签收；

本人不在的，交其同住成年家属签收。受送达人是法人或者其他组织的，应当由法人的法定代表人、其他组织的主要负责人，或者该法人、组织的财务负责人或负责收件的人签收。受送达人有代理人的，可以送交其代理人签收。送达税务文书应当有送达回证，并由受送达人或者本细则规定的其他签收人在送达回证上记明收到日期，签名或者盖章，即为送达。受送达人或者本细则规定的其他签收人拒绝签收税务文书的，送达人应当在送达回证上记明拒收理由和日期，并由送达人和见证人签名或者盖章，将税务文书留在受送达人处，即视为送达。直接送达税务文书有困难的，可以委托其他有关机关或者其他单位代为送达，或者邮寄送达。直接或者委托送达税务文书的，以签收人或者见证人在送达回证上的签收日期或者注明的收件日期为送达日期；邮寄送达的，以挂号函件回执上注明的收件日期为送达日期，并视为已送达。特殊情形可以公告送达税务文书，自公告之日起满 30 日，即视为送达。

四、发票管理

(一) 发票及发票管理

发票是指在购销商品、提供或者接受服务以及从事其他经营活动中，开具、收取的收付款凭证，包括纸质发票和电子发票。国家推广使用电子发票，电子发票具体管理办法由国务院税务主管部门制定。单位、个人开发电子发票信息系统自用或为他人提供电子发票服务的，应当遵守国务院税务主管部门制定的电子发票监管规定和标准规范。

发票管理是指税务机关依法对在中华人民共和国境内印制、领用、开具、取得、保管、缴销发票全过程进行的组织、协调、监督等一系列管理工作。

(二) 发票领用

需要领用发票的单位和个人，应当持设立登记证件或税务登记证件、经办人身份证明、按照国务院税务主管部门规定式样制作的发票专用章的印模，向主管税务机关办理身份验证和发票领用手续。主管税务机关根据领用单位和个人的经营范围、规模和风险级别，在 5 个工作日内确认领用发票的种类、数量以及领用方式，并告知领用发票的单位和个人。单位和个人领用发票时，应当按照税务机关的规定报告发票使用情况，税务机关应当按照规定进行查验。

需要临时使用发票的单位和个人，可以凭购销商品、提供或者接受服务以及从事其他经营活动的书面证明、经办人身份证明，直接向经营地税务机关申请代开发票。依照税收法律、行政法规规定应当缴纳税款的，税务机关应当先征收税款，再开具发票。税务机关根据发票管理的需要，可以按照国务院税务主管部门的规定委托其他单位代开发票。税务机关代开发票时应进行身份验证。禁止非法代开发票。

(三) 发票的开具和保管

销售商品、提供服务以及从事其他经营活动的单位和个人，对外发生经营业务收取款项，收款方应当向付款方开具发票；特殊情况下，由付款方向收款方开具发票。

所有单位和从事生产、经营活动的个人在购买商品、接受服务以及从事其他经营活动支付款项的，应当向收款方取得发票。取得发票时，不得要求变更品名和金额。

不符合规定的发票，不得作为财务报销凭证，任何单位和个人有权拒收。

开具纸质发票后，如需作废发票，应当收回原发票并注明“作废”字样；如需开具红字发票，应当收回原发票注明“作废”字样或取得对方有效证明。开具电子发票后，如需开具红字发票，应当取得对方有效证明。开具发票应当按照规定的时限、顺序、栏目，全部联次一次性如实开具，开具纸质发票应加盖发票专用章。

任何单位和个人不得有下列虚开发票行为：为他人、为自己开具与实际经营业务情况不符的发票；让他人为自己开具与实际经营业务情况不符的发票；介绍他人开具与实际经营业务情况不符的发票。开具发票人员应当进行身份验证。

安装税控装置的单位和个人，应当按照规定使用税控装置开具发票，并按期向主管税务机关报送开具发票的数据。使用非税控电子器具开具发票的，应当将非税控电子器具使用的软件程序说明资料报主管税务机关备案，并按照规定保存、报送开具发票的数据。

任何单位和个人应当按照发票管理规定使用发票，不得有下列行为：转借、转让、介绍他人转让发票、发票监制章和发票防伪专用品；知道或者应当知道是私自印制、伪造、变造、非法取得或者废止的发票而受让、开具、存放、携带、邮寄、运输；拆本使用发票；扩大发票使用范围；以其他凭证代替发票使用；窃取、截留、篡改、出售、泄露发票数据。税务机关应当提供查询发票真伪的便捷渠道。

【专栏 5-2】

我国税收征管体制改革迈出关键一步

2018 年 6 月 15 日，全国各省(自治区、直辖市)级以及计划单列市国税局、地税局同时宣告合并，且 36 个省级新税务机构统一挂牌，这标志着我国国税地税征管体制改革迈出了阶段性关键一步。2018 年 7 月底前，市、县级税务局也将逐级分步完成集中办公、新机构挂牌等改革事项。

据悉，这是改革开放以来，历经 20 世纪 80 年代“利改税”和 90 年代分税制改革后，我国税收征管体制迎来的第三次重大改革。受访的业内人士表示，国税地税的再度“牵手”，将实现征管系统的完全整合，这既是大势所趋，同时也面临更加艰巨的任务。

征管成本和遵从成本将降低

据了解，此次改革的主要内容包括：合并省级及省级以下国税地税机构；实行以税务总局为主与省(自治区、直辖市)政府双重领导的管理体制；将基本养老保险费、基本医疗保险费、失业保险费等各项社会保险费交由税务部门统一征收等。

“这标志着国税地税征管体制改革迈出了实质性、关键性的第一步，标志着我国税收发展史上又迎来了一个具有里程碑意义的重要时刻！”国家税务总局局长王军 2018 年 6 月 15 日在国家税务总局北京市税务局挂牌仪式上致辞时说道。

中国著名经济学家胡星斗在接受《国际商报》记者采访时表示，国税地税本就是一体，20 世纪 90 年代分税制改革有其特定的历史原因，如今在分开了二十多年后国税地税再次迎来合并，意义重大。“我国的税收成本相对来说一直较高，国税地税的合并以及一些税目的统一征收，无疑将进一步降低税收成本、提高办事效率，同时也避免了纳税人经常‘两头跑’的麻烦。此外，此举还将进一步促进我国营商环境改善。”

相关业内人士也表示，国税地税的分立只会增加征管成本，而合并后将实现税务机关和纳税人的“双减负”，即进一步降低税务机关的税收征管成本和纳税人的税收遵从成本，进而提高税收征管效率。

2018年的政府工作报告31次提到“税收”，其中18处涉及税收改革和减税举措，深化个人所得税改革、增值税改革、企业所得税改革等都在其列。

王军强调，征管体制改革是加强党对税收工作全面领导、增强税收服务国家治理职能作用、塑强为民便民利民税务形象、筑强税收事业长远发展根基的重大改革。

据悉，目前，从中央到地方各级税务机关正同步开展文件清理，逐件逐条梳理税务系统现行文件，确保国税地税机构合并后执法依据统一、执法尺度统一。

改革任重道远

根据税务总局编制的《改革国税地税征管体制征管业务工作方案》，随着省、市、县三级新税务机构逐级对外挂牌，届时税务系统将实现“六个统一”，即国税地税业务“一厅通办”、国税地税业务“一网通办”、12366“一键咨询”、实名信息一次采集、统一税务检查、统一税收执法标准。

税务总局还明确，新机构挂牌后，为便利纳税人办税，绝大部分办税服务厅保持现有办税服务场所、地点不变。另外，纳税人将减少报送办税资料，即各省份税务机关梳理原国税地税相同业务的事项清单，整合报送资料，统一资料归档，实现纳税人同一资料只报送一套、同一涉税事项只需申请一次。

不过，机构合并带来的这一系列变化，只是税收改革过程中的一个“前奏”，而后的每一个细小环节，还有待逐一实现。

(资料来源：东方财富网，http://finance.eastmoney.com/news/1355,20180626895387935.html)

本章小结

1. 税收制度一般是指国家通过立法程序规定的各种税收法令和征收管理办法的总称，其核心是主体税种的选择和各税种的搭配问题。税收制度有广义和狭义之分。

2. 税收制度的构成要素主要包括税收主体、税收客体、税率、纳税环节、纳税期限、附加、加成和减免以及违章处罚等。

3. 税制类型是指按照一定标准对税收制度进行分类而形成的类别模式。税收制度基本可以分为单一税制和复合税制两种类型。

4. 税收制度大致经历了由简单的直接税制到以间接税为主的税制，再发展到现代直接税为主的税制或以间接税和直接税为主体的双主体税制。

5. 税制结构是指构成税制的各税种在社会再生产中的分布状况及其相互之间的比重关系。

6. 保证税务管理活动实施的法律、法规、规章、规范构成税收管理制度。税收管理制度有广义和狭义之分。广义的税收管理制度包括税收法制管理制度、税收征收管理制度、税收计划管理制度和税收行政管理制度。狭义的税收管理制度是指税收征收管理制度。

7. 加强税收管理制度建设能够保护征纳双方的利益、实现税收职能、完善法律法规体系。

8. 税收征收管理制度主要包括税务登记、账簿与凭证管理、纳税申报、税款征收、税务检查、法律责任与文书送达。

9. 发票管理是指税务机关依法对在中华人民共和国境内印制、领用、开具、取得、保管、缴销发票全过程进行的组织、协调、监督等一系列管理工作。

课后习题

一、选择题

1. 累进税率又可分为(　　)形式。

A. 全额累进税率　　B. 比例税率　　C. 超额累进税率　　D. 定额税率

2. 影响税制结构的主要因素是(　　)。

A. 社会经济发展水平　B. 税收管理水平　C. 国家政策取向　D. 纳税人的要求

3. 税务登记是税务机关对纳税人的生产经营活动及其他应税活动、行为实行法定登记的一项管理制度，也是纳税人履行纳税义务向税务机关办理的一项法律手续。下列不属于税务登记的是(　　)。

A. 开业登记　　B. 纳税登记　　C. 停复业登记　　D. 注销登记

4. 整个税收征管过程中最为关键的环节是(　　)。

A. 税务登记　　B. 纳税申报　　C. 税款征收　　D. 税务检查

5. 整个税收征管过程的核心环节是(　　)。

A. 税务登记　　B. 纳税申报　　C. 税款征收　　D. 税务检查

二、判断题

1. 纳税人就是负税人，即最终负担国家征收税款的单位和个人。(　　)

2. 课税对象是税收制度的基本要素之一，是税区别费的主要标志。(　　)

3. 我国现行税制是以货物和劳务税、所得税为主体，其他税与之相互配合的复合式税制体系。(　　)

4. 当税务机关有证据证明纳税人有逃避纳税义务的行为时，可以在规定的纳税期之前，责令纳税人限期缴纳应缴纳税款、滞纳金或者责成纳税人提供纳税担保。(　　)

5. 税收法律关系的主体违反了税收行政管理法律、法规，尚不构成税收刑事法律责任的，可能会被判处无期徒刑或有期徒刑。(　　)

三、名词概念

1. 税收制度　2. 征税主体　3. 征税客体　4. 累进税率
5. 全额累进税率　6. 超额累进税率　7. 附加　8. 加成
9. 单一税制　10. 复合税制　11. 税收管理制度

四、问答题

1. 税收制度主要有哪些构成要素？

2. 税收制度包括哪几种类型？分别具有哪些优缺点？

3. 简述税收管理制度的内容。

4. 联系我国目前的经济发展形势，分析我国应如何加强税制结构及税收征收管理制度的改革。

案例分析

我国企业纳税信用持续向好

纳税信用是衡量企业信用的重要指标，记者从国家税务总局了解到，近期出炉的 2020 年全国纳税信用评价结果显示，本次参评的近 3 000 万户企业纳税信用状况持续向好，其中 A 级企业数量增速明显，B 级和 M 级企业数量稳中有升，C 级和 D 级企业数量持续减少。近年来，我国纳税信用管理制度不断完善，纳税信用评价结果应用向多领域扩展，优质的纳税信用日益成为企业长远发展的“金名片”。

以信立本　A 级企业数量增速明显

2020 年纳税信用评价结果显示，我国企业整体纳税信用状况持续向好。

A 级企业数量大幅上升。2020 年共评出 A 级企业 172 万户，较上年增加 46 万户，增长 37%，A 级企业在评价总户数中的占比比上年提高了 0.96 个百分点。这表明纳税人对纳税信用越来越重视，依法诚信纳税意识不断增强。

B 级和 M 级企业总量稳中有升。2020 年 B 级和 M 级企业总量达到 2 489 万户，占评价总户数的 84.67%。其中，B 级占比提升近 2 个百分点；M 级占比下降 0.84 个百分点。这“一升一降”表明守信群体内部结构也在向好发展。

C 级和 D 级企业总量持续减少。C 级和 D 级企业共计 279 万户，较去年减少近 19 万户，在评价总户数中占比 9.48%，较上年下降超过 2 个百分点，连续 2 年保持下降。

国家税务总局纳税服务司副司长张维华表示，从今年的评价结果看，纳税信用 A 级和 B 级纳税人的数量进一步增加、比例进一步提升，这说明广大纳税人依法诚信纳税的意识、意愿、能力都在增强，也说明纳税信用管理在社会信用体系建设方面的作用越来越突出。

以信赋能　守信企业多领域享“绿色通道”

信用有价值，守信有力量。纳税信用作为衡量企业信用的“试金石”，分量越来越重。近年来，税务部门将纳税信用信息“推出去”“连起来”，不断对接社会信用信息，让守信企业在税收服务、融资授信、项目管理、进出口等领域享受更多优惠和便利，特别是在新冠肺炎疫情发生后，不少企业更是将纳税信用转化成稳产能、渡难关的“真金白银”。

“我们企业之所以能顺利拿到贷款，靠的是多年来一直保持良好的纳税信用，这为我们公司复工复产帮了大忙。”近日，河北省青县三元机箱制造有限公司经理李铁楼说。三元机箱制造有限公司是一家生产电子机箱、机柜的专业厂家，受疫情影响，发货延迟，回款不畅，造成流动资金短缺。凭借 A 级的纳税信用，企业很快收到银行提供的 500 万元贷款。

疫情发生以来，为解决企业复工复产中的资金链“难点”，税务总局联合银保监会对“银税互动”进行全面升级，放宽“以信放贷”条件，从纳税信用 A 级、B 级拓展到 M 级纳税人。这样一来，授信企业数量预计可以增加近一倍，更多企业可以借助“银税互动”获得优惠力度更大、办理方式更简便的信用贷款。

优质纳税信用不仅是企业解决融资难题的“金钥匙”，还是享受优惠政策的“敲门砖”。作为浙江省首批集成电路“万亩千亿”新产业平台重大标志性工程，中芯国际微机电和功率器件产业化项目首期总投资就达 58.8 亿元。“项目投入庞大，资金需求也很大。”企业负责人赵奇谈道，之前因为企业刚刚成立，无法及时退还留抵税额，资金压力较大。现在成了A级纳税人，很快就申请了2.8亿元的增值税增量留抵退税。

纳税信用评级越靠前，企业享受的便利就越多。诚信纳税不仅可以为企业带来真金白银，还能在办税过程中帮助企业节省不少成本。“因为我们属于零售业，平时开票量较大，被评为A级纳税人后，我们可以单次领取3个月的增值税发票用量，如果需要调整还可以随时提出申请、即刻办结，极大减低了办税时间成本。”江西新余东亚汽车销售服务有限公司总经理邓建新说。

近年来，税务部门定期按照信用信息目录，向全国信用信息共享平台推送A级纳税人名单、税收违法“黑名单”等税务领域信用信息，并联合发改、金融、公安、市场监管、海关等部门实施守信联合激励、失信联合惩戒，让守信者处处受益，失信者处处受限。

信用修复　纳税信用管理体系日臻完善

一旦被认定为失信者，是不是就意味着终身要顶着“失信”的帽子？建立纳税信用修复机制的探索一直在进行。2019年，税务总局印发《关于纳税信用修复有关事项的公告》，明确自2020年1月1日起，纳税人发生未按法定期限办理纳税申报、税款缴纳、资料备案等事项且已补办的，可在规定期限内向主管税务机关申请纳税信用修复。

作为失信主体的自我纠错机制，纳税信用修复不给失信者“断后路”，并促使他们主动“寻出路”。实施以来，约70万户企业实现了评定档次“升级”。在2019年到2020年的评价中，有近6万户企业得益于信用修复机制升至A级。

“修复机制对我们来说是一个难能可贵的机会。”宁波广源纺织品有限公司财务负责人赵小龙深有感触，“信用等级修复为A级后，申请的400万元贷款已经批下来了。”该公司上年度纳税信用等级为B级，今年受疫情影响，企业流动资金吃紧，银行贷款利率、金额及放贷速度都无法满足需求，影响公司的业务开展和资金运作。该企业在疫情期间申请纳税信用修复后，当地税务部门远程辅导他们填写表单，并开辟办理“绿色通道”，及时启动复评审核程序，企业纳税信用等级修复为A级并顺利获得了贷款。

纳税信用修复，不仅“贷”来了资金，还增强了持续“争优”的动力和信心。在收到纳税信用等级评价结果后的第一笔退税款时，玉环耀景洁具有限公司的负责人孙天满由衷地表示：“多亏了信用修复，让我们能够如期享受退税优惠，这对回笼资金、复工复产十分重要。”

近几年，玉环耀景洁具一直享受安置残疾人就业增值税即征即退税收优惠，“这项政策对纳税信用等级要求严格，去年我们因为个人所得税没有按时代扣代缴扣了分，纳税信用等级比较低，影响了政策享受。”孙天满说。得益于信用修复，玉环耀景洁具最终获得了B级信用。“这个B级来之不易，以后一定更加规范经营、诚信纳税，努力争取A级。”

税务部门提醒有关企业纳税人，2020年的纳税信用评价结果发布后，企业能够主动纠正2019年发生的逾期申报缴税、非正常户等19种失信行为的，仍可在2020年年底前向主管税务机关提出修复申请，改善自身纳税信用状况。

张维华表示，下一步税务部门将按照中央关于加快推进社会信用体系建设的部署，继续完善纳税信用管理制度、优化纳税信用评价方式、拓宽评价结果共享应用渠道，让守信企业一路畅通，失信企业处处受限，持续构建以信用为基础的新型税收服务管理机制，努力推动税收诚信与国家治理现代化全面接轨，服务经济社会高质量发展。

(资料来源：国家税务总局网站，http://www.chinatax.gov.cn/chinatax/n810219/n810724/c5153498/content.html.)

问题：

1. 对比近年来全国纳税信用评价结果的变化趋势。
2. 不同的纳税信用评价结果会给纳税企业带来哪些影响？

第六章

货物和劳务税

货物和劳务税，是指以货物和劳务的流转额为课税对象的税类。我国现行税制中属于货物和劳务税的税种有增值税、消费税、车辆购置税和关税。货物和劳务税在各国的税收体系中占有十分重要的地位，并且是许多国家的主要税收来源，占税收收入的50%以上，也是我国目前税收收入最多的税类。本章主要讲述货物和劳务税各税种的税制构成要素及应纳税额的计算。通过本章的学习，应了解货物和劳务税的基本知识，理解各税种的概念及特点，掌握各税种的纳税人、征税范围及应纳税额的计算。

【学习重点】

1. 增值税的税收制度构成要素。
2. 消费税的税收制度构成要素。
3. 车辆购置税的税收制度构成要素。
4. 关税的税收制度构成要素。

【学习难点】

结合实际掌握增值税、消费税、车辆购置税和关税的计算方法。

【教学建议】

以课堂讲授为主，采用理论与实践相结合的方法讲解和分析 4 个税种税收制度的内容，采用案例法讲解 4 个税种应纳税额的计算。

第一节　货物和劳务税概述

一、货物和劳务税的概念

货物和劳务税是指以货物和劳务的流转额为课税对象的税种的统称。货物流转额是指在货物交换(买进和卖出)过程中发生的交易额；劳务流转额是指提供劳务而发生的交易额，即提供劳务取得的收入额或为取得劳务而支付的货币金额。

货物和劳务税对保证国家及时、稳定、可靠地取得财政收入有着重要的作用。同时，它对调节生产、消费也有一定的作用。因此，货物和劳务税一直是我国最主要的税类。就我国现行税制而言，属于货物和劳务税的税种有增值税、消费税、车辆购置税和关税。

二、货物和劳务税的特点

货物和劳务税同其他税类相比，具有以下特点。

(一) 课税对象的普遍性

货物和劳务税是以货物交换和劳务提供并形成销售收入为前提的，它不仅包括了所有的货物，还包括各种劳务服务。在现代社会中，货物是社会生产、交换、分配和消费的对象，货物生产和交换是社会生产成果最普遍的表现形式，劳务的提供遍布于各行各业，对货物和劳务课征的税自然是最具普遍性的税类。正因为货物和劳务税课税对象的普遍性，使得货物和劳务税税源充足，保证了国家财政收入的充裕。

(二) 以流转额为计税依据

货物和劳务税的计税依据是货物和劳务的流转额。这里的流转额既可以是流转总额，也可以是流转的增值额，由此也就形成了货物和劳务税的各个税种之间的主要差别。由于货物和劳务税以流转额为计税依据，在税率既定的前提下，税额的多少只取决于货物和劳务价格的高低及流转额的多少，而与成本和盈利水平无关。

(三) 计征简便

由于货物和劳务税以流转额为计税依据，不需要核算成本和盈利水平，其税率又采用比例税率和定额税率形式，所以计税征税都十分简便。

(四) 税负容易转嫁

货物和劳务税属于间接税，其纳税人与负税人往往不一致，纳税人可以通过货物或劳务加价的办法将税负转嫁给消费者，或者通过压价的办法转移给前一环节的供应方。

第二节　增值税

一、增值税概述

(一) 增值税的概念

增值税是对在中华人民共和国境内(以下称境内)发生增值税应税交易(以下称应税交易)以及进口货物的单位和个人，就其增值额征收的一种税。该税最早发源于丹麦，于 1954 年创建于法国，之后在西欧和北欧各国迅速推广，现在已经成为许多国家广泛采用的一个国际性税种。

对增值税概念的理解，关键是要理解增值额的含义。增值额是指企业或者其他经营者从事生产经营或者提供劳务服务过程中新增加的价值额。可以从以下3个方面理解：①从理论上讲，增值额是指生产经营者在生产经营过程中新创造的那部分价值，相当于商品价值$(C+V+M)$中的$(V+M)$部分，在我国相当于净产值或国民收入部分；②就一个生产单位而言，增值额是这个单位商品销售收入额或经营收入额扣除非增值项目价值后的余额；③就一项货物来看，增值额是该货物经历的生产和流通的各个环节所创造的增值额之和，也就是该项货物的最终销售价值。

(二) 增值税的特点

1. 以增值额为课税对象

增值税是以增值额而不是以销售全额为课税对象，有效地解决了重复征税问题，这是增值税最本质的特点。

2. 具有征收广泛性

增值税是对商品生产、流通和劳务服务中多个环节的新增价值或商品的附加值征收的一种流转税。凡是纳入增值税征收范围的，只要经营收入中有增值额就要征税。因此，增值税的课税范围涉及货物生产流通进口的各个领域，也涉及各类服务活动，实现对货物和服务的全覆盖，从而使它成为对经济活动实行普遍调节的一个中心税种。

3. 具有税收中性

根据增值税的计税原理，流转额中的非增值因素在计税时被扣除。因此，对同一货物而言，无论流转环节的多与少，只要增值额相同，税负就相等，不会影响货物的生产结构、组织结构和产品结构。

4. 实行税款抵扣制度

在计算纳税人应纳税款时，要扣除货物在前一环节已负担的税款，以避免重复征税。从世界各国来看，一般都实行凭购货发票进行抵扣的办法。

5. 实行价外税制度

增值税为价外税，应税交易的计税价格不包括增值税税额。在计税时，作为计税依据的销售额中不包含增值税税额，以消除增值税对成本、利润和价格的影响，有利于形成均衡的价格。

(三) 增值税的类型

在实践中，各国实行的增值税都是以法定增值额为课税对象的。所谓法定增值额，就是各国政府税法中所规定的据以计算增值税应纳税额的增值额。法定增值额和理论增值额往往不相一致。根据对外购固定资产所含税金扣除方式的不同，将增值税分为生产型增值税、收入型增值税和消费型增值税。

1. 生产型增值税

生产型增值税是指在征收增值税时，只能扣除属于非固定资产项目的那部分生产资料的税款，不允许扣除固定资产价值中所含有的税款。该类型增值税的征税对象大体上相当于国民生产总值，因此称为生产型增值税。

2. 收入型增值税

收入型增值税是指在征收增值税时，只允许扣除固定资产折旧部分所含的税款，未提折旧部分不得计入扣除项目金额。该类型增值税的征税对象大体上相当于国民收入，因此称为收入型增值税。

3. 消费型增值税

消费型增值税是指在征收增值税时，允许将固定资产价值中所含的税款全部一次性扣除。这样，就整个社会而言，生产资料都排除在征税范围之外。该类型增值税的征税对象仅相当于社会消费资料的价值，因此称为消费型增值税。2008 年 11 月 5 日，国务院常务会议决定，自 2009 年 1 月 1 日起，在全国所有地区、所有行业推行增值税转型改革。所谓增值税转型就是将生产型增值税转为消费型增值税。我国目前已经建立消费型增值税制度框架，增值税在促进产业转型升级，实现新旧动能接续转换，推动经济高质量发展等方面发挥着重要作用。

3 种增值税类型的具体区别，现举例说明如下。

【例 6-1】某企业实现销售收入 100 万元，购入原辅材料 40 万元，购入固定资产 36 万元，当期计提折旧 5 万元，分别确定不同类型增值税的法定增值额，具体如表 6-1 所示。

表 6-1　不同类型增值税的法定增值额

单位：万元

增值税类型	销售额	扣除外购原辅材料	扣除外购固定资产	法定增值额
生产型	100	40	0	60
收入型	100	40	5	55
消费型	100	40	36	24

二、增值税的纳税人

根据《中华人民共和国增值税法》的规定，在境内发生应税交易且销售额达到增值税起征点的单位和个人，以及进口货物的收货人，为增值税的纳税人。销售额未达到增值税起征点的单位和个人，不是增值税纳税人，但可以自愿选择登记为增值税纳税人缴纳增值税。境外单位和个人在境内发生应税交易的，以购买方为扣缴义务人。

小规模纳税人发生增值税应税销售行为，合计月销售额未超过 15 万元(或者季度销售额未超过 45 万元)的，免征增值税；合计月销售额超过 15 万元，但扣除本期发生的销售不动产的销售额后未超过 15 万元的，其销售货物、劳务、服务、无形资产取得的销售额免征增值税。

三、增值税的征税范围

(一) 在境内发生应税交易

应税交易，是指销售货物、服务、无形资产、不动产和金融商品。销售货物、不动产、金融商品，是指有偿转让货物、不动产、金融商品的所有权。销售服务，是指有偿提供服务。销售无形资产，是指有偿转让无形资产的所有权或者使用权。

在境内发生应税交易是指：

(1) 销售货物的，货物的起运地或者所在地在境内；

(2) 销售服务、无形资产(自然资源使用权除外)的，销售方为境内单位和个人，或者服务、无形资产在境内消费；

(3) 销售不动产、转让自然资源使用权的，不动产、自然资源所在地在境内；

(4) 销售金融商品的，销售方为境内单位和个人，或者金融商品在境内发行。

(二) 进口货物

进口货物，是指货物的起运地在境外，目的地在境内。

(三) 视同应税交易

下列情形视同应税交易，应当依照《中华人民共和国增值税法》规定缴纳增值税：
(1) 单位和个体工商户将自产或者委托加工的货物用于集体福利或者个人消费；
(2) 单位和个体工商户无偿赠送货物，但用于公益事业的除外；
(3) 单位和个人无偿赠送无形资产、不动产或者金融商品，但用于公益事业的除外；
(4) 国务院财政、税务主管部门规定的其他情形。
下列项目视为非应税交易，不征收增值税：
(1) 员工为受雇单位或者雇主提供取得工资薪金的服务；
(2) 行政单位收缴的行政事业性收费、政府性基金；
(3) 因征收征用而取得补偿；
(4) 存款利息收入；
(5) 国务院财政、税务主管部门规定的其他情形。

四、增值税税率

我国增值税税率是以价外税为基础，遵循中性和简便原则，考虑到大多数纳税人的承受能力，以及降低企业税负等诸多因素，进行综合考虑后设计的。增值税税率见表 6-2。

表 6-2　增值税税率

<table>
<tr><th>计税方法</th><th colspan="2">税目</th><th>税率(或征收率)</th></tr>
<tr><td rowspan="15">一般计税方法</td><td colspan="2">销售货物</td><td rowspan="3">13%</td></tr>
<tr><td colspan="2">销售加工修理修配、有形动产租赁服务</td></tr>
<tr><td colspan="2">进口货物</td></tr>
<tr><td colspan="2">销售交通运输、邮政、基础电信、建筑、不动产租赁服务</td><td rowspan="7">9%</td></tr>
<tr><td colspan="2">销售不动产</td></tr>
<tr><td colspan="2">转让土地使用权</td></tr>
<tr><td rowspan="4">销售或者进口下列货物</td><td>农产品、食用植物油、食用盐</td></tr>
<tr><td>自来水、暖气、冷气、热水、煤气、石油液化气、天然气、二甲醚、沼气、居民用煤炭制品</td></tr>
<tr><td>图书、报纸、杂志、音像制品、电子出版物</td></tr>
<tr><td>饲料、化肥、农药、农机、农膜</td></tr>
<tr><td colspan="2">销售服务</td><td rowspan="3">6%</td></tr>
<tr><td colspan="2">销售无形资产</td></tr>
<tr><td colspan="2">销售金融商品</td></tr>
<tr><td colspan="2">出口货物(国务院另有规定的除外)</td><td rowspan="2">0</td></tr>
<tr><td colspan="2">境内单位和个人跨境销售国务院规定范围内的服务、无形资产</td></tr>
<tr><td>简易计税方法</td><td colspan="2"></td><td>3%</td></tr>
</table>

纳税人发生适用不同税率或者征收率的应税交易，应当分别核算适用不同税率或者征收率的销售额；未分别核算的，从高适用税率。纳税人一项应税交易涉及两个以上税率或者征收率的，从主适用税率或者征收率。

五、增值税应纳税额的计算

(一) 一般计税方法应纳税额的计算

目前一般计税方法采用的是国际上通行的购进扣税法，即先按当期销售额和适用税率计算出销项税额，然后对当期购进项目已经缴纳的税款进行抵扣，从而间接计算出当期增值额部分的应纳税额。当期应纳税额的计算公式为

当期应纳税额＝当期销项税额－当期进项税额

1. 销项税额的计算

销项税额是指纳税人发生应税交易，按照销售额(不含税)乘以《中华人民共和国增值税法》规定的税率计算的增值税税额。销项税额的计算公式为

销项税额＝销售额×适用税率

销售额，是指纳税人发生应税交易取得的与之相关的对价，包括全部货币或者非货币形式的经济利益，不包括按照一般计税方法计算的销项税额和按照简易计税方法计算的应纳税额。

国务院规定可以差额计算销售额的，从其规定。

视同发生应税交易以及销售额为非货币形式的，按照市场公允价格确定销售额。

销售额以人民币计算。纳税人以人民币以外的货币结算销售额的，应当折合成人民币计算。

纳税人销售额明显偏低或者偏高且不具有合理商业目的的，税务机关有权按照合理的方法核定其销售额。

2. 进项税额的计算

进项税额，是指纳税人购进的与应税交易相关的货物、服务、无形资产、不动产和金融商品支付或者负担的增值税税额。进项税额应当凭合法有效凭证抵扣。增值税的核心就是用纳税人收取的销项税额抵扣其支付的进项税额，其余额为纳税人实际应缴纳的增值税税额。这样，进项税额作为可抵扣的部分，对于纳税人实际纳税多少就产生了举足轻重的作用。然而，并不是纳税人支付的所有进项税额都可以从销项税额中抵扣。税法对不能抵扣进项税额的项目做了严格的规定，如果违反税法规定，随意抵扣进项税额就将以偷税论处。

1) 准予从销项税额中抵扣的进项税额

根据税法的规定准予从销项税额中抵扣的进项税额，限于扣税凭证上注明的增值税税额或依法计算的进项税额。增值税扣税凭证，是指增值税专用发票、海关进口增值税专用缴款书、农产品收购发票、农产品销售发票和税收缴款凭证。

(1) 从销售方或者提供方取得的增值税发票上注明的增值税税额。

(2) 从海关取得的海关进口增值税专用缴款书上注明的增值税税额。

(3) 纳税人购进农产品，取得增值税发票或海关进口增值税专用缴款书的，以增值税发票或海关进口增值税专用缴款书上注明的增值税税额为进项税额；从按照简易计税方法依照 3%征收率计算缴纳增值税的小规模纳税人取得增值税专用发票的，以增值税发票上注明的金额和 9%的扣除率

计算进项税额；取得(开具)农产品销售发票或收购发票的，以农产品销售发票或收购发票上注明的农产品买价和 9%的扣除率计算进项税额；纳税人购进用于生产或委托加工 13%税率货物的农产品，按照 10%的扣除率计算进项税额。纳税人从批发、零售环节购进适用免征增值税政策的蔬菜、部分鲜活肉蛋而取得的普通发票，不得作为计算抵扣进项税额的凭证。进项税额的计算公式为

进项税额＝买价×扣除率

买价，是指纳税人购进农产品在农产品收购发票或者销售发票上注明的价款和按照规定缴纳的烟叶税。

(4) 接受境外单位或者个人提供的应税服务，从税务机关或者境内代理人取得的解缴税款的中华人民共和国税收缴款凭证(以下称税收缴款凭证)上注明的增值税税额。

纳税人取得的增值税扣税凭证不符合法律、行政法规或者国家税务总局有关规定的，其进项税额不得从销项税额中抵扣。纳税人凭税收缴款凭证抵扣进项税额的，应当具备书面合同、付款证明和境外单位的对账单或者发票。资料不全的，其进项税额不得从销项税额中抵扣。

2) 不得从销项税额中抵扣的进项税额

(1) 用于简易计税方法计税项目、免征增值税项目、集体福利或者个人消费的购进货物、服务、无形资产、不动产和金融商品对应的进项税额，其中涉及的固定资产、无形资产和不动产，仅指专用于上述项目的固定资产、无形资产和不动产；

(2) 非正常损失项目对应的进项税额；

(3) 购进并直接用于消费的餐饮服务、居民日常服务和娱乐服务对应的进项税额；

(4) 购进贷款服务对应的进项税额；

(5) 国务院规定的其他进项税额。

3. 应纳税额的计算

纳税人在计算出销项税额和进项税额后就可以得出实际应纳税额。为了正确计算增值税的应纳税额，在实际操作中还需要掌握以下几项重要规定。

1) 计算应纳税额的时间限定

“当期”是个重要的时间限定，具体是指税务机关依照税法规定对纳税人确定的纳税期限。只有在纳税期限内实际发生的销项税额、进项税额，才是法定的当期销项税额或当期进项税额。税法对销售货物或应税劳务及服务应计入当期销项税额以及抵扣进项税额的时间做了限定。

(1) 计算销项税额的时间限定。对纳税人计算销项税额的时间，税法结合不同的销售方式和结算方式做出的规定各不相同。

(2) 进项税额抵扣的时间限定。目前，增值税发票采用网上勾选认证。根据《国家税务总局关于纳税信用 A 级纳税人取消增值税发票认证有关问题的公告》(国家税务总局公告 2016 年第 7 号)等文件精神，勾选认证发票的范围扩大至全部一般纳税人，纳税人取得销售方使用增值税发票系统升级版开具的增值税发票，可以不再进行扫描认证，通过增值税发票查询平台，查询、选择用于申报抵扣的增值税发票信息。进行勾选确认或认证相符的增值税发票，纳税人应在认证相符或勾选确认的次月纳税申报期内申报抵扣，逾期的进项税额不予抵扣。

2) 计算应纳税额时进项税额不足抵扣的处理

由于增值税实行购进扣税法，有时企业当期购进的货物很多，在计算应纳税额时会出现当期销项税额小于当期进项税额不足抵扣的情况。根据税法规定，当期进项税额大于当期销项税额的，差额部分可以结转下期继续抵扣，或者予以退还，具体办法由国务院财政、税务主管部门制定。

【例 6-2】某生产企业为增值税一般纳税人，适用增值税税率 13%，本月的有关生产经营业务如下。

(1) 销售甲产品给某商场，开具增值税专用发票，取得不含税销售额 500 万元。

(2) 销售乙产品，开具增值税普通发票，取得不含税销售额 25 万元。

(3) 将试制的一批应税新产品用于本企业基建工程，成本价为 30 万元，成本利润率为 10%，该新产品无同类产品市场销售价格。

(4) 购进货物取得增值税专用发票，注明支付的货款 60 万元，进项税额 7.8 万元。

(5) 纳税人购进用于生产货物的农产品，支付收购价 25 万元。本月下旬将购进的农产品的 20%用于本企业职工福利。

以上相关票据均符合税法的规定。请计算该企业当月应缴纳的增值税税额。

(1) 销售甲产品的销项税额为 500×13%=65(万元)。

(2) 销售乙产品的销项税额为 25×13%=3.25(万元)。

(3) 自用新产品的销项税额为 30×(1+10%)×13%=4.29(万元)。

(4) 外购货物应抵扣的进项税额为 7.8 万元。

(5) 外购免税农产品应抵扣的进项税额为 25×10%×(1−20%)=2(万元)。

(6) 该企业应缴纳的增值税税额为 65+3.25+4.29−7.8−2=62.74(万元)。

(二) 简易计税方法应纳税额的计算

简易计税方法的应纳税额，是指按照当期销售额和征收率计算的增值税税额，不得抵扣进项税额。纳税人按照国务院规定可以选择简易计税方法的，计税方法一经选择，36 个月内不得变更。其计算公式为

应纳税额=当期销售额×征收率

(不含税)销售额=含税销售额÷(1+征收率)

【例 6-3】某市场一摊位业主采用简易计税方法，本月其取得的零售收入总额为 13.39 万元。计算该商店本月应缴纳的增值税税额。

不含税销售额=13.39÷(1+3%)=13(万元)

应纳增值税税额=13×3%=0. 39(万元)

(三) 进口货物应纳税额的计算

纳税人进口货物，按照组成计税价格和法律规定的税率计算应纳税额，不得抵扣任何税额。应纳税额和组成计税价格的计算公式为

应纳税额=组成计税价格×税率

组成计税价格=关税计税价格+关税+消费税

按照《中华人民共和国海关法》和《中华人民共和国进出口关税条例》的规定，一般贸易项下进口货物的关税计税价格以海关审定的以成交价格为基础的到岸价格作为完税价格。所谓成交价格是指一般贸易项下进口货物的买方为购买该项货物向卖方实际支付或应当支付的价格；到岸价格包括货价加上货物运抵我国关境内输入地点起卸前的包装费、运费、保险费和其他劳务费等费用构成的一种价格。关税计税价格中不包括服务贸易相关的对价。

【例 6-4】本月某商场进口货物一批，该批货物在国外的买价为 40 万元。另外，该批货物运抵

我国海关前发生包装费、运输费、保险费等共计 20 万元。进口货物应纳关税 9 万元。增值税税率13%。计算该批货物应缴纳的进口环节增值税。

组成计税价格＝40＋20＋9＝69(万元)

应纳增值税税额＝69×13%＝8.97(万元)

(四) 扣缴税款应纳税额的计算

扣缴义务人依照规定扣缴税款的，应按照销售额乘以税率计算应扣缴税额。应扣缴税额的计算公式为

应扣缴税额＝销售额×税率

六、增值税的征收管理

(一) 纳税义务发生时间

(1) 发生应税交易，纳税义务发生时间为收讫销售款项或者取得索取销售款项凭据的当天；先开具发票的，为开具发票的当天。

(2) 视同发生应税交易，纳税义务发生时间为视同发生应税交易完成的当天。

(3) 进口货物，纳税义务发生时间为进入关境的当天。

增值税扣缴义务发生时间为纳税人增值税纳税义务发生的当天。

(二) 纳税期限

增值税的计税期间分别为 10 日、15 日、1 个月、1 个季度或者半年。纳税人的具体计税期间，由主管税务机关根据纳税人应纳税额的大小分别核定。以半年为计税期间的规定不适用于按照一般计税方法计税的纳税人。自然人不能按照固定计税期间纳税的，可以按次纳税。

纳税人以 1 个月、1 个季度或者半年为一个计税期间的，自期满之日起 15 日内申报纳税；以 10 日或者 15 日为一个计税期间的，自期满之日起 5 日内预缴税款，于次月 1 日起 15 日内申报纳税并结清上月应纳税款。

扣缴义务人解缴税款的计税期间和申报纳税期限，依照前两款规定执行。

纳税人进口货物，应当自海关填发海关进口增值税专用缴款书之日起 15 日内缴纳税款。

(三) 纳税地点

(1) 有固定生产经营场所的纳税人，应当向其机构所在地或者居住地主管税务机关申报纳税。

总机构和分支机构不在同一县(市)的，应当分别向各自所在地的主管税务机关申报纳税；经国务院财政、税务主管部门或者其授权的财政、税务机关批准，可以由总机构汇总向总机构所在地的主管税务机关申报纳税。

(2) 无固定生产经营场所的纳税人，应当向其应税交易发生地主管税务机关申报纳税；未申报纳税的，由其机构所在地或者居住地主管税务机关补征税款。

(3) 自然人提供建筑服务，销售或者租赁不动产，转让自然资源使用权，应当向建筑服务发生地、不动产所在地、自然资源所在地主管税务机关申报纳税。

(4) 进口货物的纳税人，应当向报关地海关申报纳税。

(5) 扣缴义务人，应当向其机构所在地或者居住地主管税务机关申报缴纳扣缴的税款。

七、增值税减免税

下列项目免征增值税：

(1) 农业生产者销售的自产农产品；

(2) 避孕药品和用具；

(3) 古旧图书；

(4) 直接用于科学研究、科学试验和教学的进口仪器、设备；

(5) 外国政府、国际组织无偿援助的进口物资和设备；

(6) 由残疾人的组织直接进口供残疾人专用的物品；

(7) 自然人销售的自己使用过的物品；

(8) 托儿所、幼儿园、养老院、残疾人福利机构提供的育养服务，婚姻介绍，殡葬服务；

(9) 残疾人员个人提供的服务；

(10) 医院、诊所和其他医疗机构提供的医疗服务；

(11) 学校和其他教育机构提供的教育服务，学生勤工俭学提供的服务；

(12) 农业机耕、排灌、病虫害防治、植物保护、农牧保险以及相关技术培训业务，家禽、牲畜、水生动物的配种和疾病防治；

(13) 纪念馆、博物馆、文化馆、文物保护单位管理机构、美术馆、展览馆、书画院、图书馆举办文化活动的门票收入，宗教场所举办文化、宗教活动的门票收入；

(14) 境内保险机构为出口货物提供的保险产品。

此外，根据国民经济和社会发展的需要，或者由于突发事件等原因对纳税人经营活动产生重大影响的，国务院可以制定增值税专项优惠政策，报全国人民代表大会常务委员会备案。

纳税人兼营增值税减税、免税项目的，应当单独核算增值税减税、免税项目的销售额；未单独核算的项目，不得减税、免税。

纳税人发生应税交易适用减税、免税规定的，可以选择放弃减税、免税，依照法律规定缴纳增值税。纳税人同时适用两个以上减税、免税项目的，可以分不同减税、免税项目选择放弃。放弃的减税、免税项目 36 个月内不得再减税、免税。

第三节　消 费 税

一、消费税概述

(一) 消费税的概念

消费税是对规定的消费品和消费行为征收的一种税。它是当今世界各国普遍征收的一个税种，不仅是国家财政收入的一项来源，也是贯彻国家产业政策、调节消费的一种手段。目前，我国的消费税由国家税务总局负责征收管理(进口环节的消费税由海关代为征收管理)。

(二) 消费税的特点

1. 征收范围具有选择性

消费税不是对所有的消费品和消费行为都征税，只是对所选择的部分消费品和消费行为征税。从各国开征消费税的实践看，一般是有选择地将那些消费量大、需求弹性大和税源普遍的消费品列入征税范围，主要包括非生活必需品、奢侈品、高档消费品、不可再生的稀缺资源产品以及高能耗产品等。从国际上的实施情况看，大多是在对全部产品征收增值税的基础上，再选择部分消费品征收消费税，互为补充。

2. 征收方法具有多样性

消费税征收范围确定后，根据消费品的不同种类、档次实行不同的征收方法，既有从价计税征收方法，又有从量计税征收方法，还有从价和从量复合计税征收方法。

3. 征税环节具有单一性

消费税不是在生产或流通的所有环节征收，而是仅在生产或流通的某个环节一次性集中征收(个别商品如豪华小轿车分别在两个环节征收)，除此以外的其他环节不再征收消费税。如我国消费税一般在应税消费品的销售、委托加工和进口环节缴纳，在批发和零售环节不再缴纳消费税，卷烟、豪华小轿车、金银首饰和钻石及钻石饰品除外。

4. 平均税率水平比较高且税负差异大

消费税属于国家运用税收杠杆对某些消费品进行特殊调节的税种。为了有效体现国家政策，消费税的平均税率水平一般定得比较高，并且不同征税项目的税负差异较大，对需要限制或控制消费的消费品，通常税负较重。

5. 属于价内税且具有转嫁性

消费税属于价内税，无论在哪个环节征收，纳税人都可以通过提高销售价格的方式将自己所纳的消费税转嫁给消费者。

二、消费税的纳税人

在中华人民共和国境内销售、委托加工和进口应税消费品的单位和个人，为消费税的纳税人，应当依照法律规定缴纳消费税。

三、消费税的税目、税率和征收环节

消费税的税目、税率和征收环节，依照《中华人民共和国消费税法》所附《消费税税目税率表》执行，如表 6-3 所示。根据宏观调控需要，国务院可以调整消费税的税率，报全国人民代表大会常务委员会备案。纳税人在生产、批发或者零售环节销售应税消费品，应当依照法律规定缴纳消费税。纳税人自用未对外销售应税消费品，应当依照法律规定缴纳消费税。

表 6-3　消费税税目税率表

税目	税率		
	生产(进口)环节	批发环节	零售环节
一、烟			
1. 卷烟			
(1) 甲类卷烟	56%加 0.003 元/支	11%加 0.005 元/支	
(2) 乙类卷烟	36%加 0.003 元/支		
2. 雪茄烟	36%		
3. 烟丝	30%		
二、酒			
1. 白酒	20%加0.5元/500克(或者500毫升)		
2. 黄酒	240 元/吨		
3. 啤酒			
(1) 甲类啤酒	250 元/吨		
(2) 乙类啤酒	220 元/吨		
4. 其他酒	10%		
三、高档化妆品	15%		
四、贵重首饰及珠宝玉石			
1. 金银首饰、铂金首饰和钻石及钻石饰品			5%
2. 其他贵重首饰和珠宝玉石	10%		
五、鞭炮焰火	15%		
六、成品油			
1. 汽油	1.52 元/升		
2. 柴油	1.2 元/升		
3. 航空煤油	1.2 元/升		
4. 石脑油	1.52 元/升		
5. 溶剂油	1.52 元/升		
6. 润滑油	1.52 元/升		
7. 燃料油	1.2 元/升		
七、摩托车			
1. 气缸容量 250 毫升	3%		
2. 气缸容量在 250 毫升(不含)以上的	10%		
八、小汽车			
1. 乘用车			
(1) 气缸容量(排气量，下同)在 1.0 升(含 1.0 升)以下的	1%		
(2) 气缸容量在 1.0 升以上至 1.5 升(含 1.5 升)的	3%		
(3) 气缸容量在 1.5 升以上至 2.0 升(含 2.0 升)的	5%		
(4) 气缸容量在 2.0 升以上至 2.5 升(含 2.5 升)的	9%		
(5) 气缸容量在 2.5 升以上至 3.0 升(含 3.0 升)的	12%		
(6) 气缸容量在 3.0 升以上至 4.0 升(含 4.0 升)的	25%		
(7) 气缸容量在 4.0 升以上的	40%		
2. 中轻型商用客车	5%		
3. 超豪华小汽车	按子税目 1 和子税目 2 的规定征收		10%

(续表)

税目	税率		
	生产(进口)环节	批发环节	零售环节
九、高尔夫球及球具	10%		
十、高档手表	20%		
十一、游艇	10%		
十二、木制一次性筷子	5%		
十三、实木地板	5%		
十四、电池	4%		
十五、涂料	4%		

四、消费税应纳税额的计算

按照现行消费税法的基本规定，消费税实行从价计税、从量计税，或者从价和从量复合计税(以下简称复合计税)的办法计算应纳税额。

(一) 从价计税

从价计税应纳税额的计算公式为

应纳税额＝销售额×比例税率

销售额，是指纳税人销售应税消费品取得的与之相关的对价，包括全部货币或者非货币形式的经济利益。纳税人销售的应税消费品，以人民币计算销售额。纳税人以人民币以外的货币结算销售额的，应当折合成人民币计算。

纳税人自用未对外销售的应税消费品，按照纳税人销售的同类消费品的销售价格计算纳税；没有同类消费品销售价格的，按照组成计税价格计算纳税。实行从价计税办法计算纳税的组成计税价格计算公式为

组成计税价格＝(成本＋利润)÷(1-比例税率)

在上式中，成本是指应税消费品的生产成本；利润是指根据应税消费品的全国平均成本利润率计算的利润。应税消费品的全国平均成本利润率由国家税务总局确定，具体如表6-4所示。

表6-4　平均成本利润率

%

货物名称	利润率	货物名称	利润率
1. 甲类卷烟	10	10. 贵重首饰及珠宝玉石	6
2. 乙类卷烟	5	11. 摩托车	6
3. 雪茄烟	5	12. 高尔夫球及球具	10
4. 烟丝	5	13. 高档手表	20
5. 粮食白酒	10	14. 游艇	10
6. 薯类白酒	5	15. 木制一次性筷子	5
7. 其他酒	5	16. 实木地板	5
8. 化妆品	5	17. 乘用车	8
9. 鞭炮、焰火	5	18. 中轻型商用客车	5

委托加工的应税消费品，按照受托方的同类消费品的销售价格计算纳税；没有同类消费品销售价格的，按照组成计税价格计算纳税。实行从价计税办法计算纳税的组成计税价格计算公式为

组成计税价格＝(材料成本＋加工费)÷(l－比例税率)

进口的应税消费品，按照组成计税价格计算纳税。实行从价计税办法计算纳税的组成计税价格计算公式为

组成计税价格＝(关税计税价格＋关税)÷(1－消费税比例税率)

公式中所称“关税计税价格”，是指海关核定的关税计税价格。

纳税人申报的应税消费品的计税价格和数量明显偏低且不具有合理商业目的的，税务机关、海关有权核定其计税价格和数量。纳税人兼营不同税率的应税消费品，应当分别核算不同税率应税消费品的销售额、销售数量；未分别核算销售额、销售数量，或者将不同税率的应税消费品组成成套消费品销售的，从高适用税率。

【例 6-5】某化妆品厂本月生产一批高档化妆品，全部作为福利发给职工，该批高档化妆品的成本为 15 万元。计算该化妆品厂本月应纳的消费税税额。

组成计税价格＝15×(1＋5%)÷(1－15%)＝18.5294(万元)

应纳税额＝18.5294×15%＝2.7794(万元)

【例 6-6】某鞭炮企业本月受托为某单位加工一批鞭炮，委托单位提供的原材料金额为 30 万元，收取委托单位不含增值税的加工费 4 万元，鞭炮企业当地无加工鞭炮的同类产品市场价格。计算鞭炮企业应代收代缴的消费税。

组成计税价格＝(30＋4)÷(1－15%)＝40(万元)

应代收代缴消费税税额＝40×15%＝6(万元)

【例 6-7】某商贸公司，本月从国外进口一批应税消费品，已知该批应税消费品的关税完税价格为 90 万元，按规定应缴纳关税 18 万元。假定进口的应税消费品的消费税税率为 10%。计算该批消费品进口环节应缴纳的消费税税额。

组成计税价格＝(90＋18)÷(1－10%)＝120(万元)

应缴纳消费税税额＝120×10%＝12(万元)

(二) 从量计税

从量计税应纳税额的计算公式为

应纳税额＝销售数量×单位税额

《中华人民共和国消费税法》规定，黄酒、啤酒以吨为税额单位；汽油、柴油以升为税额单位。但是，考虑到在实际销售过程中，一些纳税人会把吨或升这两个计量单位混用，为了规范不同产品的计量单位，以准确计算应纳税额，国家还规定了吨与升两个计量单位的换算标准，见表 6-5。

表 6-5　吨、升换算标准

序号	名称	计量单位的换算标准
1	黄酒	1 吨=962 升
2	啤酒	1 吨=988 升
3	汽油	1 吨=1 388 升
4	柴油	1 吨=1 176 升

(续表)

序号	名称	计量单位的换算标准
5	航空煤油	1 吨=1 246 升
6	石脑油	1 吨=1 385 升
7	溶剂油	1 吨=1 282 升
8	润滑油	1 吨=1 126 升
9	燃料油	1 吨=1 015 升

【例 6-8】某啤酒厂本月销售啤酒 20 吨，每吨出厂价 3 600 元。计算本月该厂应纳消费税税额。

销售甲类啤酒，适用定额税率 250 元/吨。

应纳税额=20×250=5 000(元)

(三) 从价和从量复合计税

现行消费税的征税范围中，只有卷烟和白酒采用复合计税办法。应纳税额等于应税销售数量乘以定额税率再加上应税销售额乘以比例税率。其计算公式为

应纳税额=销售额×比例税率+销售数量×定额税率

纳税人自用未对外销售的应税消费品，没有同类消费品销售价格的，实行复合计税办法计算纳税的组成计税价格计算公式为

组成计税价格=(成本+利润+自用数量×定额税率)÷(1-比例税率)

委托加工的应税消费品，没有同类消费品销售价格的，实行复合计税办法计算纳税的组成计税价格计算公式为

组成计税价格=(材料成本+加工费+委托加工数量×定额税率)÷(1-比例税率)

进口的应税消费品，按照组成计税价格计算纳税，实行复合计税办法计算纳税的组成计税价格计算公式为

组成计税价格=(关税计税价格+关税+进口数量×消费税定额税率)÷(1-消费税比例税率)

【例 6-9】某粮食白酒生产厂家本月销售粮食白酒 10 000 斤，每斤单价 40 元。计算本月该厂应纳消费税税额。

应纳税额=40×10 000×20%+10 000×0.5=85 000(元)

(四) 税额扣除

为了避免重复征税，现行消费税法规定，将外购的应税消费品和委托加工收回的应税消费品继续生产应税消费品销售的，可以将外购应税消费品和委托加工收回应税消费品已缴纳的消费税按规定抵扣。

1. 外购的应税消费品用于连续生产应税消费品的已纳消费税抵扣规定

(1) 以外购已税烟丝生产卷烟的；

(2) 以外购已税鞭炮、焰火为原料生产鞭炮、焰火的；

(3) 以外购已税杆头、杆身和握把生产高尔夫球杆的；

(4) 以外购已税木制一次性筷子为原料生产木制一次性筷子的；

(5) 以外购已税实木地板为原料生产实木地板的；

(6) 以外购已税石脑油、燃料油生产成品油的；

(7) 以外购已税汽油、柴油、润滑油分别生产汽油、柴油、润滑油的；

(8) 以集团内部企业间用啤酒液生产啤酒的；

(9) 以外购已税葡萄酒生产葡萄酒的；

(10) 以外购已税高档化妆品生产高档化妆品的。

除第(6)(7)(8)项外，上述准予抵扣的情形仅限于进口或从同税目纳税人购进的应税消费品。纳税人应凭合法有效凭证抵扣消费税。

上述当期准予扣除外购应税消费品已纳消费税税款的计算公式为

当期准予扣除的外购应税消费品已纳税款＝当期准予扣除的外购应税消费品买价×外购应税消费品适用税率

当期准予扣除的外购应税消费品买价＝期初库存的外购应税消费品的买价＋当期购进的应税消费品的买价－期末库存的外购应税消费品的买价

2. 委托方收回的应税消费品已纳消费税的抵扣规定

委托方收回已代收代缴消费税的应税消费品后，用于连续生产应税消费品的，按照生产领用数量的应税消费品已纳税额进行税额扣除。扣除范围如下：

(1) 以委托加工收回的已税烟丝生产卷烟的；

(2) 以委托加工收回的已税鞭炮、焰火为原料生产鞭炮、焰火的；

(3) 以委托加工收回的已税杆头、杆身和握把生产高尔夫球杆的；

(4) 以委托加工收回的已税木制一次性筷子为原料生产木制一次性筷子的；

(5) 以委托加工收回的已税实木地板为原料生产实木地板的；

(6) 以委托加工收回的已税石脑油、燃料油生产成品油的；

(7) 以委托加工收回的已税汽油、柴油、润滑油分别生产汽油、柴油、润滑油的；

(8) 以委托加工收回的已税葡萄酒生产葡萄酒的；

(9) 以委托加工收回的已税高档化妆品生产高档化妆品的。

上述当期准予抵扣的委托加工收回的应税消费品已纳消费税税款的计算公式为

当期准予扣除的委托加工应税消费品已纳税款＝期初库存的委托加工应税消费品已纳税款＋当期收回的委托加工应税消费品已纳税款－期末库存的委托加工应税消费品已纳税款

(五) 消费税的减免

纳税人出口应税消费品，免征消费税；国务院另有规定的除外。

根据国民经济和社会发展需要，国务院可以规定免征或减征消费税，报全国人民代表大会常务委员会备案。

五、消费税的征收管理

消费税由税务机关征收，进口的应税消费品的消费税由税务机关委托海关代征。海关应当将受托代征消费税的信息和货物出口报关的信息共享给税务机关。个人携带或者邮寄进境的应税消费品的消费税计征办法由国务院制定。

(一) 纳税义务发生时间

(1) 纳税人销售应税消费品，纳税义务发生时间为收讫销售款项或者取得索取销售款项凭据的当天；先开具发票的，为开具发票的当天。

(2) 委托加工应税消费品，除受托方为个人外，由受托方在向委托方交货时代收代缴税款，纳税义务发生时间为受托方向委托方交货的当天。

(3) 未对外销售，自用应税消费品纳税义务发生时间为移送货物的当天。

(4) 进口应税消费品，纳税义务发生时间为进入关境的当天。

(二) 纳税期限

消费税的计税期间分别为 10 日、15 日、1 个月、1 个季度或者半年。纳税人的具体计税期间，由主管税务机关根据纳税人应纳税额的大小分别核定；不能按照固定计税期间纳税的，可以按次纳税。

纳税人以 1 个月、1 个季度或者半年为一个计税期间的，自期满之日起 15 日内申报纳税；以 10 日或者 15 日为一个计税期间的，自期满之日起 5 日内预缴税款，于次月 1 日起 15 日内申报纳税并结清上月应纳税款。

扣缴义务人解缴税款的计税期间和申报纳税期限，依照前两款规定执行。

纳税人进口应税消费品，应当自海关填发海关进口消费税专用缴款书之日起十五日内缴纳税款。

(三) 纳税地点

消费税具体纳税地点如下。

(1) 纳税人销售应税消费品的，以及自用应税消费品的，除国务院财政、税务主管部门另有规定外，应当向纳税人机构所在地或者居住地的主管税务机关申报纳税。

(2) 委托加工应税消费品的，除受托方为个人外，由受托方向机构所在地的主管税务机关解缴消费税税款。

(3) 进口应税消费品的，应当向报关地海关申报纳税。

国务院可以实施消费税改革试点，调整消费税的税目、税率和征收环节，试点方案报全国人民代表大会常务委员会备案。税务机关与发展改革、工业和信息化、公安、生态环境、交通运输、商务、应急管理、海关、市场监管等相关部门应当建立消费税信息共享和工作配合机制，加强消费税征收管理。

第四节　车辆购置税

一、车辆购置税的概念

车辆购置税是以在中国境内购置的应税车辆为课税对象，在特定的环节向车辆购置者征收的一种税。2018 年 12 月 29 日，第十三届全国人民代表大会常务委员会第七次会议通过《中华人民共和国车辆购置税法》(以下简称《车辆购置税法》)，自 2019 年 7 月 1 日起施行。《车辆购置税法》所称购置，是指购买、进口、自产、受赠、获奖或者以其他方式取得并自用应税车辆的行为。

车辆购置税由税务机关依照《车辆购置税法》和《中华人民共和国税收征收管理法》的有关规定征收管理。

二、车辆购置税的纳税人

在中华人民共和国境内购置汽车、有轨电车、汽车挂车、排气量超过一百五十毫升的摩托车(以下统称应税车辆)的单位和个人，为车辆购置税的纳税人。

车辆购置税实行一车一申报制度。纳税人办理纳税申报时应如实填写《车辆购置税纳税申报表》，同时提供以下资料：纳税人身份证明；车辆价格证明；车辆合格证明；税务机关要求提供的其他资料。需要提供的材料具体如下。

(一) 纳税人身份证明

(1) 内地居民提供内地居民身份证(含居住、暂住证明)或居民户口簿或军人(含武警)身份证明。

(2) 中国的香港、澳门特别行政区和中国台湾地区的居民，提供入境的身份证明和居留证明。

(3) 外国人提供入境的身份证明和居留证明。

(4) 组织机构提供《组织机构代码证书》。

(二) 车辆价格证明

(1) 境内购置车辆提供统一发票(发票联和报税联)或有效凭证。

(2) 进口自用车辆提供“海关关税专用缴款书”“海关代征消费税专用缴款书”或海关“征免税证明”。

(三) 车辆合格证明

(1) 国产车辆提供整车出厂合格证明(以下简称合格证)。

(2) 进口车辆提供“中华人民共和国海关货物进口证明书”或“中华人民共和国海关监管车辆进(出)境领(销)牌照通知书”或“没收走私汽车、摩托车证明书”。

(四) 税务机关要求提供的其他资料

符合免(减)税规定的车辆，纳税人在办理纳税申报时，应报送车辆购置税免(减)税相关资料，如库存超过 3 年车辆的证明资料原件及复印件、行驶 8 万公里以上试验车辆的证明资料原件及复印件。

三、车辆购置税的征税范围

车辆购置税的征税范围是汽车、摩托车、挂车和有轨电车。其中，汽车包括各类汽车；摩托车包括轻便摩托车、二轮摩托车和三轮摩托车；电车包括无轨电车和有轨电车；挂车包括全挂车和半挂车。地铁、轻轨等城市轨道交通车辆，装载机、平地机、挖掘机、推土机等轮式专用机械车，以及起重机(吊车)、叉车、电动摩托车，不属于应税车辆。车辆购置税征收范围的调整，由国务院决定并公布。

车辆购置税实行一次征收制度。购置已征车辆购置税的车辆，不再征收车辆购置税。

四、车辆购置税应纳税额的计算

(一) 车辆购置税的税率

车辆购置税的税率为10%。

(二) 车辆购置税的计税依据

车辆购置税的计税价格根据不同情况，按照下列规定确定。

(1) 纳税人购买自用应税车辆的计税价格，为纳税人实际支付给销售者的全部价款，不包括增值税税款。

(2) 纳税人进口自用应税车辆的计税价格的计算公式为

计税价格＝关税完税价格＋关税＋消费税

纳税人进口自用应税车辆，是指纳税人直接从境外进口或者委托代理进口自用的应税车辆，不包括在境内购买的进口车辆。

(3) 纳税人自产自用应税车辆的计税价格，按照纳税人生产的同类应税车辆的销售价格确定，不包括增值税税款。没有同类应税车辆销售价格的，按照组成计税价格确定。组成计税价格计算公式为

组成计税价格＝成本×(1＋成本利润率)

属于应征消费税的应税车辆，其组成计税价格中应加计消费税税额。

上述公式中的成本利润率，由国家税务总局各省、自治区、直辖市和计划单列市税务局确定。

(4) 纳税人受赠、获奖或者以其他方式取得并自用应税车辆的计税价格，为购置应税车辆时相关凭证载明的价格，不包括增值税税款。

纳税人申报的应税车辆计税价格明显偏低，又无正当理由的，由税务机关依照《中华人民共和国税收征收管理法》的规定核定其应纳税额。

纳税人以外汇结算应税车辆价款的，按照申报纳税之日的人民币汇率中间价折合成人民币计算缴纳税款。

(三) 车辆购置税应纳税额的计算

车辆购置税实行从价定率的办法计算应纳税额。应纳税额的计算公式为

应纳税额＝计税价格×税率

【例 6-10】某公司进口 1 辆小汽车，到岸价格 30 万元，已知关税税率 50%，消费税税率 25%。计算该公司的应纳车辆购置税。

应纳关税＝关税完税价格×关税税率＝30×50%＝15 (万元)

计税价格＝关税完税价格＋关税＋消费税＝(到岸价格＋关税)÷(1－消费税税率)

＝(30＋15)÷(1－25%)＝60 (万元)

应纳税额＝计税价格×税率＝60×10%＝6 (万元)

五、车辆购置税纳税期限

车辆购置税纳税义务发生时间为纳税人购置应税车辆的当日，纳税人应当自纳税义务发生之日起 60 日内申报纳税。

纳税人应当在向公安机关交通管理部门办理车辆注册登记前，缴纳车辆购置税。

公安机关交通管理部门在办理车辆注册登记时，应当根据税务机关提供的应税车辆完税或者免税电子信息对纳税人申请登记的车辆信息进行核对，核对无误后依法办理车辆注册登记。

六、车辆购置税的纳税地点

纳税人购置应税车辆，应当向车辆登记地的主管税务机关申报纳税；购置不需要办理车辆登记的应税车辆，应当向纳税人所在地的主管税务机关申报纳税。

七、车辆购置税的免税规定

(1) 依照法律规定应当予以免税的外国驻华使馆、领事馆和国际组织驻华机构及其有关人员自用的车辆。

(2) 中国人民解放军和中国人民武装警察部队列入装备订货计划的车辆。

(3) 悬挂应急救援专用号牌的国家综合性消防救援车辆。

(4) 设有固定装置的非运输专用作业车辆。

(5) 城市公交企业购置的公共汽电车辆。

根据国民经济和社会发展的需要，国务院可以规定减征或者其他免征车辆购置税的情形，报全国人民代表大会常务委员会备案。例如，自 2021 年 1 月 1 日至 2022 年 12 月 31 日，对购置的新能源汽车免征车辆购置税。免征车辆购置税的新能源汽车是指纯电动汽车、插电式混合动力(含增程式)汽车、燃料电池汽车。

免税、减税车辆因转让、改变用途等原因不再属于免税、减税范围的，纳税人应当在办理车辆转移登记或者变更登记前缴纳车辆购置税。计税价格以免税、减税车辆初次办理纳税申报时确定的计税价格为基准，每满一年扣减 10%。应纳税额的计算公式为

应纳税额＝初次办理纳税申报时确定的计税价格×(1－使用年限×10%)×10%－已纳税额

应纳税额不得为负数。使用年限的计算方法是，自纳税人初次办理纳税申报之日起，至不再属于免税、减税范围的情形发生之日止。使用年限取整计算，不满一年的不计算在内。

纳税人将已征车辆购置税的车辆退回车辆生产企业或者销售企业的，可以向主管税务机关申请退还车辆购置税。退税额以已缴税款为基准，自缴纳税款之日至申请退税之日，每满一年扣减 10%。应退税额的计算公式为

应退税额＝已纳税额×(1－使用年限×10%)

应退税额不得为负数。使用年限的计算方法是，自纳税人缴纳税款之日起，至申请退税之日止。

第五节 关税

一、关税概述

(一) 关税的概念

关税是海关依法对进出境货物、进境物品征收的一种税。所谓“境”指关境，是国家《海关法》全面实施的领域。通常情况下，一国关境与国境是一致的，包括国家全部的领土、领海、领空。但当某一国家在国境内设立了自由港、自由贸易区的，这些区域就进出口关税而言处在关境之外，这时，该国家的关境小于国境；当几个国家结成关税同盟，组成一个共同的关境，实施统一的关税法令和统一的对外税则时，这些国家彼此之间货物进出国境不征收关税，只对来自或运往其他国家的货物进出共同关境时征收关税，这些国家的关境大于国境。

(二) 关税的分类

依据不同的分类标准和依据，关税可以划分为不同的种类。

1. 关税按照国际贸易商品的流向可分为进口税、出口税和过境税

进口税是最通常、最广泛使用的关税，它是指海关在外国货物进口时所课征的关税。出口税是指海关在本国货物出口时所课征的关税。过境税，又称通过税，它是对外国货物通过本国国境或关境时征收的一种关税。现在很少有国家征收出口税和过境税。

2. 关税按照征税的目的不同可分为财政关税和保护关税

财政关税，又称收入关税，它是以增加国家财政收入为主要目的而课征的关税。财政关税的税率比保护关税低，因为过高的关税会阻碍进出口贸易的发展，达不到增加财政收入的目的。保护关税是以保护本国经济发展为主要目的而课征的关税。保护关税主要是进口税，税率较高，有的高达百分之几百，是实现一个国家对外贸易保护政策的重要措施之一。

3. 关税按照税率制定的不同可分为自主关税和协定关税

自主关税，又称国定关税，是指一个国家基于其主权，独立自主地制定的，并有权修订的关税税率，一般高于协定税率，适用于没有签订关税贸易协定的国家。协定关税是指两个或两个以上的国家之间，通过缔结关税贸易协定而制定的关税税则。协定关税包括自主协定关税和片面协定关税，主要围绕税率进行协定。

4. 关税按照差别待遇和特定的实施情况可以分为进口附加税、差价税、特惠税和普遍优惠制

进口附加税是指除了征收一般进口税以外，还根据某种目的再加征额外的关税。它主要有反贴补税和反倾销税。差价税，又称差额税，当某种本国生产的产品国内价格高于同类的进口商品价格时，为了削弱进口商品的竞争能力，保护国内生产和国内市场，按国内价格与进口价格之间的差额征收关税，称差价税。特惠税，又称优惠税，它是指对某个国家或地区进口的全部商品或部分商品，给予特别优惠的低关税或免税待遇，但它不适用于从非优惠国家或地区进口的商品。特惠税有的是互惠的，有的是非互惠的。普遍优惠制，简称普惠制，它是发展中国家在联合国贸易与发展会议上经过长期斗争，在 1968 年通过建立普惠制决议后取得的，该决议规定，发达国家承诺对从发展中国家或地区输入的商品，特别是制成品和半成品，给予普遍的、非歧视性的和非互惠的优惠关税待遇。

5. 关税按计征方式的不同可以分为从量关税、从价关税、混合关税、选择性关税和滑动关税

从量关税是以征税对象的数量为计税依据，按每单位数量预先制定的应税额计征。从价关税是以征税对象的价格为计税依据，根据一定比例的税率进行计征。混合关税是指对两种进口货物同时制定出从价、从量两种方式，分别计算税额，以两种税额之和作为该货物的应征税额。选择性关税是对同一种货物在税则中规定从价、从量两种税率，在征税时选择其中征收税额较多的一种，以免因物价波动影响财政收入，也可以选择税额较少的一种标准计算关税。滑动关税，又称滑准税，是指对某种货物在税则中预先按该商品的价格规定几档税率，同一种货物当价格高时适用较低税率，价格低时适用较高税率。

二、关税的征税对象和纳税义务人

（一）征税对象

关税的征税对象是中华人民共和国准许进出口的货物、进境物品，除法律、行政法规另有规定外，海关依照《中华人民共和国进出口关税条例》规定征收进出口关税。货物是指贸易性商品；物品是指入境旅客随身携带的行李物品、个人邮递物品、各种运输工具上的服务人员携带进口的自用物品、馈赠物品以及其他方式进境的个人物品。

（二）纳税人

进口货物的收货人、出口货物的发货人、进境物品的所有人，是关税的纳税人。

（三）税率

进口关税设置最惠国税率、协定税率、特惠税率、普通税率、关税配额税率等税率。对进口货物在一定期限内可以实行暂定税率。出口关税设置出口税率。对出口货物在一定期限内可以实行暂定税率。

三、进出口税则

（一）进出口税则概况

进出口税则是一国政府根据国家关税政策和经济政策，通过一定的立法程序制定公布实施的进出口货物和物品应税的关税税率表。进出口税则以税率表为主体，通常还包括实施税则的法令、使用税则的有关说明和附录等。《中华人民共和国海关进出口税则》是我国海关凭以征收关税的法律依据，也是我国关税政策的具体体现。目前，我国实行的是 2021 年版的《中华人民共和国进出口税则》。

税率表作为税则主体，包括税则商品分类目录和税率栏两大部分。税则商品分类目录是把种类繁多的商品加以综合，按照其不同特点分门别类地简化成数量有限的商品类目，分别编号按序排列，称为税则号列，并逐号列出该号中应列入的商品名称。商品分类的原则即归类规则，包括归类总规则和各类、章、目的具体注释。税率栏是按商品分类目录逐项定出的税率栏目。

(二) 税则商品分类目录

从1992年1月至今，我国实施了以《商品名称及编码协调制度》(*Harmonized Commodity Description and Coding System*) 为基础的进出口税则。

《商品名称及编码协调制度》制定了科学、系统的国际贸易商品分类体系，是国际上多个商品分类目录协调的产物，适合与国际贸易有关的多方面的需要，如海关、统计、贸易、运输、生产等，成为国际贸易商品分类的一种“标准语言”。

四、关税应纳税额的计算

1. 从价税应纳税额的计算

关税税额＝完税价格×税率

《中华人民共和国海关法》规定，进出口货物的完税价格，由海关以该货物的成交价格以及该货物运抵中华人民共和国境内输入地点起卸前的运输及其相关费用、保险费为基础审查确定。成交价格不能确定时，完税价格由海关依法估定。

【例6-11】某公司从德国进口钢铁盘条100 000千克，其成交价格为CIF天津新港125 000美元，计算应征关税税款 (已知海关填发税款缴款书之日的外汇牌价：1美元＝6.8 846/6.8 852人民币元)。

税款计算如下。

(1) 海关审核申报价格，符合“成交价格”条件，确定税率：钢铁盘条归入税号7310，进口关税税率为15%。

(2) 根据填发税款缴款书日的外汇牌价，将货价折算成人民币。

当天外汇汇价为

外汇买卖中间价1美元＝(6.8 846＋6.8 852)/2＝6.8 849人民币元

完税价格＝125 000×6.8 849＝860 612.5人民币元

(3) 计算关税税款，即

关税税款＝860 612.5×15%＝129 091.88人民币元

2. 从量税应纳税额的计算

关税税额＝应税进(出)口货物数量×单位税额

3. 复合税应纳税额的计算

我国目前实行的复合税都是先计征从量税，再计征从价税。

关税税额＝应税进(出)口货物数量×单位税额＋完税价格×税率

4. 滑准税应纳税额的计算

关税税额＝完税价格×滑准税税率

现行税则《进(出)口商品从量税、复合税、滑准税税目税率表》后注明了滑准税税率的计算公式，该公式是一个与应税进(出)口货物完税价格相关的取整函数。

五、关税的征收管理

(一) 关税缴纳

进口货物自运输工具申报进境之日起 14 日内，出口货物在货物运抵海关监管区后装货的 24 小时以前，应由进出口货物的纳税义务人向货物进(出)境地海关申报，海关根据税则归类和完税价格计算应缴纳的关税和进口环节代征税，并填发税款缴款书。纳税义务人应当自海关填发税款缴款书之日起 15 日内，向指定银行缴纳税款。纳税义务人未按期缴纳税款的，从滞纳税款之日起，按日加收滞纳税款万分之五的滞纳金。

(二) 关税的强制执行

纳税义务人未在关税缴纳期限内缴纳税款，即构成关税滞纳。为保证海关征收关税决定的有效执行和国家财政收入的及时入库，《中华人民共和国海关法》赋予海关对滞纳关税的纳税义务人强制执行的权利。强制措施主要有两类。①征收关税滞纳金。纳税义务人未按期缴纳税款的，从滞纳税款之日起，按日加收滞纳税款万分之五的滞纳金。②强制征收。如果纳税义务人自海关填发缴款书之日起 3 个月仍未缴纳税款，经海关关长批准，海关可以采取强制扣缴、变价抵缴等强制措施。

(三) 关税退还

海关发现多征税款的，应当立即通知纳税义务人办理退还手续。纳税义务人发现多缴税款的，自缴纳税款之日起 1 年内，可以以书面形式要求海关退还多缴的税款并加算银行同期活期存款利息；海关应当自受理退税申请之日起 30 日内查实并通知纳税义务人办理退还手续。纳税义务人应当自收到通知之日起 3 个月内办理有关退税手续。

(四) 关税补征和追征

进出口货物放行后，海关发现少征或者漏征税款的，应当自缴纳税款或者货物放行之日起 1 年内，向纳税义务人补征税款。但因纳税义务人违反规定造成少征或者漏征税款的，海关可以自缴纳税款或者货物放行之日起 3 年内追征税款，并从缴纳税款或者货物放行之日起按日加收少征或者漏征税款万分之五的滞纳金。因报关企业违反规定而造成海关少征、漏征税款的，报关企业对少征或者漏征的税款、滞纳金与纳税义务人承担纳税的连带责任。

(五) 关税纳税争议

为保护纳税人合法权益，《中华人民共和国海关法》和《中华人民共和国进出口关税条例》都规定了纳税义务人对海关确定的进出口货物的征税、减税、补税或者退税等有异议时，有提出申诉的权利。在纳税义务人同海关发生纳税争议时，可以向海关申请复议，但同时应当在规定期限内按海关核定的税额缴纳关税，逾期则构成滞纳，海关有权按规定采取强制执行措施。

六、关税的免税规定

下列进出口货物，免征关税。

(1) 关税税额在人民币 50 元以下的一票货物；

(2) 无商业价值的广告品和货样；

(3) 外国政府、国际组织无偿赠送的物资；

(4) 在海关放行前损失的货物；

(5) 进出境运输工具装载的途中必需的燃料、物料和饮食用品。

在海关放行前遭受损坏的货物，可以根据海关认定的受损程度减征关税。因残损、短少、品质不良或者规格不符原因，由进出口货物的发货人、承运人或者保险公司免费补偿或者更换的相同货物，进出口时不征收关税，但被免费更换的原进口货物不退运出境或者原出口货物不退运进境的，海关应当对原进出口货物重新按照规定征收关税。法律规定的其他免征或者减征关税的货物，海关根据规定予以免征或者减征。

七、行李和邮递物品进口税

行李和邮递物品进口税简称行邮税，是海关对入境旅客行李物品和个人邮递物品征收的进口税。行邮税针对的是非贸易属性的进境物品，将关税和进口环节增值税、消费税三税合并征收，税率普遍低于同类进口货物的综合税率。课税对象包括入境旅客、运输工具、服务人员携带的应税行李物品、个人邮递物品、馈赠物品以及以其他方式入境的个人物品等，简称进口物品。上述所称的应税个人自用物品，不包括汽车、摩托车及其配件、附件。目前，个人自用、合理数量的跨境电子商务零售进口商品在实际操作中按照邮递物品征收行邮税。

进境物品的纳税义务人是指携带物品进境的入境人员、进境邮递物品的收件人以及以其他方式进口物品的收件人。

入境旅客行李物品和个人邮递物品进口税率表由国务院关税税则委员会审定后，海关总署对外公布实施。现行《中华人民共和国进境物品进口税率表》自 2019 年 4 月 9 日起实施，如表 6-6 所示。

表 6-6　中华人民共和国进境物品进口税率表

税号	物品名称	税率/%
1	书报、刊物、教育用影视资料；计算机、视频摄录一体机、数字照相机等信息技术产品；食品、饮料；金银；家具；玩具、游戏品、节日或其他娱乐用品；药品[注1]	13
2	运动用品(不含高尔夫球及球具)、钓鱼用品；纺织品及其制成品；电视摄像机及其他电器用具；自行车；税目 1、3 中未包含的其他商品	20
3[注2]	烟、酒；贵重首饰及珠宝玉石；高尔夫球及球具；高档手表；高档化妆品	50

(注：1. 对国家规定减按3%征收进口环节增值税的进口药品，按照货物税率征税；2. 税目3所列商品的具体范围与消费税征收范围一致。)

进口税采用从价计征。纳税人应当按照海关填发税款缴纳书当日有效的税率和完税价格计算纳税。其应纳税额的计算公式为

$$应纳税额=完税价格\times 适用税率$$

公式中，完税价格由海关参照完税价格表(2016 年第 25 号公告)确定，表中未列明的，按照相同物品相同来源地最近时间的主要市场零售价格确定。

纳税人应当在海关放行应税个人自用物品之前缴清税款。

本章小结

1. 货物和劳务税是指以货物和劳务的流转额为课税对象的税种的统称。属于货物和劳务税的税种有增值税、消费税、车辆购置税和关税。具有课税对象普遍、以流转额为计税依据、计征简便和税负容易转嫁的特点。

2. 增值税具有以增值额为课税对象、征收广泛、税收中性、实行税款抵扣制度和实行价外税制度的特点。增值税的类型有生产型增值税、收入型增值税和消费型增值税。

3. 增值税征税范围的应税交易，是指销售货物、服务、无形资产、不动产和金融商品。

4. 消费税具有以下特点：征收范围具有选择性、征收方法具有多样性、征税环节具有单一性、平均税率水平比较高且税负差异大、属于价内税且具有转嫁性和一般没有减免税规定。

5. 按照现行消费税法的基本规定，消费税实行从价计税、从量计税，或者从价和从量复合计税(简称复合计税)的办法计算应纳税额。

6. 车辆购置税是以在中国境内购置的应税车辆为课税对象，在特定的环节向车辆购置者征收的一种税。

7. 关税是海关依法对进出境货物、进境物品征收的一种税。依据不同的分类标准和依据，关税可以划分为不同的种类。按照国际贸易商品的流向，关税可分为进口税、出口税和过境税；按照征税的目的不同，关税可分为财政关税、保护关税；按照税率制定的不同，关税可分为自主关税和协定关税；按照差别待遇和特定的实施情况，关税可以分为进口附加税、差价税、特惠税和普遍优惠制；按计征方式的不同，关税可以分为从量关税、从价关税、混合关税、选择性关税和滑动关税。

8. 我国关税的纳税人为进口货物的收货人、出口货物的发货人和进境物品的所有人。

9. 行李和邮递物品进口税简称行邮税，是海关对入境旅客行李物品和个人邮递物品征收的进口税。税率分为13%、20%、50%共计3档。

课后习题

一、选择题

1. 允许将外购货物、劳务以及应税服务价值中所含的税款，在购置当期全部一次扣除，这种增值税的类型是(　　)。

A. 消费型　　B. 收入型　　C. 生产型　　D. 流通型

2. 一般纳税人管理办法采取(　　)。

A. 审批制　　B. 核准制　　C. 登记制　　D. 注册制

3. 下列属于货物和劳务税的税种是(　　)。

A. 车辆购置税　　B. 车船税　　C. 船舶吨税　　D. 环境保护税

4. 依据消费税的有关规定，下列应缴纳消费税的是(　　)。

A. 高尔夫球包　　B. 电动汽车　　C. 竹制筷子　　D. 普通护肤护发品

5. 纳税人应该自海关填发税款缴纳书之日起(　　)日内，向指定银行缴纳关税税款。

A. 15　　B. 30　　C. 7　　D. 10

6. 根据消费税的有关规定，下列纳税人自产自用应税消费品不缴纳消费税的是(　　)。

A. 炼油厂用于本企业基建部门车辆的自产汽油

B. 汽车厂用于管理部门的自产汽车

C. 日化厂用于赠送客户样品的自产高档化妆品

D. 卷烟厂用于生产卷烟的自制烟丝

7. 外购已税消费品用于生产应税消费品时，当期准予扣除的已纳消费税的计算依据是(　　)。

A. 当期生产领用数量　　B. 当期购进数量

C. 当期出库数量　　D. 当期已出售的应税消费品的耗用数量

8. 关税是对(　　)我国关境的货物和进境物品征收的税。

A. 进入　　B. 出口　　C. 进出　　D. 流入

9. 随着进口商品价格由高到低，相应的关税税率由低到高设置，此种关税被称为(　　)。

A. 从价税　　B. 从量税　　C. 复合税　　D. 滑准税

10. 根据我国现行增值税的规定，下列应当缴纳增值税的有(　　)。

A. 销售货物　　B. 进口货物　　C. 销售服务　　D. 销售不动产

11. 消费税的特征包括(　　)。

A. 普遍征收　　B. 选择性征收　　C. 单环节课征制　　D. 税负转嫁性

12. 消费税中，下列(　　)消费品采取从量定额征收方式。

A. 黄酒　　B. 啤酒　　C. 高档化妆品　　D. 汽油

13. 根据税法规定，下列说法正确的有(　　)。

A. 凡是征收消费税的消费品都属于征收增值税的货物的范畴

B. 凡是征收增值税的货物都征收消费税

C. 应税消费品征收增值税的，其税基含有消费税

D. 应税消费品征收消费税的，其税基不含有增值税

14. 某汽车制造商将一辆新研发的小汽车赠送给某高校使用，其应纳增值税的销售额应等于(　　)。

A. 制造成本×(1＋成本利润率)÷(1−消费税税率)

B. 制造成本×(1＋成本利润率)＋消费税

C. 制造成本×(1＋成本利润率)

D. 制造成本×(1＋成本利润率)÷(1−增值税税税率)

15. 关税的强制执行措施包括(　　)。

A. 征收关税滞纳金　　B. 强制扣缴　　C. 变价抵缴　　D. 限制离境

16. 下列可成为关税纳税义务人的有(　　)。

A. 进口货物的收货人　　B. 出口货物的发货人

C. 进口邮递物品的收件人　　D. 进口货物的发货人

17. 下列不符合车辆购置税减免税规定的是(　　)。

A. 外国驻华使馆、领事馆和国际组织驻华机构及其外交人员自用的车辆免税

B. 中国人民解放军和中国人民武装警察部队列入装备订货计划的车辆免税

C. 由国务院规定予以免税或者减税的其他情形，按照规定免税或者减税

D. 设有固定装置的运输车辆免税

18. 行邮税的税率档次有(　　)。

A. 15%　　B. 30%　　C. 50%　　D. 60%

二、判断题

1. 为了鼓励购货方及早偿还货款，给予购货方的货款折扣可以从货物销售额中减除。(　　)
2. 我国目前增值税采用的是价外计税的办法。(　　)
3. 纳税人采取以旧换新方式销售货物的，不得从新货物销售额中减除收购旧货物的款额。(　　)
4. 2009 年，我国增值税由过去的生产型变为消费型。(　　)
5. 车辆购置税的税率为比例税率 10%。(　　)
6. 车辆购置税的征税范围中不包含有轨电车。(　　)
7. 行邮税是海关对出入境旅客行李物品和个人邮递物品征收的税。(　　)

三、计算题

1. 某生产企业发生以下几笔购销业务。

(1) 购入原材料取得增值税专用发票上注明的货款金额为 200 万元，税款为 26 万元。同时购进用于生产 13%税率货物的农产品，支付价款 3 万元，取得专用发票。

(2) 销售货物开具的专用发票上注明的销售价款为500 万元，税款为65 万元。

(3) 委托某加工企业为其加工制作了一批礼品发放给本单位职工，加工单位开具的专用发票上注明的价款为 8 万元，同类货物的市场价格为 10 万元。

假设上述各项购销货物税率均为 13%，计算该生产企业当月应纳增值税税额。

2. 本月某卷烟厂(一般纳税人)委托某烟丝加工厂(一般纳税人)加工一批烟丝，卷烟厂提供的烟叶在委托加工合同上注明成本 8 万元。烟丝加工完，卷烟厂提货时，加工厂收取加工费，开具的专用发票上注明金额 1 万元，还收取并代缴了烟丝的消费税。卷烟厂将这批加工收回的烟丝的 50%对外直接销售，取得不含税收入 7 万元；另外 50%当月全部用于生产卷烟。本月销售卷烟 40 标准箱，取得不含税收入 60 万元(一箱 250 条烟，每标准条对外调拨价小于 70 元)。

计算：(1) 受托方应代收代缴的消费税。

(2) 烟厂应缴纳的消费税。

四、名词概念

1. 增值税　　2. 销项税额　　3. 进项税额　　4. 消费税
5. 关税　　6. 车辆购置税　　7. 行李和邮递物品进口税

五、问答题

1. 增值税有哪几种类型？
2. 简述增值税的特点。
3. 简述我国增值税的征税范围。
4. 消费税有何特点？

5. 现行消费税应纳税额的计算方法有哪几种？
6. 简述关税的分类。
7. 纳税人办理车辆购置税纳税申报时需要提交哪些材料？

案例分析

出口退税服务措施升级提速　为企业发展引来资金“活水”

为更好推动当地自贸区企业的发展，助力企业打通“资金链”，扩大“资金池”，税务部门聚焦出口退税并不断升级服务举措，通过“即申即审”“一键退税”“即时办结”等便利化措施，助力外向型企业发展壮大。

“即申即审”退税提速　助企业蓄满“资金池”

中国(江苏)自由贸易试验区连云港片区涵盖连云港经济技术开发区、连云区、连云港港主体港区部分区域。截至目前，连云港片区以全市 2.7‰的面积，贡献了 31%的实际利用外资、17%的外贸进出口总额、13%的新增市场主体。其中，连云港经济技术开发区区块内登记企业数量占片区登记企业数量的 83.7%，成为连云港自贸区经济重要组成部分。

江苏自贸区强劲的发展势头，提升了园内企业扩大投资、升级创新的意愿，企业普遍需要资金支持。江苏税务部门聚焦出口退税服务，为企业打通“资金链”，帮企业引来“源头活水”，扩大“资金池”。

为压缩涉税审核事项办理时间，江苏税务部门在自由贸易试验区试行一般退税全程网上办，税务部门在线审核退税，这意味着“先申请后审核”的退税举措在江苏自贸区已升级为“即申请即审核”。目前，自贸区内出口企业正常出口退税平均办理时间提速 80%。

苏州通富超威半导体有限公司财务经理王靖表示，现在，出口退税审批流程用不了半天就能走完，今年公司收到的出口退税总额近 8 000 万元。在及时有效的资金支持下，苏州通富超威的发展能力迅速增强，势头良好，今年 1—8 月其出口总额同比增长近 32%。

在退税提速的同时，为鼓励片区内企业入驻，税务部门进一步优化企业开办手续，压缩涉税审核事项办理时间，以大数据、人工智能手段为支撑，拓展涉税事项“云端办理”等“非接触式”办税缴费服务措施，实现电子退库全联网、全覆盖，办理退税时长进一步缩短。

“一键退税”直达　企业获得感满满

“关键时候税务部门帮了大忙。”近日，四川华富盈智能科技有限公司总经理蒋建文表示，公司今年退税 6 次，速度都很快，共退税 134.6 万元。作为中国(四川)自由贸易试验区川南临港片区内的一家企业，华富盈智能科技公司充分感受到了税收服务的高效便捷。

国家税务总局四川省税务局以纳税人需求为导向，建立了全省统一的出口退税网上申报平台，为出口企业提供“足不出户”“7×24 小时”的出口退税申报服务，在自贸区范围内全面实施出口企业无纸化申报和审核。

国家税务总局泸州市税务局对自贸区生产型出口企业实行“出口退税服务前置”，通过事前服务、主动核查、事后发函等方式，将一类、二类、三类出口企业退税时间压缩到 5 个工作日。近期，出口退税服务进一步升级为“不见面”电子退税，通过“在线填表、云端审核、次日到账”的

"一键退税"服务，退税速度进一步提升。

在支持四川自贸区建设中，四川省税务部门还推出了一般纳税人登记网上办、小规模纳税人智能辅助申报等服务举措；积极响应跨部门事项"无缝对接、集成办理"的自贸区政务服务要求，持续简化涉税事项办理，推动跨部门业务整合。

同时，针对自贸区内企业数量快速增长，涉税咨询需求加大的情况，四川省税务部门探索搭建了"智能问税"云平台。该平台依托12366纳税服务热线，由税务业务骨干注册会计师、税务师等专业财税人员入驻云平台，通过远程可视系统，为自贸区纳税人提供全天候实操辅导。

截至2020年12月28日，四川省税务部门为2 859户出口企业办理退(免)税136亿元，退税速度提高25%以上，为服务"六稳""六保"大局做出了积极贡献。

退税措施升级　助力企业盘活资金

近期，国家税务总局洋浦经济开发区税务局整合退税流程，完善办税软件系统，推出了以"税库联动、全程网办、先退后审、限时办结"为主要内容的出口退税升级服务措施，纳税人通过线上申请的方式即可快速办理出口退税业务，加速了出口企业资金回流速度，为出口企业盘活资金提供了助力。

作为海南自贸港建设的先行区、示范区，近期海南洋浦经济开发区内从事国际贸易的企业数量不断增加，申报办理出口退税业务的企业数量迅速增长，为提高退税服务水平，洋浦经济开发区税务局对退税服务措施进行了升级。

"现在税务局推出了出口退税无纸化申报服务，企业只需登录电子税务局提交数据，申请、审批等业务流程全程都在网上完成，还能实时查看退税进度和审批情况，非常方便。"中国华粮集团新良海运有限公司办税人员王娇说。

"以前需要 7 个工作日才能拿到的退税款，现在只要一两天时间，最快的当天就能到达企业账户，税务局办理出口退税的高效率，不仅提高了企业资金流转效率，也让我们真切地感受到了海南自贸港营商环境在不断优化。"海南中远海运沥青运输有限公司负责人顾卫东对记者说，2020 年企业共收到出口退税款3 956万元，这些资金为公司拓展海外市场提供了支撑和保障。

"出口退税政策对鼓励企业出口、提升企业国际竞争力、构建国内国际双循环相互促进的新发展格局有重要的助推作用。下一步我们将继续认真落实政策，优化纳税服务，助力更多外向型企业发展壮大。"国家税务总局洋浦经济开发区税务局局长杨悦民表示。

(资料来源：国家税务总局官网，http://www.chinatax.gov.cn/chinatax/n810219/n810744/c101510/c101535/c5160591/content.html)

问题：

1. 请根据所学的增值税和消费税的知识说明出口退税的内涵？
2. 简述出口退税的作用。
3. 目前出口退税服务措施都有哪些？

第七章

所　得　税

所得税作为“良税”，其具有的稳定经济、缩小贫富差距的功能越来越被世界各国重视，所得税对调节经济和收入分配具有重要作用。企业所得税、个人所得税目前已经分别成为中国第二、第四大税种。本章主要讲述企业所得税、个人所得税的税制构成要素及应纳税额的计算。通过本章的学习，应了解两个税种的基本知识，掌握两个税种的纳税人、征税范围及应纳税额的计算。

【学习重点】

企业所得税可以扣除及不可以扣除的项目，个人所得税的征税项目及其具体规定。

【学习难点】

企业所得税、个人所得税应纳税额的计算。

【教学建议】

以课堂讲授为主，适当结合案例教学，引导学生课堂讨论及课下作业练习，使学生掌握企业所得税、个人所得税的计算。

第一节　所得税概述

所得税(income tax)又称收益税，即国家对法人、自然人和其他经济组织从事生产经营、劳动、投资等活动取得的各种所得课征的税收的总称。所得税创立于 1798 年，英国皮特政府时期为了筹集军费的需要，颁布了一个新税种，该税以纳税人上年度的纳税额为计税依据，并对富有阶级课以重税，同时制定了各种宽免、扣除规定，这就是所得税的雏形。进入 19 世纪，大多数资本主义国家相继开征了所得税，使其逐渐成为大多数国家的主体税种。到目前为止，世界上有一百六十多个国家和地区开征了所得税。

一、所得税的特征

所得税作为一种“良税”，与其他税种比较起来具有以下特点。

(一) 税负相对公平

所得税是以纯收入或净所得为计税依据，一般实行多得多征、少得少征的原则，合乎量能课税的原则。

(二) 一般不存在重复征税问题

所得税征税环节单一，只要不存在两个或两个以上的课税主体，就不会出现重复征税问题，不影响商品的相对价格，因而不会影响到市场的正常运行。

(三) 有利于维护国家的经济权益

在国际经济交往日益频繁的今天，所得税所具有的可以跨国征税的天然属性可以很好地维护本国的权益。

(四) 课税有弹性

所得税来源于经济资源的利用和剩余产品的增加，从长远来看，随着资源利用效率的提高，剩余产品将不断增加，而政府可以根据需要灵活调整，以适应政府收支的增减。

二、所得税的作用

所得税是国家筹集资金的重要手段，也是促进社会公平分配和稳定经济的杠杆。所得税是一种有效的再分配手段，它通过累进课征可以缩小社会贫富和企业之间实际收入水平的差距，通过减免税对有特殊困难的纳税人给予种种照顾，从而缓解社会矛盾，维持社会安宁；同时，由于所得税所具有的弹性特征，使得政府可以根据社会总供给和总需求的关系灵活调整税负水平，抑制经济波动，起到“自动稳定器”的作用，这也使其成为各个国家进行宏观调控的重要手段。

三、所得税的分类

现行各国常见的所得税可以分为企业所得税和个人所得税，本章也将对这两个常见税种进行介绍。

第二节　企业所得税

一、企业所得税的概念

企业所得税是对我国境内的企业和其他有收入的组织的生产经营所得和其他所得征收的一种税。其中，企业可以分为居民企业和非居民企业。居民企业是指依法在我国境内成立或依据外国法律成立但实际管理机构在我国境内的企业；非居民企业是指依据外国法律成立且实际管理机构不在我国境内但在我国境内设立机构、场所，或没有设立机构、场所但有来源于我国境内所得的企业。

二、企业所得税的纳税人

企业所得税的纳税人是指在我国境内的企业和其他有收入的组织。根据《中华人民共和国企业所得税法》(以下简称《企业所得税法》)的规定，除个人独资企业和合伙企业以外的企业和有收入的组织均为我国企业所得税的纳税人。

三、企业所得税的税率

根据《企业所得税法》的规定，我国企业所得税的税率可以分为两档四类。

(1) 基本税率。基本税率为25%，适用于绝大多数企业和有收入的组织。

(2) 低税率。具体情况如下。①20%，根据国家税务总局公告，自2019年1月1日至2021年12月31日，对小型微利企业年应纳税所得额不超过100万元、100万元到300万元的部分，分别减按25%、50%计入应纳税所得额，按20%的税率缴纳企业所得税。2021年1月1日至2022年12月31日，对小型微利企业年应纳税所得额不超过100万元的部分，减按12.5%计入应纳税所得额。小型微利企业是指从事国家非限制和禁止行业，且同时符合年度应纳税所得额不超过300万元、从业人数不超过300人、资产总额不超过5 000万元3个条件的企业。②15%，适用于国家需要重点扶持的高新技术企业。③10%，适用于在我国境内未设立机构、场所或虽设立机构、场所但取得的所得和其设立的机构、场所没有实际联系的非居民企业。

四、企业所得税的计算

(一) 直接计算法

根据《企业所得税法》的规定，企业所得税的计税依据是应纳税所得额，具体可以表示为企业每一个纳税年度的收入总额，减除不征税收入、免税收入、各项可以扣除的项目以及允许弥补的以前年度亏损后的余额。基本公式为

应纳税所得额＝收入总额－不征税收入－免税收入－各项扣除－以前年度亏损

企业应纳税所得额的计算以权责发生制为基本原则，属于当期的收入和费用，无论款项是否收付均作为当期的收入和费用；不属于当期的收入和费用即使款项已经在当期收付也不能作为当期的收入和费用。因此，在《企业所得税法》中对应纳税所得额进行了明确规定，主要内容包括收入总额、扣除项目及标准、亏损弥补等。

1. 收入总额

企业以货币形式和非货币形式从各种来源中取得的收入为收入总额。收入总额包括销售货物收入；提供劳务收入；转让财产收入；股息、红利等权益性投资收益；利息收入；租金收入；特许权使用费收入；接受捐赠收入；其他收入。

企业取得收入的货币形式，包括现金、存款、应收账款、应收票据、准备持有至到期的债券投资以及债务的豁免等。

企业取得收入的非货币形式，包括固定资产、生物资产、无形资产、股权投资、存货、不准备持有至到期的债券投资、劳务以及有关权益等。应当按照公允价值(按市场价格确定的价值)确定收入额。

2. 不征税收入

不征税收入是指从性质或根源上不属于企业营利性活动带来的经济利益、不负有纳税义务并不作为应纳税所得额组成部分的收入。

根据《企业所得税法》的规定，不征税收入包括：财政拨款、依法收取并纳入财政管理的行政事业性收费、政府性基金等。

3. 免税收入

免税收入是指属于企业的应纳税所得但按照税法规定免予征收企业所得税的收入。

根据《企业所得税法》的规定，免税收入包括：国债利息收入，符合条件的居民企业之间的股息、红利收入，在我国境内设立机构、场所的非居民企业从居民企业取得的与该机构、场所有实际关联的股息、红利收入，符合条件的非营利公益组织的收入等。

4. 各项扣除

在企业所得税应纳税所得额的确定过程中，最难掌握的就是各项扣除，其可以分为可以扣除的项目和不可以扣除的项目。

1) 可以扣除的项目

企业可以扣除的项目分为成本、费用、损失、税金 4 类，应重点掌握以下 10 项。

(1) 工资薪金支出。企业发生的合理的工资薪金，准予扣除。工资薪金，是指企业每一纳税年度支付给在本企业任职或者受雇的员工的所有现金或者非现金形式的劳动报酬，包括基本工资、奖金、津贴、补贴、年终加薪、加班工资，以及与任职或者受雇有关的其他支出。

本条规定，可以从以下几个方面来理解：必须是实际发生的工资薪金支出；作为企业税前扣除项目的工资薪金支出，应该是企业已经实际支付给其职工的那部分工资薪金支出，尚未支付的所谓应付工资薪金支出，不能在其未支付的这个纳税年度内扣除，只有等到实际发生后，才准予税前扣除；工资薪金的发放对象是在本企业任职或者受雇的员工；工资薪金的标准应该限于合理的范围和幅度；工资薪金的表现形式包括所有现金和非现金形式。

(2) 职工福利费、工会经费、职工教育经费。超过标准的按标准扣除，没超过扣除标准的据实扣除。

企业发生的职工福利费支出，不超过工资薪金总额 14%的部分准予扣除。

企业拨缴的工会经费，不超过工资薪金总额 2%的部分准予扣除。

企业发生的职工教育经费支出，不超过工资薪金总额 8%的部分，准予在计算企业所得税应纳税所得额时扣除；超过部分，准予在以后纳税年度结转扣除。

(3) 保险费。企业参加财产保险，按照规定缴纳的保险费，准予扣除。

企业依照国务院有关主管部门或者省级人民政府规定的范围和标准为职工缴纳的基本养老保险费、基本医疗保险费(含生育保险费)、失业保险费、工伤保险费等基本社会保险费和住房公积金，准予扣除。

企业为投资者或者职工支付的补充养老保险费、补充医疗保险费，在国务院财政、税务主管部门规定的范围和标准内，准予扣除。

企业为投资者或者职工支付的商业保险费，不得扣除。企业依照国家有关规定为特殊工种职工支付的人身安全保险费和符合国务院财政、税务主管部门规定可以扣除的商业保险费准予扣除。

(4) 利息费用。企业在生产经营活动中发生的利息费用，按下列规定扣除。

非金融企业向金融企业借款的利息支出、金融企业的各项存款利息支出和同业拆借利息支出、企业经批准发行债券的利息支出可据实扣除。

非金融企业向非金融企业借款的利息支出，不超过按照金融企业同期同类贷款利率计算的数额的部分可据实扣除，超过部分不许扣除。

(5) 业务招待费。企业发生的与生产经营活动有关的业务招待费支出，按照发生额的 60%扣除，但最高不得超过当年销售(营业)收入的 5‰。这里需要比较当期业务招待费的 60%和当年销售收入的 5‰，取其小者，且超标部分不得向以后年度结转。

(6) 广告费和业务宣传费。广告费和业务宣传费除国务院财政、税务主管机关另有规定外，不超过当年销售(营业)收入15%的部分，准予扣除；超过部分，准予结转以后纳税年度扣除。企业申报扣除的广告费支出应与赞助支出严格区分。企业申报扣除的广告费支出，必须符合下列条件：广告是通过工商部门批准的专门机构制作的；已实际支付费用，并已取得相应发票；通过一定的媒体传播。

对化妆品制造或销售、医药制造和饮料制造(不含酒类制造)企业发生的广告费和业务宣传费支出，不超过当年销售(营业)收入 30%的部分，准予扣除；超过部分，准予在以后纳税年度结转扣除。

烟草企业的烟草广告费和业务宣传费支出，一律不得在计算应纳税所得额时扣除。

(7) 企业当期发生的固定资产、流动资产盘亏、毁损净损失经主管税务机关审核后可以扣除。

(8) 依照有关法律、行政法规和国家有关税法规定准予扣除的其他项目，如研发费以及加计扣除、会员费、合理的会议费、差旅费、违约金、诉讼费用等，比如，自 2021 年 1 月 1 日起，制造业企业开展研发活动中实际发生的研发费用，未形成无形资产计入当期损益的，在按规定据实扣除的基础上，再按照实际发生额的 100%在税前加计扣除；形成无形资产的，自 2021 年 1 月 1 日起，按照无形资产成本的 200%在税前摊销；除制造业以外的企业，且不属于烟草制造业、住宿和餐饮业、批发和零售业、房地产业、租赁和商务服务业、娱乐业，按 75%加计扣除。

(9) 手续费及佣金支出。企业发生的与生产经营有关的手续费及佣金支出，不超过以下规定计算限额的准予扣除；超过部分，不得扣除。

保险企业：财产保险企业按当年全部保费收入扣除退保金等后的余额的15%(含本数，下同)计算限额；人身保险企业按当年全部保费收入扣除退保金等后的余额的10%计算限额。

其他企业：按与具有合法经营资格的中介服务机构或个人(不含交易双方及其雇员、代理人和代表人等)所签订服务协议或合同确认的收入金额的 5%计算限额。

企业应与具有合法经营资格的中介服务机构或个人签订代办协议或合同，并按国家有关规定支付手续费及佣金。除委托个人代理外，企业以现金等非转账方式支付的手续费及佣金不得在税前扣除。企业为发行权益性证券支付给有关证券承销机构的手续费及佣金不得在税前扣除。企业不得将手续费及佣金支出计入回扣、业务提成、返利、进场费等费用。

企业支付的手续费及佣金不得直接冲减服务协议或合同金额，并如实入账。企业应当如实向当地主管税务机关提供当年手续费及佣金计算分配表和其他相关资料，并依法取得合法真实凭证。

(10) 公益性捐赠支出。企业通过公益性社会组织或者县级(含县级)以上人民政府及其组成部门和直属机构，用于慈善活动、公益事业的捐赠支出，在年度利润总额12%以内的部分，准予在计算应纳税所得额时扣除；超过年度利润总额12%的部分，准予结转以后3年内在计算应纳税所得额时扣除。自2019年1月1日至2022年12月31日，企业扶贫捐赠准予税前据实扣除。

公益性社会组织应当依法取得公益性捐赠税前扣除资格，2020 年度国家税务局公布的符合公益性捐赠税前扣除资格的群众团体包括中国红十字基金会、中国职工发展基金会、中华见义勇为基金会、中国教育发展基金会和中华环境保护基金会等。年度利润总额是指企业依照国家统一会计制度的规定计算的大于零的数额。

2) 不可以扣除的项目

(1) 向投资者支付的股息、红利等权益性投资收益款项。

(2) 企业所得税税款。

(3) 税收滞纳金，是指纳税人违反税收法规，被税务机关处以的滞纳金。

(4) 罚金、罚款和被没收财物的损失，是指纳税人违反国家有关法律、法规规定，被有关部门处以的罚款，以及被司法机关处以的罚金和被没收的财物。

(5) 超过规定标准的公益性捐赠支出。

(6) 赞助支出，是指企业发生的与生产经营活动无关的各种非广告性质支出。

(7) 未经核定的准备金支出，是指不符合国务院财政、税务主管部门规定的各项资产减值准备、风险准备等准备金支出。

(8) 与取得收入无关的其他支出。

5. 亏损弥补

亏损是指企业按照《企业所得税法》及其实施条例的规定，将每一纳税年度的收入总额减除不征税收入、免税收入和各项扣除后小于零的数额。按照税法的规定，企业某一纳税年度发生的亏损可以用下一年的所得弥补，下一年度的所得不足以弥补的，可以逐年延续弥补，但最长不得超过 5 年。企业在汇总计算缴纳企业所得税时，其境外营业机构的亏损不得抵减境内营业机构的盈利。

(二) 间接计算法

在间接计算法下，应纳税所得额是在会计利润总额的基础上加或减按照税法规定调整的项目金额后的所得额。其计算公式为

应纳税所得额＝会计利润总额±纳税调整项目金额

税收调整项目金额包括两个方面的内容：①企业的财务会计处理和税法规定不一致造成的应予以调整的金额；②企业按照税法规定准予扣除的税收金额。

【例 7-1】2020 年某企业财务资料如下。

(1) 销售货物收入 890 万元，国债利息收入 5 万元，取得政府性基金收入 5 万元。

(2) 该企业全年发生的产品销售成本 430 万元，销售费用 80 万元，管理费用 25 万元，财务费用 10 万元，营业外支出 3 万元(其中缴纳税收滞纳金 1 万元)，按税法规定缴纳增值税 90 万元，消费税及附加 7.2 万元。

(3) 2019 年经税务机关核定的亏损为 30 万元。

(4) 2020 年已经预缴企业所得税 60 万元。

已知该企业适用的企业所得税税率为 25%，计算该企业 2020 年应纳和应补缴的企业所得税。

收入总额为 890＋5＋5＝900(万元)。

可以扣除的项目总额为 430＋80＋25＋10＋(3－1)＋7.2＝554.2(万元)。

应纳税所得额为 900－5－5－554.2－30＝305.8(万元)。

应纳企业所得税为 305.8×25%＝76.45(万元)。

应补缴的企业所得税为 76.45－60＝16.45(万元)。

【例7-2】 某企业，共有在册职工120人，资产3 500万元。2020年销售货物取得不含税收入2 500万元，会计利润600万元，已预缴所得税150万元。经会计师事务所审核，发现以下几个问题。

(1) 期间费用中广告费 450 万元，业务招待费 15 万元。

(2) 营业外支出 50 万元(含通过公益性社会组织向贫困地区捐款 30 万元，直接捐赠 6 万元)。

(3) 计入成本、费用中的实发工资总额650万元，拨缴职工工会经费15万元(并取得专用收据)，支出职工福利费53万元和职工教育经费36万元。

(4) 上一年发生的亏损为 10 万元。

试用会计利润调整法计算当年应纳和应补缴的企业所得税。

根据题中条件可知，企业的会计利润为 600 万元，关键是调整项目的金额。

广告费：按照规定调整金额为450－2 500×15%＝75(万元)(调增)。

业务招待费：按照规定其上限为 2 500×5‰＝12.5(万元)，实际可以列支发生额的 60%，即15×60%＝9(万元)，按照税法规定应该取两者中较小的金额，故为 9 万元，所以应该调增的金额为 15－9＝6(万元)。

公益性捐赠的限额为 600×12%＝72(万元)，由于实际捐赠的金额小于这个数目，故不需要调整，但直接捐赠的 6 万元不满足税法的规定应全额调增。

工会经费的扣除限额为 650×2%＝13(万元)，实际经费为 15 万元，故应当调增 2 万元。

职工福利费扣除限额为 650×14%＝91(万元)，实际支出 53 万元，故不需要调整。

职工教育经费扣除限额为 650×8%＝52(万元)，实际支出 36 万元，故不需要调整。

应纳企业所得税为(600＋75＋6＋6＋2－10)×25%＝169.75(万元)。

应补缴的企业所得税为 169.75－150＝19.75(万元)。

(三) 核定征收

1. 核定征收的适用范围

除规定不得实行核定征收的企业外，实行核定征收方式征收企业所得税的企业须符合以下条件之一：依照法律、行政法规的规定应当设置但未设置账簿的；擅自销毁账簿或者拒不提供纳税资料的；虽设置账簿，但账目混乱或者成本资料、收入凭证、费用凭证残缺不全，难以查账的；发生纳税义务，未按照规定的期限办理纳税申报，经税务机关责令限期申报，逾期仍不申报的；申报的计税依据明显偏低，又无正当理由的。

2. 不适用于核定征收的范围

享受《企业所得税法》及其实施条例和国务院规定的一项或几项企业所得税优惠政策的企业、汇总纳税的成员企业、上市公司、金融企业、社会中介机构、国家税务总局陆续明确的其他企业。外资企业原则上不实行核定征收方式，餐饮企业除外。

3. 所得税定率征收企业的计算方法

企业根据税务机关鉴定的行业应税所得率，在纳税年度内根据收入总额或成本费用支出的实际发生额，按以下方法计算各期企业所得税预缴额和年度应纳所得税额，并按规定向税务机关进行申报纳税。

(1) 月(季)预缴所得税额的计算。

月(季)应纳所得税额＝月(季)应纳税所得额×适用税率

月(季)应纳税所得额＝月(季)应税收入额×应税所得率

或

月(季)应纳税所得额＝月(季)成本(费用)支出额/(1－应税所得率)×应税所得率

月(季)应税收入额＝月(季)收入总额－月(季)不征税收入－月(季)免税收入

(2) 年度应纳所得税额的计算。

应纳所得税额＝应纳税所得额×适用税率

应纳税所得额＝应税收入额×应税所得率

或

应纳税所得额＝成本(费用)支出额/(1－应税所得率)×应税所得率

应税收入额＝收入总额－不征税收入－免税收入

(3) 收入总额是指《企业所得税法》及其实施条例规定的收入总额，包括以货币形式和非货币形式从各种来源取得的收入。

4. 所得税定率征收的应税所得率的确定

(1) 企业适用的应税所得率由税务机关根据企业的主营业务、上年度实际应税收入，生产经营规模和盈利水平，以及区域经济发展情况，在规定的行业应税所得率幅度范围内进行确定，应税所得率幅度如表 7-1 所示。

表 7-1 应税所得率幅度标准

行业	应税所得率/%
农、林、牧、渔业	3～10
制造业	5～15
批发和零售贸易业	4～15
交通运输业	7～15
建筑业	8～20
饮食业	8～25
娱乐业	15～30
其他行业	10～30

(2) 企业经营多业的，无论其经营项目是否单独核算，均根据其主营项目确定适用的应税所得率。如果兼营项目所属行业应税所得率高于主营项目所属行业应税所得率，应在应税所得率的幅度标准范围内上调处理；如果兼营项目所属行业应税所得率低于主营项目所属行业应税所得率，则以主营项目所属行业应税所得率确定。主营项目应为企业所有经营项目中，收入总额、成本(费用)支出额或者耗用原材料、燃料、动力数量所占比重最大的项目。

5. 所得税定率征收企业的纳税申报

实行定率征收企业须按月或按季预缴企业所得税，年终进行企业所得税汇算清缴，具体申报方法如下。

(1) 预缴申报。企业应在月份或季度终了后 15 天内，依照核定的应税所得率计算纳税期间实际应缴纳的税额，进行预缴申报。按实际数额预缴有困难的，经主管税务机关同意，可按上一年度应纳税额的 1/12 或 1/4 预缴，或者按经主管税务机关认可的其他方法预缴。

预缴申报可采取网上申报、电话申报和携带纸质申报表到主管税务机关办税大厅申报等方式。

(2) 年度申报及汇算清缴。企业应在年度终了后五个月内，根据企业的实际应税收入，依照核定的应税所得率如实填报企业所得税纳税申报表，到主管税务机关办税大厅办理企业所得税的年度纳税申报及汇算清缴。

企业办理年度纳税申报时，应附送以下资料：企业所得税纳税申报表、年度收支情况报告表、减免税有关备案资料(享受所得税减免企业报送)、主管税务机关要求报送的其他资料。

6. 所得税定率征收企业的注意事项

定率征收企业出现下列情形的，应在年度终了后 15 日内，及时向主管税务机关书面报告相关的具体情况。

(1) 经营范围、主营业务发生变化的。

(2) 本年度企业的利润率与核定应税所得率比较，增加达到或超过 20%的。

主管税务机关对企业依规定报告的经营变化情况进行认真核查，并根据核查情况，在年度终了后 3 个月内做出调整或保留企业已鉴定的征收方式及应税所得率的处理。

(四) 境外所得的抵免

《企业所得税法》规定，居民企业应当就其来源于中国境内、境外的所得缴纳企业所得税；非居民企业在中国境内设立机构、场所的，应当就其所设机构、场所取得的来源于中国境内的所得，以及发生在中国境外但与其所设机构、场所有实际联系的所得，缴纳企业所得税。企业取得的下列所得已在境外缴纳的所得税税额，可以从其当期应纳税额中抵免，抵免限额为该项所得依照《中华人民共和国企业所得税法》规定计算的应纳税额；超过抵免限额的部分，可在以后 5 个纳税年度内，用每年度抵免限额抵免当年应抵税额后的余额进行抵补。

(1) 居民企业来源于中国境外的应税所得。

(2) 非居民企业在中国境内设立机构、场所，取得发生在中国境外但与该机构、场所有实际联系的应税所得。

居民企业从其直接或间接控制的外国企业分得的来源于中国境外的股息、红利等权益性投资收益，外国企业在境外实际缴纳的所得税税额中属于该项所得负担的部分，可作为该居民企业的可抵免境外所得税税额，在抵免限额内抵免。

此外，企业对外投资期间，投资资产的成本在计算应纳税所得额时不得扣除。企业在汇总计算缴纳企业所得税时，其企业境外业务之间的盈亏可以相互弥补，境外营业机构的亏损不得抵减境内营业机构的盈利。企业纳税年度发生的亏损，准予向以后年度结转，用以后年度的所得弥补，但结转年限最长不得超过 5 年。非居民企业取得以下所得，按照下列方法计算其应纳税所得额。

(1) 股息、红利等权益性投资收益和利息、租金、特许权使用费所得，以收入全额为应纳税所得额。

(2) 转让财产所得，以收入全额减除财产净值后的余额为应纳税所得额。

(3) 其他所得，参照前两项规定的方法计算应纳税所得额。

抵免限额的计算公式为

抵免限额＝中国境内、境外所得依照企业所得税法和实施条例的规定计算的应纳税总额×来源于某国(地区)的应纳税所得额/中国境内、境外应纳税所得总额

自 2017 年 1 月 1 日起，企业可以选择按国(地区)别分别计算(即分国(地区)不分项)，或者不按国(地区)别汇总计算(即“不分国(地区)不分项”)其来源于境外的应纳税所得额，并按照财税

〔2009〕125 号文件第八条规定的税率，分别计算其可抵免境外所得税税额和抵免限额。上述方式一经选择，5 年内不得改变。

当存在境外所得时，企业全年应纳税额的计算公式为

全年应纳税额＝境外、境内应纳税所得额×适用税率－境外所得税抵免额

需要注意的是，根据《国家税务总局关于企业所得税汇算清缴纳税申报鉴证业务准则(试行)的通知》(国税发〔2007〕10 号)的规定，进行境外所得税抵扣须通过以下审核。

(1) 获取境外所得税抵扣和计算明细表，并与企业所得税纳税申报表等账表核对一致。

(2) 审核企业境外收入总额是否按照税收规定的范围和标准扣除境外发生的成本、费用，计算的境外所得、境外免税所得及境外应纳税所得额金额是否符合有关税收规定。

(3) 审核并确认企业本年度境外所得税扣除限额和抵扣金额是否符合有关税收规定，计算的金额是否准确。

【例7-3】总机构设在中国境内的某外商投资企业，2020年该企业境内生产经营所得1 000万元，同期从在莫桑比克设立的分公司取得生产经营所得折合人民币500万元，并在莫桑比克已实际缴纳所得税税款折合人民币160万元；从设在塞浦路斯的分公司取得生产经营所得折合人民币200万元，并在塞浦路斯已实际缴纳所得税税款折合人民币25万元。该企业采用分国不分项的抵免方式。计算该企业本年度应纳企业所得税的金额。

莫桑比克分公司生产经营所得已纳税款的抵免限额为 500×25%＝125(万元)，由于已实际缴纳所得税 160 万元，故超过的 35 万元不得在本年度抵免。

塞浦路斯分公司生产经营所得已纳税款的抵免限额为200×25%＝50(万元)，由于已实际缴纳所得税25万元，没有超过抵免限额，故可以按照实际缴纳金额进行抵免。

该企业全年应纳税款为(1 000＋500＋200)×25%－125－25＝275(万元)。

五、特别纳税调整

(一) 特别纳税调整的概念

特别纳税调整是指企业与其关联方之间的业务往来，不符合独立交易原则而减少企业或其关联企业方应纳税收入或所得额的，税务机关有权按照合理方法进行调整。企业与其关联方共同开发、受让无形资产，或者共同提供、接受劳务发生的成本，在计算应纳税所得额时应当按照独立交易原则进行分摊。

(二) 关联方的认定标准

关联方是指与企业有下列关联关系之一的企业、组织或个人，具体包括以下方面。

(1) 在资金、管理、购销等方面存在直接或间接的控制关系。

(2) 直接或间接地同为第三方控制。

(3) 在利益上具有相关联的其他关系。

(三) 特别纳税调整的具体规定

(1) 企业可以向税务机关提出与其关联方之间业务往来的定价原则和计算方法，税务机关与企业协商、确认后，达成预约定价安排。

(2) 企业向税务机关报送年度企业所得税纳税申报表时，应当就其与关联方之间的业务往来，附送年度关联业务往来报告表。

(3) 税务机关在进行关联业务调查时，企业及其关联方，以及与关联业务调查有关的其他企业，应当按照规定提供相关资料。

(4) 企业不提供与其关联方之间业务往来资料，或者提供虚假、不完整资料，未能真实反映其关联业务往来情况的，税务机关有权依法核定其应纳税所得额。

(5) 由居民企业，或者由居民企业和中国居民控制的设立在实际税负明显低于中国规定税率水平的国家(地区)的企业，并非由于合理的经营需要而对利润不做分配或者减少分配的，上述利润中应归属于该居民企业的部分，应当计入该居民企业的当期收入。

(6) 企业从其关联方接受的债权性投资与权益性投资的比例超过规定标准而发生的利息支出，不得在计算应纳税所得额时扣除。

(7) 企业实施其他不具有合理商业目的的安排而减少其应纳税收入或者所得额的，税务机关有权按照合理方法调整。

(8) 税务机关依照规定做出纳税调整，需要补征税款的，应当补征税款，并按照国务院规定加收利息。

六、企业所得税的税收优惠

(一) 免征企业所得税的项目

(1) 蔬菜、谷物、薯类、油料、豆类、棉花、麻类、糖料、水果、坚果的种植。

(2) 农作物新品种的选育。

(3) 中药材的种植。

(4) 林木的培育和种植。

(5) 牲畜、家禽的饲养。

(6) 林产品的采集。

(7) 灌溉、农产品初加工、兽医、农技推广、农机作业和维修等农、林、牧、渔服务业项目。

(8) 远洋捕捞。

(二) 减半征收企业所得税的项目

(1) 花卉、茶以及其他饮料作物和香料作物的种植。

(2) 海水养殖、内陆养殖。

企业从事国家限制和禁止发展的项目，不得享受本条规定的企业所得税优惠。

(三) 从事国家重点扶持的公共基础设施项目投资经营的所得

企业从事国家重点扶持的公共基础设施项目的投资经营的所得自项目取得第一笔生产经营收入所属纳税年度起，第一年至第三年免征企业所得税，第四年至第六年减半征收企业所得税。

(四) 从事符合条件的环境保护、节能节水项目的所得

环境保护、节能节水项目的所得，自项目取得第一笔生产经营收入所属纳税年度起，第一年至第三年免征企业所得税，第四年至第六年减半征收企业所得税。

(五) 符合条件的技术转让所得

《企业所得税法》中所称的符合条件的技术转让所得免征、减征企业所得税，是指一个纳税年度内，符合条件的环境保护、节能节水项目，包括公共污水处理、公共垃圾处理、沼气综合开发利用、节能减排技术改造、海水淡化等。项目的具体条件和范围由国务院财政、税务主管部门制定，报国务院批准后公布施行。但是以上规定享受减免税优惠的项目，在减免税期限内转让的，受让方自受让之日起，可以在剩余期限内享受规定的减免税优惠；减免税期限届满后转让的，受让方不得就该项目重复享受减免税优惠。

居民企业转让技术所有权所得不超过 500 万元的部分，免征企业所得税；超过 500 万元的部分，减半征收企业所得税。

(六) 创业企业优惠

创业投资企业从事国家需要重点扶持和鼓励的创业投资，可以按投资额的一定比例抵扣应纳税所得额。具体条件是指创业投资企业采取股权投资方式投资于未上市的中小高新技术企业两年以上的，可以按照其投资额的 70%在股权持有满两年的当年抵扣该创业投资企业的应纳税所得额；当年不足抵扣的，可以在以后纳税年度结转抵扣。

(七) 集成电路产业优惠

为进一步支持集成电路产业发展， 2018 年 1 月 1 日后投资新设的集成电路线宽小于 130 纳米，且经营期在 10 年以上的集成电路生产企业或项目，第一年至第二年免征企业所得税，第三年至第五年按照 25%的法定税率减半征收企业所得税，并享受至期满为止。2018 年 1 月 1 日后投资新设的集成电路线宽小于 65 纳米或投资额超过 150 亿元，且经营期在 15 年以上的集成电路生产企业或项目，第一年至第五年免征企业所得税，第六年至第十年按照 25%的法定税率减半征收企业所得税，并享受至期满为止。

此外，在特定时期，也可以针对特定情况实施税收优惠。比如，2020 年，企业通过公益性社会组织或者县级以上人民政府及其有关部门等国家机关，捐赠用于应对新冠疫情的现金和物品，允许在计算应纳税所得额时全额扣除；企业直接向承担疫情防治任务的医院捐赠用于应对新冠疫情的物品，允许在计算应纳税所得额时全额扣除。自 2020 年 1 月 1 日起，对疫情防控重点保障物资生产企业为扩大产能新购置的相关设备，允许一次性计入当期成本费用在企业所得税税前扣除。交通运输、餐饮、住宿、旅游(指旅行社及相关服务、游览景区管理两类)和电影行业，2020 年度发生的亏损，最长结转年限由 5 年延长至 8 年。

七、纳税地点

(1) 除税收法律、行政法规另有规定外，居民企业以企业登记注册地为纳税地点；但登记注册地在境外的，以实际管理机构所在地为纳税地点。企业注册登记地是指企业按照国家有关规定登记注册的住所地。

(2) 居民企业在中国境内设立不具有法人资格的营业机构，应当汇总计算并缴纳企业所得税。企业汇总计算并缴纳企业所得税时应当统一核算应纳税所得额，具体方法由国务院财政、税务主管部门另行规定。

(3) 非居民企业在中国境内设立机构、场所的，应当就其所设机构、场所取得的来源于中国境内的所得，以及发生在中国境外但与其所设机构、场所有实际联系的所得，以机构、场所所在地为纳税地点。非居民企业在中国境内设立两个或两个以上机构、场所的，经主管税务机关审核批准，可以选择由其主要机构、场所汇总缴纳企业所得税。非居民企业经批准汇总缴纳企业所得税后，需要增设、合并、迁移、关闭机构、场所或者停止机构、场所业务的，应当事先由负责汇总申报缴纳企业所得税的主要机构、场所向其所在地税务机关报告；需要变更汇总缴纳企业所得税的主要机构、场所的，依照前款规定办理。

(4) 非居民企业在中国境内未设立机构、场所的，或者设立机构、场所但取得的所得与设立的机构、场所没有实际联系的所得，以扣缴义务人所在地为纳税地点。

上述第(3)、(4)条款中提到的实际联系是指非居民企业在中国境内设立的机构、场所拥有据以取得所得的股权、债权以及拥有、管理、控制据以取得所得的财产。

除国务院另有规定外，企业之间不得合并缴纳企业所得税。

八、纳税期限

企业所得税按年计征，分月或分季预缴，年终汇缴，多退少补。

企业所得税的纳税年度自公历1月1日起至12月31日止。企业在一个纳税年度的中间开业，或者由于合并、关闭等原因终止经营活动，使该纳税年度的实际经营期限不足12个月的，应当以其实际经营期为1个纳税年度。企业清算时，应当以清算期间为1个纳税年度。

企业应自年度终了之日起5个月内，向税务机关报送年度企业所得税纳税申报表，并汇算清缴，结清应缴应退税款。

企业在年度中间终止经营活动的，应当自实际经营终止之日起60日内，向税务机关办理当期企业所得税汇算清缴。

九、纳税申报

按月或按季预缴的，应当自月份或者季度终了之日起 15 日内，向税务机关报送预缴企业所得税纳税申报表，预缴税款。

企业在报送企业所得税纳税申报表时，应当按照规定附送财务会计报告和其他有关资料。

企业应当在办理注销登记前，就其清算所得向税务机关申报并依法缴纳企业所得税。依照企业所得税法缴纳的企业所得税，以人民币计，所得以人民币以外的货币计算的，应当折合成人民币计算并缴纳税款。

企业在纳税年度内无论盈利或者亏损，都应当按照《企业所得税法》第五十四条规定的期限，向税务机关报送预缴企业所得税纳税申报表、年度企业所得税申报表、财务会计报告和税务机关规定的应当报送的其他有关资料。

第三节 个人所得税

一、个人所得税的概念

个人所得税，顾名思义是以自然人(含个人独资企业和合伙企业)取得的各类应税所得为征税对象征收的一种税。

个人所得税最早诞生于英国。18 世纪末英法战争时期，英国为了筹集高额军费而于 1799 年开征了个人所得税，但战后统治阶层认为所得税侵犯了个人隐私和权利的说法甚嚣尘上，故个人所得税被停征。直到 1842 年英国财政部门才又一次让议会和民众信服个人所得税的必要性，重新开征了个人所得税。中国于 1980 年 9 月 10 日第五届全国人民代表大会第三次会议上审议通过了《中华人民共和国个人所得税法》(以下简称《个人所得税法》)，并同时颁布实施，2018 年 8 月 31 日第十三届全国人民代表大会常务委员会第五次会议《关于修改〈中华人民共和国个人所得税法〉的决定》第七次修正完善后才形成了现如今的个人所得税的法律体系。2020 年个人所得税在筹集财政收入方面已经成为中国第四大税种。

二、个人所得税的税制模式

从国际上看，个人所得税制主要分为综合个人所得税制、分类个人所得税制以及综合与分类相结合的个人所得税制 3 种模式。综合个人所得税制是将纳税人在一定时期内(如 1 年)取得的各种来源和各种形式的收入加总，减除各种法定的扣除额后，按统一的税率征收。分类个人所得税制是对税法列举的不同应税所得项目，分别适用不同的扣除办法和税率，分别征税。综合与分类相结合的个人所得税制兼有上述两种模式的特点，即对一部分所得项目予以加总，实行按年汇总计算纳税，对其他所得项目则实行分类征收。我国个人所得税正在逐步建立并完善综合与分类相结合的个人所得税制。

三、我国个人所得税的特征

(一) 实行综合与分类相结合的个人所得税制

当前我国还不具备实施完全综合税制的条件，作为财税改革的制度建设，我国目前选择分类与综合相结合的个人所得税税制，这种混合型税制，结合分类税制和综合税制的优势，扬长避短，是符合我国具体国情的理想选择。从实施综合与分类相结合个税制度的国家与地区的经验来看，该税制有几个特点：①在征税对象和税前扣除的设计方面具有系统性，可以比较充分地体现税收的公平原则；②在税率方面，采用比例税率和累进税率相结合的方式，可以在一定程度上调节收入分配，缩小贫富差距；③在纳税单位方面，相应国家和地区虽然没有完全实行家庭联合申报，但都照顾到家庭负担的因素，从整体上综合考量纳税人的纳税能力。

(二) 采用定额和定率并用的费用扣除标准

我国个人所得税对纳税人的各项应税所得，视其情况不同在费用扣除上分别实行定额扣除和定率扣除两种方法。在计税方法上我国个人所得税采用总额扣除法，从而避免了个人实际生活费用支出逐项计算的烦琐。

(三) 采用累进税率和比例税率并用的税率形式

现行个人所得税根据不同的应税所得分别采用累进税率和比例税率两种形式。对工资、薪金所得等采用累进税率，实行量能负担。

(四) 采用代扣代缴和自行申报两种纳税方法

我国个人所得税法规定，对纳税人的应纳税额分别采用支付单位源泉扣缴和纳税人自行申报两种方法。对凡是可以在应税所得的支付环节扣缴的均由法定扣缴义务人履行代扣代缴义务，对于没有扣缴义务人的，在两处以上取得工资、薪金所得的以及高收入者实行由纳税人自行申报纳税的方法。也就是说我国对个人所得税采用的是代扣代缴为主，自行申报为辅的征收模式。

四、个人所得税的纳税人

(一) 个人所得税纳税人的概念

我国个人所得税的纳税人是指在我国境内有所得的中国公民(含个体工商业户)以及在我国境内有所得的外籍人员和港澳台地区的同胞。个人所得税以所得人为纳税人，以支付所得的单位或者个人为扣缴义务人。

(二) 个人所得税纳税人的分类

我国个人所得税的纳税人按住所和居住时间可以分为居民纳税人和非居民纳税人。

居民纳税人是指在中国境内有住所，或者无住所而一个纳税年度内在中国境内居住累计满 183 天的个人。其负有无限纳税义务，即其取得的所得无论来源于我国境内还是境外，都有向我国纳税的义务。

非居民纳税人是指在中国境内无住所又不居住，或者无住所而一个纳税年度内在中国境内居住累计不满183天的个人。其负有有限的纳税义务，仅就其来源于我国境内的所得向我国纳税。在中国境内无住所的个人，在一个纳税年度内在中国境内居住累计不超过90天的，其来源于中国境内的所得，由境外雇主支付并且不由该雇主在中国境内的机构、场所负担的部分，免予缴纳个人所得税。

(三) 区分标准

由于我国个人所得税的居民纳税人和非居民纳税人负有的纳税义务差别非常明显，故如何认定一个纳税人是居民纳税人还是非居民纳税人就非常关键，我国使用的判断方法是住所和居住时间标准。

住所标准是指永久性的居住地，即因户籍、经济利益、家庭关系而在我国境内习惯性居住。习惯性居住是以某种方式紧密联系的居住地，一般可以理解为没有理由在其他地方继续居留时所要返回的地方，相当于汉语中“家”这个概念。

居住时间标准是指在一个纳税年度(即公历 1 月 1 日至 12 月 31 日止)内，在我国境内居住满 183 日，在计算居住时间时，对临时离境应视同于在我国境内居住，不得扣除相应的天数。临时离境是指在一个纳税年度内一次不超过 30 天或多次累计不超过 90 天。

五、个人所得税税目

(一) 综合所得

1. 工资、薪金所得

工资、薪金所得，是指个人因任职或受雇而取得的工资、薪金、奖金、年终加薪、劳动分红、津贴、补贴以及与任职或受雇有关的其他所得。这就是说，个人取得的所得，只要是与任职、受雇有关，不管其单位的工资薪金开支渠道是以现金或以实物、有价证券等形式支付，都是工资、薪金所得项目的课税对象。

一般来说，工资、薪金所得属于非独立个人劳动所得，这里所说的非独立个人劳动所得是指个人从事由他人指定、安排并接受监督、管理的工作取得的所得。通常来说，把直接从事生产、经营或服务的劳动者的收入称为工资，即我国所说的“蓝领阶层”所得；将从事社会公职或管理活动的劳动者的收入称为薪金，即“白领阶层”所得。

2. 劳务报酬所得

劳务报酬所得，是指个人从事劳务取得的所得，包括从事设计、装潢、安装、制图、化验、测试、医疗、法律、会计、咨询、讲学、翻译、审稿、书画、雕刻、影视、录音、录像、演出、表演、广告、展览、技术服务、介绍服务、经纪服务、代办服务以及其他劳务取得的所得。

劳务报酬所得是一种独立性质的所得，这是和工资、薪金所得截然不同的，两者的区别主要体现在：工资、薪金所得是属于非独立个人劳务活动，即在机关、团体、学校、部队、企业、事业单位以及其他组织中任职、受雇取得的所得；而劳务报酬所得则是个人独立从事各种技艺、提供各种劳务取得的所得。

3. 稿酬所得

稿酬所得，是指个人因其作品以图书、报纸形式出版、发表而取得的所得。这里所说的“作品”，是指包括中外文字、图片、乐谱等能以图书、报刊方式出版、发表的作品。“个人作品”包括本人的著作、翻译的作品等。个人取得遗作稿酬，应按稿酬所得项目计税。

4. 特许权使用费所得

特许权使用费所得，是指个人提供专利权、著作权、商标权、非专利技术以及其他特许权的使用权取得的所得。提供著作权的使用权取得的所得，不包括稿酬所得。作者将自己文字作品手稿原件或复印件公开拍卖(竞价)取得的所得，应按特许权使用费所得项目计税。

上述综合所得项目，居民个人按纳税年度合并计算个人所得税，非居民个人按月或者按次分项计算个人所得税。

(二) 经营所得

经营所得是指以下几个方面。

(1) 个体工商户从事生产、经营活动取得的所得，个人独资企业投资人、合伙企业的个人合伙人来源于境内注册的个人独资企业、合伙企业生产、经营的所得。

(2) 个人依法从事办学、医疗、咨询以及其他有偿服务活动取得的所得。

(3) 个人对企业、事业单位承包经营、承租经营以及转包、转租取得的所得。

(4) 个人从事其他生产、经营活动取得的所得。

(三) 利息、股息、红利所得

利息、股息、红利所得，是指个人拥有债权、股权而取得的利息、股息、红利所得。利息是指个人的存款利息、贷款利息和购买各种债券的利息。股息，也称股利，是指股票持有人根据股份制公司章程规定，凭股票定期从股份公司取得的投资收益。红利，也称公司(企业)分红，是指股份公司或企业根据应分配的利润按股份分配的超过股息部分的利润。股份制企业以股票形式向股东个人支付股息、红利即派发红股，应以派发的股票面额为收入额计税。

(四) 财产租赁所得

财产租赁所得，是指个人出租不动产、机器设备、车船及其他财产取得的所得。

(五) 财产转让所得

财产转让所得，是指个人转让有价证券、股权、合伙企业中的财产份额、不动产、机器设备、车船及其他财产取得的所得。

(六) 偶然所得

偶然所得，是指个人得奖、中奖、中彩以及其他偶然性质的所得。个人为单位或他人提供担保获得的收入、受赠人因无偿受赠房屋取得的受赠收入、个人取得来自其他企业的礼品收入，均按“偶然所得”项目计税。个人购买社会福利有奖募捐奖券、中国体育彩票，一次中奖收入不超过10 000元的，暂免征收个人所得税；超过10 000元的，应按税法规定全额征税。

除上述几项应税所得以外，个人取得的所得，难以界定应纳税所得项目的，由国务院税务主管部门确定。对股票转让所得征收个人所得税的办法，由国务院另行规定，并报全国人民代表大会常务委员会备案。个人所得的形式，包括现金、实物、有价证券和其他形式的经济利益，现金以外形式的所得，根据凭证、票面价格和市场价格等核定应纳税所得额。

六、个人所得税的税率

(一) 综合所得

2019年1月1日起，综合所得适用税率为3%～45%的七级超额累进税率，如表7-2所示。

表7-2 个人所得税税率

(综合所得适用)

级数	全年应纳税所得额/元	全月应纳税所得额/元	税率/%	速算扣除数(年/月)
1	不超过36 000	不超过3 000	3	0
2	超过36 000至144 000部分	超过3 000至12 000部分	10	2 520/210
3	超过144 000至300 000部分	超过12 000至25 000部分	20	16 920/1 410
4	超过300 000至420 000部分	超过25 000至35 000部分	25	31 920/2 660
5	超过420 000至660 000部分	超过35 000至55 000部分	30	52 920/4 410
6	超过660 000至960 000部分	超过55 000至80 000部分	35	85 920/7 160
7	超过960 000部分	超过80 000部分	45	181 920/15 160

(注：1. 居民个人取得综合所得以每一纳税年度收入额减除费用60 000元以及专项扣除、专项附加扣除和依法确定的其他扣除后的余额为全年应纳税所得额；2. 非居民个人取得综合所得依照本表按月换算后计算应纳税额。)

(二) 经营所得

2019 年 1 月 1 日起，经营所得适用税率为 5%～35%的五级超额累进税率，详见表 7-3。

表 7-3 个人所得税税率

(经营所得适用)

级数	全年应纳税所得额/元	税率/%	速算扣除数
1	不超过 30 000	5	0
2	超过 30 000 至 90 000 部分	10	1 500
3	超过 90 000 至 300 000 部分	20	10 500
4	超过 300 000 至 500 000 部分	30	40 500
5	超过 500 000 部分	35	65 500

(注：本表所称全年应纳税所得额，是指以每一纳税年度的收入总额减除成本、费用以及损失后的余额。)

(三) 利息、股息、红利所得，财产租赁所得，财产转让所得，偶然所得

适用于比例税率，税率为20%，但对于居民储蓄利息自2008年10月8日起暂免征收个人所得税。财税〔2008〕24号文件规定：自2008年3月1日起，对个人出租住房取得的所得减按10%的税率征收个人所得税。对个人出租房屋取得的所得，不再区分房屋用途。

军队人员个人所得税征收事宜，按照有关规定执行。

七、应纳税所得额的确定

在个人所得税的计算中，应纳税所得额是一个非常重要的概念，一般我们把某项应税项目的收入减除税法规定的该项费用减除标准后的余额称为应纳税所得额。需要注意的是，这里所说的应纳税所得额与我们常说的收入并不完全一致，因此，如何确定每笔收入的应纳税所得额就成为个人所得税计算正确与否的关键。由于税目的不同，应纳税所得额的确定方式也有差异。

(一) 综合所得

1. 居民个人的综合所得

居民个人的综合所得，以每一纳税年度的收入额减除费用 60 000 元以及专项扣除、专项附加扣除和依法确定的其他扣除后的余额，为应纳税所得额。专项扣除包括居民个人按照国家规定的范围和标准缴纳的基本养老保险、基本医疗保险、失业保险等社会保险费和住房公积金等；专项附加扣除，包括子女教育、继续教育、大病医疗、住房贷款利息或者住房租金、赡养老人等支出。其他扣除包括个人缴付符合国家规定的企业年金、职业年金，个人购买符合国家规定的商业健康保险、税收递延型商业养老保险的支出，以及国务院规定可以扣除的其他项目。

根据 2019 年 1 月 1 日实行的《个人所得税专项附加扣除暂行办法》，专项附加扣除具体规定如下。

1) 子女教育

纳税人的子女接受全日制学历教育的相关支出，按照每个子女每月1 000元的标准定额扣除。父母可以选择由其中一方按扣除标准的100%扣除，也可以选择由双方分别按扣除标准的50%扣除，具体扣除方式在一个纳税年度内不能变更。

学历教育包括义务教育(小学、初中教育)、高中阶段教育(普通高中、中等职业、技工教育)、

高等教育(大学专科、大学本科、硕士研究生、博士研究生教育)。年满三岁至小学入学前处于学前教育阶段的子女，也按此项规定执行。

纳税人子女在中国境外接受教育的，纳税人应当留存境外学校录取通知书、留学签证等相关教育的证明资料备查。

2) 继续教育

纳税人在中国境内接受学历(学位)继续教育的支出，在学历(学位)教育期间按照每月400元定额扣除。同一学历(学位)继续教育的扣除期限不能超过48个月。纳税人接受技能人员职业资格继续教育、专业技术人员职业资格继续教育的支出，在取得相关证书的当年，按照3 600元定额扣除。

个人接受本科及以下学历(学位)继续教育，符合《个人所得税专项附加扣除暂行办法》规定扣除条件的，可以选择由其父母扣除，也可以选择由本人扣除。

纳税人接受技能人员职业资格继续教育、专业技术人员职业资格继续教育的，应当留存相关证书等资料备查。

3) 大病医疗

在一个纳税年度内，纳税人发生的与基本医保相关的医药费用支出，扣除医保报销后个人负担(指医保目录范围内的自付部分)累计超过 15 000 元的部分(数据来源于国家医保平台)，由纳税人在办理年度汇算清缴时，在 80 000 元限额内据实扣除。

纳税人发生的医药费用支出可以选择由本人或者其配偶扣除；未成年子女发生的医药费用支出可以选择由其父母一方扣除。

纳税人应当留存医药服务收费及医保报销相关票据原件(或者复印件)等资料备查。医疗保障部门应当向患者提供在医疗保障信息系统记录的本人年度医药费用信息查询服务。

4) 住房贷款利息

纳税人本人或者配偶单独或者共同使用商业银行或者住房公积金个人住房贷款为本人或者其配偶购买中国境内住房，发生的首套住房贷款利息支出，在实际发生贷款利息的年度，按照每月 1 000 元的标准定额扣除，扣除期限最长不超过 240 个月。纳税人只能享受一次首套住房贷款的利息扣除。首套住房贷款是指购买住房享受首套住房贷款利率的住房贷款。经夫妻双方约定，可以选择由其中一方扣除，具体扣除方式在一个纳税年度内不能变更。

夫妻双方婚前分别购买住房发生的首套住房贷款，其贷款利息支出，婚后可以选择其中一套购买的住房，由购买方按扣除标准的100%扣除，也可以由夫妻双方对各自购买的住房分别按扣除标准的50%扣除，具体扣除方式在一个纳税年度内不能变更。

纳税人应当留存住房贷款合同、贷款还款支出凭证备查。

5) 住房租金

纳税人在主要工作城市没有自有住房而发生的住房租金支出，可以按照以下标准定额扣除：直辖市、省会(首府)城市、计划单列市以及国务院确定的其他城市，扣除标准为每月1 500元；在前项所列城市以外，市辖区户籍人口超过100万人的城市，扣除标准为每月1 100元；市辖区户籍人口不超过100万人的城市，扣除标准为每月800元。

纳税人的配偶在纳税人的主要工作城市有自有住房的，视同纳税人在主要工作城市有自有住房。夫妻双方主要工作城市相同的，只能由一方扣除住房租金支出。

住房租金支出由签订租赁住房合同的承租人扣除。纳税人应当留存住房租赁合同、协议等有关资料备查。

纳税人及其配偶在一个纳税年度内不能同时分别享受住房贷款利息和住房租金专项附加扣除。

6) 赡养老人

纳税人赡养一位及以上被赡养人的赡养支出，统一按照以下标准定额扣除：纳税人为独生子女的，按照每月 2 000 元的标准定额扣除；纳税人为非独生子女的，由其与兄弟姐妹分摊每月 2 000 元的扣除额度，每人分摊的额度不能超过每月 1 000 元。可以由赡养人均摊或者约定分摊，也可以由被赡养人指定分摊。约定或者指定分摊的须签订书面分摊协议，指定分摊优先于约定分摊。具体分摊方式和额度在一个纳税年度内不能变更。

《个人所得税专项附加扣除暂行办法》所称被赡养人是指年满 60 岁的父母，以及子女均已去世的年满 60 岁的祖父母、外祖父母。

上述专项扣除、专项附加扣除和依法确定的其他扣除，以居民个人一个纳税年度的应纳税所得额为限额；一个纳税年度扣除不完的，不结转以后年度扣除。

2. 非居民个人的工资、薪金所得

非居民个人的工资、薪金所得，以每月收入额减除费用 5 000 元后的余额为应纳税所得额。

3. 劳务报酬所得、稿酬所得、特许权使用费所得

劳务报酬所得、稿酬所得、特许权使用费所得，以每次收入额为应纳税所得额。劳务报酬所得、稿酬所得、特许权使用费所得以收入减除20%的费用后的余额为收入额。稿酬所得的收入额减按70%计算。

(二) 经营所得

经营所得，以每一纳税年度的收入总额减除成本、费用以及损失后的余额，为应纳税所得额。

取得经营所得的个人，没有综合所得的，计算其每一纳税年度的应纳税所得额时，应当减除费用 6 万元、专项扣除、专项附加扣除以及依法确定的其他扣除。专项附加扣除在办理汇算清缴时减除。

从事生产、经营活动，未提供完整、准确的纳税资料，不能正确计算应纳税所得额的，由主管税务机关核定应纳税所得额或者应纳税额。

(三) 财产租赁所得

财产租赁所得，每次收入不超过 4 000 的，减除费用 800 元；4 000 元以上的，减除 20%的费用，其余额为应纳税所得额。

(四) 财产转让所得

财产转让所得，以转让财产的收入总额减除财产原值和合理费用后的余额为应纳税所得额。合理费用是指卖出财产时按照有关规定支付的有关税费。这里所说的财产原值具体如下。

(1) 有价证券，为买入价以及买入时按照规定交纳的有关费用。

(2) 建筑物，为建造费或购进价格以及其他相关费用。

(3) 土地使用权，为取得土地使用权所支付的金额，开发土地的费用以及其他相关费用。

(4) 机器设备、车船，为购进价格、运输费、安装费以及其他相关费用。

(5) 其他财产，参照前款规定的方法确定财产原值。

纳税人未提供完整、准确的财产原值凭证，不能按照上述规定的方法确定财产原值的，由主管税务机关核定财产原值。

(五) 利息、股息、红利所得和偶然所得

利息、股息、红利所得，偶然所得，以每次收入额为应纳税所得额。居民个人从中国境内和境外取得的综合所得、经营所得，应当分别合并计算应纳税额；从中国境内和境外取得的其他所得，应当分别单独计算应纳税额。

八、应纳税所得其他规定

个人将其所得对教育、扶贫、济困等公益慈善事业进行捐赠，捐赠额未超过纳税人申报的应纳税所得额30%的部分，可以从其应纳税所得额中扣除。居民个人根据各项所得的收入、公益捐赠支出、适用税率等情况，自行决定在综合所得、分类所得、经营所得中扣除的公益捐赠支出的顺序。国务院规定对公益慈善事业捐赠实行全额税前扣除的，从其规定。

自 2017 年 7 月 1 日起，对个人购买符合规定的商业健康保险产品的支出，允许在当年(月)计算应纳税所得额时予以税前扣除，扣除限额为 2 400 元/年(200 元/月)。单位统一为员工购买符合规定的商业健康保险产品的支出，应分别计入员工个人工资薪金，视同个人购买，按上述限额予以扣除。2 400 元/年(200 元/月)的限额扣除为个人所得税法规定减除费用标准之外的扣除。

自 2018 年 7 月 1 日起，依法批准设立的非营利性研究开发机构和高等学校(以下简称非营利性科研机构和高校)根据《中华人民共和国促进科技成果转化法》规定，从职务科技成果转化收入中给予科技人员的现金奖励，可减按 50%计入科技人员当月“工资、薪金所得”，依法缴纳个人所得税。

居民个人从中国境外取得的所得，可以从其应纳税额中抵免已在境外缴纳的个人所得税税额，但抵免额不得超过该纳税人境外所得依照本法规定计算的应纳税额。

有下列情形之一的，税务机关有权按照合理方法进行纳税调整：个人与其关联方之间的业务往来不符合独立交易原则而减少本人或者其关联方应纳税额，且无正当理由；居民个人控制的，或者居民个人和居民企业共同控制的设立在实际税负明显偏低的国家(地区)的企业，无合理经营需要，对应当归属于居民个人的利润不作分配或者减少分配；个人实施其他不具有合理商业目的的安排而获取不当税收利益。税务机关依照前款规定做出纳税调整，需要补征税款的，应当补征税款，并依法加收利息。

九、应纳税额的计算

(一) 综合所得

应纳税额的计算公式为

$$\text{应纳税额}=\text{应纳税所得额}\times\text{适用税率}-\text{速算扣除数}$$

扣缴义务人向居民个人支付工资、薪金所得时，应当按照累计预扣法计算预扣税款，并按月办理扣缴申报。符合条件的纳税人还要进行年终汇算清缴。个人所得税预扣率详见表7-4、表7-5和表7-6。扣缴义务人向居民支付稿酬所得、特许权使用费所得适用20%的比例预扣率。

$$\text{本期应预扣预缴税额}=(\text{累计预扣预缴应纳税所得额}\times\text{预扣率}-\text{速算扣除数})-\text{累计减免税额}-\text{累计已预扣预缴税额}$$

累计预扣预缴应纳税所得额＝累计收入－累计免税收入－累计减除费用－累计专项扣除－累计专项附加扣除－累计依法确定的其他扣除

其中，累计减除费用，按照 5 000 元/月乘以纳税人当年截至本月在本单位的任职受雇月份数计算。对一个纳税年度内首次取得工资、薪金所得的居民个人，扣缴义务人在预扣预缴个人所得税时，可按照 5 000 元/月乘以纳税人当年截至本月月份数计算累计减除费用。

表 7-4 个人所得税预扣率表一

(居民个人工资、薪金所得预扣预缴适用)

级数	累计预扣预缴应纳税所得额	预扣率/%	速算扣除数
1	不超过 36 000 元	3	0
2	超过 36 000 元至 144 000 元的部分	10	2 520
3	超过 144 000 元至 300 000 元的部分	20	16 920
4	超过 300 000 元至 420 000 元的部分	25	31 920
5	超过 420 000 元至 660 000 元的部分	30	52 920
6	超过 660 000 元至 960 000 元的部分	35	85 920
7	超过 960 000 元的部分	45	181 920

表 7-5 个人所得税预扣率表二

(居民个人劳务报酬所得预扣预缴适用)

级数	预扣预缴应纳税所得额	预扣率/%	速算扣除数
1	不超过 20 000 元	20	0
2	超过 20 000 元至 50 000 元的部分	30	2 000
3	超过 50 000 元的部分	40	7 000

表 7-6 个人所得税预扣率表三

(非居民个人工资、薪金所得，劳务报酬所得，稿酬所得，特许权使用费所得适用)

级数	应纳税所得额	税率/%	速算扣除数
1	不超过 3 000 元	3	0
2	超过 3 000 元至 12 000 元的部分	10	210
3	超过 12 000 元至 25 000 元的部分	20	1 410
4	超过 25 000 元至 35 000 元的部分	25	2 660
5	超过 35 000 元至 55 000 元的部分	30	4 410
6	超过 55 000 元至 80 000 元的部分	35	7 160
7	超过 80 000 元的部分	45	15 160

依据国家税务总局关于进一步简便优化部分纳税人个人所得税预扣预缴方法的公告(2020 年第 19 号)，自 2021 年 1 月 1 日起，对上一完整纳税年度内每月均在同一单位预扣预缴工资、薪金所得个人所得税且全年工资、薪金收入不超过 6 万元的居民个人，扣缴义务人在预扣预缴本年度工资、薪金所得个人所得税时，累计减除费用自 1 月份起直接按照全年 6 万元计算扣除，即，在纳税人累计收入不超过 6 万元的月份，暂不预扣预缴个人所得税；在其累计收入超过 6 万元的当月及年

内后续月份，再预扣预缴个人所得税。扣缴义务人应当按规定办理全员全额扣缴申报，并在《个人所得税扣缴申报表》相应纳税人的备注栏注明“上年各月均有申报且全年收入不超过 6 万元”字样。对按照累计预扣法预扣预缴劳务报酬所得个人所得税的居民个人，扣缴义务人比照上述规定执行。

【例 7-4】某公司中国籍职员 2021 年每月应发工资均为 10 000 元，每月减除费用 5 000 元，“三险一金”等专项扣除为 1 500 元，从 1 月起享受子女教育专项附加扣除 1 000 元，没有减免收入及减免税额等情况，以前 3 个月为例，应当如何计算预扣预缴税额？

1 月预扣预缴税额＝(10 000×1－5 000×1－1 500×1－1 000×1)×3%－0＝75(元)

2 月预扣预缴税额＝(10 000×2－5 000×2－1 500×2－1 000×2)×3%－75＝75(元)

3 月预扣预缴税额＝ (10 000×3－5 000×3－1 500×3－1 000×3)×3%－75－75＝75(元)

【例 7-5】某德国工程师来华工作 3 个月，在中国一汽车制造企业做设备安装的技术指导。在中国企业的月工资为 20 000 元，请计算该工程师月应纳税额。

当月应纳税额＝(20 000－5 000)×20%－1 410＝1 590(元)

【例 7-6】某市一位艺术类高校教授，2021 年前 4 个月工资均为 20 000 元，五险一金按照每月工资 26%扣除；经过核定在其家乡的省会城市每月首套住房贷款利息 1 000 元；其配偶在北京也没有住房，夫妻二人在工作地北京租住一套住房，每月租金 8 000 元；有一个女儿是小学生；还有超过 60 岁的父母需要赡养，该老师本人是独生子女；3 月份通过教育主管部门对农村义务教育捐赠 5 000 元；购买商业健康保险每月保费 900 元；1 月份获得稿酬所得 80 000 元；2 月参加一部电视剧演出，获得片酬 400 000 元；3 月份一首歌曲的版权转让收入 50 000 元。请计算该老师 2021 年前 4 个月预扣缴个人所得税情况。

1 月份工资应纳税额＝(20 000×1－5 000×1－20 000×26%×1－1 500×1－1 000×1－2 000×1－200×1)×3%－0＝153(元)

1 月份稿酬预扣缴的个人所得税＝80 000×(1－20%)×70%×20%＝8 960(元)

1 月份共计缴税＝153＋8 960＝9 113(元)

2 月份工资应纳税额＝(20 000×2－5 000×2－20 000×26%×2－1 500×2－1 000×2－2 000×2－200×2)×3%－153＝153(元)

2 月份演出劳务报酬预扣缴的个人所得税＝400 000×(1－20%)×40%－7 000＝121 000(元)

2 月份共计缴税＝153＋121 000＝121 153(元)

3 月份工资应纳税额＝(20 000×3－5 000×3－20 000×26%×3－1 500×3－1 000×3－2 000×3－200×3－5 000)×3%－153－153＝3(元)

3 月份歌曲特许权转让所得预扣缴的个人所得税＝50 000×(1－20%)×20%＝8 000(元)

3 月份共计缴税＝3＋8 000＝8 003(元)

4 月份工资应纳税额＝(20 000×4－5 000×4－20 000×26%×4－1 500×4－1 000×4－2 000×4－200×4)×3%－153－153－3＝303(元)

4 月份共计缴税＝303(元)

(二) 经营所得

经营所得应纳税额的计算公式为

应纳税所得额＝该年度收入总额－成本、费用及损失－当年投资者本人的费用扣除额

当年投资者本人的费用扣除额＝月减除费用(5 000 元/月)×当年实际经营月份数

应纳税额＝应纳税所得额×税率－速算扣除数

取得经营所得的个人，没有综合所得的，计算其每一纳税年度的应纳税所得额时，应当减除费用 6 万元、专项扣除、专项附加扣除以及依法确定的其他扣除。专项附加扣除在办理汇算清缴时减除。

【例 7-7】王某在某市繁华路段租赁一个门面做服装生意，经核实确定以下各项：年销售收入 1 450 000 元，年服装进货成本 480 000 元，年门面租赁成本 240 000 元，年水电卫生等费用 12 000 元，王某尚未成家，父母年纪尚轻，目前与父母居住在一起，也没有学历教育和继续教育等事项。计算王某本年度应纳个人所得税。

应纳税所得额＝1 450 000－480 000－240 000－12 000－60 000＝658 000(元)

应纳个人所得税＝658 000×35%－65 500＝164 800(元)

(三) 利息、股息、红利所得

利息、股息、红利所得应纳税额的计算公式为

应纳税额＝应纳税所得额×适用税率

＝每次收入额×20%

(四) 财产租赁所得

财产租赁所得的个人所得税计算公式如下：

1. 每次收入不足 4 000 元

应纳税额＝应纳税所得额×适用税率

＝(每次收入额－800)×20%

2. 每次收入在 4 000 元以上(含 4 000 元)

应纳税额＝应纳税所得额×适用税率

＝每次收入额×(1－20%)×20%

在实际工作中，在确定财产租赁所得额时，纳税人在出租财产时缴纳的税金和教育费附加，可持完税(缴款)凭证，从其财产租赁所得中扣除。在财产租赁过程中准予扣除的项目除了规定费用和有关税费外，还准予扣除能够提供有效、准确凭证，证明由纳税人负担的该出租财产实际开支的修缮费用。允许扣除的修缮费用以每次 800 元为限额，扣完为止。

个人出租财产取得的财产租赁所得在计算个人所得税时应依次扣除相关费用：财产租赁过程中缴纳的税费；向出租方支付的租金；由纳税人负担的该出租财产实际开支的修缮费用；税法规定的费用扣除标准。

【例 7-8】市民王某 1 月份将其自有住房以 2 000 元/月的价格租赁给刘某，2 月份发生下水井堵塞，王某找人修理发生相关费用 1 000 元，当时取得维修部门的正式收据，计算上半年王某仅房屋租赁一项需要缴纳的个人所得税金额(相关税费不计)。

2 月份应纳税额＝(2 000－800－800)×10%＝40(元)

3 月份应纳税额＝(2 000－200－800)×10%＝100(元)

1、4、5、6 月份应纳税额＝(2 000－800)×10%＝120(元)

故王某共应缴纳的个人所得税＝40＋100＋120×4＝620(元)

(五) 财产转让所得

财产转让所得的个人所得税的计算公式为

应纳税额＝应纳税所得额×适用税率

＝(收入总额－财产原值－合理费用)×20%

【例 7-9】王某曾购入企业债券 2 000 份，每份购买价格 12.20 元，购买时支付有关税费 400 元。次年将该债券转让 550 份，每份卖出价 15.30 元，转让时支付有关税费 150 元，计算王某在债券转让过程中应纳个人所得税金额。

应纳税额＝(15.30×550－12.20×550－400×550/2 000－150)×20%＝289(元)

(六) 偶然所得

偶然所得的个人所得税的计算公式为

应纳税额＝应纳税所得额×适用税率

＝每次收入额×20%

【例 7-10】2010 年 8 月 10 日 23 点，福彩“双色球”一等奖“井喷”，全国共开出 55 注大奖，单注奖金 505 万元，被上海、辽宁、黑龙江、江苏、贵州和云南 6 省市彩民中得，而上海杨浦一彩民“独吞”50 注一等奖和 50 注二等奖，捧得超过 2.59 亿元的巨额奖金。计算其应该缴纳的个人所得税金额。

应纳税额＝2.59×20%＝0.518(亿元)

(七) 关于全年一次性奖金的政策

居民个人取得全年一次性奖金，符合《国家税务总局关于调整个人取得全年一次性奖金等计算征收个人所得税方法问题的通知》(国税发〔2005〕9号)规定的，在2021年12月31日前，可以选择合并计税即并入当年综合所得计算纳税，也可以选择单独计税即不并入当年综合所得计算纳税。单独计税，是以全年一次性奖金收入除以12个月得到的数额，按照本通知所附按月换算后的综合所得税率表(以下简称月度税率表)，确定适用税率和速算扣除数，单独计算纳税。应纳税额的计算公式为

应纳税额＝全年一次性奖金收入×适用税率－速算扣除数

2021 年 12 月 29 日，国务院决定按月单独计税的优惠政策延至 2023 年底。自 2024 年 1 月 1 日起，居民个人取得全年一次性奖金，应并入当年综合所得计算缴纳个人所得税。

(八) 关于保险营销员、证券经纪人佣金收入的政策

保险营销员、证券经纪人取得的佣金收入，属于劳务报酬所得，以不含增值税的收入减除20%的费用后的余额为收入额，收入额减去展业成本以及附加税费后，并入当年综合所得，计算缴纳个人所得税。保险营销员、证券经纪人展业成本按照收入额的25%计算。

扣缴义务人向保险营销员、证券经纪人支付佣金收入时，应按照《个人所得税扣缴申报管理办法(试行)》(国家税务总局公告 2018 年第 61 号)规定的累计预扣法计算预扣税款。

(九) 关于个人领取企业年金、职业年金的政策

个人达到国家规定的退休年龄，领取的企业年金、职业年金，符合《财政部 人力资源社会保障部 国家税务总局关于企业年金 职业年金个人所得税有关问题的通知》(财税〔2013〕103 号)规定的，不并入综合所得，全额单独计算应纳税款。其中按月领取的，适用月度税率表计算纳税；按季领取的，平均分摊计入各月，按每月领取额适用月度税率表计算纳税；按年领取的，适用综合所得税率表计算纳税。

个人因出境定居而一次性领取的年金个人账户资金，或个人死亡后，其指定的受益人或法定继承人一次性领取的年金个人账户余额，适用综合所得税率表计算纳税。对个人除上述特殊原因外一次性领取年金个人账户资金或余额的，适用月度税率表计算纳税。

(十) 关于解除劳动关系、提前退休、内部退养的一次性补偿收入的政策

个人与用人单位解除劳动关系取得一次性补偿收入(包括用人单位发放的经济补偿金、生活补助费和其他补助费)，在当地上年职工平均工资 3 倍数额以内的部分，免征个人所得税；超过 3 倍数额的部分，不并入当年综合所得，单独适用综合所得税率表，计算纳税。

个人办理提前退休手续而取得的一次性补贴收入，应按照办理提前退休手续至法定离退休年龄之间实际年度数平均分摊，确定适用税率和速算扣除数，单独适用综合所得税率表，计算纳税。计算公式为

应纳税额＝{[(一次性补贴收入÷办理提前退休手续至法定退休年龄的实际年度数)－费用扣除标准]×适用税率－速算扣除数}×办理提前退休手续至法定退休年龄的实际年度数

个人办理内部退养手续而取得的一次性补贴收入，按照《国家税务总局关于个人所得税有关政策问题的通知》(国税发〔1999〕58 号)规定计算纳税。

(十一) 关于单位低价向职工售房的政策

单位按低于购置或建造成本价格出售住房给职工，职工因此而少支出的差价部分，符合《财政部 国家税务总局关于单位低价向职工售房有关个人所得税问题的通知》(财税〔2007〕13 号)第二条规定的，不并入当年综合所得，以差价收入除以 12 个月得到的数额，按照月度税率表确定适用税率和速算扣除数，单独计算纳税。应纳税额计算公式为

应纳税额＝职工实际支付的购房价款低于该房屋的购置或建造成本价格的差额×适用税率－速算扣除数

(十二) 关于外籍个人有关津补贴的政策

2019 年 1 月 1 日至 2021 年 12 月 31 日期间，外籍个人符合居民个人条件的，可以选择享受个

人所得税专项附加扣除，或享受住房补贴、语言训练费、子女教育费等津补贴免税优惠政策，但不得同时享受。外籍个人一经选择，在一个纳税年度内不得变更。

自 2022 年 1 月 1 日起，外籍个人不再享受住房补贴、语言训练费、子女教育费津补贴免税优惠政策，应按规定享受专项附加扣除。

除上述衔接事项外，其他个人所得税优惠政策继续按照原文件规定执行。

十、征收管理

(一) 纳税方法

个人所得税的纳税方法有自行申报和代扣代缴两种。

1. 自行申报

自行申报是指纳税人自行在税法规定的纳税期限内向税务机关申报取得的应税所得项目和数量，如实填写个人所得税纳税申报表，并按照税法规定计算应纳税额，据此缴纳个人所得税的一种方法。

1) 自行申报的纳税人

(1) 取得综合所得需要办理汇算清缴(从两处以上取得综合所得，且综合所得年收入额减除专项扣除的余额超过 6 万元；取得劳务报酬所得、稿酬所得、特许权使用费所得中一项或者多项所得，且综合所得年收入额减除专项扣除的余额超过 6 万元；纳税年度内预缴税额低于应纳税额，纳税人申请退税)；

(2) 取得应税所得没有扣缴义务人；

(3) 取得应税所得但扣缴义务人未扣缴税款；

(4) 取得境外所得；

(5) 因移居境外注销中国户籍；

(6) 非居民个人在中国境内从两处以上取得工资、薪金所得；

(7) 国务院规定的其他情形。

2) 自行申报纳税的申报方式

纳税人采取电子申报、邮寄申报等方式，也可以采取直接到主管税务机关申报，或者采取符合主管税务机关规定的其他方式申报。纳税人采取邮寄方式申报的，以邮政部门挂号信函收据作为申报凭证，以寄出的邮戳日期为实际申报日期。

3) 自行申报的申报地点

(1) 在中国境内有任职、受雇单位的，向任职、受雇的单位所在地主管税务机关申报。

(2) 在中国境内有两处或两处以上任职、受雇单位的，选择并固定向其中一个单位所在地主管税务机关申报。

(3) 在中国境内无任职、受雇单位，年所得项目中有经营所得，向实际经营所在地主管税务机关申报。

(4) 在中国境内无任职、受雇单位，年所得项目中无经营所得的，向户籍所在地主管税务机关申报。

(5) 个人独资、合伙企业投资者兴办两个或两个以上企业的，区分不同情况确定纳税申报地点：兴办的企业全部是个人独资企业的，分别向各企业的实际经营管理所在地主管税务机关申报；

兴办的企业中含有合伙性质的，向经常居住地主管税务机关申报；兴办的企业中含有合伙性质，个人投资者经常居住地与其兴办企业的经营管理所在地不一致的，选择并固定向其参与兴办的某一合伙企业的经营管理所在地主管税务机关申报。除以上情况外，纳税人应当向取得所得所在地主管税务机关申报。

纳税人不能随意改变纳税申报地点，因特殊情况变更申报地点的，须报主管税务机关备案。

2. 代扣代缴纳税

代扣代缴是指按照税法规定负有扣缴税款义务的单位、个人，在向个人支付应纳税所得时，应计算其应纳税款，并从其所得中扣除后缴入国库，同时向税务机关报送扣缴个人所得税报告表的一种纳税方法。

1) 扣缴义务人

凡支付个人应税所得的单位(企业)、事业单位、机关、社会团体、军队、驻华机构、个体户等单位或个人，均为个人所得税的扣缴义务人。

这里所说的驻华机构不包含外国驻华使馆和联合国及其他依法享有外交特权和豁免的国际组织驻华机构。

2) 代扣代缴的范围

扣缴义务人在向个人支付下列所得时应当进行代扣代缴：综合所得；经营所得；利息、股息、红利所得；财产租赁所得；财产转让所得；偶然所得。

扣缴义务人应当按照国家规定办理全员全额扣缴申报，并向纳税人提供其个人所得和已扣缴税款等信息。

纳税人有中国公民身份号码的，以中国公民身份号码为纳税人识别号；纳税人没有中国公民身份号码的，由税务机关赋予其纳税人识别号。扣缴义务人扣缴税款时，纳税人应当向扣缴义务人提供纳税人识别号。

3) 扣缴义务人的责任

如果扣缴义务人没有尽到扣缴义务，其应纳税款还是由纳税人缴纳，但扣缴义务人应承担应扣未扣税款50%以上至3倍的罚款。(详见《中华人民共和国税收征收管理法》第六十九条的相关规定。)

(二) 纳税期限

1. 综合所得的纳税期限

(1) 居民个人取得综合所得，按年计算个人所得税；有扣缴义务人的，由扣缴义务人按月或者按次预扣预缴税款；需要办理汇算清缴的，应当在取得所得的次年 3 月 1 日至 6 月 30 日内办理汇算清缴。预扣预缴办法由国务院税务主管部门制定。

(2) 居民个人向扣缴义务人提供专项附加扣除信息的，扣缴义务人按月预扣预缴税款时应当按照规定予以扣除，不得拒绝。

(3) 非居民个人取得工资、薪金所得，劳务报酬所得，稿酬所得和特许权使用费所得，有扣缴义务人的，由扣缴义务人按月或者按次代扣代缴税款，不办理汇算清缴。

2. 经营所得的纳税期限

纳税人取得经营所得，按年计算个人所得税，由纳税人在月度或者季度终了后 15 日内向税务机关报送纳税申报表，并预缴税款；在取得所得的次年 3 月 31 日前办理汇算清缴。

3. 其他各项所得的纳税期限

(1) 纳税人取得利息、股息、红利所得，财产租赁所得，财产转让所得和偶然所得，按月或者按次计算个人所得税，有扣缴义务人的，由扣缴义务人按月或者按次代扣代缴税款。

(2) 纳税人取得应税所得没有扣缴义务人的，应当在取得所得的次月15日内向税务机关报送纳税申报表，并缴纳税款。

纳税人取得应税所得，扣缴义务人未扣缴税款的，纳税人应当在取得所得的次年6月30日前，缴纳税款；税务机关通知限期缴纳的，纳税人应当按照期限缴纳税款。

4. 纳税期限的相关规定

(1) 居民个人从中国境外取得所得的，应当在取得所得的次年3月1日至6月30内申报纳税。

(2) 非居民个人在中国境内从两处以上取得工资、薪金所得的，应当在取得所得的次月 15 日内申报纳税。

(3) 纳税人因移居境外注销中国户籍的，应当在注销中国户籍前办理税款清算。

(4) 扣缴义务人每月或者每次预扣、代扣的税款，应当在次月 15 日内缴入国库，并向税务机关报送扣缴个人所得税申报表。

(5) 纳税人办理汇算清缴退税或者扣缴义务人为纳税人办理汇算清缴退税的，税务机关审核后，按照国库管理的有关规定办理退税。

(三) 年度汇算清缴

年度汇算清缴就是合并全年收入，按年计算税款，多退少补。简单来说，就是在以月或季度缴纳的已纳税款(预缴税)基础上进行年度清缴：查遗补漏、汇总收支、按年算账、多退少补。

1. 可以退税的情况

(1) 有符合享受条件的专项附加扣除，但预缴税款时没有申报扣除的。

(2) 因年中就业、退职或者部分月份没有收入等原因，减除费用 6 万元、“三险一金”等专项扣除、子女教育等专项附加扣除、企业(职业)年金以及商业健康保险、税收递延型养老保险等扣除不充分的。

(3) 没有任职受雇单位，仅取得劳务报酬、稿酬、特许权使用费所得，需要通过年度汇算办理各种税前扣除的。

(4) 纳税人取得劳务报酬、稿酬、特许权使用费所得，年度中间适用的预扣率高于全年综合所得年适用税率的。

(5) 预缴税款时，未申报享受或者未足额享受综合所得税收优惠的，如残疾人减征个人所得税优惠等。

(6) 有符合条件的公益慈善事业捐赠支出，但预缴税款时未办理扣除的。

2. 需要补税的情况

(1) 在两个以上单位任职受雇并领取工资薪金，预缴税款时重复扣除了基本减除费用(5 000 元/月)。

(2) 除工资薪金外，还有劳务报酬、稿酬、特许权使用费，各项综合所得的收入加总后，导致适用综合所得年税率高于预扣率。

(3) 预扣预缴时扣除了不该扣除的项目，或者扣除金额超过规定标准，年度合并计税时因调减扣除额导致应纳税所得额增加。

(4) 纳税人取得综合所得，因扣缴义务人未依法申报收入并预扣预缴税款，需补充申报收入等。

3. 办理方式

(1) 自己办，可以通过手机个人所得税 APP、自然人电子税务局等渠道自行办理年度汇算。

(2) 单位办，即请任职受雇单位办理。

(3) 请人办，即委托涉税专业服务机构或其他单位及个人办理。

4. 未按期办理年度汇算需要承担的责任或者后果

(1) 是否办理年度汇算申请退税是纳税人的权利，无须承担任何责任。

(2) 补税必须办，这是纳税人的义务。如果没有办理，由税务机关责令限期改正，可以处 2 000 元以下的罚款；情节严重的，可以处 2000 元以上 1 万元以下的罚款，并追缴税款、加征滞纳金。滞纳金则从超过缴纳期限之日起，按日加收滞纳税款万分之五。

(四) 其他规定

公安、人民银行、金融监督管理等相关部门应当协助税务机关确认纳税人的身份、金融账户信息。教育、卫生、医疗保障、民政、人力资源社会保障、住房城乡建设、公安、人民银行、金融监督管理等相关部门应当向税务机关提供纳税人子女教育、继续教育、大病医疗、住房贷款利息、住房租金、赡养老人等专项附加扣除信息。

个人转让不动产的，税务机关应当根据不动产登记等相关信息核验应缴的个人所得税，登记机构办理转移登记时，应当查验与该不动产转让相关的个人所得税的完税凭证。个人转让股权办理变更登记的，市场主体登记机关应当查验与该股权交易相关的个人所得税的完税凭证。

有关部门依法将纳税人、扣缴义务人遵守个人所得税法的情况纳入信用信息系统，并实施联合激励或者惩戒。

各项所得的计算，以人民币为单位。所得为人民币以外的货币的，按照人民币汇率中间价折合成人民币缴纳税款。

对扣缴义务人按照所扣缴的税款，付给 2%的手续费。

对储蓄存款利息所得开征、减征、停征个人所得税及其具体办法，由国务院规定，并报全国人民代表大会常务委员会备案。

纳税人、扣缴义务人和税务机关及其工作人员违反个人所得税法规定的，依照《中华人民共和国税收征收管理法》和有关法律法规的规定追究法律责任。

十一、个人所得税的税收优惠

(一) 下列各项个人所得，免纳个人所得税

(1) 省级人民政府、国务院部委和中国人民解放军军以上单位，以及外国组织、国际组织颁发的科学、教育、技术、文化、卫生、体育、环境保护等方面的奖金。

(2) 国债和国家发行的金融债券利息。

(3) 按照国家统一规定发给的补贴、津贴。

(4) 福利费、抚恤金、救济金。

(5) 保险赔款。

(6) 军人的转业费、复员费、退役金。

(7) 按照国家统一规定发给干部、职工的安家费、退职费、基本养老金或者退休费、离休费、离休生活补助费。

(8) 依照我国有关法律规定应予免税的各国驻华使馆、领事馆的外交代表、领事官员和其他人员的所得。

(9) 中国政府参加的国际公约、签订的协议中规定免税的所得。

(10) 经国务院财政部门批准免税的所得，由国务院报全国人民代表大会常务委员会备案。

(二) 下列各项个人所得经批准可以减征个人所得税

(1) 残疾、孤老人员和烈属的所得。

(2) 因严重自然灾害造成重大损失的。

(3) 其他经国务院财政部门批准减税的。

以上 3 项可以减征个人所得税的项目，具体幅度和期限，由省、自治区、直辖市人民政府规定，并报同级人民代表大会常务委员会备案。

此外，国务院可以规定其他减税情形，报全国人民代表大会常务委员会备案。

本章小结

1. 所得税的特征包括：税负相对公平、一般不存在重复征税问题、有利于维护国家的经济权益、课税有弹性。

2. 企业所得税是对我国境内的企业和其他有收入的组织的生产经营所得和其他所得征收的税。

3. 企业所得税的纳税人是指在我国境内的企业和其他有收入的组织。基本税率为 25%。

4. 企业所得税的计算方法有：直接计算法、间接计算法、核定征收。

5. 企业所得税按年计征，分月或分季预缴，年终汇缴，多退少补。

6. 个人所得税是以自然人(含个人独资企业和合伙企业)取得的各类应税所得为征税对象征收的一种税。

7. 个人所得税的税制模式有 3 种：综合个人所得税制、分类个人所得税制以及综合与分类相结合的个人所得税制。

8. 我国个人所得税的特征：实行综合与分类相结合的个人所得税制；采用定额和定率并用的费用扣除标准；采用累进税率和比例税率并用的税率形式；采用代扣代缴和自行申报两种纳税方法。

9. 我国的个人所得税的纳税人按住所和居住时间可以分为居民纳税人和非居民纳税人。

10. 个人所得税税目包括：综合所得(工资、薪金所得，劳务报酬所得，稿酬所得，特许权使用费所得)；经营所得；利息、股息、红利所得；财产租赁所得；财产转让所得；偶然所得。

课后习题

一、选择题

1. 我国个人所得税综合所得的项目包括(　　)。

A. 工资、薪金所得　B. 劳务报酬所得　C. 稿酬所得　　D. 特许权使用费所得

2. 下列企业可以判定为我国企业所得税居民纳税人的是(　　)。

A. 在我国注册登记的国有企业

B. 在美国注册登记但实际管理机构在我国境内的外资企业

C. 在我国注册登记的个人独资企业

D. 在美国登记且实际管理机构在韩国的企业

3. 企业发生的下列税费在计算企业所得税时准予扣除的是(　　)。

A. 企业所得税　　B. 增值税　　C. 消费税　　D. 教育费附加

4. 个人所得税的纳税人是指具备下列(　　)条件的个人。

A. 在中国境内有住所

B. 无住所而在中国境内居住累计满 183 天

C. 在中国境内无住所而又不居住但有来源于中国境内所得

D. 无住所而在中国境内居住累计不满 183 天但有来源于中国境内所得

5. 根据现行《中华人民共和国企业所得税法》的规定，下列各项可以不征企业所得税的是(　　)。

A. 财政补贴(拨款)　　B. 汇兑收益

C. 确实无法偿付的应付账款　　D. 以上都不对

6. 企业发生的职工教育经费支出，不超过工资薪金总额的(　　)部分，准予在计算企业所得税应纳税所得额时扣除。

A. 14%　　B. 2.5%　　C. 2%　　D. 8%

7. 世界各国个人所得税税制模式有(　　)。

A. 综合个人所得税制　　B. 分类个人所得税制

C. 综合与分类相结合的个人所得税制　　D. 查验征收个人所得税制

8. 下列各项中免征收个人所得税的是(　　)。

A. 按照国家统一规定发给的补贴、津贴　　B. 军人的转业费、复员费、退役金

C. 基本养老金或者退休费　　D. 保险赔款

9. 纳税人发生年度亏损，可以弥补的金额是(　　)。

A. 企业申报的金额　　B. 税务机关按税法规定核实、调整后的金额

C. 企业财务报表的账面金额　　D. 企业自己核定的亏损额

10. 个人所得税自行申报纳税的纳税义务人有(　　)。

A. 从两处取得工资的个人

B. 取得了所得但没有扣缴义务人的个人

C. 取得综合所得需要办理汇算清缴的个人

D. 取得境外所得的个人

11. 下列属于征收个人所得税项目的是(　　)。

A. 奖金　　B. 保险赔款　　C. 国债利息　　D. 军人转业费

12. 根据《中华人民共和国企业所得税法》的规定，国家重点扶持的高新技术企业使用的企业所得税的税率为(　　)。

A. 10%　　B. 15%　　C. 20%　　D. 25%

二、判断题

1. 我国对小型微利企业进行照顾，其企业所得税的税率为 15%。　　(　　)

2. 在计算企业所得税的应纳税所得额时，业务招待费可以如实扣除，不需要调整。 (　　)

3. 企业购买的国债利息应缴纳企业所得税。 (　　)

4. 稿酬所得应按稿酬收入全额征收个人所得税。 (　　)

5. 一次性年终奖在计算个人所得税时应作为一个独立月份的所得征收个人所得税，即用年终奖乘以适用税率。 (　　)

6. 企业公益性捐赠超过年度利润总额12%的部分，后续年度不能在税前扣除。 (　　)

7. 中国个人所得税纳税方法只能采用代扣代缴一种方式。 (　　)

8. 在计算企业所得税的应纳税所得额时，赞助费用可以如实扣除，不需要调整。 (　　)

9. 我国对于企业在境外实际缴纳的所得只能按照分国又分项的办法进行抵免。 (　　)

10. 我国企业所得税只有25%、20%、15%、10%四类税率。 (　　)

三、计算题

1. 某企业于2008年成立，假设成立后10年间的获利情况如表7-7所示。

表7-7　某企业10年间获利情况

年度	2008	2009	2010	2011	2012	2013	2014	2015	2016	2017
获利金额(万元)	−20	−10	5	−5	−10	10	20	25	40	30

计算各年应纳企业所得税税款。

2. 某研究所研究员陈先生2020年收入情况如下：

(1) 研究所每月支付其工资12 500元，五险一金按照每月工资26%扣除；

(2) 在国内专业杂志上发表文章一篇，取得稿酬收入4 200元；

(3) 与某大学王教授合著一本专业著作，取得稿酬收入50 000元，其中：陈先生分得稿酬25 000元，并拿出3 000元通过县教育局捐赠给农村义务教育阶段的一所小学；

(4) 在A国某杂志社审稿取得酬金折合人民币30 000元，已按A国税法规定缴纳个人所得税折合人民币2 000元；

(5) 12月份为某集团公司做专题讲座4次，每次2 000元。

要求：根据上述资料，分项计算陈先生2020年各项收入应缴纳的个人所得税。

四、名词解释

1. 企业所得税　　2. 企业所得税的应纳税所得额　　3. 企业所得税的收入总额

4. 特别纳税调整　　5. 个人所得税　　6. 综合所得

7. 经营所得　　8. 自行申报　　9. 代扣代缴

五、简答题

1. 简述所得税的特征。

2. 企业所得税的不征税项目包括哪些？

3. 企业所得税不可以扣除的项目包括哪些？

4. 简述我国个人所得税的特征。

5. 简述个人所得税居民和非居民纳税人的区分标准。

6. 简述个人所得税的税目。

7. 个人所得税的纳税方法有哪些？

六、论述题

1. 在计算企业所得税时可以扣除的项目有哪些？
2. 论述如何确定个人所得税的应纳税所得额。

案 例 分 析

新个税法来了！六大热点问题权威部门如此回应

十三届全国人大常委会第五次会议表决通过了关于修改个人所得税法的决定，标志着个税法完成第七次大修。

“起征点”缘何定为每月5 000元，新税法能给工薪阶层减多少税，专项附加扣除究竟怎么抵扣……面对社会关切的热点问题，全国人大常委会办公厅在人民大会堂举行新闻发布会，财政部、国家税务总局有关负责人一一作答。

看点一：每月 5 000 元“起征点”出于三大考虑

个税基本减除费用标准(即通常说的“起征点”)备受关注。每月 5 000 元的标准缘何而定？

财政部副部长程丽华说，主要基于 3 方面考虑。

一是统筹考虑城镇居民人均基本消费支出、每个就业者平均负担的人数、居民消费价格指数等因素后综合确定的。根据国家统计局抽样调查数据测算，2017 年我国城镇就业者人均负担的消费支出约为每月 3 900 元，按照近三年城镇居民消费支出年均增长率推算，2018 年人均负担消费支出约为每月 4 200 元。基本减除费用标准确定为每月 5 000 元，不仅覆盖了人均消费支出，而且体现了一定的前瞻性。

二是此次修法除基本减除费用标准外，新增了多项专项附加扣除，扩大了低档税率级距，广大纳税人都能不同程度享受到减税红利，特别是中等以下收入群体获益更大。仅以基本减除费用标准提高到每月5 000元这一项因素来测算，修法后个税纳税人占城镇就业人员的比例将由现在的44%降至15%。

三是新增两项扣除，一是赡养老人专项附加扣除，二是允许劳务报酬、稿酬、特许权使用费等收入在扣除 20%的费用后计算纳税，这使得相当一部分纳税人的费用扣除额进一步提高。

不过，程丽华表示，5 000 元“起征点”不是固定不变的，今后将结合深化个人所得税改革，以及城镇居民基本消费支出水平的变化情况进行动态调整。

看点二：2018 年 10 月 1 日后月入 20 000 元以下将减税 50%以上

根据决定，修改后的个税法从 2019 年 1 月 1 日起实施，为让纳税人尽早享受减税红利，2018 年 10 月 1 日起，先将工资、薪金所得基本减除费用标准提高到每月 5 000 元，并按新的税率表计税。个体工商户等经营所得也适用新的税率表。

“2018 年 10 月 1 日以后发放工资时，各企业单位财务人员在扣缴个税时一定要记住，别忘了适用 5 000 元新的费用标准和新的税率表。”国家税务总局总审计师刘丽坚提醒说。

程丽华说，此次基本费用标准的提高，广大工薪纳税人将不同程度实现减税，其中月收入在20 000元以下的纳税人税负可降低50%以上。总体看，改革后一年税收大致减少3 200亿元。

她算了笔账：以某月工薪收入15 000元的纳税人为例，按照现行税法计算，扣除“起征点”3 500元，之后乘以25%的适用税率，减去速算扣除数1 005元，每月需缴纳个税1 870元；按照新税法计算，扣除5 000元“起征点”，之后乘以对应的税率10%，减去速算扣除数210元，只需缴税790元，税负减轻58%。如果再考虑其他扣除项目，以及新增加的专项附加扣除，税负还会进一步减轻。

看点三：稿酬收入打五六折 百元按56元计税

决定缘何增加关于劳务所得、稿酬所得和特许权使用费所得的费用扣除？

程丽华说，在个税法修正案草案审议和征求意见过程中，一些委员、专家和社会公众都提出建议，对纳税人取得的稿酬等收入允许扣除相关成本费用。修改后的个税法采纳了上述建议，允许劳务报酬、稿酬、特许权使用费等收入在扣除20%的费用后计算纳税。也就是说，按原收入额打8折计算纳税。

同时，为鼓励创作，稿酬所得在允许扣除20%费用基础上，进一步给予减按70%计算优惠，两项因素叠加，稿酬收入实际上相当于按5.6折计算纳税。“也就是说，100元的稿酬收入，将按照56元来计算纳税，大幅降低了税负。”程丽华说。

看点四：专项附加扣除初步考虑定额或限额标准

子女教育、继续教育、赡养老人……修改后的个税法新增6项专项附加扣除，但将按什么标准抵扣？

根据税法授权，国务院下一步将对专项附加扣除的范围、标准和实施步骤做出具体规定。

程丽华说，初步考虑对专项附加扣除设置一定限额或定额标准，既要保障纳税人方便纳税，相关支出得到合理扣除，又要体现政策公平，使广大纳税人实实在在地享受到减税的红利。

“实施专项附加扣除是一次全新尝试，对纳税人的申报纳税和税务机关的征收管理都提出了更高的要求。”程丽华说，为确保这一政策平稳实施，财政部将结合现有征管条件，对有关制度本着简化手续、便于操作的原则来设计。

看点五：最高税率设计兼顾调节收入分配要求

个税45%的最高边际税率一直是关注的焦点之一。

财政部税政司司长王建凡说，对于高收入人群，此次调整提高了基本减除费用标准，增加了专项附加扣除，也同样实现了减税。但由于我国收入分配差距较大现象仍比较突出，个人所得税的税率结构设计，包括最高边际税率设计，还是要兼顾调节收入分配的要求。

不过，王建凡表示，随着征管和配套条件的不断改善，我国还将进一步推进综合与分类相结合的个人所得税制改革，综合税制会统筹考虑综合征税的范围、扣除的范围以及税率结构，包括税率水平。

看点六：配套征管制度抓紧制定中 让纳税人“少跑马路”

修改后的个税法实施在即，税务机关如何保证新税制平稳实施？年底自行申报是否加重纳税人负担？

国家税务总局所得税司司长邓勇说，此次新个税法打造了6方面制度创新：自行申报、纳税人识别号、反避税条款、部门信息共享、部门协同管理以及纳税信用运用。税务部门正全力以赴完善征管配套制度，同时做好各项征管准备和打造纳税服务保障体系。

刘丽坚说，为最大限度方便纳税人简化操作，税务总局将抓紧研究制定配套操作办法，确保纳税人申报就能扣除，相关资料和凭证尽量不用报送到税务机关；预缴就能享受，个人可将专项附加扣除信息提供给单位，每个月发放工资、代扣个税时单位据实扣除。

刘丽坚说，即使在预扣预缴环节没享受到或享受抵扣不到位，可到第二年办理汇算清缴时再申请退税；此外，税务部门将与多部门实现第三方信息共享，核对申报信息的真实准确性，最大限度减少纳税人提供证明材料，“让信息多跑网路，让纳税人少跑马路”。

(资料来源：中国人大网，http://www.npc.gov.cn/npc/cwhhy/13jcwh/2018-09/03/content_2060568.htm.)

问题：

1. 简述个人所得税改革的背景。
2. 简述个人所得税改革的亮点。

第八章

财　产　税

财产税属于对社会财富的存量课税，目前主要针对不动产征税，在计税依据确定和评估技术上存在种种难题和弊病，但因其具有独特的财政收入功能和调节财富分配的作用，许多国家至今仍沿用，并将其作为国家税收除货物和劳务税类、所得税类之外的补充收入。本章主要介绍财产税课税体系的概况及我国财产税的主要税种。

【学习重点】

通过本章的学习，要求学生了解财产税的类型、特点，掌握房产税、城镇土地使用税、耕地占用税、契税和车船税的主要内容。

【学习难点】

掌握房产税、城镇土地使用税、耕地占用税、契税和车船税应纳税额的计算。

【教学建议】

建议通过习题强化学生对财产税计税方法的掌握。

第一节　财产税概述

一、财产税的含义

（一）财产税的含义

财产税是对财产所有人、占有人或使用人所拥有或支配的应税财产，就其数量或价值依法征收的一种税。

财产税是世界上最古老的税类，它是随着私有财产制度的确立而发展起来的。随着生产力的发展和社会形态的更迭，财产税的课税对象也发生了很大变化。在封建社会，财产税主要以土地为课税对象。后来，随着财产种类的日益增多，财产税的课税对象也趋于复杂多样，除了土地、房屋等不动产外，也包括汽车等在内的有形动产和股票、债券等无形动产。从各国征收的财产税来看，财产税的课征范围大多数是房屋、土地、车辆、遗产等财产。

根据经济合作与发展组织(OECD)拟订的国际税收协定范本的标准，财产税大体分为 3 类。第一类是不动产税，是指土地、房屋、建筑物等不动产在产权不发生转移的情况下，对因让渡不动产的使用权而获得的收益所征的税，如土地税、房屋税等。第二类是财产转移税，是对出售资产取得的收益和对转移财产征收的税，如资本利得税、遗产税和赠与税。第三类为财产净值税，或称财富税，是对财产的产权人或使用人不论其是否取得收益，依据财产价值课征的税。

经过数十年的税制建设，我国的财产税体系已初步建立起来，本章重点介绍房产税、城镇土地使用税、耕地占用税、契税和车船税等税种。

(二) 财产税的分类

1. 根据征税范围分为一般财产税和个别财产税

一般财产税也称综合财产税，是对纳税人拥有的各类财产实行综合课税。现实中一般财产税并非将纳税人所有的财产都计为计税依据，在课征时通常要考虑到对一定货币数量以下的财产和纳税人日常生活必需品的免税，以及负债的扣除，有的国家一般财产税中还规定了起征点。个别财产税也称单项财产税，是对纳税人拥有的土地、房屋、资本和其他财产分别征税的办法。个别财产税在课征时一般不需要考虑免税和扣除。

2. 根据课税对象分为静态财产税和动态财产税

静态财产税是对一定时期处于相对静止状态的财产，按其数量或价值进行课征的财产税，如房产税。其特点是在征收时间上有一定的规律性，通常是定期征收。动态财产税是对财产所有权的转移或变动征税，即对因无偿转移而发生所有权变动的财产按其价值所课征的财产税，如遗产税、继承税等。动态财产税是以财产所有权的变动和转移为前提课征的，其特点是在财产交易时一次性征收。

3. 根据计税依据分为从量财产税和从价财产税

从量财产税是指以纳税人的应税财产数量为计税依据，实行从量定额征收的财产税。其特点是纳税人应纳税额的多少，完全取决于其拥有财产的数量，而与其财产的价值无关，因而从量财产税一般不受价格变动的影响。从价财产税是指以纳税人的应税财产的价值为计税依据，实行从价定率征收的财产税。其特点是纳税人应纳税额的多少，视其所拥有财产的价值大小而定，因而从价财产税通常受价格变动的影响较大。

二、财产税的一般特征

(一) 财产税税源充足且收入稳定

作为财产税课税对象的财产，一般是在某一时点个人拥有并受其支配的财富，从整个社会来看，是社会财富处于存量的部分。相对于就货物流转额课征的货物税和就所得额课征的所得税，财产税的课税对象具有明显的非流动性的特点。

(二) 财产税多属于直接税且税负较难转嫁

财产税主要是对使用、消费过程中的财产征税，而对生产、流通中的财产不征税，因此，财产税很少有转嫁的机会。

(三) 财产税能调节财富不均且能促进财产有效利用

财产税能够调节财富不均，鼓励勤劳致富，限制不劳而获，体现社会公平。同时，财产税有利于资源合理配置，以财产所有者为纳税人，对于调节各阶层收入，贯彻量能负担原则，促进财产的有效利用，有特殊的作用。

三、财产税的优缺点

财产税的优点主要体现为以下几点。

(一) 比较符合纳税能力原则

财产是衡量社会成员纳税能力的一个重要尺度，即有财产者就有纳税能力。不论按财产价值征税，还是按财产收益征税，都适合社会成员的纳税能力，都能体现公平负担的原则。

(二) 有利于调节收入分配

财产税作为一种直接税，可以弥补所得税、货物和劳务税的不足，防止财产过于集中在社会少数人手中，调节财富的分配，体现社会分配的公正性。

(三) 收入较稳定

由于财产具有相对稳定性，财产税不易受经济变动等因素的影响，税收收入稳定可靠；加之土地、房产等不动产的位置固定，标志明显，税收不易逃漏，税收收入具有稳定性。

财产税的缺点主要表现为以下几点。

(1) 财产税的收入弹性小，不能随着财政支出扩大的需要而筹集更多的资金。

(2) 财产税的征税范围难以覆盖纳税人的全部财产，无形财产不易征税，造成税负的不公平和不合理。

(3) 财产税一般都是从价计征，估价工作较为复杂，加大了税收征管的工作量和成本。

(4) 财产税容易打击人们投资、工作和储蓄的积极性，从而妨碍资本的形成和积累，影响经济的发展。

第二节 房 产 税

房产税是以房产为征税对象，依据房产价格或房租收入向产权所有人或经营人征收的一种税。征税目的是：运用税收杠杆，加强对房产的管理；配合国家房产调控政策，合理调节所有人和经营人的收入；税源稳定，是财政收入的稳定来源。2021 年 10 月 23 日，第十三届全国人民代表大会常务委员会授权国务院在部分地区开展为期 5 年的针对居住用房地产征税的房地产税改革试点工作。

一、纳税人

房产税的纳税义务人是指房屋的产权所有人，具体包括产权所有人、经营管理单位、房产承典人、房产代管人或使用人。

二、征税对象

房产税的征税对象是房产。所谓房产，即有屋面和围护结构(有墙或两面有柱)，能够遮风避雨，可供人们在其中生产、学习、工作、娱乐、居住或储藏物资的场所。房地产开发企业建造的商品房，在出售前不征收房产税；但对出售前房地产开发企业已使用或者出租、出借的商品房应按规定征收房产税。

三、征税范围

房产税的征税范围为城市、县城、建制镇和工矿区。房产税的征税范围不包括农村，其主要目的是减轻农民负担，因为农村的房屋除农副业生产用房外，大部分是农民居住用房。农村房屋不纳入房产税征税范围，有利于农业发展，繁荣农村经济和促进社会稳定。

四、计税依据

房产税的计税依据，有从价计征和从租计征两种。从价计征是指按照房产原值一次减除10%～30%后的余值计算缴纳。在确定计税余值时，房产原值的具体减除比例，由省、自治区、直辖市人民政府在税法规定的减除幅度内自行确定。从租计征是指以房产租金收入计算缴纳。房产的租金收入是房屋产权所有人出租房产使用权所得的报酬，包括货币收入和实物收入。对以劳务或其他形式作为报酬抵付房租收入的，应当根据当地同类房产的租金水平，确定一个标准租金额，从租计征。

五、税率

我国现行房产税采用的是比例税率，主要有两种税率：①实行从价计征的，税率为1.2%；②实行从租计征的，税率为12%。从2001年1月1日起，对个人按市场价格出租的居民住房，用于居住的，可暂减按4%的税率征收房产税。

六、应纳税额的计算

1. 从价计征的计算

从价计征的计算是指按照房产的原值减除一定比例后的余额来计算征收房产税。其计算公式为

应纳税额＝应税房产原值×(1－扣除比例)×1.2%

【例8-1】某企业的经营用房原值为6 000万元，按照当地规定，允许按减除30%后的余值计税，适用税率1.2%。计算其应纳房产税税额。

应纳税额＝6 000×(1－30%)×1.2%＝50.4(万元)

2. 从租计征的计算

从租计征的计算是指按房产出租的租金收入来计算征收房产税。其计算公式为

应纳税额＝租金收入×12%(或4%)

【例8-2】某公司出租房屋3间，年租金收入为20 000元，适用税率为12%。计算其应纳的房产税税额。

应纳税额＝20 000×12%＝2 400(元)

七、税收优惠

根据《中华人民共和国房产税暂行条例》以及细则等有关规定，下列房产免征房产税。

(1) 国家机关、人民团体、军队自用的房产。

(2) 由国家财政部门拨付事业经费的单位(包括差额预算管理的事业单位、中国人民银行总行机关、由主管工会拨付或差额补贴工会经费的全额预算单位或差额预算单位)自用的房产。

(3) 宗教寺庙、公园、名胜古迹自用的房产。

(4) 个人所有非营业用的房产，主要是指居民住房，不分面积多少一律免征房产税；对个人拥有的营业用房或者出租的房产，应征房产税。

(5) 工矿企业办的学校、医院、幼儿园、职工食堂自用的房产。

(6) 工会办的疗养院自用的房产。

(7) 经省财政厅批准免税的其他房产。

(8) 经财政部批准免税的其他房产。如体育场馆、供热企业为居民供热所使用的厂房等给予免征房产税的优惠。

八、征收管理

房产税按年征收，按季或半年分期预缴，具体纳税期限由省、自治区、直辖市人民政府确定。房产税在房产所在地缴纳，房产不在同一地方的纳税人应按房产的坐落地点分别向房产所在地的税务机关纳税。

第三节　城镇土地使用税

城镇土地使用税是指以城镇土地为征税对象，以实际占用的土地面积为计税依据，按规定税额对拥有土地使用权的单位和个人征税的一种税。开征城镇土地使用税，有利于通过经济手段，加强对土地的管理，变土地的无偿使用为有偿使用，促进合理、节约使用土地，提高土地使用效益；有利于适当调节不同地区、不同地段之间的土地级差收入，促进企业加强经济核算，理顺国家与土地使用者之间的分配关系。

一、纳税人

在城市、县城、建制镇、工矿区范围内使用土地的单位和个人，为城镇土地使用税(以下简称土地使用税) 的纳税人，应当依照相关规定缴纳土地使用税。拥有土地使用权的单位和个人不在土地所在地的，其土地的实际使用人和代管人为纳税人。土地使用权未确定或权属纠纷未解决的，其实际使用人为纳税人。土地使用权共有的，共有各方都是纳税人，由共有各方分别纳税。

二、征税范围

征收范围为城市、县城、建制镇和工矿区的国家所有、集体所有的土地。外商投资企业、外国企业和在华机构的用地也要征收城镇土地使用税。

其中，城市是指经国务院批准设立的市，城市的土地包括市区和郊区的土地；县城是指县人民政府所在地，县城的土地是指县人民政府所在地的城镇的土地；建制镇是指经省、自治区、直辖市人民政府批准设立的建制镇，建制镇的土地是指镇人民政府所在地的土地；建立在城市、县城和工矿区以外的工矿企业则不需要缴纳城镇土地使用税。自 2009 年 1 月 1 日起，公园、名胜古迹内的索道公司经营用地，应按规定缴纳城镇土地使用税。自 2009 年 12 月 1 日起，对在城镇土地使用税征税范围内单独建造的地下建筑用地，按规定征收城镇土地使用税。其中，已取得地下土地使用权证的，按土地使用权证确认的土地面积计算应征税款；未取得地下土地使用权证或地下土地使用权证上未标明土地面积的，按地下建筑垂直投影面积计算应征税款。对上述地下建筑用地暂按应征税款的 50%征收城镇土地使用税。

三、税率

城镇土地使用税采取的是定额税率，即采用有幅度的差别税额，按大、中、小城市和县城、建制镇、工矿区分别规定每平方米土地使用税年应纳税额，具体标准如下。

(1) 大城市 1.5～30 元。

(2) 中等城市 1.2～24 元。

(3) 小城市 0.9～18 元。

(4) 县城、建制镇、工矿区 0.6～12 元。

大、中、小城市以公安部门登记的在册的非农业正式人口人数为依据：人口在 50 万人以上的为大城市；人口在 20 万人～50 万人之间的为中等城市；人口在 20 万人以下的为小城市。

各省、自治区、直辖市人民政府，可以在规定的税额幅度内，根据市政建设状况、经济繁荣程度等条件，确定所辖地区的适用税额幅度。市、县人民政府应当根据实际情况，将本地区土地划分为若干等级，在省、自治区、直辖市人民政府确定的税额幅度内，制定相应的适用税额标准，报省、自治区、直辖市人民政府批准执行。经省、自治区、直辖市人民政府批准，经济落后地区土地使用税的适用税额标准可以适当降低，但降低额不得超过上述规定最低税额的30%。经济发达地区的适用税额标准可以适当提高，但须报经财政部批准。

四、计税依据

城镇土地使用税实行从量定额征收，其计税依据是纳税人实际占用的土地面积，具体情况如下。

(1) 由省、自治区、直辖市人民政府确定的单位组织测定土地面积的，以测定的面积为准。

(2) 尚未组织测量，但纳税人持有政府部门核发的土地使用证书的，以证书确认的土地面积为准。

(3) 尚未核发土地使用证书的，应由纳税人申报土地面积，据以纳税，待核发土地使用证以后再做调整。

五、应纳税额的计算

城镇土地使用税应纳税额的计算公式为

全年应纳税额＝实际占用应税土地面积(平方米)×适用税率

【例8-3】某公司与政府机关共同使用一栋共有土地使用权的建筑物，该建筑物占用土地面积2 000平方米，建筑面积10 000平方米(公司与机构占用比例4∶1)，城镇土地使用税税额5元/年。计算该公司当年应纳城镇土地使用税金额。

应纳税额＝2 000×4/5×5＝8 000(元)

六、税收优惠

城镇土地使用税的免税项目具体如下。

(1) 国家机关、人民团体、军队自用的土地。

(2) 由国家财政部门拨付事业经费的单位自用的土地。

(3) 宗教寺庙、公园、名胜古迹自用的土地。

(4) 市政街道、广场、绿化地带等公用土地。

(5) 直接用于农、林、牧、渔业的生产用地。

(6) 经批准开山填海整治的土地和改造的废弃土地，从使用的月份起免缴土地使用税 5 年至10 年。

(7) 对非营利性医疗机构、疾病控制机构和妇幼保健机构等卫生机构自用的土地，免征城镇土地使用税。对营利性医疗机构自用的土地自 2000 年起免征城镇土地使用税。

(8) 企业办的学校、医院、托儿所、幼儿园，其用地能与企业其他用地明确区分的，免征城镇土地使用税。

(9) 免税单位无偿使用纳税单位的土地(如公安、海关等单位使用铁路、民航等单位的土地)，免征城镇土地使用税。纳税单位无偿使用免税单位的土地，纳税单位应照章缴纳城镇土地使用税。纳税单位与免税单位共同使用、共有使用权土地上的多层建筑，对纳税单位可按其占用的建筑面积占建筑总面积的比例计征城镇土地使用税。

(10) 对行使国家行政管理职能的中国人民银行总行(含国家外汇管理局) 所属分支机构自用的土地，免征城镇土地使用税。

(11) 由财政部另行规定的能源、交通、水利用地和其他用地。

(12) 经财政部批准减免税的其他城镇用地。例如，对体育场馆、供热企业为居民供热所使用的城镇土地、石油天然气(含页岩气、煤层气)生产企业用地等给予免征城镇土地使用税的优惠。自2020 年 1 月 1 日起至 2022 年 12 月 31 日止，对物流企业自有(包括自用和出租)或承租的大宗商品仓储设施用地，减按所属土地等级适用税额标准的 50%计征城镇土地使用税。

七、征收管理

(一) 城镇土地使用税的纳税期限

城镇土地使用税实行按年计算，分期缴纳的征收方式，具体期限由省、自治区、直辖市人民政府确定。

(二) 城镇土地使用税的纳税义务时间

(1) 纳税人购置新建商品房，自房屋交付使用之次月起，缴纳城镇土地使用税。

(2) 纳税人购置存量房，自办理房屋权属转移、变更登记手续，房地产权属登记机关签发房屋权属证书之次月起，缴纳城镇土地使用税。

(3) 纳税人出租、出借房产，自交付出租、出借房产之次月起，缴纳城镇土地使用税。

(4) 以出让或转让方式有偿取得土地使用权的，应由受让方从合同约定交付土地时间的次月起缴纳城镇土地使用税；合同未约定交付时间的，由受让方从合同签订的次月起缴纳城镇土地使用税。

(5) 纳税人新征用的耕地，自批准征用之日起满1年时开始缴纳土地使用税。

(6) 纳税人新征用的非耕地，自批准征用次月起缴纳土地使用税。

(7) 自 2009 年 1 月 1 日起，纳税人因土地的权利发生变化而依法终止城镇土地使用税纳税义务的，其应纳税款的计算应截止到土地权利发生变化的当月末。

(三) 纳税地点

城镇土地使用税由土地所在地的税务机关征收。纳税人使用的土地不属于同一省(自治区、直辖市)管辖范围的，应由纳税人分别向土地所在地的税务机关缴纳土地使用税；在同一省(自治区、直辖市)管辖范围内，纳税人跨地区使用的土地，如何确定纳税地点，由各省、自治区、直辖市税务局确定。

第四节　耕地占用税

耕地占用税是对占用耕地建房或从事其他非农业建设的单位和个人，就其实际占用的耕地面积征收的一种税。2018年12月29日，第十三届全国人民代表大会常务委员会第七次会议通过《中华人民共和国耕地占用税法》，自2019年9月1日起施行。

耕地是土地资源中最重要的组成部分，但是，由于我国过去长期实行非农业用地无偿使用制度，助长了乱占耕地的行为，浪费了大量的耕地，加剧了地少人多的矛盾。为了遏制并逐步改变这种状况，政府决定开征耕地占用税，运用税收经济杠杆与法律、行政等手段相配合，以便有效地保护耕地。通过开征耕地占用税，使那些占用耕地建房及从事其他非农业建设的单位和个人承担必要的经济责任，有利于政府运用税收经济杠杆调节他们的经济利益，引导他们节约、合理地使用耕地资源。征收耕地占用税对于保护国土资源，促进农业可持续发展，以及强化耕地管理，保护农民的切身利益等，都具有十分重要的意义。

一、纳税人

在中华人民共和国境内占用耕地建设建筑物、构筑物或者从事非农业建设的单位和个人，为耕地占用税的纳税人。经批准占用耕地的，纳税人为农用地转用审批文件中标明的建设用地人；农用地转用审批文件中未标明建设用地人的，纳税人为用地申请人，其中用地申请人为各级人民政府的，由同级土地储备中心、自然资源主管部门或政府委托的其他部门、单位履行耕地占用税申报纳税义务。未经批准占用耕地的，纳税人为实际用地人。

占用耕地建设农田水利设施的，不缴纳耕地占用税。

二、征税范围

耕地占用税的征税范围包括纳税人为建设建筑物、构筑物或从事其他非农业建设而占用的国家所有和集体所有的耕地。所谓“耕地”是指用于种植农业作物的土地。

纳税人因建设项目施工或者地质勘查临时占用耕地的，应当依照《耕地占用税法》的规定缴纳耕地占用税。纳税人在批准临时占用耕地期满之日起 1 年内恢复种植条件的，全额退还已经缴纳的耕地占用税。

占用园地、林地、草地、农田水利用地、养殖水面、渔业水域滩涂以及其他农用地建房或者从事非农业建设的，比照《耕地占用税法》的规定征收耕地占用税。适用税额可以适当低于本地区适用税额，但降低的幅度不得超过 50%。

建设直接为农业生产服务的生产设施占用前款规定的农用地的，不征收耕地占用税。

三、计税依据

耕地占用税以纳税人实际占用的属于耕地占用税征税范围的土地(以下简称“应税土地”)面积为计税依据，应税土地面积包括经批准占用面积和未经批准占用面积，以平方米为单位，按应税土地当地适用税额计税，实行一次性征收。

四、税率

耕地占用税采取的是有地区差别的定额税率，具体税额如下。

(1) 人均耕地不超过 1 亩的地区(以县、自治县、不设区的市、市辖区为单位，下同)，每平方米为 10 元至 50 元；

(2) 人均耕地超过 1 亩但不超过 2 亩的地区，每平方米为 8 元至 40 元；

(3) 人均耕地超过 2 亩但不超过 3 亩的地区，每平方米为 6 元至 30 元；

(4) 人均耕地超过 3 亩的地区，每平方米为 5 元至 25 元。

各地区耕地占用税的适用税额，由省、自治区、直辖市人民政府根据人均耕地面积和经济发展等情况，在前款规定的税额幅度内提出，报同级人民代表大会常务委员会决定，并报全国人民代表大会常务委员会和国务院备案。各省、自治区、直辖市耕地占用税适用税额的平均水平，不得低于《中华人民共和国耕地占用税法》所附《各省、自治区、直辖市耕地占用税平均税额表》规定的平均税额，各省、自治区、直辖市耕地占用税平均税额如表 8-1 所示。

表 8-1　各省、自治区、直辖市耕地占用税平均税额

省、自治区、直辖市	平均税额(元/平方米)
上海	45.0
北京	40.0
天津	35.0

(续表)

省、自治区、直辖市	平均税额(元/平方米)
江苏、浙江、福建、广东	30.0
辽宁、湖北、湖南	25.0
河北、安徽、江西、山东、河南、重庆、四川	22.5
广西、海南、贵州、云南、陕西	20.0
山西、吉林、黑龙江	17.5
内蒙古、西藏、甘肃、青海、宁夏、新疆	12.5

在人均耕地低于 0.5 亩的地区，适当提高耕地占用税的适用税额，但提高的部分不得超过当地适用税额的 50%。占用基本农田的，应当按照当地适用税额，加按 150%征收。

五、应纳税额的计算

耕地占用税应纳税额的计算公式为

应纳税额＝应税土地面积×适用税额

加按 150%征收耕地占用税的计算公式为

应纳税额＝应税土地面积×适用税额×150%

【例 8-4】某市一家企业新占用 10 000 平方米耕地用于工业建设，所占用耕地适用的定额税率为 20 元/平方米。计算该企业应纳耕地占用税的金额。

应纳税额＝10 000×20＝200 000(元)

六、税收优惠

(1) 军事设施、学校、幼儿园、社会福利机构、医疗机构占用耕地，免征耕地占用税。

(2) 铁路线路、公路线路、飞机场跑道、停机坪、港口、航道、水利工程占用耕地，减按每平方米 2 元的税额征收耕地占用税。

(3) 农村居民在规定用地标准以内占用耕地新建自用住宅，按照当地适用税额减半征收耕地占用税；其中农村居民经批准搬迁，新建自用住宅占用耕地不超过原宅基地面积的部分，免征耕地占用税。

(4) 农村烈士遗属、因公牺牲军人遗属、残疾军人以及符合农村最低生活保障条件的农村居民，在规定用地标准以内新建自用住宅，免征耕地占用税。

(5) 国务院规定免征或者减征耕地占用税的其他情形(需由国务院报全国人民代表大会常务委员会备案)。

免征或者减征耕地占用税后，纳税人改变原占地用途，不再属于免征或者减征耕地占用税情形的，应当按照当地适用税额补缴耕地占用税。

七、征收管理

耕地占用税由税务机关负责征收。纳税人占用耕地，应当在耕地所在地申报纳税。耕地占用税的纳税义务发生时间为纳税人收到自然资源主管部门办理占用耕地手续的书面通知的当日。纳税人应当自纳税义务发生之日起 30 日内申报缴纳耕地占用税。自然资源主管部门凭耕地占用税完税凭证或者免税凭证和其他有关文件发放建设用地批准书。

税务机关应当与相关部门建立耕地占用税涉税信息共享机制和工作配合机制。县级以上地方人民政府自然资源、农业农村、水利等相关部门应当定期向税务机关提供农用地转用、临时占地等信息，协助税务机关加强耕地占用税征收管理。

第五节 契 税

契税是对在中华人民共和国境内转移土地、房屋权属，承受的单位和个人征收的一种财产税。2020 年 8 月 11 日，第十三届全国人民代表大会常务委员会第二十一次会议通过《中华人民共和国契税法》，自 2021 年 9 月 1 日起施行。

契税按财产转移价值征税，税源较为充足，它可以弥补其他财产课税的不足，扩大征税范围，可为政府增加一部分财政收入。随着市场经济的发展和房地产交易的日趋活跃，契税的财政作用将日益显著。另外，由于不动产所有权和使用权的转移涉及转让者和承受者双方的利益，如果产权的合法性得不到确认，事后必然会出现产权纠纷。契税规定对承受者征税，一方面是对承受者财富的调节，另一方面有利于通过法律形式确定产权关系，维护公民的合法利益，避免纠纷。

一、纳税人

契税的纳税义务人是指在中华人民共和国境内转移土地、房屋权属，承受的单位和个人。境内是指中华人民共和国实际税收行政管辖范围内。土地、房屋权属是指土地使用权和房屋所有权。所谓“承受”是指以受让、购买、受赠、交换等方式取得土地。单位是指企业单位、事业单位、国家机关、军事单位和社会团体以及其他组织。个人是指个体经营者及其他个人，包括中国公民和外籍人员。

土地使用权交换、房屋所有权交换、土地使用权与房屋所有权相互交换，其纳税人为补偿差额部分的一方；以划拨方式取得土地使用权，经批准转让房地产时，其房地产转让者应补缴契税。

二、征税对象

契税的征税对象是境内转移土地、房屋权属，具体包括以下 3 项内容。

(1) 土地使用权出让，即土地使用者向国家交付土地使用权出让费用，国家将国有土地使用权在一定期限内让与土地使用者的行为。对承受国有土地使用权应支付的土地出让金要计征契税，不得因减免土地出让金而减免契税。

(2) 土地使用权的转让，包括出售、赠与、互换，即土地使用者以出售、赠与、互换等方式将土地使用权转移给其他单位和个人的行为。土地使用权的转让不包括土地承包经营权和土地经营权的转移。

(3) 房屋买卖、赠与、互换，房屋买卖，即以货币为媒介，出卖者向购买者让渡房产所有权的交易行为；房屋赠与，即房屋产权所有人将其房屋无偿转让给他人所有；房屋互换，即房屋所有者之间互相交换房屋的行为。

以作价投资(入股)、偿还债务、划转、奖励等方式转移土地、房屋权属的，应当依照《中华人民共和国契税法》规定征收契税。

三、税率

契税实行3%～5%的幅度税率，契税的具体适用税率，由省、自治区、直辖市人民政府在前款规定的税率幅度内提出，报同级人民代表大会常务委员会决定，并报全国人民代表大会常务委员会和国务院备案。省、自治区、直辖市可以依照前款规定的程序对不同主体、不同地区、不同类型的住房的权属转移确定差别税率。这主要是考虑到全国各地经济和房地产市场发展的不平衡状况，使各地执行时有较大的灵活性，可以更好地照顾到各方面的情况，增强地方政府对房地产市场的调控能力，充分发挥税收服务地方经济的作用。

四、计税依据

契税的计税依据按土地、房屋权属转移方式不同，分为以下几种情况。

(1) 土地使用权出让、出售，房屋买卖，为土地、房屋权属转移合同确定的成交价格，包括应交付的货币以及实物、其他经济利益对应的价款。

(2) 土地使用权互换、房屋互换，为所互换的土地使用权、房屋价格的差额。

(3) 土地使用权赠与、房屋赠与以及其他没有价格的转移土地、房屋权属行为，为税务机关参照土地使用权出售、房屋买卖的市场价格依法核定的价格。

纳税人申报的成交价格、互换价格差额明显偏低且无正当理由的，由税务机关依照《中华人民共和国税收征收管理法》的规定核定。

五、应纳税额的计算

契税应纳税额的计算公式为

$$应纳税额=计税依据\times税率$$

【例8-5】居民甲有两套住房，将一套出售给居民乙，成交价格为250 000元；将另一套两室住房与居民丙交换成两处一室住房，并支付给丙换房差价款70 000元。计算甲、乙、丙相关行为应缴纳的契税税额(假定税率为3%)。

甲应缴纳的契税税额为 70 000×3%=2 100(元)。

乙应缴纳的契税税额为 250 000×3%=7 500(元)。

丙不缴纳契税。

六、税收优惠

有下列情形之一的，免征契税。

(1) 国家机关、事业单位、社会团体、军事单位承受土地、房屋权属用于办公、教学、医疗、科研、军事设施。

(2) 非营利性的学校、医疗机构、社会福利机构承受土地、房屋权属用于办公、教学、医疗、科研、养老、救助。

(3) 承受荒山、荒地、荒滩土地使用权用于农、林、牧、渔业生产。

(4) 婚姻关系存续期间及因离婚分割共同财产导致的夫妻之间变更土地、房屋权属。

(5) 法定继承人通过继承承受土地、房屋权属。

(6) 依照法律规定应当予以免税的外国驻华使馆、领事馆和国际组织驻华代表机构承受土地、房屋权属。

根据国民经济和社会发展的需要，国务院对居民住房需求保障、企业改制重组、灾后重建等情形可以规定免征或者减征契税，报全国人民代表大会常务委员会备案。

省、自治区、直辖市可以决定对下列情形免征或者减征契税。

(1) 因土地、房屋被县级以上人民政府征收、征用，重新承受土地、房屋权属。

(2) 因不可抗力灭失住房，重新承受住房权属。

前款规定的免征或者减征契税的具体办法，由省、自治区、直辖市人民政府提出，报同级人民代表大会常务委员会决定，并报全国人民代表大会常务委员会和国务院备案。

纳税人改变有关土地、房屋的用途，或者有其他不再属于《中华人民共和国契税法》第六条规定的免征、减征契税情形的，应当缴纳已经免征、减征的税款。

七、征收管理

契税的纳税义务发生时间，为纳税人签订土地、房屋权属转移合同的当日，或者纳税人取得其他具有土地、房屋权属转移合同性质凭证的当日。纳税人应当在依法办理土地、房屋权属登记手续前申报缴纳契税。纳税人办理纳税事宜后，税务机关应当开具契税完税凭证。纳税人办理土地、房屋权属登记，不动产登记机构应当查验契税完税、减免税凭证或者有关信息，未按照规定缴纳契税的，不动产登记机构不予办理土地、房屋权属登记。在依法办理土地、房屋权属登记前，权属转移合同、权属转移合同性质凭证不生效、无效、被撤销或者被解除的，纳税人可以向税务机关申请退还已缴纳的税款，税务机关应当依法办理。

税务机关应当与相关部门建立契税涉税信息共享和工作配合机制。自然资源、住房城乡建设、民政、公安等相关部门应当及时向税务机关提供与转移土地、房屋权属有关的信息，协助税务机关加强契税征收管理。税务机关及其工作人员对税收征收管理过程中知悉的纳税人的个人信息，应当依法予以保密，不得泄露或者非法向他人提供。

第六节　车 船 税

车船税是对在我国境内应依法到公安、交通、农业、渔业、军事等管理部门办理登记的车辆、船舶，根据其种类，按照规定的计税单位和年税额标准计算征收的一种财产税。征收车船税，可以促使纳税人提高车船使用效益，督促纳税人合理利用车船，可以通过税收手段开辟财源、集中财力、缓解发展交通运输事业资金短缺的矛盾，可以借此加强对车船的管理。《中华人民共和国车船税法》，于 2011 年 2 月 25 日第十一届全国人民代表大会常务委员会第十九次会议通过，根据 2019 年 4 月 23 日第十三届全国人民代表大会常务委员会第十次会议《关于修改〈中华人民共和国建筑法〉等八部法律的决定》修正。

一、纳税人

车船税的纳税人是指在中华人民共和国境内车辆、船舶(以下简称车辆)的所有人或管理人。其中，所有人是指在我国境内拥有车船的单位和个人；管理人是指对车船具有管理使用权，但不具有所有权的单位。如果车船的所有人或者管理人未缴纳车船税，使用人应当代为缴纳车船税。

二、征税范围

车船税的征税范围是指依法应当在车船登记管理部门登记的机动车辆和船舶，以及依法不需要在车船登记管理部门登记的在单位内部场所行驶或者作业的机动车辆和船舶。车船税由应税车辆和应税船舶两大类构成。其中，车辆分为机动车辆和非机动车辆；船舶分为机动船舶和非机动船舶。

三、税率

车船税实行幅度定额税率，即对征税的车船规定单位固定税额，采用从量计征的计税方法。车船税税目税额如表8-2所示。车辆的具体适用税额由省、自治区、直辖市人民政府依照《中华人民共和国车船税法》所附《车船税税目税额表》规定的税额幅度和国务院的规定确定。船舶的具体适用税额由国务院在《中华人民共和国车船税法》所附《车船税税目税额表》规定的税额幅度内确定。

表 8-2　车船税税目税额

<table>
<tr><th colspan="2">税目</th><th>计税单位</th><th>年基准税额</th><th>备注</th></tr>
<tr><td rowspan="7">乘用车[按发动机汽缸容量(排气量)分档]</td><td>1.0 升(含)以下的</td><td rowspan="7">每辆</td><td>60 元至 360 元</td><td rowspan="7">核定载客人数9 人(含)以下</td></tr>
<tr><td>1.0 升以上至 1.6 升(含)的</td><td>300 元至 540 元</td></tr>
<tr><td>1.6 升以上至 2.0 升(含)的</td><td>360 元至 660 元</td></tr>
<tr><td>2.0 升以上至 2.5 升(含)的</td><td>660 元至 1 200 元</td></tr>
<tr><td>2.5 升以上至 3.0 升(含)的</td><td>1 200 元至 2 400 元</td></tr>
<tr><td>3.0 升以上至 4.0 升(含)的</td><td>2 400 元至 3 600 元</td></tr>
<tr><td>4.0 升以上的</td><td>3 600 元至 5 400 元</td></tr>
<tr><td rowspan="2">商用车</td><td>客车</td><td>每辆</td><td>480 元至 1 440 元</td><td>核定载客人数 9 人以上，包括电车</td></tr>
<tr><td>货车</td><td>整备质量每吨</td><td>16 元至 120 元</td><td>包括半挂牵引车、三轮汽车和低速载货汽车等</td></tr>
<tr><td>挂车</td><td></td><td>整备质量每吨</td><td>按照货车税额的 50%计算</td><td></td></tr>
<tr><td rowspan="2">其他车辆</td><td>专用作业车</td><td rowspan="2">整备质量每吨</td><td>16 元至 120 元</td><td rowspan="2">不包括拖拉机</td></tr>
<tr><td>轮式专用机械车</td><td>16 元至 120 元</td></tr>
<tr><td>摩托车</td><td></td><td>每辆</td><td>36 元至 180 元</td><td></td></tr>
<tr><td rowspan="2">船舶</td><td>机动船舶</td><td>净吨位每吨</td><td>3 元至 6 元</td><td>拖船、非机动驳船分别按照机动船舶税额的 50%计算</td></tr>
<tr><td>游 艇</td><td>艇身长度每米</td><td>600 元至 2 000 元</td><td></td></tr>
</table>

四、计税依据

车船税的计税依据，按车船的种类和性能，分别确定为辆、整备质量吨数、净吨位和米四种：对乘用车、商用车客车、摩托车，以“辆”为计税依据；对商用车货车、挂车、其他车辆专用作业车、其他车辆轮式专用机械车，以“整备质量吨数”为计税依据；对船舶，以“净吨位”为计税依据；对游艇，以“米”为计税依据。所谓净吨位，是指额定(或称预定) 装运货物的船舶所占用的空间容积。所谓整备质量，即整车装备质量，也称为自重，即汽车无乘员或不载货时，仅带有工具备胎，加满燃油和冷却水时的重量。

五、应纳税额的计算

乘用车、商用车客车、摩托车年应纳税额的计算公式为

应纳税额＝辆数×适用年税额

商用车货车、挂车、其他车辆专用作业车、其他车辆轮式专用机械车年应纳税额的计算公式为

应纳税额＝整备质量吨数×适用年税额

船舶年应纳税额的计算公式为

应纳税额＝净吨位数×适用年税额

游艇年应纳税额的计算公式为

应纳税额＝米数×适用年税额

购置的新车船，购置当年的应纳税额自纳税义务发生的当月起按月计算，其计算公式为

应纳税额＝年应纳税额÷12×应纳税月份数

车船税法及其实施条例涉及的整备质量、净吨位、艇身长度等计税单位，有尾数的一律按照含尾数的计税单位据实计算车船税应纳税额。计算得出的应纳税额小数点后超过两位的可四舍五入保留两位小数。

乘用车以车辆登记管理部门核发的机动车登记证书或者行驶证书所载的排气量毫升数确定税额区间。

【例 8-6】某运输公司拥有商用车货车 25 辆(货车载重净吨位全部为 10 吨) 。计算该公司应纳车船税(注：载货汽车每吨年税额 80 元)。

载货汽车应纳税额＝25×10×80＝20 000(元)

【例 8-7】某航运公司拥有机动船 30 艘(其中，净吨位为 200 吨的 12 艘，2 000 吨的 8 艘，5 000 吨的 10 艘)，200 吨的单位税额为 3 元，2 000 吨的单位税额为 4 元，5 000 吨的单位税额为 5 元。请计算该航运公司年应纳车船税税额。

应纳税额＝12×200×3＋8×2 000×4＋10×5 000×5
　　　　＝7 200＋64 000＋250 000
　　　　＝321 200(元)

六、税收优惠

根据《中华人民共和国车船税法》规定，下列车船免征车船税。

(1) 捕捞、养殖渔船。

(2) 军队、武装警察部队专用的车船。

(3) 警用车船。

(4) 悬挂应急救援专用号牌的国家综合性消防救援车辆和国家综合性消防救援专用船舶。

(5) 依照法律规定应当予以免税的外国驻华使领馆、国际组织驻华代表机构及其有关人员的车船。

对节约能源、使用新能源的车船可以减征或者免征车船税；对受严重自然灾害影响纳税困难以及有其他特殊原因确需减税、免税的，可以减征或者免征车船税。具体办法由国务院规定，并报全国人民代表大会常务委员会备案。

省、自治区、直辖市人民政府根据当地实际情况，可以对公共交通车船，农村居民拥有并主要在农村地区使用的摩托车、三轮汽车和低速载货汽车定期减征或者免征车船税。

七、征收管理

从事机动车第三者责任强制保险业务的保险机构为机动车车船税的扣缴义务人，应当在收取保险费时依法代收车船税，并出具代收税款凭证。车船税的纳税地点为车船的登记地或者车船税扣缴义务人所在地。依法不需要办理登记的车船，车船税的纳税地点为车船的所有人或者管理人所在地。车船税纳税义务发生时间为取得车船所有权或者管理权的当月。车船税按年申报缴纳。具体申报纳税期限由省、自治区、直辖市人民政府规定。

公安、交通运输、农业、渔业等车船登记管理部门、船舶检验机构和车船税扣缴义务人的行业主管部门应当在提供车船有关信息等方面，协助税务机关加强车船税的征收管理。

车辆所有人或者管理人在申请办理车辆相关登记、定期检验手续时，应当向公安机关交通管理部门提交依法纳税或者免税证明。公安机关交通管理部门核查后办理相关手续。

本 章 小 结

1. 财产税是对财产所有人、占有人或使用人所拥有或支配的应税财产，就其数量或价值依法征收的一种税。财产税根据征税范围，分为一般财产税和个别财产税；根据课税对象，分为静态财产税和动态财产税；根据计税依据，分为从量财产税和从价财产税。

2. 房产税是以房产为征税对象，依房产价格或房租收入向产权所有人或经营人征收的一种税。

3. 城镇土地使用税是指以城镇土地为征税对象，以实际占用的土地面积为计税依据，按规定税额对拥有土地使用权的单位和个人征收的一种税。

4. 耕地占用税是对占用耕地建房或从事其他非农业建设的单位和个人，就其实际占用的耕地面积征收的一种税。

5. 契税是以所有权发生转移变动的不动产为征税对象，向产权承受人征收的一种财产税。

6. 车船税是对在我国境内应依法到公安、交通、农业、渔业、军事等管理部门办理登记的车辆、船舶，根据其种类，按照规定的计税单位和年税额标准计算征收的一种财产税。

课后习题

一、选择题

1. 甲、乙双方发生房屋交换行为，当交换价格相等时，契税(　　)。

A. 由甲方缴纳　　B. 由乙方缴纳

C. 由甲、乙双方各缴一半　　D. 甲、乙双方都不缴纳

2. 王某是一机动船的拥有人，他与李某签订了为期一年(2017 年 1 月 1 日至 12 月 31 日)的租赁合同，该船当年由李某使用，但合同对 2017 年的车船税由谁缴纳未予明确。车船税的纳税人应为(　　)。

A. 王某　　B. 李某

C. 王某代李某缴纳　　D. 税务机关指定王某和李某中的一人

3. 下列各项中，符合房产税纳税义务人规定的是(　　)。

A. 产权属于集体的由承典人缴纳

B. 房屋产权出典的由出典人缴纳

C. 产权纠纷未解决的由代管人或使用人缴纳

D. 产权属于国家所有的不缴纳

4. 按照《中华人民共和国契税法》的有关规定，契税纳税义务发生的时间是(　　)。

A. 纳税人签订土地、房屋权属转移合同的当日

B. 纳税人办妥土地、房屋权属变更登记手续的当日

C. 纳税人签订土地、房屋权属变更登记手续的 10 日内

D. 房屋、土地移交的当日

5. 下列车船中，应缴纳车船税的是(　　)。

A. 载重量不超过 1 吨的捕捞渔船　　B. 军队车船

C. 外国驻华领馆的汽车　　D. 摩托车

6. 下列各项中，应当征收契税的有(　　)。

A. 以房产抵债　　B. 将房产赠与他人

C. 以房产做投资　　D. 子女继承父母房产

7. 以辆作为车船税计税依据的有(　　)。

A. 商用车货车　　B. 畜力车　　C. 商用车客车

D. 载货汽车　　E. 摩托车

二、判断题

1. 对个人按市场价格出租的居民住房，可暂按其租金收入征收 4%的房产税。(　　)

2. 个人所有的房产，除出租者外，一律免征房产税。(　　)

3. 对房地产开发企业建造的商品房，在出售前一律不征收房产税。 ( )

4. 境内承受转移土地、房屋权属的单位和个人为契税的纳税人，但不包括外商投资企业和外国企业。 ( )

5. 对于尚未核发土地使用证书的其城镇土地使用税的计税依据为纳税人申报的面积。( )

6. 个体工商户不是我国城镇土地使用税的纳税人。 ( )

7. 建设农田水利设施占用耕地需要缴纳耕地占用税。 ( )

8. 军事设施、学校、幼儿园、社会福利机构、医疗机构占用耕地，免征耕地占用税。( )

三、计算题

1. 某省政府机关有办公用房一幢，房产价值 5 000 万元。2020 年将其中的 1/4 对外出租，取得租金收入 100 万元。已知该省统一规定计算房产余值时的减除幅度为 20%，计算该政府机关当年应纳的房产税。

2. 某公司 2020 年发生两笔互换房产业务，并已办理了相关手续。第一笔业务换出的房产价值 500 万元，换进的房产价值 800 万元；第二笔业务换出的房产价值 600 万元，换进的房产价值 300 万元。已知当地政府规定的契税税率为 3%，计算该公司应缴纳的契税。

四、名词概念

1. 财产税　　2. 房产税　　3. 城镇土地使用税
4. 耕地占用税　　5. 契税　　6. 车船税

五、问答题

1. 财产课税的一般特征是什么？
2. 财产税具有哪些优缺点？
3. 我国现行房产税的计税依据是如何规定的？
4. 我国城镇土地使用税和耕地占用税的征收具有哪些意义？
5. 契税的征税范围包括哪些项目？如何确定其计税依据？
6. 车船税的征税范围是如何规定的？

案 例 分 析

房地产税改革是大势所趋

要从根本上实现“房子是用来住的”这一定位，确保房地产实现稳健发展，必须按照中央的决策部署，加快建立多主体供应、多渠道保障的租售并举制度。这需要加快具有关键意义的基础性制度即土地、财税和金融等制度的改革，尤其要加快房地产税改革步伐。

房地产税是以具有所有权的房屋及具有使用权的土地为征税对象，向产权所有人征收的一种财产税。开征房地产税具有多重意义，这有助于抑制房地产过度投资，支持“住有所居”；优化资源配置，促进经济转型和发展；优化税收结构，构建更加合理的财税体制；调整收入分配，实现社会公平和包容发展。而且，只有成功开征房地产税，才可能更好地让房地产税替代土地出让金，让土地财政和土地融资退出，进而使各地政府加快转变发展方式，推动经济社会持续健康发展。

房地产税改革，应立法先行。首先要通过制定全国性法律为房地产税开征创造法理依据。其次，应充分授权，让地方负主责。房地产税属于地方税，应充分授权地方政府根据法律确定总体框架，结合各地发展水平、市场形势等具体实际，确定征收的具体时间、税率、税基、起征点、减免以及配套方案。要认识到，我国住宅有央产、单位产权和私有产权房，还有房改房、商品房、经济适用房、安居房、限价房、自住商品房和共有产权房等很多种，甚至还有“小产权”房，需要理清各方面关系，做到征税对象公平。最后，鉴于房地产税开征的涉及面广，影响力大，问题复杂，充满不确定性，应采取渐进策略，从对象、范围、力度和速度等方面渐进加力。鉴于房地产税税收及征管存在的问题，在房地产税改革的同时，要配套改革税制结构。

2018年的《政府工作报告》中提出，要稳妥推进房地产税立法。今年全国两会期间，财政部有关负责人表示，按照中央决策部署，目前正在抓紧起草和完善房地产税法律草案。可见，房地产税改革在大方向上已是大势所趋。不过，要认识到，开征房地产税是一个利益调整过程，为避免市场过度反应，应广泛开展政策宣传和舆论引导，阐释开征房地产税的合理性，最大限度地凝聚共识。此外，还应建立房地产税缴纳的激励约束机制。

(资料来源：倪鹏飞. 房地产税改革是大势所趋. 经济日报，2018年7月19日)

问题：

1. 查阅国内外资料，针对房产价格上涨，发挥房产税的调控作用，中国的房地产税需要从哪些方面进行改革？

2. 中国房地产税改革可能遇到的障碍有哪些？

第九章

行 为 税

行为税在当今社会经济生活中发挥着非常重要的作用，是国家重要的宏观经济调控手段。本章主要讲述行为税各税种的税制构成要素及应纳税额的计算。通过本章的学习，应了解行为税的基本知识，理解各税种的概念及特点，掌握各税种的纳税人、征税范围及应纳税额的计算。

【学习重点】

资源税、土地增值税、印花税、城市维护建设税、烟叶税、船舶吨税的征税规定。

【学习难点】

环境保护税的计算。

【教学建议】

以课堂讲授为主，适当结合案例教学和引导学生课堂讨论，要求学生掌握资源税、土地增值税、印花税、环境保护税、城市维护建设税与教育费附加的计算。

第一节 资 源 税

一、资源税的概念

资源税是对在中华人民共和国领域及其管辖海域开发应税资源的单位和个人征收的一种税。属于对自然资源占用课税的范畴。资源税的课税对象一般是那些具有交换价值和使用价值的、具有商业属性的资源，但并不是对所有的资源征税，而是对利用价值高、级差收益大、经济发展所需要的资源征税。

资源税对于促进资源合理利用、加强生态环境保护等，发挥着重要作用。2019 年 8 月 26 日第十三届全国人民代表大会常务委员会第十二次会议通过了《中华人民共和国资源税法》(以下简称《资源税法》)，资源税的征收依据从原《中华人民共和国资源税暂行条例》上升为《资源税法》，自 2020 年 9 月 1 日起施行。1993 年 12 月 25 日国务院发布的《中华人民共和国资源税暂行条例》同时废止。

二、资源税的纳税人

在中华人民共和国领域和管辖的其他海域开发应税资源的单位和个人为资源税的纳税人。其中，单位是指企业、行政单位、事业单位、军事单位、社会团体及其他单位；个人是指个体工商户和其他个人。

矿产品资源以独立矿山、联合企业和其他收购未税矿产品的单位为扣缴义务人。

三、资源税的征税范围

资源税的应税产品为矿产品和盐，其中矿产品包括原矿和选矿产品，具体包括：

(1) 能源矿产，包括原油、天然气、页岩气、天然气水合物、煤、煤成(层)气、铀、钍、油页岩、油砂、天然沥青、石煤、地热；

(2) 金属矿产，包括黑色金属和有色金属；

(3) 非金属矿产，包括矿物类、岩石类、宝玉石类；

(4) 水气矿产，包括二氧化碳气、硫化氢气、氦气、氡气和矿泉水；

(5) 盐，包括钠盐、钾盐、镁盐、锂盐、天然卤水和海盐。

应税资源的具体范围，由《中华人民共和国资源税法》所附《资源税税目税率表》确定。

四、资源税应纳税额的计算

(一) 资源税的税率

《资源税税目税率表》(以下称《税目税率表》)规定了比例税率(固定和幅度两种)和定额税率。《税目税率表》中规定实行幅度税率的，其具体适用税率由省、自治区、直辖市人民政府统筹考虑该应税资源的品位、开采条件以及对生态环境的影响等情况，在《税目税率表》规定的税率幅度内提出，报同级人民代表大会常务委员会决定，并报全国人民代表大会常务委员会和国务院备案。《税目税率表》中规定征税对象为原矿或者选矿的，应当分别确定具体适用税率。资源税具体的税目税率如表 9-1 所示。

表 9-1　资源税税目税率

税目		征税对象	税率
能源矿产	原油	原矿	6%
	天然气、页岩气、天然气水合物	原矿	6%
	煤	原矿或者选矿	2%～10%
	煤成(层)气	原矿	1%～2%
	铀、钍	原矿	4%
	油页岩、油砂、天然沥青、石煤	原矿或者选矿	1%～4%
	地热	原矿	1%～20%或者每立方米 1～30 元

(续表)

税目			征税对象	税率
金属矿产	黑色金属	铁、锰、铬、钒、钛	原矿或者选矿	1%～9%
	有色金属	铜、铅、锌、锡、镍、锑、镁、钴、铋、汞	原矿或者选矿	2%～10%
		铝土矿	原矿或者选矿	2%～9%
		钨	选矿	6.5%
		钼	选矿	8%
		金、银	原矿或者选矿	2%～6%
		铂、钯、钌、锇、铱、铑	原矿或者选矿	5%～10%
		轻稀土	选矿	7%～12%
		中重稀土	选矿	20%
		铍、锂、锆、锶、铷、铯、铌、钽、锗、镓、铟、铊、铪、铼、镉、硒、碲	原矿或者选矿	2%～10%
非金属矿产	矿物类	高岭土	原矿或者选矿	1%～6%
		石灰岩	原矿或者选矿	1%～6%或者每吨(或者每立方米)1～10元
		磷	原矿或者选矿	3%～8%
		石墨	原矿或者选矿	3%～12%
		萤石、硫铁矿、自然硫	原矿或者选矿	1%～8%
		天然石英砂、脉石英、粉石英、水晶、工业用金刚石、冰洲石、蓝晶石、硅线石(矽线石)、长石、滑石、刚玉、菱镁矿、颜料矿物、天然碱、芒硝、钠硝石、明矾石、砷、硼、碘、溴、膨润土、硅藻土、陶瓷土、耐火粘土、铁矾土、凹凸棒石粘土、海泡石粘土、伊利石粘土、累托石粘土	原矿或者选矿	1%～12%
		叶蜡石、硅灰石、透辉石、珍珠岩、云母、沸石、重晶石、毒重石、方解石、蛭石、透闪石、工业用电气石、白垩、石棉、蓝石棉、红柱石、石榴子石、石膏	原矿或者选矿	2%～12%
		其他粘土(铸型用粘土、砖瓦用粘土、陶粒用粘土、水泥配料用粘土、水泥配料用红土、水泥配料用黄土、水泥配料用泥岩、保温材料用粘土)	原矿或者选矿	1%～5%或者每吨(或者每立方米)0.1～5元
	岩石类	大理岩、花岗岩、白云岩、石英岩、砂岩、辉绿岩、安山岩、闪长岩、板岩、玄武岩、片麻岩、角闪岩、页岩、浮石、凝灰岩、黑曜岩、霞石正长岩、蛇纹岩、麦饭石、泥灰岩、含钾岩石、含钾砂页岩、天然油石、橄榄岩、松脂岩、粗面岩、辉长岩、辉石岩、正长岩、火山灰、火山渣、泥炭	原矿或者选矿	1%～10%
		砂石	原矿或者选矿	1%～5%或者每吨(或者每立方米)0.1～5元
	宝玉石类	宝石、玉石、宝石级金刚石、玛瑙、黄玉、碧玺	原矿或者选矿	4%～20%

(续表)

税目		征税对象	税率
水气矿产	二氧化碳气、硫化氢气、氦气、氡气	原矿	2%～5%
	矿泉水	原矿	1%～20%或者每立方米1～30元
盐	钠盐、钾盐、镁盐、锂盐	选矿	3%～15%
	天然卤水	原矿	3%～15%或者每立方米1～10元
	海盐		2%～5%

(二) 资源税的计税依据

资源税的计税依据为销售额或销售数量。

1) 销售额

销售额是指纳税人销售应税产品向购买方收取的全部价款和价外费用，不包括增值税税款。

计入销售额中的相关运杂费用，凡取得增值税发票或者其他合法有效凭据的，准予从销售额中扣除。相关运杂费用是指应税产品从坑口或者洗选(加工)地到车站、码头或者购买方指定地点的运输费用、建设基金以及随运销产生的装卸、仓储、港杂费用。

2) 销售数量

计税销售数量是指从量计征的应税产品的销售数量。销售数量包括纳税人开采或者生产应税产品的实际销售数量和自用于应当缴纳资源税情形的应税产品数量。

纳税人开采或者生产不同税目应税产品的，应当分别核算不同税目应税产品的销售额或者销售数量；未分别核算或者不能准确提供不同税目应税产品的销售额或者销售数量的，从高适用税率。

销售额或者销售数量，包括应税产品实际销售和自用两部分。纳税人自用应税产品应当缴纳资源税的情形，包括纳税人以应税产品用于非货币性资产交换、捐赠、偿债、赞助、集资、投资、广告、样品、职工福利、利润分配或者连续生产非应税产品等。

纳税人申报的应税产品销售额明显偏低且无正当理由的，或者有自用应税产品行为而无销售额的，主管税务机关可以按下列方法和顺序确定其应税产品销售额。

(1) 按纳税人最近时期同类产品的平均销售价格确定。

(2) 按其他纳税人最近时期同类产品的平均销售价格确定。

(3) 按后续加工非应税产品销售价格，减去后续加工环节的成本和利润后确定。

(4) 按应税产品组成计税价格确定。

组成计税价格＝成本×(1＋成本利润率)÷(1－资源税税率)

公式中的成本是指应税产品的实际生产成本；成本利润率由省、自治区、直辖市税务机关确定。

(5) 按其他合理方法确定。纳税人开采或者生产同一税目下适用不同税率应税产品的，应当分别核算不同税率应税产品的销售额或者销售数量；未分别核算或者不能准确提供不同税率应税产品的销售额或者销售数量的，从高适用税率。纳税人开采或者生产同一应税产品，其中既有享受减免税政策的，又有不享受减免税政策的，按照免税、减税项目的产量占比等方法分别核算确定免税、减税项目的销售额或者销售数量。

(三) 资源税应纳税额的计算

资源税按照《税目税率表》实行从价计征或者从量计征。《税目税率表》中规定可以选择实行从价计征或者从量计征的，具体计征方式由省、自治区、直辖市人民政府提出，报同级人民代表大会常务委员会决定，并报全国人民代表大会常务委员会和国务院备案。

(1) 从价计征的，其计算公式为

应纳税额＝销售额×比例税率

(2) 从量计征的，其计算公式为

应纳税额＝销售数量×定额税率

纳税人开采或者生产应税产品自用的，应当依照《资源税法》规定缴纳资源税；但是，自用于连续生产应税产品的，不缴纳资源税。

【例9-1】某油田2021年1月生产原油25万吨，当月销售20万吨，加热、修井用1.6万吨，将0.4万吨原油赠送给协作单位，原油每吨售价3 500元，原油的税率为6%。计算该油田当月应纳资源税。

应纳资源税＝(200 000＋4 000)×3 500×6%＝42 840 000(元)

【例 9-2】某铝土矿 2020 年 12 月开采铝土 400 万吨，销售 240 万吨，每吨售价 300 元，将 100 吨铝土移送加工生产铝锭，资源税税率 5%。计算该矿当月应纳资源税。

应纳资源税＝240×300×5%＝3 600(万元)

五、纳税申报及减免税管理

资源税按月或者按季申报缴纳；不能按固定期限计算缴纳的，可以按次申报缴纳。纳税人按月或者按季申报缴纳的，应当自月度或者季度终了之日起 15 日内，向税务机关办理纳税申报并缴纳税款；按次申报缴纳的，应当自纳税义务发生之日起 15 日内，向税务机关办理纳税申报并缴纳税款。

有下列情形之一的，免征资源税。

(1) 开采原油以及在油田范围内运输原油过程中用于加热的原油、天然气。

(2) 煤炭开采企业因安全生产需要抽采的煤成(层)气。

有下列情形之一的，减征资源税。

(1) 对从低丰度油气田开采的原油、天然气，减征 20%资源税。

(2) 高含硫天然气、三次采油和从深水油气田开采的原油、天然气，减征 30%资源税。

(3) 稠油、高凝油减征 40%资源税.

(4) 从衰竭期矿山开采的矿产品，减征 30%资源税。

根据国民经济和社会发展需要，国务院对有利于促进资源节约集约利用、保护环境等情形可以规定免征或者减征资源税，报全国人民代表大会常务委员会备案。有下列情形之一的，省、自治区、直辖市可以决定免征或者减征资源税：纳税人开采或者生产应税产品过程中，因意外事故或者自然灾害等原因遭受重大损失；纳税人开采共伴生矿、低品位矿、尾矿。上述规定的免征或者减征资源税的具体办法，由省、自治区、直辖市人民政府提出，报同级人民代表大会常务委员会决定，并报全国人民代表大会常务委员会和国务院备案。

纳税人的免税、减税项目，应当单独核算销售额或者销售数量；未单独核算或者不能准确提供销售额或者销售数量的，不予免税或者减税。纳税人开采或者生产同一应税产品同时符合两项或者两项以上减征资源税优惠政策的，除另有规定外，只能选择其中一项执行。

六、资源税的纳税地点和纳税期限

纳税人应当向应税产品开采地或者生产地的税务机关申报缴纳资源税。

纳税人销售应税产品，纳税义务发生时间为收讫销售款或者取得索取销售款凭据的当日；自用应税产品的，纳税义务发生时间为移送应税产品的当日。

此外，国务院根据国民经济和社会发展需要，依照《资源税法》的原则，对取用地表水或者地下水的单位和个人试点征收水资源税。征收水资源税的，停止征收水资源费。水资源税根据当地水资源状况、取用水类型和经济发展等情况实行差别税率。水资源税试点实施办法由国务院规定，报全国人民代表大会常务委员会备案。国务院自《资源税法》施行之日起5年内，就征收水资源税试点情况向全国人民代表大会常务委员会报告，并及时提出修改法律的建议。

第二节　土地增值税

一、土地增值税的概念

土地增值税是指对有偿转让土地使用权及地上建筑物和其他附着物产权，取得增值收入的单位和个人征收的一种税。土地增值税的作用主要表现在：筹集财政收入、调节土地增值收益分配、促进房地产市场健康稳定发展。2019年7月财政部和国家税务总局向社会征集《中华人民共和国土地增值税法(征求意见稿)》，目前正等待全国人大常委会审议通过，这对进一步健全我国的房地产税收体系，以及推进国家治理体系和治理能力现代化具有重要意义。

二、土地增值税的纳税人

在中华人民共和国境内转移房地产并取得收入的单位和个人，为土地增值税的纳税人，应当依照《土地增值税法》的规定缴纳土地增值税。其中，单位包括各类企事业单位、国家机关、社会团体及其他组织；个人包括自然人和个体经营者等。

三、土地增值税的征收范围

(一) 征收范围

土地增值税的征收范围为在中华人民共和国境内转移房地产，具体是指下列行为。

(1) 转让土地使用权、地上的建筑物及其附着物。

(2) 出让集体土地使用权、地上的建筑物及其附着物，或以集体土地使用权、地上的建筑物及其附着物作价出资、入股。

土地承包经营权流转，不征收土地增值税。

地上的建筑物及其附着物需要连同土地使用权一并转让。“地上建筑物”是指建于土地上的一切建筑物，包括地上、地下的各种附属设施。“附着物”是指附着于土地上的、不能移动或一经移动即遭损坏的物品。

(二) 征收范围的界定标准

在土地增值税的计算过程中如何准确界定其征收范围是一个非常关键的问题，我们可以根据以下几条标准来界定。

(1) 转让的土地使用权必须是国家所有或者集体所有。

(2) 土地使用权、地上建筑物及其附着物的产权必须同时发生转让。

(3) 必须取得转让收入。

(三) 若干具体情况的判定

(1) 以出售方式转让土地使用权、地上建筑物以及附着物的，应该缴纳土地增值税。

(2) 以继承、赠与方式转让房地产的，这种情况因其只发生房地产产权的转让，没有取得相应的收入，属于无偿转让房地产的行为，所以不能将其纳入土地增值税的征收范围。

(3) 房地产出租。出租人取得了收入，但没有发生房地产产权的转让，不属于征收土地增值税的范围。

(4) 房地产抵押。在抵押期间不征收土地增值税。抵押期满后，视该房地产是否转移产权来确定是否征收土地增值税。对于以房地产抵债而发生房地产产权转让的，属于征收土地增值税的范围。

(5) 房地产交换。由于这种行为既发生了房产产权、土地使用权的转移，交换双方也取得了实物形态的收入，应当征收土地增值税，但对于个人之间交换自有居住的房地产，经当地税务机关核实可以免征土地增值税。

(6) 合作建房。对于一方出地，一方出资金，双方合作建房，建成后按比例分房自用的，暂免征收土地增值税；建成后转让的，应征收土地增值税。

(7) 企业兼并过程中转让房地产。在企业兼并中，将被兼并企业的房地产转让到兼并企业中的，暂免征收土地增值税。

(8) 房地产的评估增值。房地产的评估增值，没有发生房地产权属的转让，不属于征收土地增值税的范围。

(9) 房地产的代建房行为。这种情况是指房地产开发公司代客户进行房地产开发，开发完成后向客户收取代建费用的行为，由于没有发生房地产的权属转移，故不属于征收土地增值税的范畴。

(10) 国家收回国有土地使用权、征用地上建筑物及附着物。国家收回或征用，虽然发生了权属的变更，原房地产所有人也取得了收入，但按照《土地增值税法》的有关规定，可以免征土地增值税。

四、土地增值税的税率

土地增值税实行四级超率累进税率，具体税率如表 9-2 所示。

表 9-2 土地增值税税率

级数	增值额与扣除项目金额的比率	税率	速算扣除系数
1	不超过 50%	30%	0
2	超过 50%不超过 100%	40%	5%
3	超过 100%不超过 200%	50%	15%
4	超过 200%	60%	35%

五、土地增值税应税收入的确定

根据《土地增值税法》的规定，纳税人转让房地产取得的应税收入，应包括转让房地产的全部价款及有关的经济利益。从其收入的形式来看，应包括货币收入和非货币收入。

六、土地增值税扣除项目的确定

计算土地增值税应纳税额并不是直接针对转让房地产所取得的收入征税，而是要对纳税人转移房地产所取得的收入减除国家规定的各项扣除项目金额后的余额征税，即对增值额征税。因此，要计算增值额首先要确定扣除项目，税法规定可以扣除的项目有以下几个方面。

(一) 取得土地使用权所支付的金额

取得土地使用权所支付的金额包括下面两项内容。

(1) 纳税人为取得土地使用权所支付的地价款，如是以协议、招标、拍卖等出让方式取得土地使用权的，地价款为纳税人所支付的土地出让金；如是以行政划拨方式取得土地使用权的，地价款为按照国家有关规定补缴的土地出让金；如是以转让方式取得土地使用权的，地价款为向原土地使用权人实际支付的地价款。

(2) 纳税人在取得土地使用权时按照国家统一规定缴纳的有关费用，如有关登记、过户手续费等。

(二) 开发土地的成本、费用

开发土地的成本费用是指纳税人房地产开发项目实际发生的成本费用，包括土地的征用及拆迁补偿费、前期工程费、基础设施费、开发间接费用、与房地产开发项目有关的管理费用、财务费用等。

(三) 新建房及配套设施的成本、费用或者旧房及建筑物的评估价格

新建房及配套设施的成本费用主要包括：建筑安装工程费、公共配套设施费、房屋及配套设施建设过程中的间接费用、与新建房及配套设施有关的销售费用等。

旧房及建筑物的评估价格，是指在转让已使用的房屋及建筑物时，由政府批准设立的房地产评估机构评定的重置成本价乘以成新度折扣率后的价格。评估价格须经当地税务机关确认。

纳税人转让旧房及建筑物，凡不能取得评估价格，但能提供购房发票的，经当地税务部门确认，可按发票所载金额并从购买年度起至转让年度止每年加计 5%计算。对纳税人购房时缴纳的契税，凡能提供契税完税凭证的，准予作为“与转让房地产有关的税金”予以扣除，但不作为加计5%的基数。

对于转让旧房及建筑物，既没有评估价格，又不能提供购房发票的，地方税务机关可以根据《中华人民共和国税收征收管理法》第三十五条的规定，实行核定征收。

另外，纳税人成片受让土地使用权后，分期分批开发、转让房地产的，其扣除项目金额的确定，可按转让土地使用权的面积占总面积的比例计算分摊，或按建筑面积计算分摊，也可按税务机关确认的其他方式计算分摊。

(四) 与转让房地产有关的税金

与转让房地产有关的税金，是指在转让房地产时缴纳的增值税、城市维护建设税、契税、印花税。因转让房地产缴纳的教育费附加，也可视同税金予以扣除。

需要指出的是，房地产开发企业按照《施工、房地产开发企业财务制度》有关规定，其在转让时缴纳的印花税因列入管理费用，所以在此不允许单独再扣除。其他纳税人缴纳的印花税(按产权转移书据所载金额的5‱)允许扣除。

(五) 国务院规定的其他扣除项目

扣除项目的具体范围、具体标准由国务院确定。

出让集体土地使用权、地上的建筑物及其附着物，或以集体土地使用权、地上的建筑物及其附着物作价出资、入股，扣除项目金额无法确定的，可按照转移房地产收入的一定比例征收土地增值税。具体征收办法由省、自治区、直辖市人民政府提出，报同级人民代表大会常务委员会决定。

七、土地增值税增值额的确定

土地增值税的增值额是指纳税人转让房地产所取得的收入减除规定的扣除项目金额后的余额，由于计算土地增值税是以增值额与扣除项目金额的比率大小按相适用的税率累进计算征收的，增值额与扣除项目金额的比率越大，适用的税率越高，缴纳的税款越多，因此，准确核算增值额是很重要的。在实际房地产交易活动中，有些纳税人由于不能准确提供房地产转让价格或扣除项目金额，致使增值额不准确，会直接影响应纳税额的计算和缴纳。因此，纳税人有下列情形之一的，依法核定成交价格、扣除金额。

(1) 隐瞒、虚报房地产成交价格。纳税人不报或有意低报转让土地使用权、地上建筑物及其附着物价款时，应由评估机构参照同类房地产的市场交易价格进行评估，税务机关根据评估价格确定转让房地产的收入。

(2) 提供扣除项目金额不实的。纳税人在纳税申报时不据实提供扣除项目金额，应由评估机构按照房屋重置成本价乘以成新度折扣率计算的房屋成本价和取得土地使用权时的基准地价进行评估，税务机关根据评估价格确定扣除项目金额。

(3) 转让房地产的成交价格明显偏低，又无正当理由的。纳税人申报的转让房地产的实际成交价低于房地产评估机构评定的交易价，纳税人又不能提供凭据或无正当理由的，由税务机关参照房地产评估价格确定转让房地产的收入。

八、土地增值税应纳税额的计算

土地增值税按照纳税人转让房地产所取得的增值额和规定的税率计算征收。其计算公式为

应纳税额=∑(每级距的土地增值额×适用税率)

即

增值额不超过扣除项目50%的土地增值税=增值额×30%

增值额超过扣除项目50%不超过扣除项目100%的土地增值税=增值额×40%

增值额超过扣除项目100%不超过扣除项目200%的土地增值税=增值额×50%

增值额超过扣除项目200%的土地增值税=增值额×60%

除此之外也可根据速算扣除系数的方法来计算应纳的土地增值税，即按照总的增值额乘以适用税率，减去扣除项目金额乘以速算扣除系数的简单方法，直接计算土地增值税的应纳税额。

应纳税额=土地增值额×适用税率－扣除项目金额×速算扣除系数

【例9-3】某房地产开发公司开发一个房地产项目，有关经营情况如下。

(1) 该项目商品房全部销售，取得销售收入4 000万元，并签订了销售合同；

(2) 签订土地购买合同，支付与该项目相关的土地使用权价款600万元，相关税费50万元；

(3) 发生土地拆迁补偿费200万元，前期工程费100万元，支付工程价款750万元，基础设施及公共配套设施费150万元，开发间接费用60万元；

(4) 发生销售费用100万元，财务费用60万元，管理费用80万元；

(5) 该房地产开发公司不能按转让项目计算分摊利息，当地政府规定的开发费用扣除比例为10%；

(6) 在销售过程中缴纳的印花税及其他税费合计222.3万元(其中印花税为2.3万元)。

计算该房地产公司应纳的土地增值税的金额。

准予扣除的土地使用权费用为600＋50＝650(万元)；

准予扣除的房地产开发成本为200＋100＋750＋150＋60＝1 260(万元)；

准予扣除的房地产开发费用为(650＋1 260)×10%＝191(万元)；

准予扣除的其他项目金额为(650＋1 260)×20%＝382(万元)；

合计可以扣除的金额为650＋1 260＋191＋382＋(222.3－2.3)＝2 703(万元)；

收入为4 000万元，增值额为4 000－2 703＝1 297(万元)；

增值率为1 297/2 703＝47.98%，适用税率为30%，故应纳土地增值税为1 297×30%＝389.1(万元)。

九、土地增值税减免税的主要规定

下列情形，可减征或免征土地增值税：

(1) 纳税人建造保障性住房出售，增值额未超过扣除项目金额20%的，免征土地增值税；

(2) 因国家建设需要依法征收、收回的房地产，免征土地增值税；

(3) 国务院可以根据国民经济和社会发展的需要规定其他减征或免征土地增值税的情形，并报全国人民代表大会常务委员会备案。

省、自治区、直辖市人民政府可以决定对下列情形减征或者免征土地增值税，并报同级人民代表大会常务委员会备案：

(1) 纳税人建造普通标准住宅出售，增值额未超过扣除项目金额20%的；

(2) 房地产市场较不发达、地价水平较低地区的纳税人出让集体土地使用权、地上的建筑物及其附着物，或以集体土地使用权、地上的建筑物及其附着物作价出资、入股的。

十、土地增值税的征收管理

(一) 纳税时间和纳税地点

土地增值税纳税义务发生时间为房地产转移合同签订的当日。

对于从事房地产开发的纳税人，自纳税义务发生月份终了之日起 15 日内，申报预缴土地增值税；达到清算条件后 90 日内，申报清算土地增值税。对于其他纳税人，自纳税义务发生之日起 30 日内申报缴税。

纳税人应当向房地产所在地主管税务机关申报纳税。

(二) 征收管理模式

房地产开发项目土地增值税实行先预缴后清算的办法。从事房地产开发的纳税人应当自纳税义务发生月份终了之日起 15 日内，向税务机关报送预缴土地增值税纳税申报表，预缴税款。

从事房地产开发的纳税人应当自达到以下房地产清算条件起 90 日内，向税务机关报送土地增值税纳税申报表，自行完成清算，结清应缴税款或向税务机关申请退税：

(1) 已竣工验收的房地产开发项目，已转让的房地产建筑面积占整个项目可售建筑面积的比例在 85%以上，或该比例虽未超过 85%，但剩余的可售建筑面积已经出租或自用的；

(2) 取得销售(预售)许可证满三年仍未销售完毕的；

(3) 整体转让未竣工决算房地产开发项目的；

(4) 直接转让土地使用权的；

(5) 纳税人申请注销税务登记但未办理土地增值税清算手续的；

(6) 国务院税务主管部门确定的其他情形。

税务机关应当与相关部门建立土地增值税涉税信息共享机制和工作配合机制。各级地方人民政府自然资源、住房建设、规划等有关行政主管部门应当向税务机关提供房地产权属登记、转移、规划等信息，协助税务机关依法征收土地增值税。

纳税人未按照《土地增值税法》缴纳土地增值税的，不动产登记机构不予办理有关权属登记。

第三节 印 花 税

2021年6月10日全国人大常委会审议通过了《中华人民共和国印花税法》(以下简称《印花税法》)，总结了印花税暂行条例实施多年的实践做法，一方面总体保持现行税制不变，并将证券交易印花税纳入法律规范；另一方面适当简并税目，降低部分税率，取消许可证照等的印花税税目，减轻企业税负，并突出使税收征管更加科学规范，减少自由裁量权，堵塞任意性漏洞。制定印花税法，有利于完善印花税法律制度，增强其科学性、稳定性和权威性，有利于构建适应社会主义市场经济需要的现代财税制度，有利于深化改革开放和推进国家治理体系和治理能力现代化。

一、印花税的概念

印花税是对在中华人民共和国境内书立应税凭证、进行证券交易，或者在中华人民共和国境外书立在境内使用的应税凭证的单位和个人征收的一种税。

应税凭证，是指《印花税法》所附《印花税税目税率表》列明的合同、产权转移书据和营业账簿。证券交易，是指转让在依法设立的证券交易所、国务院批准的其他全国性证券交易场所交易的股票和以股票为基础的存托凭证。

二、印花税的特点

(一) 征收范围广泛

凡是在我国境内具有法律效力，受中国政府法律保护的凭证，无论是在中国境内还是境外书立，都应依照税法规定缴纳印花税。

(二) 税收负担比较轻

印花税的税率在千分之一至万分之零点五之间，税率较低。

三、印花税的纳税人

在中华人民共和国境内书立应税凭证、进行证券交易的单位和个人，为印花税的纳税人，应当依照法律规定缴纳印花税。

在中华人民共和国境外书立在境内使用的应税凭证的单位和个人，应当依照法律规定缴纳印花税。

纳税人为境外单位或者个人，在境内有代理人的，以其境内代理人为扣缴义务人；在境内没有代理人的，由纳税人自行申报缴纳印花税，具体办法由国务院税务主管部门规定。

证券登记结算机构为证券交易印花税的扣缴义务人，应当向其机构所在地的主管税务机关申报解缴税款以及银行结算的利息。

这里所说的单位和个人，是指国内各类企业、事业、机关、团体、部队以及中外合资企业、合作企业、外资企业、外国企业和其他经济组织及其在华机构等单位和个人。根据《印花税法》的规定，印花税的纳税义务人具体包括立合同人、立据人、立账簿人、出让人和使用人。

(一) 立合同人

书立各类合同的纳税人是立合同人，即合同的当事人，也就是对凭证有直接权利义务关系的单位和个人，但不包括保人、证人、鉴定人。如果合同有代理人的，当事人的代理人有代理纳税的义务。

(二) 立据人

产权转移书据的纳税人是立据人，即书立产权转移书据的单位和个人。

产权转移书据由立据人贴花，如未贴或者少贴印花，书据的持有人应负责补贴印花。所立书据以合同方式签订的，应由持有书据的各方分别按全额纳税。

(三) 立账簿人

营业账簿的纳税人是立账簿人，即设立并使用营业账簿的单位和个人。

(四) 证券交易的出让人

对证券交易的出让方征收印花税，不对证券交易的受让方征收。

(五) 使用人

应税凭证的使用人，即在国外书立、领受，但在国内使用应税凭证的单位和个人。

需要说明的是，在货运业务中，凡直接办理承运、托运运费结算凭证的双方，均为货运凭证印花税的纳税人；代办承运、托运业务的单位负有代理纳税的义务；代办方与委托方之间办理的运费清算单据，不缴纳印花税。另外，保险公司委托其他单位或者个人代办的保险业务，在与投保方签订保险合同时，应由代办单位或者个人负责代保险公司办理计税手续。

四、印花税的征税范围

印花税的征税范围：应税凭证(《印花税税目税率表》列明的合同、产权转移书据和营业账簿)和证券交易，具体如下。

(一) 合同

合同包括借款合同、融资租赁合同、买卖合同、承揽合同、建设工程合同、运输合同、技术合同、租赁合同、保管合同、仓储合同、财产保险合同。

(二) 产权转移书据

产权转移书据包括土地使用权出让书据；土地使用权、房屋等建筑物和构筑物的所有权转让书据，股权转让书据(不包括应缴纳证券交易印花税的)，商标专用权、著作权、专利权、专有技术使用权转让书据。

(三) 营业账簿

营业账簿即单位和个人记载生产经营中资金活动的财务会计核算账册。

(四) 证券交易

证券交易，是指转让在依法设立的证券交易所、国务院批准的其他全国性证券交易场所交易的股票和以股票为基础的存托凭证。

五、印花税的税率

印花税税率为比例税率，具体分为五档比例税率，适用于各类合同、产权转移书据、营业账簿和证券交易。

印花税税目税率如表9-3所示。

表9-3　印花税税目税率

<table>
<tr><th colspan="2">税目</th><th>计税依据</th><th>税率</th><th>备注</th></tr>
<tr><td rowspan="11">合同</td><td>借款合同</td><td>借款金额</td><td rowspan="2">0.5‰</td><td>指银行业金融机构、其他金融机构与借款人的借款合同</td></tr>
<tr><td>融资租赁合同</td><td>租金</td><td></td></tr>
<tr><td>买卖合同</td><td>价款</td><td rowspan="5">3‰</td><td>指动产买卖合同(不包括个人书立的动产买卖合同)</td></tr>
<tr><td>承揽合同</td><td>报酬</td><td></td></tr>
<tr><td>建设工程合同</td><td>价款</td><td></td></tr>
<tr><td>运输合同</td><td>运输费用</td><td>指货运合同和多式联运合同(不包括管道运输合同)</td></tr>
<tr><td>技术合同</td><td>价款、报酬或者使用费</td><td>不包括专利权、专有技术使用权转移书据</td></tr>
<tr><td>租赁合同</td><td>租金</td><td rowspan="4">1‰</td><td></td></tr>
<tr><td>保管合同</td><td>保管费</td><td></td></tr>
<tr><td>仓储合同</td><td>仓储费</td><td></td></tr>
<tr><td>财产保险合同</td><td>保险费</td><td>不包括再保险合同</td></tr>
<tr><td rowspan="4">产权转移书据</td><td>土地使用权出让书据</td><td>价款</td><td rowspan="3">5‰</td><td></td></tr>
<tr><td>土地使用权、房屋等建筑物和构筑物的所有权转让书据</td><td>价款</td><td></td></tr>
<tr><td>股权转让书据(不包括应缴纳证券交易印花税的)</td><td>价款</td><td></td></tr>
<tr><td>商标专用权、著作权、专利权、专有技术使用权转让书据</td><td>价款</td><td>3‰</td><td></td></tr>
<tr><td colspan="2">营业账簿</td><td>实收资本(股本)、资本公积合计金额</td><td>2.5‰</td><td></td></tr>
<tr><td colspan="2">证券交易</td><td>成交金额</td><td>1‰</td><td></td></tr>
</table>

六、印花税的计税依据

印花税的计税依据，按照下列方法确定。

(1) 应税合同的计税依据，为合同所列的金额，不包括列明的增值税税款；合同中价款或者报酬与增值税税款未分开列明的，按照合计金额确定。

(2) 应税产权转移书据的计税依据，为产权转移书据所列的金额，不包括列明的增值税税款；产权转移书据中价款与增值税税款未分开列明的，按照合计金额确定。

应税合同、产权转移书据未列明金额的，印花税的计税依据按照实际结算的金额确定。

计税依据按照前款规定仍不能确定的，按照书立合同、产权转移书据时的市场价格确定；依法应当执行政府定价或者政府指导价的，按照国家有关规定确定。

(3) 应税营业账簿的计税依据，为账簿记载的实收资本(股本)、资本公积合计金额；已缴纳印花税的营业账簿，以后年度记载的实收资本(股本)、资本公积合计金额比已缴纳印花税的实收资本(股本)、资本公积合计金额增加的，按照增加部分计算应纳税额。

(4) 证券交易的计税依据，为成交金额。证券交易无转让价格的，按照办理过户登记手续时该证券前一个交易日收盘价计算确定计税依据；无收盘价的，按照证券面值计算确定计税依据。

七、印花税应纳税额的计算

印花税的应纳税额按照计税依据乘以适用税率计算。印花税的纳税人根据应税凭证的性质和证券交易，选择规定的比例税率计算应纳印花税的金额。其计算公式为

应纳税额＝计税依据×适用税率

具体如下。

应税合同的应纳税额＝价款(或报酬、租金、借款金额、运输费用等)×适用税率

应税产权转移书据的应纳税额＝价款×适用税率

应税营业账簿的应纳税额＝实收资本(股本)、资本公积合计金额×适用税率

证券交易的应纳税额＝成交金额(或前一日收盘价或者证券面值)×适用税率

同一应税凭证载有两个以上税目事项并分别列明金额的，按照各自适用的税目税率分别计算应纳税额；未分别列明金额的，从高适用税率。

同一应税凭证由两方以上当事人书立的，按照各自涉及的金额分别计算应纳税额。

【例9-4】某公司委托加工制作广告牌，双方签订的承揽合同中注明支付加工费40 000元，委托方提供价值60 000元的主要材料，受托方提供价值2 000元的辅助材料。计算该公司此项合同应纳的印花税金额。

对于委托加工业务而言，由委托方提供主要材料的，印花税的计税依据是加工费与辅助材料的价款。

应纳印花税＝(40 000＋2 000)×3‱＝12.6(元)

【例9-5】甲公司1月初将闲置厂房出租给乙公司，合同规定每月租金3 000元，租期未定。签订合同时，预收租金5 000元，双方已贴花5元。6月底合同解除，甲公司收到乙公司补交租金13 000元。计算甲公司6月份应补缴的印花税金额。

该租赁业务涉及的租金应纳印花税＝(13 000＋5 000)×1‰＝18(元)

由于在签订合同时已经贴花5元，故应补缴印花税＝18－5＝13(元)

【例9-6】某企业年度实收资本为500万元，资本公积为400万元。该企业本年资金账簿上已按规定贴花1 500元。计算该企业本年资金账簿应纳印花税金额。

该企业本年资金账簿应纳印花税＝(5 000 000＋4 000 000)×2.5‱＝2 250(元)

由于已纳印花税为1 500元，故应补缴印花税＝2 250－1 500＝750(元)

八、印花税免税的主要规定

(1) 应税凭证的副本或者抄本；

(2) 依照法律规定应当予以免税的外国驻华使馆、领事馆和国际组织驻华代表机构为获得馆舍书立的应税凭证；

(3) 中国人民解放军、中国人民武装警察部队书立的应税凭证；

(4) 农民、家庭农场、农民专业合作社、农村集体经济组织、村民委员会购买农业生产资料或者销售农产品书立的买卖合同和农业保险合同;

(5) 无息或者贴息借款合同、国际金融组织向中国提供优惠贷款书立的借款合同;

(6) 财产所有权人将财产赠与政府、学校、社会福利机构、慈善组织书立的产权转移书据;

(7) 非营利性医疗卫生机构采购药品或者卫生材料书立的买卖合同;

(8) 个人与电子商务经营者订立的电子订单。

根据国民经济和社会发展的需要，国务院对居民住房需求保障、企业改制重组、破产、支持小型微型企业发展等情形可以规定减征或者免征印花税，报全国人民代表大会常务委员会备案。

九、印花税的征收管理

(一) 纳税方式

印花税可以采用粘贴印花税票或者由税务机关依法开具其他完税凭证的方式缴纳。印花税票粘贴在应税凭证上的，由纳税人在每枚税票的骑缝处盖戳注销或者画销。印花税票由国务院税务主管部门监制。

(二) 纳税时间

印花税的纳税义务发生时间为纳税人书立应税凭证或者完成证券交易的当日。

证券交易印花税扣缴义务发生时间为证券交易完成的当日。

印花税按季、按年或者按次计征。实行按季、按年计征的，纳税人应当自季度、年度终了之日起十五日内申报缴纳税款；实行按次计征的，纳税人应当自纳税义务发生之日起十五日内申报缴纳税款。

证券交易印花税按周解缴。证券交易印花税扣缴义务人应当自每周终了之日起五日内申报解缴税款以及银行结算的利息。

(三) 纳税地点

纳税人为单位的，应当向其机构所在地的主管税务机关申报缴纳印花税；纳税人为个人的，应当向应税凭证书立地或者纳税人居住地的主管税务机关申报缴纳印花税。

不动产产权发生转移的，纳税人应当向不动产所在地的主管税务机关申报缴纳印花税。

证券交易印花税的扣缴义务人应当向其机构所在地的主管税务机关申报缴纳扣缴的税款。

第四节　城市维护建设税与教育费附加

一、城市维护建设税

(一) 城市维护建设税的概念

城市维护建设税是对中国境内缴纳增值税、消费税的单位和个人征收的一种税。《中华人民共和国城市维护建设税法》(以下简称《城市维护建设税法》)已由中华人民共和国第十三届全国人民代表大会常务委员会第二十一次会议于 2020 年 8 月 11 日通过，全文公布，自 2021 年 9 月 1 日起施行。自 2016 年起城建税收入已由一般公共预算统筹安排，不再指定专项用途。同时，考虑税收分配和使用属于财政体制和预算管理问题，一般不在税法中规定，因此，《城市维护建设税法》不再规定城建税专项用途。

(二) 城市维护建设税的特点

1. 属于一种附加税

城市维护建设税没有独立的征税对象或税基，而是以增值税、消费税(以下简称为“二税”)实际缴纳的税额之和为计税依据，随“二税”同时附征，本质上属于一种附加税。

2. 根据城镇规模设计税率

税率设计的初衷是，城镇规模越大，所需要的建设与维护资金越多。与此相适应，城市维护建设税规定，纳税人所在地为城市市区的，税率为 7%；纳税人所在地为县城、镇的，税率为 5%；纳税人所在地不在城市市区、县城或镇的，税率为 1%。撤县建市后，城市维护建设税适用税率应为 7%。这种根据城镇规模不同差别设置税率的办法，相应考虑了城市建设的不同需要。

3. 征收范围较广

鉴于增值税、消费税在我国现行税制中属于主体税种，而城市维护建设税又是其附加税，原则上讲，纳税人只要缴纳增值税或者既缴纳增值税又缴纳消费税，都要缴纳城市维护建设税。这就等于说，除了减免税等特殊情况以外，任何从事生产经营活动的企业单位和个人都要缴纳城市维护建设税，该税种的征税范围当然是比较广泛的。

(三) 城市维护建设税的纳税人

在中华人民共和国境内缴纳增值税、消费税的单位和个人，为城市维护建设税的纳税人。在中国境内的任何单位或个人，只要缴纳增值税和消费税，或者只缴纳增值税，就必须同时缴纳城市维护建设税。这里所提到的单位和个人包括国有企业、集体企业、私营企业、股份制企业、其他企业和行政单位、事业单位、军事单位、社会团体、其他组织以及个体工商户及其他个人。对进口货物或者境外单位和个人向境内销售劳务、服务、无形资产缴纳的增值税、消费税税额，不征收城市维护建设税。

城市维护建设税的扣缴义务人为负有增值税、消费税扣缴义务的单位和个人，在扣缴增值税、消费税的同时扣缴城市维护建设税。

(四) 城市维护建设税的征税范围

由于城市维护建设税是以实际缴纳的增值税和消费税为计税依据，所以其征税范围与增值税和消费税的范围一致。

(五) 城市维护建设税应纳税额的计算

1. 城市维护建设税的税率

城市维护建设税按照纳税人所在地实行差别税率，具体税率如下：纳税人所在地在市区的，税率为 7%；纳税人所在地在县城、镇的，税率为 5%；纳税人所在地不在市区、县城或者镇的，税率为 1%。纳税人所在地，是指纳税人住所地或者与纳税人生产经营活动相关的其他地点，具体地点由省、自治区、直辖市确定。

2. 城市维护建设税的计税依据

城建税以纳税人依法实际缴纳的增值税、消费税(以下称两税)税额为计税依据。

依法实际缴纳的增值税税额，是指纳税人依照增值税相关法律法规和税收政策规定计算应当缴纳的增值税税额，加上增值税免抵税额，扣除直接减免的增值税税额和期末留抵退税退还的增值税税额(以下简称留抵退税额)后的金额。

依法实际缴纳的消费税税额，是指纳税人依照消费税相关法律法规和税收政策规定计算应当缴纳的消费税税额，扣除直接减免的消费税税额后的金额。

应当缴纳的两税税额，不含因进口货物或境外单位和个人向境内销售劳务、服务、无形资产缴纳的两税税额。纳税人自收到留抵退税额之日起，应当在下一个纳税申报期从城建税计税依据中扣除。

3. 城市维护建设税的计算公式

城市维护建设税以纳税人实际缴纳的增值税和消费税税额之和为计税依据。其计算公式为

城市维护建设税的应纳税额=(增值税+消费税)×适用税率

【例 9-7】位于某市市区的甲企业，2021 年 10 月申报期，享受直接减免增值税优惠(不包含先征后退、即征即退，下同)后申报缴纳增值税 100 万元，其中 50 万元增值税是进口货物产生的，9 月已核准增值税免抵税额 10 万元(其中涉及出口货物 6 万元，涉及增值税零税率应税服务 4 万元)，9 月收到增值税留抵退税额 5 万元，计算该企业 10 月应申报缴纳的城建税。

该企业应申报缴纳的城市维护建设税的金额=(100－50＋6＋4－5)×7%＝3.85(万元)。

(六) 城市维护建设税的纳税地点

城市维护建设税与增值税和消费税同时缴纳。所以，纳税人缴纳增值税和消费税的地点，就是该纳税人缴纳城市维护建设税的地点。

(七) 城市维护建设税的纳税期限

城建税的纳税义务发生时间与两税的纳税义务发生时间一致，分别与两税同时缴纳。同时缴纳是指在缴纳两税时，应当在两税同一缴纳地点、同一缴纳期限内，一并缴纳对应的城建税。

采用委托代征、代扣代缴、代收代缴、预缴、补缴等方式缴纳两税的，应当同时缴纳城建税。

根据国民经济和社会发展的需要，国务院对重大公共基础设施建设、特殊产业和群体以及重大突发事件应对等情形可以规定减征或者免征城市维护建设税，报全国人民代表大会常务委员会备案。

二、教育费附加

(一) 教育费附加的概念

教育费附加是对缴纳增值税、消费税的单位和个人，以其实际缴纳的税额为计征依据征收的一种附加费。由税务部门征收的与教育相关的规费包括教育费附加税和地方教育附加税。

(二) 教育费附加的征收范围与计征依据

教育费附加的征收范围为税法规定缴纳增值税、消费税的单位和个人，包括外商投资企业、外国企业及外籍个人。

教育费附加、地方教育附加计征依据与城市维护建设税计税依据一致。

(三) 教育费附加征收比率

现行教育费附加征收比率为 3%、地方教育附加征收比率为 2%。

(四) 教育费附加的计算

教育费附加的计算公式为

应纳教育费附加＝(增值税+消费税)×征收率

【例 9-8】 某市区一家企业 2020 年 12 月份实际缴纳增值税 20 000 元，消费税 40 000 元。请计算该企业当月应纳的教育费附加金额。

该企业当月应缴纳的教育费附加＝(20 000＋40 000)×3%＝1 800(元)

(五) 教育费附加的缴纳与减免

教育费附加与增值税、消费税税款同时缴纳。纳税人免征增值税和消费税的同时免征教育费附加。

第五节　环境保护税

一、环境保护税的概念

环境保护税是由英国经济学家庇古最先提出的，他的观点已经为西方发达国家普遍接受。欧美各国的环保政策逐渐减少直接干预手段的运用，越来越多地采用生态税、绿色环保税等多种特指税种来维护生态环境，针对污水、废气、噪声和废弃物等突出的“显性污染”进行强制征税。2016 年 12 月 25 日，第十二届全国人民代表大会常务委员会第二十五次会议通过《中华人民共和国环境保护税法》(以下简称《环境保护税法》)，于 2018 年 1 月 1 日起施行，不再征收排污费。2018 年 10 月 26 日，第十三届全国人民代表大会常务委员会第六次会议通过《关于修改‹中华人民共和国野生动物保护法›等十五部法律的决定》，对其进行了局部修改。

环境保护税是对在中国领域和管辖的其他海域，直接向环境排放应税污染物的企业、事业单位和其他生产经营者征收的一种税。

直接向环境排放应税污染物的企业事业单位和其他生产经营者，除依照法律规定缴纳环境保护税外，应当对所造成的损害依法承担责任。

二、环境保护税的纳税人

在中华人民共和国领域和中华人民共和国管辖的其他海域，直接向环境排放应税污染物的企业、事业单位和其他生产经营者为环境保护税的纳税人，应当依照法律规定缴纳环境保护税。

三、环境保护税的征税范围

应税污染物，是指《环境保护法》所附《环境保护税税目税额表》《应税污染物和当量值表》规定的大气污染物、水污染物、固体废物和噪声。

有下列情形之一的，不属于直接向环境排放污染物，不缴纳相应污染物的环境保护税：企业、事业单位和其他生产经营者向依法设立的污水集中处理、生活垃圾集中处理场所排放应税污染物的；企业、事业单位和其他生产经营者在符合国家和地方环境保护标准的设施、场所贮存或者处置固体废物的。

依法设立的城乡污水集中处理、生活垃圾集中处理场所超过国家和地方规定的排放标准向环境排放应税污染物的，应当缴纳环境保护税。

企业、事业单位和其他生产经营者贮存或者处置固体废物不符合国家和地方环境保护标准的，应当缴纳环境保护税。

四、环境保护税应纳税额的计算

(一) 环境保护税的税率

环境保护税的税目、税额，依照《环境保护税法》所附《环境保护税税目税额表》执行。应税大气污染物和水污染物的具体适用税额的确定和调整，由省、自治区、直辖市人民政府统筹考虑本地区环境承载能力、污染物排放现状和经济社会生态发展目标要求，在《环境保护税法》所附《环境保护税税目税额表》规定的税额幅度内提出，报同级人民代表大会常务委员会决定，并报全国人民代表大会常务委员会和国务院备案。环境保护税目税额如表 9-4 所示。

表 9-4　环境保护税税目税额

<table>
<tr><th colspan="2">税目</th><th>计税单位</th><th>税额</th><th>备注</th></tr>
<tr><td colspan="2">大气污染物</td><td>每污染当量</td><td>1.2 元至 12 元</td><td></td></tr>
<tr><td colspan="2">水污染物</td><td>每污染当量</td><td>1.4 元至 14 元</td><td></td></tr>
<tr><td rowspan="4">固体废物</td><td>煤矸石</td><td>每吨</td><td>5 元</td><td rowspan="4"></td></tr>
<tr><td>尾矿</td><td>每吨</td><td>15 元</td></tr>
<tr><td>危险废物</td><td>每吨</td><td>1 000 元</td></tr>
<tr><td>冶炼渣、粉煤灰、炉渣、其他固体废物(含半固态、液态废物)</td><td>每吨</td><td>25 元</td></tr>
<tr><td rowspan="6">噪声</td><td rowspan="6">工业噪声</td><td>超标 1～3 分贝</td><td>每月 350 元</td><td rowspan="6">(1) 一个单位边界上有多处噪声超标，根据最高一处超标声级计算应纳税额；当沿边界长度超过100米有两处以上噪声超标，按照两个单位计算应纳税额。
(2) 一个单位有不同地点作业场所的，应当分别计算应纳税额，合并计征。
(3) 昼、夜均超标的环境噪声，昼、夜分别计算应纳税额，累计计征。
(4) 声源一个月内超标不超过15天的，减半计算应纳税额。
(5) 夜间频繁突发和夜间偶然突发厂界超标噪声，按等效声级和峰值噪声两种指标中超标分贝值高的一项计算应纳税额</td></tr>
<tr><td>超标 4～6 分贝</td><td>每月 700 元</td></tr>
<tr><td>超标 7～9 分贝</td><td>每月 1 400 元</td></tr>
<tr><td>超标 10～12 分贝</td><td>每月 2 800 元</td></tr>
<tr><td>超标 13～15 分贝</td><td>每月 5 600 元</td></tr>
<tr><td>超标 16 分贝以上</td><td>每月 11 200 元</td></tr>
</table>

(二) 环境保护税的计税依据

1. 应税污染物的计税依据

应税污染物的计税依据，按照下列方法确定：

(1) 应税大气污染物按照污染物排放量折合的污染当量数确定；

(2) 应税水污染物按照污染物排放量折合的污染当量数确定；

(3) 应税固体废物按照固体废物的排放量确定；

(4) 应税噪声按照超过国家规定标准的分贝数确定。

应税大气污染物、水污染物的污染当量数，以该污染物的排放量除以该污染物的污染当量值计算。每种应税大气污染物、水污染物的具体污染当量值，依照《环境保护税法》所附《应税污染物和当量值表》执行。污染物当量值的具体内容可登录国家税务总局网站查阅。

2. 应税污染物计税的其他规定

(1) 每一排放口或者没有排放口的应税大气污染物，按照污染当量数从大到小排序，对前三项污染物征收环境保护税。

(2) 每一排放口的应税水污染物，按照《环境保护税法》所附《应税污染物和当量值表》，区分第一类水污染物和其他类水污染物，按照污染当量数从大到小排序，对第一类水污染物的前五项征收环境保护税，对其他类水污染物的前三项征收环境保护税。

(3) 省、自治区、直辖市人民政府根据本地区污染物减排的特殊需要，可以增加同一排放口征收环境保护税的应税污染物项目数，报同级人民代表大会常务委员会决定，并报全国人民代表大会常务委员会和国务院备案。

(4) 应税大气污染物、水污染物、固体废物的排放量和噪声的分贝数，按照下列方法和顺序计算：纳税人安装使用符合国家规定和监测规范的污染物自动监测设备的，按照污染物自动监测数据计算；纳税人未安装使用污染物自动监测设备的，按照监测机构出具的符合国家有关规定和监测规范的监测数据计算；因排放污染物种类多等原因不具备监测条件的，按照国务院生态环境主管部门规定的排污系数、物料衡算方法计算；不能按照前述规定的方法计算的，按照省、自治区、直辖市人民政府生态环境主管部门规定的抽样测算的方法核定计算。

(三) 环境保护税的计算公式

环境保护税应纳税额的计算公式为

应税大气污染物、水污染物的应纳税额＝污染当量数×适用税额

应税固体废物的应纳税额＝排放量×适用税额

应税大气污染物、水污染物的污染当量数＝该污染物的排放量/该污染物的污染当量值

应税固体废物的排放量＝产生量－综合利用量－储存量和处置量(不属于直接向环境排放污染物)

应税噪声的应纳税额为超过国家规定标准的分贝数对应的具体适用税额。

【例 9-9】某企业 2020 年 8 月向大气直接排放二氧化硫、氟化物各 10 千克，一氧化碳、氯化氢各 100 千克，假设大气污染物每污染当量税额按《环境保护税税目税额表》最低标准 1.2 元计算，这家企业只有一个排放口，计算该企业本月大气污染物应缴纳的环境保护税。相应污染物的污染当量值分别为 0.95、0.87、16.7、10.75(单位：千克)。

第一步，计算各污染物的污染当量数。

二氧化硫：10/0.95＝10.53

氟化物：10/0.87＝11.49

一氧化碳：100/16.7＝5.99

氯化氢：100/10.75＝9.30

第二步，按污染物的污染当量数排序(每一排放口或者没有排放口的应税大气污染物，对前三项污染物征收环境保护税)。

氟化物(11.49)＞二氧化硫(10.53)＞氯化氢(9.3)＞一氧化碳(5.99)，选取前三项污染物。

第三步，计算应纳税额。

氟化物：11.49×1.2＝13.79(元)

二氧化硫：10.53×1.2＝12.64(元)

氯化氢：9.3×1.2＝11.16(元)

该企业应缴的环境保护税的金额为 13.79+12.64+11.16＝37.59(元)。

五、环境保护税的纳税地点

纳税人应当向应税污染物排放地的税务机关申报缴纳环境保护税。纳税人申报缴纳时，应当向税务机关报送所排放应税污染物的种类、数量，大气污染物、水污染物的浓度值，以及税务机关根据实际需要要求纳税人报送的其他纳税资料。纳税人应当依法如实办理纳税申报，对申报的真实性和完整性承担责任。

环境保护主管部门依照《环境保护税法》和有关环境保护法律法规的规定负责对污染物的监测管理。

六、环境保护税的纳税期限

纳税义务发生时间为纳税人排放应税污染物的当日。环境保护税按月计算，按季申报缴纳。不能按固定期限计算缴纳的，可以按次申报缴纳。

纳税人按季申报缴纳的，应当自季度终了之日起 15 日内，向税务机关办理纳税申报并缴纳税款。纳税人按次申报缴纳的，应当自纳税义务发生之日起 15 日内，向税务机关办理纳税申报并缴纳税款。

七、环境保护税的减免税规定

(一) 免征环境保护税的规定

下列情形，暂予免征环境保护税：

(1) 农业生产(不包括规模化养殖)排放应税污染物的；

(2) 机动车、铁路机车、非道路移动机械、船舶和航空器等流动污染源排放应税污染物的；

(3) 依法设立的城乡污水集中处理、生活垃圾集中处理场所排放相应应税污染物，不超过国家和地方规定的排放标准的；

(4) 纳税人综合利用的固体废物，符合国家和地方环境保护标准的；

(5) 国务院批准免税的其他情形，由国务院报全国人民代表大会常务委员会备案。

(二) 减征环境保护税的规定

纳税人排放应税大气污染物或者水污染物的浓度值低于国家和地方规定的污染物排放标准 30%的，减按 75%征收环境保护税。纳税人排放应税大气污染物或者水污染物的浓度值低于国家和地方规定的污染物排放标准 50%的，减按 50%征收环境保护税。

第六节 烟 叶 税

一、烟叶税的概念

2017 年 12 月 27 日，《中华人民共和国烟叶税法》(以下简称《烟叶税法》)已由中华人民共和国第十二届全国人民代表大会常务委员会第三十一次会议通过，自 2018 年 7 月 1 日起施行，《烟叶税暂行条例》亦同时废止。伴随着《烟叶税法》的实施，我国烟叶税制将进一步完善，为烟叶生产持续健康发展提供更有力的护航，助推老少边穷地区依托烟叶产业实现乡村振兴。

烟叶税是对在中华人民共和国境内，依照《中华人民共和国烟草专卖法》的规定收购烟叶的单位征收的一种税。

二、烟叶税的纳税人

在中华人民共和国境内，依照《中华人民共和国烟草专卖法》的规定收购烟叶的单位为烟叶税的纳税人。纳税人应当依照《烟叶税法》规定缴纳烟叶税。

三、烟叶税的征税范围

《烟叶税法》所称烟叶为烟叶税的征税范围，包括烤烟叶和晾晒烟叶。

四、烟叶税应纳税额的计算

(一) 烟叶税的税率

烟叶税的税率为 20%。

(二) 烟叶税的计税依据

烟叶税的计税依据为纳税人收购烟叶实际支付的价款总额。纳税人收购烟叶实际支付的价款总额包括纳税人支付给烟叶生产销售单位和个人的烟叶收购价款和价外补贴。其中，价外补贴统一按烟叶收购价款的 10%计算。

(三) 烟叶税的计算公式

烟叶税的应纳税额的计算公式为

烟叶税的应纳税额＝收购金额×适用税率

＝收购价款×(1＋10%)×适用税率

【例9-10】甲烟草公司收购一批烟叶，不含价外补贴的收购价款为234万元。已知，价外补贴为烟叶收购价款的10%，烟叶税税率为20%，增值税税率为17%。根据烟叶税法律制度的规定，计算甲烟草公司应缴纳的烟叶税税额。

烟叶税应纳税额＝234×(1＋10%)×20%＝51.48(万元)

五、烟叶税的纳税地点

纳税人应当向烟叶收购地的主管税务机关申报缴纳烟叶税。

六、烟叶税的纳税期限

烟叶税的纳税义务发生时间为纳税人收购烟叶的当日。烟叶税按月计征，纳税人应当于纳税义务发生月终了之日起 15 日内申报并缴纳税款。

烟叶税没有减免税规定。

第七节　船舶吨税

一、船舶吨税的概念

《中华人民共和国船舶吨税法》经 2017 年 12 月 27 日第十二届全国人民代表大会常务委员会第三十一次会议通过，2017 年 12 月 27 日中华人民共和国主席令第八十五号公布，自 2018 年 7 月 1 日起施行。2018 年 10 月 26 日，其通过第十三届全国人民代表大会常务委员会第六次会议进一步修正。

船舶吨税亦称“吨税”，是指海关对自中华人民共和国境外港口进入境内港口的船舶(以下称应税船舶)，按船舶净吨位征收的税。

二、船舶吨税的纳税人

船舶吨税的纳税人为应税船舶负责人。应税船舶负责人应通过“互联网+海关”、国际贸易“单一窗口”等关企事务平台登录“海关船舶吨税执照申请系统”，录入并向海关发送船舶吨税执照申请信息。

三、船舶吨税的征税范围

船舶吨税的征税范围是指自中华人民共和国境外港口进入境内港口的船舶。

四、船舶吨税应纳税额的计算

(一) 船舶吨税的税率

吨税设置优惠税率和普通税率。中华人民共和国国籍的应税船舶，船籍国(地区)与中华人民共和国签订含有相互给予船舶税费最惠国待遇条款的条约或者协定的应税船舶，适用优惠税率。其他应税船舶，适用普通税率。船舶吨税税目税率如表 9-5 所示。

表 9-5 船舶吨税税目税率

<table>
<tr><th rowspan="3">税目
(按船舶净吨位划分)</th><th colspan="6">税率(元/净吨)</th><th rowspan="3">备注</th></tr>
<tr><th colspan="3">普通税率
(按执照期限划分)</th><th colspan="3">优惠税率
(按执照期限划分)</th></tr>
<tr><th>1 年</th><th>90 天</th><th>30 天</th><th>1 年</th><th>90 天</th><th>30 天</th></tr>
<tr><td>不超过 2 000 净吨</td><td>12.6</td><td>4.2</td><td>2.1</td><td>9.0</td><td>3.0</td><td>1.5</td><td rowspan="4">(1) 拖船按照发动机功率每千瓦折合净吨位 0.67 吨。
(2) 无法提供净吨位证明文件的游艇，按照发动机功率每千瓦折合净吨位 0.05 吨。
(3) 拖船和非机动驳船分别按照相同净吨位船舶税率的50%计征税款</td></tr>
<tr><td>超过 2 000 净吨，
但不超过 10 000 净吨</td><td>24.0</td><td>8.0</td><td>4.0</td><td>17.4</td><td>5.8</td><td>2.9</td></tr>
<tr><td>超过 10 000 净吨，
但不超过 50 000 净吨</td><td>27.6</td><td>9.2</td><td>4.6</td><td>19.8</td><td>6.6</td><td>3.3</td></tr>
<tr><td>超过 50 000 净吨</td><td>31.8</td><td>10.6</td><td>5.3</td><td>22.8</td><td>7.6</td><td>3.8</td></tr>
</table>

(二) 船舶吨税的计税依据

船舶吨税按照船舶净吨位和吨税执照期限征收。净吨位，是指由船籍国(地区)政府签发或者授权签发的船舶吨位证明书上标明的净吨位。

(三) 船舶吨税的计算公式

船舶吨税的计算公式为

$$应纳税额=船舶净吨位\times 适用税率$$

【例9-11】某外籍船运公司货船运载货物进入中国境内，申领吨税执照期限为30天，该公司所在国与中国没有关于优惠税率的协定，货船净吨位100 000吨，请计算该公司应缴纳的船舶吨税税额。

船舶吨税应纳税额＝100 000×5.3＝530 000(万元)

五、船舶吨税的减免

下列船舶免征吨税：

(1) 应纳税额在人民币 50 元以下的船舶；

(2) 自境外以购买、受赠、继承等方式取得船舶所有权的初次进口到港的空载船舶；

(3) 吨税执照期满后 24 小时内不上下客货的船舶；

(4) 非机动船舶(不包括非机动驳船)；

(5) 捕捞、养殖渔船；

(6) 避难、防疫隔离、修理、改造、终止运营或者拆解，并不上下客货的船舶；

(7) 军队、武装警察部队专用或者征用的船舶；

(8) 警用船舶；

(9) 依照法律规定应当予以免税的外国驻华使领馆、国际组织驻华代表机构及其有关人员的船舶；

(10) 国务院规定的其他船舶。

六、船舶吨税的纳税期限和缴纳方式

船舶吨税由海关负责征收。海关征收吨税应当制发缴款凭证。应税船舶负责人缴纳吨税或者提供担保后，海关按照其申领的执照期限填发吨税执照。

吨税纳税义务发生时间为应税船舶进入港口的当日。应税船舶在进入港口办理入境手续时，应当向海关申报纳税，领取吨税执照，或者交验吨税执照(或者申请核验吨税执照电子信息)。应税船舶在离开港口办理出境手续时，应当交验吨税执照(或者申请核验吨税执照电子信息)。应税船舶在吨税执照期满后尚未离开港口的，应当申领新的吨税执照，自上一次执照期满的次日起续缴吨税。

应税船舶负责人可以选择柜台支付方式和电子支付方式缴纳船舶吨税。应税船舶负责人应当自海关填发吨税缴款凭证之日起 15 日内缴清税款。未按期缴清税款的，自滞纳税款之日起至缴清税款之日止，按日加收滞纳税款 0.5‰的税款滞纳金。

本章小结

1. 资源税是对在中华人民共和国领域及其管辖海域开发应税资源的单位和个人征收的一种税。

2. 土地增值税是指对有偿转让土地使用权及地上建筑物和其他附着物产权，取得增值收入的单位和个人征收的一种税。土地增值税的征收范围包括有偿转让国有土地使用权及地上附着物产权。

3. 印花税是对在中华人民共和国境内书立应税凭证、进行证券交易，或者在中华人民共和国境外书立在境内使用的应税凭证的单位和个人征收的一种税，即以经济活动中的各种合同、产权转移书据、营业账簿等应税凭证和证券交易为对象所征的税。

4. 城市维护建设税是对中国境内缴纳增值税、消费税的单位和个人征收的一种税。以纳税人实际缴纳的增值税、消费税税额之和为计税依据，与增值税、消费税同时缴纳。

5. 教育费附加是对缴纳增值税、消费税的单位和个人，以其实际缴纳的增值税和消费税税额为计算依据征收的一种附加费。

6. 环境保护税征税范围的应税污染物，包括大气污染物、水污染物、固体废物和噪声。

7. 烟叶税是对在中华人民共和国境内，依照《中华人民共和国烟草专卖法》的规定收购烟叶的单位征收的一种税。

8. 船舶吨税亦称“吨税”，是指海关对自中华人民共和国境外港口进入境内港口的船舶，按船舶净吨位征收的税。

课 后 习 题

一、选择题

1. 下列各项不属于城市维护建设税的税率的是(　　)。

A. 8%　　B. 7%　　C. 5%　　D. 1%

2. 在计算财产租赁的印花税应纳税款时，税款金额不足 1 元的应按(　　)征收。

A. 如实征收　　B. 四舍五入　　C. 免征　　D. 1 元

3. 某进出口公司进口一批有色金属矿石，该矿石进口环节应缴纳(　　)。

A. 关税　　B. 资源税　　C. 增值税　　D. 营业税

4. 下列各项不是资源税征税对象的是(　　)。

A. 煤炭　　B. 石油　　C. 盐　　D. 石头

5. 按照我国印花税的规定，下列各项应税对象中适用税率最低的是(　　)。

A. 借款合同　　B. 购销合同　　C. 勘测合同　　D. 产权转移书据

6. 下列经济组织或单位中，不属于城市维护建设税纳税人的是(　　)。

A. 民营企业　　B. 国有企业　　C. 外国企业　　D. 国家机关

7. 下列各种行为应该征收土地增值税的是(　　)。

A. 房屋的出租　　B. 国家收回出让的土地

C. 房屋评估增值　　D. 房屋交换

8. 下列属于城市维护建设税计税依据的是(　　)。

A. 外国企业在华机构缴纳的增值税　　B. 个体工商户拖欠增值税的滞纳金

C. 内资企业拖欠增值税的滞纳金　　D. 内资企业偷逃的增值税税金

9. 房地产的开发费用包括(　　)。

A. 土地的征用及拆迁补偿费　　B. 前期工程费

C. 建筑安装工程费　　D. 公共配套设施费

10. 房地产开发企业缴纳的印花税在计算土地增值税时(　　)扣除。

A. 可以　　B. 不可以　　C. 不一定　　D. 以上都不对

11. 根据烟叶税的有关规定，下列说法不正确的有(　　)。

A. 收购烟叶的单位和个人为烟叶税的纳税人

B. 烟叶税的征税对象是生烟叶和熟烟叶

C. 烟叶税实行比例税率，税率为 10%

D. 烟叶税应当自纳税义务发生之日起 15 日内申报纳税

12. 环境保护税征税范围的应税污染物，包括(　　)。

A. 大气污染物　　B. 水污染物　　C. 固体废物　　D. 噪声

二、判断题

1. 印花税应纳税款不足一角的应按一角征收。　(　　)

2. 资源税仅对所有矿产资源征税。　(　　)

3. 我国的资源税的税目包含人造原油(石油)。　(　　)

4. 印花税一共有 4 种面额税票。 ( )

5. 印花税中提到的凭证以“金额”“收入”“费用”作为计税依据的，应当全额计税，不得做任何扣除。 ( )

6. 纳税人因为欠税产生的滞纳金不构成城市维护建设税的计税依据。 ( )

7. 如果纳税人处于农村，则不用缴纳城市维护建设税。 ( )

8. 烟叶税的征税对象是生烟叶和熟烟叶。 ( )

9. 环境保护税是对所有污染环境的污染物征收的税。 ( )

10. 烟叶税没有减免税规定。 ( )

11. 船舶吨税仅对外籍船舶征税。 ( )

三、计算题

1. 某企业 2022 年的有关业务资料如下：

(1) 签订销售合同两份，总金额 200 万元；

(2) 签订购货合同一份，总金额 100 万元；

(3) 签订专利权转让合同一份，总金额 50 万元；

(4) 签订贴息贷款合同一份，总金额 100 万元；

(5) 该年度记载资金的账簿中“实收资本”科目金额为 1 000 万元，“资本公积”科目金额为 200 万元。

计算该企业各项业务应纳的印花税。

2. 华北某油田 2021 年 12 月开采原油 350 000 吨，本月对外销售 300 000 吨，自用 5 000 吨，原油每吨售价 3 000 元。根据税法规定，该油田原油适用的税率为 6%。计算该油田应纳资源税。

四、名词解释

1. 资源税　2. 环境保护税　3. 土地增值税　4. 印花税　5. 城市维护建设税

五、简答题

1. 列举资源税的税目。
2. 列举环境保护税的征税范围。
3. 列举印花税的纳税人。
4. 列举印花税的征税范围。
5. 列举城市维护建设税的特点。
6. 简述环境保护税的计税依据。

六、论述题

1. 论述印花税的减免税规定。
2. 论述土地增值税的扣除项目。

案 例 分 析

欧美主要国家的烟草税

英国：烟税欧盟最高

2017年3月，英国政府财政部门向外界宣布，政府将在本财政年度内，再次提高卷烟产品的税率，以期能够通过调节税率来降低本国的吸烟率。目前英国的烟税在欧盟各成员国中是最高的。数据表明，英国政府对于烟草制品所征收的税率是有些低税率国家的400%，这在很大程度上刺激了非法烟草制品走私进入英国的烟草市场。目前在英国，即使是一些低价格的卷烟产品，其税额已经占到了其市场零售价格的90%。英国烟草商协会的一位负责人指出，在过去的五年时间内，英国政府通过不断的增税政策，其税率已经增长了50%。

法国：烟税比重 80%

法国是欧盟中的“烟民大国”。据法国控烟办公室相关网站介绍，法国共有1 600万烟民，约占总人口的1/4。18～34岁人群中有约一半的人吸烟，15～19岁的年轻人中约有1/3的人吸烟。女性烟民中，20～25岁女性中有46%的人吸烟。为加大控烟力度，近十年来法国卷烟价格不断攀升。法国海关数据显示，2014年一包20支装的卷烟价格已从2004年的5欧元上升到6.8欧元(约合人民币47元)。那这6.8欧元中，税有多少呢？法国“不吸烟者权利”协会介绍，这6.8欧元中有4.3欧元属于消费税，约占售价的63%；增值税1.11欧元，占16.39%。税收比重高达80%，剩下的1.39欧元，如再去掉营销、物流等成本，真不知道还剩下多少是烟钱。如此看来，“浪漫”的法国人抽的原来不是烟，是税呀！那烟草税流向哪里呢？“不吸烟者权利”协会的资料显示，100%的增值税和95.83%的消费税交给了法国中央政府社保部门，还有4.17%的消费税则上缴给中央政府其他部门。

美国：烟民要交三层税

美国烟民抽烟也很破费，烟草共要缴三层税。目前，联邦税是每包 1.01 美元；州税则各有不同，从密苏里州的 17 美分到纽约州的 4.35 美元不等；还有些城市会加征烟税，比如纽约市要在联邦税与州税基础上再征 1 美元税。算下来，在纽约市一包售价 13 美元的万宝路，光税就要 6.36 美元。据美国烟草集团菲利普•莫里斯公司估算，目前美国的烟草税包括联邦、州、地方三层税，占每包烟零售价的 56.6%。

德国：提税、提税、再提税

在德国，很多公交车站的烟草广告箱和所有香烟盒外都会以最醒目和明显的字体标注“吸烟致死”。不仅如此，一些烟盒上还直接印有由于吸烟导致病变后的人体器官，甚至还有些烟盒直接被做成了棺木形状。除此以外，初到德国的烟民还会被不菲的香烟价格震惊。一包最普通的 23 支装的本森香烟在德国的售价是 6 欧元(约合人民币 45 元)。很多香烟售价超过 10 欧元(约合人民币 75 元)。多数有吸烟习惯的外国人由于不适应德国昂贵的香烟价格，而采用老式的方法，买烟草和烟纸自己卷烟。这并不稀奇，因为烟民要为吸烟间接缴纳高昂的税。从 2015 年开始，如果一个烟民花 5 欧元买了一包 19 支装的香烟，就意味着他总共缴纳了 3.75 欧元的税，其中包含 2.95 欧元的烟草税和 0.8 欧元的营业税。光是税费就占了这包香烟价格的 75%。在过去的 100 年中，德国历届政府都在不断地提高烟草税。在过去的十几年中，烟草价格更是被大幅提高。从 2002 年到 2003 年，政府每年为每支香烟多征收了 1 分钱；根据德国联邦统计局 2015 年的数据，2014 年全德的烟草税收为 143 亿欧元，而此项税收在 1970 年仅为 65 亿欧元。根据德国新闻网站 Welt 的报道，政府有可能再次提高烟草税，烟客们将为自己的小嗜好再掏腰包。

问题：

1. 简述欧美国家的烟草税与中国烟叶税的区别。
2. 烟草企业需要缴纳哪些种类的税收？
3. 谈谈你对以税控烟的理解。

第十章

国债原理与制度

国债作为一国政府的债务，是一种为弥补财政赤字而筹集的资金，本身既有天然的财政属性，又有附带的金融属性。国债为国家基础设施和公共设施建设筹集大量资金，促进了经济发展。本章主要介绍国债的含义与特征、国债的产生及发展、国债的发行和偿还、国债负担以及国债市场等相关原理与制度。

【学习重点】

本章的学习重点是国债的功能，国债负担的含义，国债规模的衡量以及国债市场的功能。

【学习难点】

本章的学习难点是国债负担的内涵以及国债负担数量界限的衡量。

【教学建议】

本章主要采用理论分析和案例分析相结合的方法讲解有关国债的基本理论与基本知识。让学生课下登录财政部等官方网站，了解当前我国国债业务开展情况。

第一节　国债概述

一、国债的含义与特征

(一) 国债的含义

国债是指国家或政府以债务人的身份，采取信用的方式，从国内外取得的债务。它是国家财政收入的一种特殊形式，是政府调节经济的一种重要手段。政府在发行国债后，与一般的债务人一样，是需要偿还的，政府偿还国债的资金最终来源还是税收。从这个意义来说，国债是一种变相的、延期缴纳的税收。

对于国债的概念可以从 3 个方面来理解。①国债是国家(政府)信用的主要形式。政府的财政分配活动一般采取无偿的方式，但不排除在一定情况下采取有借有还的信用方式。国家(政府)信用，是指国家(政府)以债务人或债权人身份，运用信用方式筹集财政收入和运用财政支出。在我国，国债是国家信用的最主要形式。②国债是财政收入的一种特殊形式。因为不论是发行债券还是借款，都意味着财政收入的增加，所以国债是筹集财政收入的一种手段。同时，国债不同于具有强制性和无偿性的税收和罚没收入。③国债是政府掌握的重要经济杠杆之一。在当今世界各国，国债的作用已经不仅仅局限于平衡财政预算，弥补财政赤字，它还是政府调节经济，实行宏观调控，促进经济稳定和发展的一个重要经济杠杆。

(二) 国债的特征

1. 国债的财政特征

国债作为政府财政收入的一种重要形式，与政府的税收相比较，具有如下特征。

(1) 自愿性。自愿性是指国债的发行或认购建立在认购者自愿承购的基础上。认购者是否认购、认购多少，完全由认购者自主决定，国家不能指派具体的认购人，这与税收的强制性有区别。

(2) 有偿性。有偿性是指对政府而言，通过发行国债筹集的财政资金是一种负债，必须按期偿还。除此之外，政府还要按事先规定的认购条件向债权人支付一定数额的暂时让渡资金使用权的报酬，即利息。

(3) 灵活性。灵活性是指国债发行与否以及发行量的多少，一般由政府根据财政资金的余缺状况和社会的承受能力灵活地加以确定，而非通过法律形式预先规定。国债这一灵活性特点与税收的固定性有区别。

2. 国债的金融特征

国债属于财政范畴的同时，在现实中又是一种金融商品。国债作为一种特殊的债券，其特殊性主要表现在以下几个方面。

(1) 安全性高。国债是政府发行的债券，由政府承担还本付息的责任，是国家信用的体现。在各类债券中，国债的信用等级通常被认为是最高的，投资者购买国债，是一种较安全的投资。

(2) 流通性强。国债是一国政府的债务，它的发行量一般都非常大。同时，由于国债的信誉高，竞争力比较强，市场属性好，所以，许多国家国债的二级市场十分发达。发达的二级市场为国债的转让提供了方便，使其流通性大大增强。

(3) 收益稳定。投资者购买国债，可以得到一定的利息。国债的付息由政府保证，其信用度高、风险小，因此，对于投资者来说，投资国债的收益是比较稳定的。此外，假如投资者认购国债后到二级市场上转让，因国债的本息多数固定并有保障，所以其转让价格一般不会像股票那样容易出现大的波动，转让双方也能得到相对稳定的收益。

(4) 免税待遇。国债是政府的债务，为了鼓励人们投资国债，大多数国家规定对于购买国债所得的收益，可以享受税收上的免税待遇。这使国债与其他收益类证券相比有了免税优势。

二、国债的种类

国债的类型较多，可根据需要而采用不同的分类标准，其分类标准主要有以下几种。

(一) 按国债发行主体分类

从国债的发行主体来看，国债可以分为中央政府国债和地方政府国债。中央政府国债列入中央政府的预算，主要用于弥补财政预算的赤字，既可以用于经常性支出，又可以用于资本性支出。地方政府国债原则上不可以用来弥补财政预算的赤字，一般用于特殊目的的地方性受益的资本性支出。

(二) 按偿还期限分类

按偿还期限的长短，国债可以分为短期国债、中期国债和长期国债。但国债期限的划分并无统一的标准。大多数西方国家认为，偿还期限在 1 年以内的国债称为短期国债；偿还期在 1 年以上 10 年以内的国债称为中期国债；偿还期限在 10 年或 10 年以上的国债称为长期国债。

(三) 按发行地域分类

按发行地域分类，国债可以分为国内债券(简称内债)和外债。内债是政府以债务人身份向本国境内的居民或单位发行的国债，内债是一国国债的主要组成部分。外债是政府在国外举借的债务。按照国家外汇管理局发布的《外债统计监测暂行规定》和《外债统计监测实施细则》，中国的外债是指中国境内的机关、团体、企业、事业单位、金融机构或者其他机构对中国境外的国际金融组织、外国政府、金融机构、企业或者其他机构用外国货币承担的具有契约性偿还义务的全部债务。外债所占比例要低于内债。截至 2020 年 12 月末，我国外债余额为 24 008.1 亿美元，外债负债率为 16.3%，外债债务率为 87.9%，外债偿债率为 6.5%，短期外债与外汇储备的比例为 40.9%。上述指标均在国际公认的安全线以内，我国外债风险总体可控。

2015—2020 年中央财政债务余额情况如表 10-1 所示。

表 10-1　中央财政债务余额情况(2015—2020 年)

单位：亿元

指标 \ 年份	2015	2016	2017	2018	2019	2020
中央财政债务余额	106 599.59	120 066.75	134 780.16	149 607.41	168 038.04	208 905.87
国内债务	105 467.48	118 811.24	133 447.44	148 208.62	166 032.13	206 290.31
国外债务	1 132.11	1 255.51	1 332.72	1 398.79	2 005.91	2 615.56

(资料来源：中华人民共和国国家统计局官方网站，http://www.stats.gov.cn)

(四) 按国债利率的形式分类

按国债的利率形式分类，国债可分为固定利率国债和浮动利率国债。固定利率国债是国债采用的一般形式，指的是票面利率固定，到期按票面利率计息，不受经济形势的影响。近年来发行的国债一般是固定利率为主。浮动利率国债指的是国债发行时对票面利率不予固定，随着经济形势的变化，政府决定票面利率的多少，这在通货膨胀时期有利于政府推销国债。我国在 1989 和 1990 年通货膨胀比较严重时，曾对国债实行保值补贴，其实际上就是一种浮动利率国债，目的是不使购买国债者因通货膨胀而遭受损失。

(五) 其他分类方式

按是否可以流通来划分，国债可分为上市国债和不上市国债。上市国债也称可出售国债，是指可在证券交易场所自由买卖的国债。不上市国债也称不可出售国债，是指不能自由买卖的国债。这类国债一般期限较长，利率较高，多采取记名方式发行。

以发行的凭证为标准，国债可分为凭证式国债、凭证式国债(电子记账)和记账式国债。凭证式国债是指国家用填制国库券收款凭证的方式发行的债券。凭证式国债(电子记账)，是指财政部利用计算机网络系统，通过承办银行营业网点柜台，直接面向个人投资者发行的、以电子记账方式记录债权的凭证式国债。记账式国债又称无纸化债券，是由财政部通过无纸化方式发行的、以电脑记账方式记录债权，并可以上市交易的债券。

按发行性质不同，国债可分为自由国债和强制国债。自由国债又称任意国债，是指由国家发行的由公民、法人或其他组织自愿认购的国债，它是当代各国发行国债普遍采用的形式，易于为购买者接受。强制国债是国家凭借其政治权力，按照规定的标准，强制公民、法人或其他组织购买的国债，这类国债一般是在战争时期或财政经济出现异常困难或为推行特定的政策、实现特定目标时采用。

三、国债的功能

国债作为一种财政收入形式，它的出现在历史上要比税收晚得多。从国债的产生和发展的历史角度来分析，国债的功能主要有以下 3 个方面。

(一) 弥补财政赤字

随着社会经济的发展，政府职能不断扩大，财政支出也日益增加，按照以往的做法，仅仅依靠税收已经不能满足政府支出的需要，只能采取借债的方法来补充财政资金的不足，国债由此而产生。因此可以看到，国债本身就是与财政赤字相联系的财政收入形式，是作为弥补财政收支差额的来源而产生的。弥补财政赤字是国债最基本的功能。

弥补财政赤字一般有 3 种形式：增加税收，向中央银行透支或发行货币，举借国债。以发行国债的方式弥补财政赤字，一般不会影响经济发展，可能产生的副作用也很小。这是因为：①发行国债只是部分社会资金使用权的暂时转移，使分散的购买力在一定期间内集中到国家手中，流通中的货币总量一般不会改变，一般不会导致通货膨胀；②国债的认购通常遵循自愿的原则，通过发行国债获取的资金基本上是社会资金运动中游离出来的部分，也就是企业和个人闲置不用的资金，将这部分资金暂时集中使用，当然不会对经济发展产生不利的影响。

当然，对国债弥补财政赤字的功能不能绝对化，不能把国债视为医治财政赤字的灵丹妙药。这是因为：一方面，财政赤字过大，导致债台高筑，还本付息的压力又会引致赤字的进一步扩大，互为因果，最终会导致财政收支的恶性循环；另一方面，社会的闲置资金是有限的，国家集中过多往往会影响微观经济主体，从而降低社会的投资和消费水平。

(二) 筹集建设资金

举债弥补赤字只是临时性的，为经济建设筹资才是国债发行的主要目的。从国债发行方式、目的和用途上看，许多国家在发行国债时对国债的目的和用途有明确的规定，有的国家还以法律形式对国债的发行进行约束。我国 20 世纪 50 年代发行的“国家经济建设国债”和 20 世纪 80 年代中期发行的一些国债就明确规定了发行的目的是筹集建设资金。

从国债收入的性质上看，国债筹集建设资金的功能，隐含着国债可以是稳定的、长期的收入，国家发行国债就可以在经常性支出之外安排更多的支出。国债作为稳定的、长期的财政收入是可行的：①社会资金的运动是一个连续不断的过程，而在这一过程中游离出的闲散资金也是持续和稳定的，发行国债具有可靠的资金来源保证；②国债发行遵循自愿认购和有借有还的信用原则，容易被社会各方面接受；③世界各国的经济发展程度不同，资金占有量及充裕程度也不同，因而不仅可以发行内债从本国筹集资金，还可以发行外债引进其他国家的资金。

(三) 调节国民经济的发展

随着社会的发展、国家职能的不断扩大，对国民经济实施管理已经成为国家的重要任务。适时适当地利用国债政策，可以有效地调节和促进国民经济的发展。发行国债意味着政府集中支配的财力的增加，而国债资金投放方向的不同，对社会经济结构的影响也不相同：用于经济建设，将扩大社会的积累规模，改变既定的积累与消费的比例关系；用于消费，则扩大社会的消费规模，使积累和消费的比例关系向消费倾斜；用于弥补财政赤字，就可以平衡社会总供给和社会总需求的关系等。国债调节国民经济的作用主要表现在以下两个方面。

(1) 国债作为一种财政政策手段，可以发挥调节社会总供给与总需求的功能。从对社会总供给的影响来看：①国债有利于增加社会总供给，不管是内债还是外债，只要运用得当，投入社会再生产过程，就能促进经济增长，扩大未来的社会产出，从而扩大社会供给总量；②用国债资金进行政府投资，可以调节投资结构，促进产业结构调整，优化供给结构。国债的宏观调控功能更主要地表现在对社会总需求的调节上。一方面，国债能从多个角度调节社会需求总量；另一方面，当国债的来源和运用不同时，就会改变社会需求结构。因此，政府可以根据不同时期的经济状况，灵活地运用国债，以实现社会总供给和社会总需求在总量上和结构上的平衡。

(2) 国债可作为货币政策工具，发挥调节经济的功能。国债不仅是财政政策手段，而且也是货币政策的工具。存款准备金、再贴现和公开市场业务被称为中央银行实施货币政策的三大法宝。其中，公开市场业务是中央银行运用最频繁的日常管理手段。中央银行通过公开市场操作，买卖有价证券，吞吐基础货币，不仅可以有效地调节商业银行的流动性，而且还会对利率结构产生影响，从而影响整个社会的信用规模与结构。由于短期国债具有安全性好、流动性强的优点，成为各国中央银行进行公开市场业务操作的首选工具。

四、国债的产生与发展

国债是在私债的基础上产生和演变而来的，并随着资本主义的发展，国债获得了制度上的确立与发展。

(一) 国债的产生

根据苏联大百科全书《国家国债》记载，公元前4世纪，古希腊和古罗马出现了国家向商人、高利贷者和寺院借债的情况，这是有关国债的最早记载。不过，古代社会的国债是少量的、偶然的。现代意义上的国债制度是在封建社会末期，随着资本主义生产关系的产生和发展而建立起来的。

12世纪末期，在当时经济极为发达的意大利城市佛罗伦萨，其政府曾向金融业者筹集国债，其后热那亚和威尼斯等城市相继效仿。在14世纪和15世纪期间，意大利各城市政府几乎都发行了国债。15世纪末16世纪初，随着美洲新大陆的发现和欧洲去往印度航路的开通，资本主义生产关系有了很大发展，国债也随之发展起来。16世纪和17世纪上半叶，欧洲各国面临严重的金融问题和财政困难，此时政府举债已成为一种经常现象。政府发债的原因很多，而且在不同年代发债的动因各不相同，概括起来有以下3点。

(1) 从政府的支出需求看，资本主义国家的对外扩张引起了财政支出的过度膨胀，迫使资本主义国家不得不扩张国债的规模。

(2) 从发行的物质条件来看，充裕的社会闲置资金是发行国债的物质条件，只有在商品货币经济发展到一定水平时，社会上才会有充足和稳定的闲置资金。资本主义制度下生产力的巨大发展和经济增长促使社会闲置资金规模不断扩大，给国债发行提供了大量的、稳定的资金来源。

(3) 资本主义时期金融机构的发展和信用制度的完善为发行国债提供了必需的技术条件。

(二) 国债的发展

现代意义上的国债制度的确立和发展，是在资本主义取得政权以后。国债的发展时期可以划分为自由资本主义时期和垄断资本主义时期两个发展阶段。

1. 自由资本主义时期的国债发展阶段

这一阶段的国债是随着西欧资本主义列强的先后崛起而不断发展的。16世纪末，资本主义列强国荷兰为顺应当时国内资本充斥的情况，并使资本家获得更多利息，也为满足自身对海外扩张的支出需要，政府发行了大量国债。到17世纪末，荷兰经济地位被英国取代，国债的发展就转向了英国。至1856年财政年度，英国国债总额已达8.08亿英镑，不过，之后随着减债基金的实施和财政盈余的专门偿债，英国国债的数额也逐渐减少并稳定下来。

2. 垄断资本主义时期的国债发展阶段

在垄断资本主义时期，为延缓和克服频繁出现的经济危机，垄断资产阶级利用扩大国债的发行数量来应对危机。以美国为例，1930年爆发世界经济危机，美国不得不施行扩大财政支出的罗斯福新政，迫使美国政府举借大量国债，从而使得1930年到1939年的联邦政府债务总额高达404亿美元。接着，第二次世界大战又将美国国债推向了一个新的高峰，美国国债在1941年为563亿美元，到1945年“二战”结束时猛增到2 587亿美元。“二战”后，刺激经济发展的赤字财政政策和庞大的军费供应仍是美国国债迅速增长的主要原因。2011年，美国国债总额达到了140 000亿美元，美国已经踏上“财政悬崖”，根据美国白宫预算办公室(CBO)预计，如果以每天增加35亿美元新债的速度增长，美国政府的债务总额将会在10年后飞涨至26万亿美元。美国2019年 GDP 为21.42万亿美元，当年美国负债率就已经超过了100%，达到106.9%，2019年年底美国国债总额为21.42×106.9%=22.9万亿美元，美国国债总额超过了美国的 GDP 总额。而预计到2035年，美国联邦债务将占 GDP 的180%，财政体系将处于崩溃的边缘。

(三) 我国国债的形成与发展

1. 近代我国国债的发展

我国国债在近代经历了一个曲折的发展过程。首先，作为国债重要组成部分的外债，是伴随着西方列强对中国的军事侵略和掠夺而来的。从 1853 年到 1949 年的近百年中，旧中国的历届政府共借外债约 62.5 亿元。其次，旧中国的国内举债经历了清政府时期、北洋军阀政府时期和国民党政府时期，除清政府三次国内发债失败以外，后两者均进行了资本主义方式的举债。这些国债主要应用于战争费用、军政开支和官僚资本的建立，变相掠夺和吸纳了广大人民的大量财富。

2. 中华人民共和国成立以来我国国债的发展

中华人民共和国成立以来，我国对国债政策的认识与运用也经历了一个曲折的过程。这一过程大致可分为以下 3 个阶段。

第一阶段：改革开放以前。

从总体上看，这一阶段国债政策的作用没有得到充分发挥。在这一阶段，我国共筹集国债资金92.77亿元，这些国债资金都是20世纪50年代筹集的，对国民经济恢复和国家重点建设发挥了作用。但1958年，我国停止了内债和外债的发行，并于1965年还清外债，1968年偿清了全部内债，1969年5月11日《人民日报》宣布我国成为既无内债又无外债的国家。这是由我国当时所处的国内外经济环境决定的。

第二阶段：从 1981 年到 1995 年。

这一阶段利用国债筹集建设资金的功能被正式确立和运用。在这一阶段，由于放权让利改革，致使财政支出增加较多，出现了财政赤字，于是，政府利用国债筹集资金来弥补赤字。经过几年的探索和实践，人们逐步认识并确立了国债是财政筹集建设资金的重要手段之一。与此同时，我国国债流通市场建设也在迅速发展。1988年，在哈尔滨等七大城市进行了建立国债流通市场的首批试点。到1991年，又将国债流通转让市场开放到地市级以上城市，加上同时进行的国债承购包销试验的成功，标志着我国国债流通市场初步形成。国债市场的发展为国债规模的扩大提供了便利条件。

第三阶段：从 1996 年至今。

这一阶段国债政策的宏观调控功能被正式确立。在这一阶段，在继续发挥国债政策筹资功能的基础上，国债政策的宏观调控功能开始发挥。1996年4月9日，中国人民银行首次向14家商业银行总行买进219亿元面值的国债，我国国债政策作为宏观调控重要手段的功能正式确定。至此，我国国债政策实现了由单一筹资功能向筹资与调控双重功能的转变。1998年，我国国债政策首次以筹资与调控双重身份登上宏观调控的大舞台，作为积极财政政策的核心唱上了主角。国债的发行及其利用不但部分地解决了各项经济建设和社会事业发展缺少资金的问题，而且本身也成为政府调控宏观经济的重要政策工具。

第二节 国债发行与偿还

国债发行与偿还是中央政府举借国债的重要环节。科学地发行与偿还国债不仅会大幅度减少政府的筹资成本，而且还会促进国债市场发展。

一、国债的发行

国债的发行涉及国债的发行价格和国债的发行方式。

(一) 国债的发行价格

受国债供求关系的影响，国债的发行价格围绕国债票面价值上下波动，会有平价发行、折价发行和溢价发行 3 种情况。

1. 平价发行

平价发行是指按国债标明的票面金额出售，政府按票面金额取得收入，到期按票面金额还本。

国债发行收入与偿还本金支出相等，有利于政府财政收支的计划管理和财政预算的顺利执行。

政府债券按照票面值出售，必须有两个前提条件。①市场利率要与国债发行利率大体一致。如市场利率高于国债利率，按票面值出售便无法找到认购者或承购者；市场利率低于国债利率，按票面值出售，财政将遭受不应有的损失。②政府的信用必须良好。只有在政府信用良好的条件下，人们才会乐于按票面值认购，国债发行任务的完成才能有足够的保障。

2. 折价发行

折价发行就是按低于票面金额的国债发行价格出售。政府按低于票面金额的折价取得收入，到期按票面金额还本。国债发行收入低于偿还的支出，这对于国家财政不利，甚至还会影响市场利率的稳定。

债券的发行价格低于票面值的原因是多种多样的：压低发行价格比提高国债的利息率更能掩盖财政拮据的实际情况，不致引起市场利息率随之上升而影响经济的正常发展；在发行任务较重的情况下，为了鼓励投资者踊跃认购而用降价的方式给予额外利益，是更重要的原因。

3. 溢价发行

溢价发行就是按高于票面金额的国债发行价格出售，政府按高于票面金额的溢价取得收入，到期按票面金额还本，国债发行收入高于偿还本金的支出。但溢价发行偿还期长，利息支出有可能与收入相抵，不利于未来财政收支的计划管理和财政预算的顺利执行，另外也有损国家信用，不利于今后国债的发行。

政府债券能按高于票面值的价格出售，只有在下述两种情况下才能办到：①国债利息率高于市场利息率以致认购者认为有利可图；②国债利率原与市场利率大体相当，但当债券出售时，市场利率出现下降，导致政府有可能提高债券出售价格。

比较上述 3 种发行价格，从政府财政的角度看，第一种发行价格即平价发行可以说是最为有利的。首先，采用这种价格发行国债，政府可按事先规定的票面值取得预期收入，又按此偿还本金，除需要按正常的利息率支付一定的利息外，不会给政府财政带来额外负担。其次，按照票面值出售债券，不会对市场利率带来上涨或下降的压力，这是有利于经济的稳定的。而且，债券面额与发行价格一致，还有助于避免债券的投机之弊。第三种发行价格即溢价发行，虽可在发行价格上为政府带来一些价差收入，但因溢价只有在国债利率高于市场利率的情况下才能办到，财政也要为此承受高利支出，而且，由于其收入不规则，也不利于财政收支的计划管理。至于第二种发行价格即折价发行，则既不能为财政按票面值带来预期收入，偿还本金支出又要大于实际国债收入，而且还有可能影响市场利率的稳定，对财政更为不利。

(二) 国债的发行方式

1. 承购包销方式

承购包销方式，是由拥有一定规模和较高资信的中介机构组成承购包销团，按一定条件向财政部门直接承购包销国债，并由其负责在市场上转售，未能售出的余额均由承销者自行认购。

承购包销方式的特征是：①这种方法通过承销合同确定财政部门与承销团体的权利和义务，双方不是代理关系而是买卖关系，两者在确定发行条件方面是平等的，承销团体承担推销的风险；②发行价格和利率一般由政府与承销团体通过讨价还价协商决定，或由政府根据市场价格和利率单方面决定，较为符合资金的市场供求状况。目前，日本、德国、加拿大等国比较多地采用这一方式，这也是我国 20 世纪 90 年代中后期的主要发行方式之一。

2. 公募拍卖方式

公募拍卖方式也称公开招标方式，是指财政部门事先不规定国债的发行价格或发行利率，由投标人直接竞价，然后财政部门根据投标所产生的结果来发行国债。中标者既可以按一定的价格向社会转售，也可以自己持有国债成为国债认购者。公募拍卖方式根据所竞标的标的物不同，分为价格招标和收益率招标。价格招标是指以国债的发行价格作为标的物的招标发行方式。在价格招标方式下，国债的利率与票面价格之间的联系固定不变，投标者根据固定利率及对未来金融市场利率变化的预期进行投标，投标价格可低于面值，也可高于面值。所有中标者根据各自不同的投标价格购买国债的招标方式称为美国式招标，所有中标者都按统一价格购买国债的招标方式称为荷兰式招标。收益率招标是指以国债的实际收益率为标的物的招标发行方式。在收益率招标方式下，财政部门只确定发行规模和票面价格，发行国债的收益率由投标者投标确定，财政部门从报出的最低收益率开始依次选定认购者，直至完成预定的发行量。

3. 直接发行方式

直接发行方式亦称承受发行法，是指财政部门直接与认购者谈判出售国债的推销方式。直接发行方式的主要特征是：①推销机构只限于政府的财政部门，如财政部，由它们直接与认购者进行交易，而不通过任何中介或代理机构；②发行对象主要限于机构投资者，如商业银行、储蓄银行、保险公司、社会保险基金等；③发行条件通过直接谈判确定，即在国债销售之前，由政府召集各机构投资者分别就国债发行的利息率、出售价格、偿还方法、期限等条件进行谈判并协商确定。直接发行方式主要用于某些特殊类型国债的推销。

4. 连续经销方式

所谓连续经销方式，是指财政部门通过金融机构或邮政系统的网点持续卖出国债的方式。连续经销方式的特征是：①财政部门与金融机构或邮政系统是一种代理关系，财政部门按代销额的一定比例向代理销售机构支付委托手续费，代理销售机构不承担任何推销的风险。②发行条件可以灵活调整，即发行之前政府不预先规定国债的发行利率和发行价格，而是可以在经销期间根据市场行情变化相机抉择。③经销期限不限定，代理销售机构可以持续经销，直至完成预定的发行数量。

从实践来看，各国很少只采用一种国债发行方式，往往是几种方式并用，即采取所谓的组合发行方式。

二、国债的偿还

国债的偿还是指国家依照信用契约，对到期国债支付本金和利息的过程，它是国债运行的终点。国债的偿还主要涉及两个问题：①偿还的方式；②偿还资金的来源。

(一) 国债的偿还方式

因国债的种类不同，其还本付息的方式也不尽相同。下面重点介绍几种国债的还本付息方式。

1. 期满一次偿还法

期满一次偿还法又称一次性还本付息法，即按照国家发行时约定的偿还期限，到期后一次性偿还全部本息的一种偿还方法。采用期满一次偿还法的优点是国家债券还本管理工作简单，易于操作，且不必为国家债券的还本付息频繁地筹集资金，同时也便于持券者计划安排资金投向；缺点是国家集中一次性偿还国债本息，有可能造成国家财政支出的急剧增加，给中央财政带来较大的压力，同时增加了社会的资金运转量，容易引起资金市场的波动，不利于国家经济的发展。

2. 抽签分步偿还法

抽签分步偿还法，是指在国债偿还期内，分年度确定一定的偿还比例，由国家对中央政府的债券还本采取定期专门抽签的方法，确定各次归还债券的号码，如约偿还，直到偿还结束，全部国债中签偿清为止的一种方式。抽签分为一次性抽签和分次抽签两种。一次性抽签是对国家发行的某个时期债券，在它到期前的某个时间举行抽签仪式，集中把各个年度每次还本债券的号码全部抽出来，通过新闻媒介或其他方式将中签号码公布，通知债券持有者。分次抽签是对国家发行的某个时期的国债，按分批还本的次数定期抽签，以确定还本债券的号码，分几批还本就分几次抽签。

3. 分期还本偿还法

分期还本偿还法，是指中央政府对一种债券规定几个还本期，每期按一定比例还本，直至债券到期为止，本金全部偿还完毕。分期还本偿还法可以分散国债偿还对国库的压力，避免集中偿还可能给中央财政带来的困难，对政府发行的国债产生一种较强的债务约束；同时，分期还本偿还法还可以满足投资者对不同流动性的需求。但该方法由于在国债发行之初就规定了偿还顺序及额度，是强制性偿还制度下缺乏灵活性的一种还本付息方法；同时，由于国债偿还期限不同，收益率也会不同，从而人为造成债券市场价格的不稳定；而且该方法手续繁杂，工作量大，对偿债机构和债券持有者都不方便，故较少采用。

4. 提前偿还法

提前偿还法又称市场购销偿还法或买销法，是中央政府在市场上按照国债行市，适时购进国债，在该债券到期前逐步清偿，以致这种国债期满时已全部或绝大部分被中央政府持有。该方法实际上是以间接方式进行的还本付息，因而又称间接偿还法。它主要适用于各种期限的上市国债，并以短期国债为主，而且一般以自由性偿还制度为前提。在自由性偿还制度下，政府可以从债券市场上选择合适的国债种类，以市场价格适量购入。

(二) 国债偿还资金的来源

国债的偿还，需要有一定的资金来源。偿还债务的资金来源主要依靠税收收入、预算盈余、偿债基金及债务收入等。

1. 税收收入

一般来说，在一国的财政收入中税收收入相对稳定，因此，以税收收入作为偿债的资金来源比较稳定可靠。具体而言，税收收入作为偿还国债的最基本的资金来源，理由在于：①税收收入是政府财政收入的主要来源，尤其是在现代，几乎所有国家税收占财政收入的比重都非常高；②从国债的使用来看，国债无非是用来弥补政府财政赤字或是用于建设，弥补财政赤字的资金理应来源于税收，如果因基础性、公益性的项目建设而发行债券，政府并不能直接取得收入，这部分国债最终还需要用税收来偿还。另外，在平衡预算下，以税偿债不会影响市场货币总量，也不会影响市场物价总水平。

2. 预算盈余

预算盈余是国家预算执行结果收大于支的余额，即财政结余。以财政结余作为偿债资金的来源，就是用上年的财政结余来支付本年应偿还的国债本息。事实上，财政结余是一种潜在的偿债资金来源，现实可行性并不大。首先，从财政结余的使用方向上看，财政结余一般首先用于财政储备，弥补投资不足，兴办社会事业等，偿还国债并不是财政结余的第一位的使用方向。其次，财政结余作为偿债资金的来源，每年能够偿还国债本息的规模直接取决于财政是否结余和结余多少。当今世界多数国家的政府都存在财政赤字，很少出现财政结余的年份，以财政结余作为偿债资金来源，在许多国家已经没有多少现实意义。

3. 偿债基金

偿债基金是一种政府设立的专门用于偿还债务的资金。政府每年根据预算安排，从国库中拨出一部分资金，用以收买国债。如果买回的国债未到期，仍然计算利息，此项利息连同次年国库新拨出的资金一起再并入偿债基金之中，继续收买国债。这样可以通过复利积累，使债务不致对政府形成太大的压力，甚至可以提前偿清债务。在国债尚未还清之前，每年的预算拨款不能减少，以逐年减少债务，因此，偿债基金又称为减债基金。设立偿债基金为国债的偿还提供了稳定的资金来源，可以平衡各年度的偿债负担，使偿债能够有计划地进行。从短期看，设立偿债基金会减少政府当期的可支配收入；从长期看，国债发行和偿还连年滚动，偿债基金可以起到均衡各年偿债负担的作用。从债务管理角度而言，建立偿债基金后，可以把债务收入和支出从正常预算收支中独立出来，便于更好地对债务资金的使用效果进行管理和监控。

4. 债务收入

债务收入即所谓的借新还旧，就是国家通过发行新的债券为到期债券筹措偿还资金。以债务收入作为国债还本付息的资金来源，实际上是延长了债务期限，推迟了偿债时间，这是大多数国家偿还国债的主要资金来源。由于当今世界上多数国家国债累积数额十分庞大，每年到期的债务额已远非国家财政预算所能负担。为偿还这些债务，需要通过发行新的国债为到期债务筹措还债资金。这已经成为中央政府偿还到期债务的基本手段。

第三节 国债负担及国债管理

一、国债负担的基本内容

(一) 国债负担的含义

国债负担是指国债的发行和偿还所产生的经济负担。国债既然是国家按照信用原则形成的借贷关系，这种借贷关系中的债权人、债务人客观上就存在经济负担问题。

1. 债务人负担

从政府作为债务人来讲，借债到期必须还本付息，这关系到政府的声誉。政府借债要还本付息就是一个名副其实的负担问题，只能量力而行。一国政府举债，如果不从本国实际出发，单纯为满足政府支出需要而过度举债，势必导致债台高筑不能自拔，造成财政危机。

2. 债权人负担

从债权人来看，用于购买国债的资金应该是认购者(地方政府、企事业单位和居民个人)拥有的暂时闲置资金，即认购者满足本身生产经营和个人生活消费之后的余额。这个余额用于购买国债，实际上减少了认购者用于其他方面支出的资金，这就不能不考虑自身的购债能力。所以，国债发行必须考虑认购人的实际负担能力。

3. 纳税人和其他劳动者负担

从政府偿还国债的资金来看，归根结底来源于税收和国有企业上缴的利润等无偿收入。税收和上缴的利润是企业单位和劳动者交纳的，这直接或间接形成纳税人负担。因为“国债实际上是捐税的预征”，所以，一国国债发行往往形成债权人、债务人和纳税人的负担。

(二) 国债负担的考察环节

国债的负担还可以从购买、使用和偿还的具体环节来考察。

1. 从购买国债的环节来看

从购买国债的环节来看，只要认购国债者不是被迫认购的，对购买者就不会造成负担。虽然国债与储蓄和公司债券是有明显区别的，但从投资的角度看，都是可供选择的投资工具，国债也是一种生息的投资工具，所以，投资者购买国债是其在衡量了收益与风险后的理性选择，不会成为其负担。

2. 从使用国债的环节来看

政府利用国债筹措到了一笔资金，是否形成国债负担，就要看筹措这笔资金的必要性，以及使用这笔资金的具体效果。如果政府利用国债的效果很差，基本上是用于既无经济效益又无社会效益的消耗性政府开支上，这就既有“挤出效应”，又会给社会造成负担，因为本来这笔钱可以用于产生较好社会效益和经济效益的项目上。可见，所谓国债负担，要看国债产生的社会效益是否小于其机会成本，倘若是肯定的，那就存在国债负担；反之就不存在。

3. 从偿还国债的环节看

政府虽然是偿还国债的主体，但政府本身不产生收入，政府收入来源于税收，也就是从单位和个人那里征集得来的税收。从政府的角度看，政府无所谓负担问题，因为它一方面向单位和个人借钱；另一方面又向单位和个人征税，用征收到的钱还债，这就是“左手向右手借钱”。显然，如果没有国债的话，纳税人本来不会缴纳这么多的税收，从这个角度看，对纳税人产生了负担。对纳税人是否真造成了负担，就要对使用国债所产生的效益与其成本进行比较。但是，政府使用国债，主要是用于提供公共产品，不是用于私人商品的生产，这给国债使用效果的评价带来很大的困难，因为它缺乏货币计量的手段，但从理论上进行这种比较，仍然是必要的。从总体上看，如果国债产生的社会经济效益大于其成本，国债的净效益是正数，不存在国债的总体负担问题；反之，就存在国债的负担问题，但不存在总体负担问题不等于每个纳税人都不存在负担问题。只有在每个纳税人为还本付息所缴纳的税款与其从国债所产生的效益相对称的情况下，纳税人才不存在国债负担问题。然而国债在实际中往往是根据能力原则运作的，所以，国债的受益者与国债的负担者是不对称的。承认国债的受益者与国债的负担者的不对称，既是实际的，又是有益的。

二、国债负担的数量界限

既然国债受债权人、债务人、纳税人的负担能力所制约，因此发行国债需要有一定的限度，不能无限度地发债，这就需要研究发行国债的数量界限，这个数量界限就是国债的限度。

当代世界各国都把通过发行国债筹集资金，看成是解决政府支出不足的重要手段。但国债的发行数量不是无限制的，特别是把债务收入当成财政资金来源时，更要研究它的可行性和数量界限，否则会引起债台高筑、发生财政危机等严重后果。任何一个国家的借债数量都要受国民经济发展状况和人民负担能力等多种因素制约。我国国债发行对象主要是各类机构、各企事业单位和居民个人，只有在经济发展，机构、企事业财力增加，人民收入提高的基础上，国家借债才是切实可行的。如果不顾客观条件，举债数量不加限制，国债规模不断扩大，后果是严重的。

那么，一个国家发行国债的数量多大才算是合理的呢？其数量界限如何确定？这是一个难以准确回答的实际问题。因为各国的经济发展水平不同，政治因素和历史背景制约着国债发行的数量。比如，一个国家社会经济发展水平较高，享有极好的信誉，广大居民又有购买国债的习惯，在这样的条件下，国债发行量即使大一些，也被认为是在合理的数量范围内；相反，就被认为是不合理的发行数量。所以，国债的限度只能从各国国情出发，结合各个时期的经济和政治条件来分析，然后才能得出合乎实际的结论，当然这并不是说一个国家的国债规模无法进行数量分析。从国内外国债学术研究的理论和实务现状看，国家举债的限度主要参考以下三个指标。

(一) 国债依存度

国债依存度是表示国债发行额占当年财政支出的比例，即当年财政支出中有多大份额是依靠发行国债来满足的。国债依存度的计算公式为

$$\text{国债依存度}=\frac{\text{当年国债发行额}}{\text{当年财政支出}}\times 100\%$$

国债依存度这一指标有两种计算方法：①当年的国债发行额与当年整个国家财政支出的比值，也称为国家财政债务依存度；②当年国债发行额与中央财政支出的比值，也称中央财政债务依存度。一个国家财政支出依赖国债的程度，究竟多大为宜，不能一概而论，为了避免财政支出过度膨胀，一般来说，国债依存度不应过高。债务依存度过高，表明财政支出过分依赖债务收入，也反映了财政的脆弱性，并潜伏着发生财政危机的可能。国际上公认的控制线是国家财政债务依存度为15%～20%，中央财政债务依存度为 25%～30%。国债依存度既直接反映了当年国债所引起的财政负担，同时也反映了国债偿还对财政支出的依赖程度，对当年国债发行规模有较大的参考价值。

(二) 国债负担率

国债负担率是指到计算期为止，国家历年发行的国债尚未偿还的累积余额与当年国内生产总值的比例。这个指标反映着国家累积债务的总规模，是研究控制债务问题和防止出现债务危机的重要依据。国债负担率的计算公式为

$$\text{国债负担率}=\frac{\text{国债累积余额}}{\text{国内生产总值}}\times 100\%$$

国债负担率是计量国债规模的宏观指标，不仅揭示了一国国民的国债负担情况，也反映了国债规模增长与 GDP 增长的相互关系。发达国家财政收入占 GDP 的比重较高，一般在 40%～50%。因此，一般而言，国际公认的《马斯特里赫特条约》规定的成员国政府债务余额占国内生产总值的比重不应超过 60%，这 60%即为债务余额的警戒线。

(三) 国债偿债率

国债偿债率是指当年到期国债还本付息额占当年财政收入的比例。债务收入的有偿性，决定了

国债规模必然受到国家财政资金状况的制约，因此，要把国债规模控制在与财政收入相适应的水平上。国债偿债率的计算公式为

$$国债偿债率=\frac{当年国债还本付息额}{当年财政收入}\times 100\%$$

国债是以国家为主体按信用原则举借的债务，不仅需要偿还，而且必须支付一定的利息，国债还本付息的最终来源是依靠国民收入和财政收入。从偿还的角度来说，由于在国民收入中只有一部分收入归国家支配，因此，政府的偿债能力将取决于财政预算收支状况及预算收入中用于偿债的比重，国际公认的国债偿债率应控制在8%～10%。

近年来，我国国债负担率、国债依存度及国债偿债率的具体情况参见表10-2。中央财政国债余额情况参见表10-3。

表10-2　我国国债负担率、国债依存度及国债偿债率

%

年度	国债负担率	国债依存度	国债偿债率
2010	16.7	19.8	12.6
2011	15.2	14.3	10.7
2012	14.9	11.5	7.7
2013	15.2	12.1	6.0
2014	15.0	11.6	6.4
2015	15.8	11.9	6.8
2016	16.1	16.4	10.9
2017	16.3	19.7	14.7
2018	16.3	17.0	12.1
2019	17.0	17.9	12.8
2020	20.6	29.2	16.9

(资料来源：根据《中国统计年鉴》《中国财政年鉴》有关数据计算。)

表10-3　中央财政国债余额情况(2019年)

单位：亿元

项目	预算数	决算数
一、2018年年末国债余额实际数		149 607.41
内债余额		148 208.62
外债余额		1 398.79
二、2019年年末国债余额限额	175 208.35	
三、2019年国债发行额		42 737.18
内债发行额		41 834.71
外债发行额		902.47
四、2019年国债还本额		24 329.68
内债还本额		24 011.20
外债还本额		318.48

(续表)

项目	预算数	决算数
五、2019年年末国债余额实际数		168 038.04
内债余额		166 032.13
外债余额		2 005.91

注：1. 本表国债余额包括国债、国际金融组织和外国政府贷款。除此之外，还有一部分需要政府偿还的债务，主要是偿付金融机构债务，以及部分政府部门及所属单位举借的债务等。

2. 本表2018年年末外债余额实际数按照国家外汇管理局公布的2018年12月外汇折算率计算，2019年年末外债余额实际数按照国家外汇管理局公布的2019年12月外汇折算率计算，2019年外债发行额和外债还本额按照当期汇率计算。2019年国际金融组织和外国政府贷款发生额为预算下达数。

3. 受外币汇率变动，以及国际金融组织和外国政府贷款项目实际提款数与预算下达数存在差异等影响，2019年年末外债余额实际数≠2018年年末外债余额实际数+2019年外债发行额-2019年外债还本额。

4. 中央财政国债余额与国债余额限额存在一定差异，主要原因是：2006年以来按照国债余额管理规定，根据库款和市场变化情况等，适当调减了国债发行规模，有利于降低国债筹资成本，促进国债市场平稳运行，今后将根据库款和市场情况补发以前年度少发的国债。

5. 2019年中央财政发行内债41 834.71亿元，其中储蓄国债3 998.24亿元，平均发行期限3.97年；记账式国债37 836.47亿元，平均发行期限7.62年。2019年内债还本24 011.2亿元，内债付息4 519.03亿元。2019年中央财政发行外债902.47亿元，其中主权债券894.31亿元，平均发行期限7.65年。2019年外债还本318.48亿元，外债付息48.56亿元。

6. 外债还本付息金额中包括当年对统借自还项目实施减免的支出。

(资料来源：中华人民共和国财政部网站，http://www.mof.gov.cn/.)

除以上指标外，针对外债还有一些风险指标需要进行量化控制。①外债偿债率，偿债率指当年外债还本付息额(中长期外债还本付息额加上短期外债付息额)与当年国际收支口径的货物与服务贸易出口收入的比率。国际公认该指标应小于20%，国际上把这一指标称为警戒线。偿债率超过25%，是偿债能力有问题的信号，如果超过还债能力仍过度借债，就有可能出现到期不能偿还或违约的局面，影响借款国的国家信誉。②外债负债率，负债率是指一国年末外债余额与当年国内生产总值之比。目前，国际上比较公认的负债率安全线为20%。③外债债务率，债务率指年末外债余额与当年国际收支统计口径的货物与服务贸易出口收入的比率。它是衡量一国负债能力和风险的主要参考指标。在债务国没有外汇储备或不考虑外汇储备时，这是一个衡量外债负担和外债风险的主要指标。债务率的国际公认安全标准是小于100%。近年外债风险指标详见表10-4。

表10-4　近年外债风险指标

%

年份	偿债率	负债率	债务率
2010	1.6	9.0	29.2
2011	1.7	9.2	33.3
2012	1.6	8.6	32.8
2013	1.6	9.0	35.6
2014	2.6	17.0	69.9
2015	5.0	12.5	58.6
2016	6.1	12.6	64.4
2017	5.5	14.3	72.6
2018	5.5	14.3	74.8
2019	6.7	14.3	77.8
2020	6.5	16.3	87.9

(资料来源：国家外汇管理局官网，http://www.safe.gov.cn/.)

三、国债管理

国债管理是指财政部代表中央政府制定并执行中央政府债务结构(包括债务品种结构和债务期限结构)管理计划或战略的过程，目标是在中长期的时间范围内，尽可能采用最低的资金成本和可承受的市场风险的管理方式，确保中央政府的筹资及支付需求得到及时满足。目前，我国国债管理制度主要包括国债余额管理制度、国债计划管理制度和国债计划执行制度。

在衡量财政风险时，通常将欧洲《马斯特里赫特条约》提出的赤字和债务标准作为参考。《马斯特里赫特条约》规定，成员国财政赤字占当年 GDP 的比例不应超过 3%；政府债务总额占 GDP 的比例不应超过 60%。需要说明的是，《马斯特里赫特条约》是 20 世纪 90 年代欧共体成员国加入欧洲经济货币联盟的标准，是在特殊历史条件下制定的安全系数很高的风险控制标准，并非科学论证的结果，只有一定的参考价值。但是也应看到，我国还有一定的隐性赤字和债务，仍要注重防范财政风险，促进财政经济可持续发展。

第四节　国债市场及其功能

国债市场作为政府发行和买卖国债的关系总和，是中央政府筹资的重要渠道，也成为政府宏观调控政策的重要工具和场所。

一、国债市场

国债市场，是国债发行和流通市场的统称，是买卖国债的场所。国债市场按照国债交易的层次或阶段可分为两个部分：①国债发行市场；②国债流通市场。国债发行市场指国债发行场所，又称国债一级市场或初级市场，是国债交易的初始环节。一般是政府与证券承销机构如银行、金融机构和证券经纪人之间的交易，通常由证券承销机构一次全部买下发行的国债。国债流通市场又称国债二级市场，是国债交易的第二阶段。一般是国债承销机构与认购者之间的交易，也包括国债持有者与政府或国债认购者之间的交易。它又分为证券交易所交易和场外交易两类。证券交易所交易指在指定的交易所营业厅从事的交易，不在交易所营业厅从事的交易即为场外交易。

国债发行市场与流通市场是国债市场的两个重要组成部分，两者相辅相成。从发行市场看，国债发行市场是流通市场的前提和基础环节，首先要发行国债，然后才谈得上流通国债。发行市场规定国债发行的条件、方式、时间、价格和发行国债的利率，对国债流通市场起重要影响。

从流通市场看，流通市场是国债顺利发行的重要保证。由于流通市场为发行市场发行的债券提供了变现的场所，使国债的流动性有了实现的可能，所以，国债流动性的高低直接影响和制约着国债的发行。如果一种债券流通性好、变现性强，投资者认购的热情就高涨；反之，投资者不愿认购，就会造成发行困难。

国债的发行市场和流通市场应成为一个有机整体。只有这样，才能既有利于降低发行成本，又有助于投资者降低变现成本。所以要求国债的发行和流通市场要有机地衔接起来，实现发行和流通一体化。

(一) 国债发行市场

国债发行市场，在狭义上，是指国债发行者将新国债销售给投资者的场所；在广义上，则是泛指实现国债销售的完整过程。国债发行市场的组成要素有市场主体、市场客体和市场运行形式。市场主体，即国债发行市场的参与者，包括发行者、投资者、中介机构等。市场客体是指国债发行市场买卖的对象，即新国债。通常情况下，国债的发行者与国债的投资者之间并不发生直接联系，一般是通过国债发行的中介机构来完成国债的发行和认购。国债发行的中介机构主要包括银行、证券公司和经纪人等，由他们首先承购国债，然后再向投资者出售。

世界各国较为公认的一个规范的国债发行市场应该满足以下这几个条件。①利率水平的确定通过市场供求调节。市场资金的多少是相对的，利率可以调节资金的供求。利率在市场中影响债券的价格，利率高时，债券价格低；反之，利率低时，债券价格高。当利率水平处于供求曲线的交点时，则可用最低的成本筹集到最大数量的资金。②以机构为承销或投标的主体。直接向个人发行，发行环节多，发行时间长，发行成本高，因此，个人不宜作为发行的主体，很多国家只在发行储蓄债券时使用这种方式。大多数国家主要是向银行和其他中介机构发行，个人主要在二级市场上购买国债。③主要由机构投资人投资购买。机构投资人具有资金稳定、投资期限长等特点，最适合购买国债。由机构投资人直接投资国债，可以降低成本，延长国债的期限。

(二) 国债流通市场

国债流通市场，狭义上是指国债持有者将其持有的已发行、未到期的国债转让给新投资者的场所；广义上，国债流通市场不仅仅指转让国债的有形柜台，而且泛指完成国债转让的整个过程。按照国债流通市场的组织形式可将其划分为场内市场和场外市场两类。

场内市场专指证券交易所内的国债交易，交易主体主要有证券经纪商和证券交易商等。证券经纪商代理客户买卖债券，赚取手续费，不承担交易风险；证券交易商为自己买卖债券，赚取差价，承担交易风险。国债的转让价格是通过竞争形成的，交易原则是“价格优先”和“时间优先”。场内市场交易的特点包括：①有集中、固定的交易场所和交易时间；②有较严密的组织和管理规则，包括自律性的管理机构和管理制度及从业人员；③采用公开竞价交易方式，是持续性的双向拍卖市场；四是有完善的交易设施和较高的操作效率。我国目前场内市场由上海证券交易所和深圳证券交易所组成，参与者主要是证券公司和信托机构。

场外市场是相对于场内市场而言的，泛指在证券交易所以外的市场进行的债券交易。场外市场交易的证券大多为未在交易所挂牌上市的证券，也包括一些上市证券。场外市场是不固定交易场地和交易时间的无形市场，在场外市场上，投资人之间直接或间接(通过经纪人)采用协商议价的方式进行交易。场外市场的优点有：①交易规则灵活，手续简便，为个人投资者投资于国债流通市场提供更方便的条件，可以吸引更多的个人投资者；②交易的覆盖面和价格形成机制不受限制，方便中央银行进行公开市场操作；③有利于商业银行低成本、大规模地买卖国债；④有利于促进各市场之间的价格、收益率趋于一致。

国债流通市场存在的典型交易方式包括以下几种。①国债现货交易。这是指交易双方在成交后立即交割或在极短的期限内办理交割的一种交易方式。其作用在于，一方面可满足购买者的投资需要，另一方面可满足卖出者的变现需求。②国债期货交易。这是指以标准化的国债期货合约为交易对象的交易方式。交易者可以通过套期保值的方式规避因利率、通货膨胀等因素引起的国债价格波动的风险。所谓套期保值，是指投资者同时在期货市场和现货市场上进行数量相等、买卖方向相反的交易，通过预先“锁定”收益的方式来达到降低风险、减少损失的目的。③国债回购交易。这是指国债持有者在卖出一笔国债时，约定于未来某一时间以事先约定的价格再将等量的该种国债买回的交易方式。与这一程序相反的交易，则称逆回购交易。国债回购交易实际上是以国债为担保物，期限在一年以内的一种短期资金融通。

二、国债市场的功能

(一) 实现国债的顺利发行和偿还

国债作为财政政策工具，国债市场具有顺利实现国债发行和偿还的功能。如前所述，国债通过国债市场发行，而国债市场的发展是国债顺利发行的条件，只有国债市场发展了，债券的流动性得到保证，投资者可以很容易地进入或退出市场，通过频繁的交易为债券进行合理定价，国债的发行才能受到社会的认同和欢迎。组建承销团制度，使国债发行逐步规范，提高了发行的透明度，基本上规范了发行主体和承销机构在国债市场的操作行为，明确了各自的权利和义务，保证了国债发行的平稳进行。

(二) 合理有效调节社会资金的运行

国债作为金融政策工具，国债市场具有调节社会资金的运行和提高社会资金效率的功能。在国债二级市场上，国债承销机构和国债认购者以及国债持有者从事的直接交易，国债持有者和国债认购者从事的间接交易，都是社会资金的再分配过程，最终使资金需求者和国债需求者得到满足，使社会资金的配置趋向合理。若政府通过中央银行直接参与国债交易活动，以一定的价格售出或回收国债，就可以发挥诱导资金流向和活跃债券交易市场的作用。这种功能具体表现在诸多方面。

(1) 国债市场是一国金融市场的重要组成部分。由于国债风险小、同质性强、规模大，是其他金融资产(如商业票据、证券化资产、金融债券等)定价的基准和众多衍生金融资产(如回购、期货、期权等)的基础资产，同时也是交易者对冲风险的重要工具。一个富于流动性的国债市场，在提高金融体系的效率，保持金融体系稳定方面，具有重要的意义。国债市场形成的国债期限结构，能够反映市场的参与者对利率变化的预期和长期利率趋势的判断，为货币政策的实施提供信息，使得货币政策的意图能够有效传导。

(2) 国债市场拓宽了居民的投资渠道。在一个活跃的市场，社会资金可以很方便地流入流出，企业和居民的富余资金可以投入债市获取利益，需要兑换又可及时在市场上卖出债券，增加了投资渠道，丰富了金融资产的替代选择。包括国债市场在内的债券市场和股票市场相互配合产生了不同类型的投资工具，为投资者提供了可供选择的收益—风险组合，投资者能根据外部环境的变化适时调整自己的投资策略，这是金融市场有效运作的基础。

(3) 国债市场的发展有利于商业银行资本结构的完善，有利于降低不良资产率，使其抗风险能力大大提高。国债是微观金融机构进行风险和流动性管理的重要工具，是机构投资者在进行投资组合、减小资产风险时可供选择的一种重要的资产。

(4) 国债市场是连接货币市场和资本市场的渠道。一些本来不宜进行长期产权投资的短期资金，例如企业暂时不用的闲置资金，也有可能参与到资本市场的投资中来。尽管一个企业的资金可能只在这个市场上停留两三个月，但新的短期投资者会形成新的接替关系，由此就可以实现全社会投资规模的扩大。

(5) 国债是央行在公开市场上最重要的操作工具。在不够活跃的国债市场里，央行吞吐基础货币、调节社会信用总量的能力会受到限制，资产价格容易过度波动。而国债市场的壮大，有助于中央银行公开市场操作业务的开展，使中央银行的货币政策从直接控制为主逐步向市场化为主的间接调控转变。

本章小结

1. 国债是指国家或政府以债务人的身份，采取信用的方式，从国内外取得的债务。它是国家财政收入的一种特殊形式，是政府调节经济的一种重要手段。政府在发行国债后，与一般的债务人一样，是需要偿还的，政府偿还国债的资金最终来源还是税收。

2. 国债作为一种财政收入形式，它的出现在历史上要比税收晚得多。从国债的产生和发展的历史角度来分析，国债的功能主要有弥补财政赤字，筹集建设资金，调节国民经济的发展。

3. 国债的发行涉及国债的发行价格和国债的发行方式。发行价格包括平价、溢价和折价发行。发行方式包括承购包销、公募拍卖、直接发行、连续经销。

4. 国债的偿还，需要有一定的资金来源。偿还债务的资金来源主要依靠税收收入、预算盈余、偿债基金及债务收入等。

5. 国债负担是指国债的发行和偿还所产生的经济负担。国债既然是国家按照信用原则形成的借贷关系，这种借贷关系中的债权人、债务人客观上就存在着经济负担问题。衡量国债负担率的指标有国债依存度、国债负担率和国债偿债率。

6. 国债市场作为政府发行和买卖国债的关系总和，是政府筹资的重要渠道，也成为政府宏观调控政策的重要工具和场所。国债市场是国债发行和流通市场的统称。国债市场按照国债交易的层次或阶段可分为两个部分：①国债发行市场；②国债流通市场。

课后习题

一、选择题

1. 国债的财政特征主要有(　　)。
   A. 有偿性　　B. 自愿性　　C. 灵活性
   D. 无偿性　　E. 固定性
2. 我国国债的功能包括(　　)。
   A. 筹集建设资金　　B. 调节收入分配　　C. 调节国际收支
   D. 弥补财政赤字　　E. 调节国民经济的发展
3. 国债最基本的功能是(　　)。
   A. 弥补财政赤字　　B. 筹集建设资金
   C. 调节货币流通　　D. 调节国民经济的发展
4. 国债因其有很高的信誉，故经常被称为(　　)。
   A. 信誉债券　　B. 公共债券　　C. 金边债券　　D. 契约债券
5. 在国债的偿债资金来源中，在理论上成立，而实际生活中很难实现的是(　　)。
   A. 建立偿债基金　　B. 依靠财政盈余　　C. 通过财政列支　　D. 举借新债

6. 下列关于国债的说法不正确的是(　　)。

A. 是由政府举借的债务　　B. 是非经常性财政收入

C. 不列入国家预算　　D. 遵循“有借有还”的信用原则

7. 发行短期国债从财政上说，其主要的目的是(　　)。

A. 平衡国家收支　　B. 平衡社会总需求

C. 平衡国库短期收支　　D. 发展基础设施建设

8. 各国政府偿还国债的基本手段是(　　)。

A. 设立偿债基金　　B. 依靠财政盈余　　C. 通过预算列支　　D. 举借新债

9. 国债的发行价格包括(　　)。

A. 平价发行　　B. 溢价发行　　C. 折价发行　　D. 议价发行

10. 国债的担保物是(　　)。

A. 国库　　B. 政府信誉　　C. 国家储备　　D. 国家财政

二、判断题

1. 国债负担率反映了财政支出对债务式财政收入的依赖程度。(　　)

2. 国债流通市场一般发生在政府与证券承销机构之间的交易，以及国债持有者或政府与国债认购者之间的交易。(　　)

3. 国债偿债率是指一国一定时期的国债累积发行余额与当年GDP的比率。(　　)

4. 国债的金融特征表现为：安全性高、流通性强、收益稳定和免税待遇。(　　)

5. 国际上公认的控制线是国家财政债务依存度为8%～10%。(　　)

三、名词概念

1. 国债　　2. 国债市场　　3. 国债依存度　　4. 国债负担率　　5. 国债偿债率

四、问答题

1. 简述国债的含义与特征。
2. 国债具有哪些功能？
3. 如何理解国债负担？
4. 衡量国债规模合理与否的指标有哪些？请运用这些指标对我国国债规模的现状进行分析。
5. 国债还本付息的资金来源有哪些？
6. 如何完善我国国债市场？

案例分析

案例一　隐性债务超显性债务　地方政府化解风险　不搞“急刹车”

目前我国政府性债务风险总体安全可控

财政部数据显示，截至2017年年末，全国地方政府债务余额16.47万亿元，控制在全国人大批准的2017年地方政府债务限额18.82万亿元之内，债务率(年末债务余额与当年政府综合财力的比率)低于国际通行的 100%～120%警戒线。

不过在显性的政府债务之外，各地隐性债务规模增长较快。这在去年已经引起中央高层高度重视，遏制隐性债务增长和化解存量隐性债务已经成为各地政府的主要任务之一。

宁夏回族自治区彭阳县政府公布的《彭阳县防范和化解政府债务风险实施方案》数据显示，截至 2017 年年底，彭阳县债务余额 31.88 亿元，其中：地方政府性债务 13.18 亿元，隐性债务 18.7 亿元。如果将美丽茹河建设 PPP(政府和社会资本合作)项目政府付费统计入内，当地政府性债务总额为 45.51 亿元，债务率为 51.46%。

青海省黄南藏族自治州政府公布的《关于化解政府隐性债务的通知》(下称《通知》)称，截至 2017 年 5 月底，当地隐性债务(银行贷款)规模达 24.18 亿元，远超 2017 年年底当地政府性债务余额 6.72 亿元。《通知》称，债务规模与自身财力不匹配，债务负担沉重，债务风险突显。

此前云南一位县级财政人士也告诉第一财经记者，当地隐性债务规模是显性债务的 3 倍左右，债务负担沉重。各地隐性债务结构不一，但都有棚户区改造形成的债务。

在上述黄南州的 24.18 亿元隐性债务中，扶贫贷款占了六成多，棚户区改造项目贷款占了近三成。

彭阳县隐性债务主要来自 3 方面，即实施城市棚户区改造(旧城改造)项目和重大项目形成的债务；保障性住房建设项目形成的债务；历年工程欠款形成的债务。此外，当地美丽茹河 PPP 项目政府付费 13.63 亿元。

全国人大财经委员会主任委员李盛霖在 2016 年 12 月底的十二届全国人大常委会第三十一次会议上说：“从总体情况看，当前地方政府债务在可控范围内，问题比较突出的是隐性债务的风险。一是规模比较大；二是隐性债务集中在市和县两级；三是部分隐性债务对应的资产变现能力不强。”

各地纷纷出招化解

全国政协经济委员会副主任杨伟民近期也公开表示，隐性债务规模过大、增长过快、底数不清、风险不可测。为了严控隐性债务增量，中央正在研究制定相关办法。事实上，上述地方已经出台相关举措来化解存量隐性债务风险。

为了降低债务风险，黄南州政府要求通过各种方式提前偿还贷款本金。

比如，当地扶贫贷款未招标且未签订合同的资金，用于提前偿还贷款本金。已签订合同还未支付的资金，各县整合可用的涉农资金、财政扶贫资金等，支付已签订合同的未付款，剩余贷款资金用于提前偿还贷款本金，各地通过整合涉农资金和本级预算安排等方式 5 年内整改完成。对于棚户区改造形成的贷款，州本级和县通过出售公共租赁住房和狠抓房租等方式提前偿还本金，5 年内整改完成。

目前地方在处置隐性债务风险时，一般用三到五年时间逐步分类化解隐性债务风险，不搞“急刹车”，以免产生新的风险。比如，福建省财政厅今年将督促市县制订降低债务风险的工作方案和分年度隐性债务消化计划，通过控制项目规模、压缩公用经费、统筹政府收入、处置存量资产、引入社会资本等方式，鼓励以市场化、法治化手段稳妥推进存量债务化解，实现债权人、债务人合理共担风险，同时，注意防范“处置风险的风险”。

财政部部长刘昆近日撰文称，防控地方政府隐性债务风险。一方面，坚决遏制隐性债务增量。坚决制止违法违规融资担保行为，严禁以 PPP、政府投资基金、政府购买服务等名义变相举债。加强风险源头管控，硬化预算约束，严格项目审核，管控金融“闸门”，决不允许以新增隐性债务方式上新项目、铺新摊子。另一方面，积极稳妥化解存量隐性债务。坚持谁举债谁负责，严格落实地方政府属地管理责任。

(资料来源：第一财经日报，2018-08-08)

问题：

1. 我国政府债务存在哪些隐患？
2. 政府防控债务风险的措施有哪些？

案例二　抗疫特别国债　积极对冲疫情影响

抗疫特别国债是为应对新冠肺炎疫情影响，由中央财政统一发行的特殊国债，不计入财政赤字，纳入国债余额限额，全部转给地方主要用于公共卫生等基础设施建设和抗疫相关支出。

《政府工作报告》明确，2020 年赤字率拟按 3.6%以上安排，财政赤字规模比去年增加 1 万亿元，同时发行 1 万亿元抗疫特别国债。这是特殊时期的特殊举措。上述 2 万亿元全部转给地方，建立特殊转移支付机制，资金直达市县基层、直接惠企利民，主要用于保就业、保基本民生、保市场主体。国务院常务会议确定，建立特殊转移支付机制，将新增财政资金通过增加中央对地方转移支付、安排政府性基金转移支付等方式，第一时间全部下达市县。

积极对冲疫情影响 我国将发行1万亿元抗疫特别国债

2020 年 5 月 22 日提请十三届全国人大三次会议审议的《政府工作报告》提出，今年，我国将发行 1 万亿元抗疫特别国债。

“疫情之下，经济社会发展面临的挑战前所未有，财政政策必须要有力度。”全国政协委员、中国财政科学研究院院长刘尚希表示，发行抗疫特别国债，是特殊时期的特殊举措，将有效拓展财政政策空间，积极对冲疫情影响。

抗疫特别国债要怎么用？根据当日提交十三届全国人大三次会议审查的预算报告，抗疫特别国债主要用于地方公共卫生等基础设施建设和抗疫相关支出，并预留部分资金用于地方解决基层特殊困难。

此外，《政府工作报告》提出，今年拟安排地方政府专项债券 3.75 万亿元，比去年增加 1.6 万亿元，提高专项债券可用作项目资本金的比例。

中国社科院财经战略研究院副院长杨志勇表示，今年以来，地方政府专项债券发行“快马加鞭”，规模已超万亿元。《政府工作报告》明确增加地方政府专项债券规模，将进一步释放积极信号。

“无论是发行抗疫特别国债，还是增加地方政府专项债券规模，都是积极的财政政策更加积极有为的重要体现，有助于稳定预期、提振信心、稳住经济基本盘。”杨志勇说，下一步，要用好这些宝贵的“真金白银”，充分发挥资金应有的效用。

抗疫特别国债发行平稳启动

为贯彻落实党中央、国务院决策部署，统筹推进疫情防控和经济社会发展，2020 年 6 月 18 日，财政部顺利发行首批两期抗疫特别国债共 1 000 亿元。其中，5 年、7 年期国债各发行 500 亿元，发行利率分别为 2.41%、2.71%，均较前 5 个交易日二级市场平均收益率低 13 个基点，符合债券市场预期；投标倍数分别为 2.5 倍、2.76 倍，投资者认购积极踊跃。

下一步，财政部将合理安排抗疫特别国债发行节奏，保障发行工作平稳有序开展，并加快资金下达进度，充分发挥抗疫特别国债在“六稳”“六保”等方面的政策功能。

财政部国库司有关负责人就抗疫特别国债发行答记者问

财政部在官方网站发布消息，宣布于2020年6月18日招标发行首批抗疫特别国债。财政部国库司有关负责人就抗疫特别国债发行接受了记者采访。

问：抗疫特别国债采用怎样的发行方式？

答：今年1万亿元抗疫特别国债将采用市场化方式，全部面向记账式国债承销团成员公开招标发行。国债是多层次资本市场的核心基础，发展有容量、有深度的国债市场，对于金融体系稳健运行具有重要意义。多年来，财政部始终坚持市场化原则，大力发展国债市场，完善市场化招标发行机制，促进形成丰富、多元的投资者结构，国债市场已经成为具有较大容量、能够充分满足财政筹资和投资者投资交易需求的重要场所。抗疫特别国债市场化公开发行将进一步提升国债市场容量，更好发挥国债市场在金融体系中的作用，促进国债市场长期发展。

问：抗疫特别国债的期限品种如何安排？

答：抗疫特别国债期限品种，在匹配财政资金使用周期的基础上，充分考虑了国债收益率曲线建设需要，以10年期为主，适当搭配5年、7年期，进一步提升国债收益率曲线上关键点的有效性。

问：抗疫特别国债发行节奏是怎样的？

答：按照国务院常务会议关于“该发的债加快发行”相关要求，抗疫特别国债将从6月中旬开始发行，7月底前发行完毕。为保障抗疫特别国债平稳顺利发行，财政部将充分考虑现有市场承受能力，按照大体均衡的原则，尽可能平滑各周发行量，稳定市场预期。

问：抗疫特别国债利率水平怎样？个人能否购买？

答：与仅向个人投资者销售的储蓄国债不同，抗疫特别国债为记账式国债，利率通过国债承销团成员招投标确定，随行就市。目前，5年、7年、10年期记账式国债收益率约为2.5%、2.8%、2.8%。

与一般记账式国债相同，抗疫特别国债不仅在银行间债券市场上市流通，还在交易所市场、商业银行柜台市场跨市场上市流通。个人投资者可以在交易所市场、商业银行柜台市场开通账户，参与抗疫特别国债分销和交易，具体可以查询相关场所的交易规定，或咨询工商银行、农业银行、建设银行、招商银行、北京银行、南京银行等开通记账式国债柜台业务的银行。

需要说明的是，发行通知中公布的抗疫特别国债的缴款账户只接受记账式国债承销团的承销缴款，不接受个人转账。同时，抗疫特别国债与一般记账式国债相同，不可提前兑取，可在二级市场交易，交易价格根据市场情况波动，盈亏由投资者自负。

(资料来源：中华人民共和国财政部网站，http://www.mof.gov.cn/)

问题：

1. 简述抗疫特别国债的内涵和用途。
2. 简述抗疫特别国债的发行和流通。

第十一章

国家预算及预算管理体制

国家预算是政府的基本财政收支计划，是政府集中和分配资金、调节社会经济生活的主要财政机制。与一般预算不同，它是具有法律效力的文件。本章系统阐述国家预算一般原理及相关基本问题，通过本章的学习，可以了解国家预算的编制、审批、执行和决算的过程，理解国家预算的组成以及预算管理体制的实质，掌握国家预算编制的原则以及现行的预算管理体制内容。

【学习重点】

国家预算的含义、原则、程序，预算管理体制的内容，分税制的内容。

【学习难点】

国家预算的组成，我国国家预算的改革，分税制的进一步完善。

【教学建议】

以课堂讲授为主，适当结合案例教学和理论与实践相结合的方法，引导学生分析每年最新的国家预算和决算的资料。

第一节　国家预算

一、国家预算的含义、原则和组成

(一) 国家预算的含义

国家预算，也称为政府预算，是指经法定程序审核批准的具有法律效力的政府年度财政收支计划。国家预算是国家有计划地筹集、分配和管理财政资金的重要工具，是调节社会经济生活的主要财政机制，是国家财政管理的主导环节。预算由预算收入和预算支出组成，政府的全部收入和支出都应当纳入预算，不再设立预算外资金项目。

从形式上看，国家预算就是按一定标准将财政收入和财政支出分门别类地列入特定的表格，可以使人们清楚地了解政府的财政活动，反映国家支配的财力规模和来源以及国家财力分配使用的方向和构成。从实际经济内容来看，国家预算的编制是对财政收支的计划安排。预算的执行是财政收入的筹措和财政支出的使用过程。所以，国家预算反映国家和政府活动的范围、方向和政策。由于国家预算和决算要经过国家权力机构的审批才能生效，因而又是国家的重要立法文件，体现国家权力机构和全体公民对政府财政活动的监督。

2018 年 12 月 29 日第十三届全国人民代表大会常务委员会第七次会议第二次修正了《中华人民共和国预算法》，2020 年 8 月 3 日中华人民共和国国务院令第 729 号修订了《中华人民共和国预算法实施条例》，这是我国现行国家预算管理的法律规范。预算和决算的编制、审查、批准、监督，以及预算的执行和调整，依照国家预算管理法律规范执行。

(二) 国家预算的原则

国家预算的原则是一国预算立法、编制及执行等阶段所必须遵循的原则。它是伴随着国家预算制度的产生而产生的，并随着社会经济和预算制度的发展而不断发展的。在不同历史发展时期和不同国家有着不同的预算原则，其间影响较大并为世界大多数国家所接受的预算原则，主要有以下 5 项。

1. 公开性原则

国家预算反映国家和政府活动的范围、方向和政策，与全体公民的切身利益息息相关，因此，国家预算的内容及其执行情况必须采取一定的形式公布，让民众了解财政收支情况，也便于公众监督和有利于预算效率的提高。

2. 可靠性原则

政府在编制预算时，应认真收集各种相关资料，依据社会经济发展的趋势，运用科学的计算方法，做出准确切实的预测，力求数据指标的科学性，不得假定、估算，更不能编造，要谋求预算的稳定可靠。

3. 完整性原则

国家预算必须是完整的，包括全部法定收支项目，不能少列收支，或造假账、预算外另列预算，使收支计划能完整地反映实际收支内容。也就是说，政府所有的财政活动都不能脱离预算管理。该列入国家预算的一切财政收支都必须反映在国家预算中。

4. 统一性原则

在分级财政体制中，各级政府都设有本级财政部门，也有相应的预算，但这些预算都是国家预算的组成部分，所有地方政府预算连同中央预算一起共同组成统一的国家预算。这就要求设立统一的预算科目，每个科目都要严格按统一的口径、程序进行计算和填列。

5. 年度性原则

各级政府预算的编制和实现必须按法定财政年度编制，要反映全年的财政收支活动，不允许将不属于本财政年度财政收支的内容列入本年度的国家预算之中。

财政年度，也称预算年度，是法定的国家预算收支计划的起止日期。依据财政年度起止时间的不同，财政年度有历年制和跨年制两种。历年制财政年度的起止时间同公历年度的起止时间相同，即从 1 月 1 日起到同年的 12 月 31 日止，我国即实行历年制财政年度。跨年制财政年度跨两个日历年度，中间历经 12 个月，如日本的财政年度是从每年的 4 月 1 日开始，到次年的 3 月 31 日止。

(三) 国家预算的组成

国家预算的组成是指国家预算的组织结构。全国预算由中央预算和地方预算组成。地方预算由各省、自治区、直辖市总预算组成，可以从纵向和横向两方面来了解。

从纵向角度来看，我国政府预算是与国家政权的分级管理相适应的。凡是一级政权都应有一级财政，有一级财政就要相应建立一级预算。《中华人民共和国宪法》规定，国家机构由全国人民代表大会、国务院、地方各级人民代表大会和各级人民政府组成。国家预算与政权结构相适应，其由中央预算和地方预算组成，地方预算由各省、自治区、直辖市总预算组成。预算管理实行分级分税体制、同时结合我国行政区域的划分。《中华人民共和国预算法》规定：国家实行一级政府一级预算，设立中央，省、自治区、直辖市，设区的市、自治州，县、自治县、不设区的市、市辖区，乡、民族乡、镇五级预算。我国国家预算的纵向体系如图 11-1 所示。

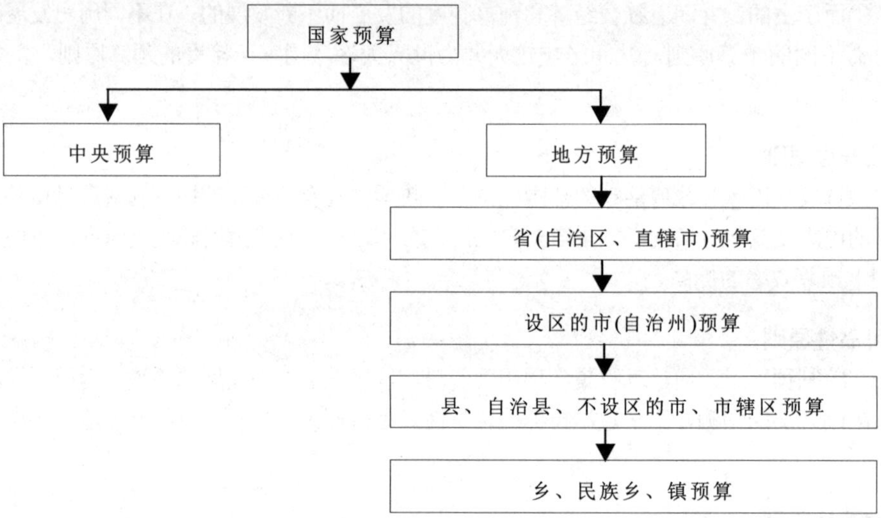

图 11-1　我国国家预算的纵向体系

从横向角度来看，一级预算具体可分为总预算、本级预算和单位预算。地方各级总预算由本级预算和汇总的下一级总预算组成；下一级只有本级预算的，下一级总预算即指下一级的本级预算，没有下一级预算的，总预算即指本级预算。本级预算由各部门单位预算组成。部门单位预算由各级主管部门所属行政事业单位预算汇编而成。行政事业单位预算是经批准的各级政府机关及所属行政事业单位在某一预算年度内的收入与支出计划，是国家预算的重要组成部分和处理政府财政与行政事业单位预算资金缴拨的基本依据。一级预算的横向体系如图 11-2 所示。

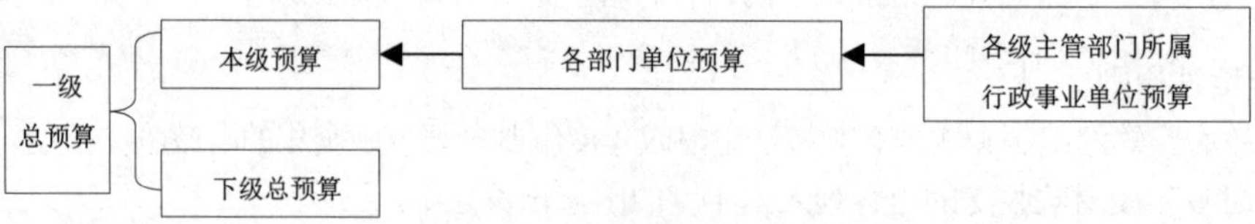

图 11-2　一级预算的横向体系

二、国家预算的分类

最初的国家预算是十分简单的，政府把财政收支数字按一定程序填入特定的表格，国家预算就形成了。因此，通常将国家预算称为政府收支一览表。随着社会经济生活和财政活动逐步复杂化、预算政策多样化、预算制度的复杂化，预算出现了更多的形式。为进一步认识和研究政府预算，依据不同的标准对政府预算进行分类，划分出不同的类别。

(一) 按预算编制的形式分类

按编制的形式分类，国家预算可以分为单式预算和复式预算。

单式预算是将政府全部财政收支汇集编入一个总预算之内，形成一个收支项目安排对照表。因此，单式预算可以统一反映政府未来年度可以筹集和使用的社会产品总量，便于政府统筹安排财政资金。同时，它简单明了，能够清晰地反映政府财政的全貌，便于公众监督预算收支的实施。但是，单式预算没有区分各项财政收支的经济性质，不利于政府对复杂的财政活动进行深入的分析和管理。

复式预算是把预算年度内的全部财政收支按收入来源和支出性质，分别编成两个或两个以上的预算，从而形成两个或两个以上的收支对照表。复式预算的典型形式是双重预算：经常预算和资本预算(这两类预算也称普通预算和特别预算、经费预算和投资预算等)。虽然各国使用的复式预算名称和具体项目不尽相同，但从内容上看，经常预算主要包括政府一般行政性支出，如政府日常活动的经费支出以及一般性的拨款等。经常预算的收入来源，主要包括各项税收收入以及一部分非税收入。在一般情况下，经常预算应保持收支平衡并有结余，结余额转入资本预算。资本预算主要包括政府的各项资本性支出，如政府对公营企业的投资、对公共工程项目的投资、战略物资储备、政府贷款以及偿还国债等支出。政府的资本预算收入来源，主要包括经常预算转来的结余额、国债收入等。

复式预算与单式预算相比，由于它将财政收支分别按其性质编入不同的预算之中，各项收支之间建立了明确的对应关系，可以比较准确地反映财政收支的平衡状况，便于政府更加科学合理地使用资金，有利于国家对经济活动进行深入分析和控制调节。

我国曾一度编制单式预算，目前已不再编制。《中华人民共和国预算法》规定：中央预算和地方各级政府预算按照复式预算编制，预算包括一般公共预算、政府性基金预算、国有资本经营预算、社会保险基金预算。

一般公共预算、政府性基金预算、国有资本经营预算、社会保险基金预算应当保持完整、独立。政府性基金预算、国有资本经营预算、社会保险基金预算应当与一般公共预算相衔接。

一般公共预算是对以税收为主体的财政收入，安排用于保障和改善民生、推动经济社会发展、维护国家安全、维持国家机构正常运转等方面的收支预算。

政府性基金预算是对依照法律、行政法规的规定在一定期限内向特定对象征收、收取或者以其他方式筹集的资金，专项用于特定公共事业发展的收支预算。政府性基金预算应当根据基金项目收入情况和实际支出需要，按基金项目编制，做到以收定支。

国有资本经营预算是对国有资本收益做出支出安排的收支预算。国有资本经营预算应当按照收支平衡的原则编制，不列赤字，并安排资金调入一般公共预算。

社会保险基金预算是对社会保险缴款、一般公共预算安排和其他方式筹集的资金，专项用于社会保险的收支预算。社会保险基金预算应当按照统筹层次和社会保险项目分别编制，做到收支平衡。社会保险基金预算应当在精算平衡的基础上实现可持续运行，一般公共预算可以根据需要和财力适当安排资金补充社会保险基金预算。

各级预算应当遵循统筹兼顾、勤俭节约、量力而行、讲求绩效和收支平衡的原则。

各级政府应当建立跨年度预算平衡机制。

经人民代表大会批准的预算，非经法定程序，不得调整。各级政府、各部门、各单位的支出必须以经批准的预算为依据，未列入预算的不得支出。

(二) 按预算编制的方法分类

按预算的编制方法分类，国家预算可以分为零基预算和增量预算。

零基预算是对新的预算年度财政收支计划指标的确定，不考虑以前年度的收支执行情况，而是以“零”为基础，结合经济发展情况及财力可能，从根本上重新评估各项收支的必要性及其所需金额的一种预算形式。零基预算的核心是打破基数加增长的预算编制方法，预算项目及其金额的确定不受以往年度“既成事实”的限制，强调一切从计划的起点开始，从合理性和可能性出发，改进本年度预算执行过程中花钱不当或方法不妥的地方，有利于加强预算管理，提高预算的科学性。但零基预算要求高，耗时长，工作量大，若运用不得当，就不能排除不合理因素的影响，不利于调整利益格局和发挥预算职能。

增量预算是指预算年度的财政收支计划指标的确定，是以上年度财政收支执行数为基础，再考虑新的年度国家社会经济发展需要加以调整确定。因此，增量预算与以前财政年度财政收支的执行情况及新的财政年度国家经济发展趋势密切相关。增量预算的最大特点是保持了国家预算的连续性，但是随着财政收支规模的不断扩大，这种方法可能会导致当期预算不科学、预算调整过多，以及约束性差等一系列问题。

(三) 按预算分级管理的要求分类

按预算分级管理的要求划分，国家预算可以分为中央预算和地方预算。

中央预算是指中央政府预算，比如中央一般公共预算，包括中央各部门(含直属单位，下同)的预算和中央对地方的税收返还、转移支付预算。中央一般公共预算收入包括中央本级收入和地方向中央的上解收入。中央一般公共预算支出包括中央本级支出、中央对地方的税收返还和转移支付。中央一般公共预算收入预算表如表 11-1 所示。

地方预算是由地方各级政府预算组成，地方各级一般公共预算包括本级各部门(含直属单位，下同)的预算和税收返还、转移支付预算。地方各级一般公共预算收入包括地方本级收入、上级政府对本级政府的税收返还和转移支付、下级政府的上解收入。地方各级一般公共预算支出包括地方本级支出、对上级政府的上解支出、对下级政府的税收返还和转移支付。

表 11-1　中央一般公共预算收入预算表(2020 年)

单位：亿元

项目	2019 年 执行数	2020 年 预算数	预算数为上年执行数的 百分比/%
一、税收收入	81 017.78	79 770.00	98.5
国内增值税	31 161.01	28 700.00	92.1
国内消费税	12 561.52	12 520.00	99.7
进口货物增值税、消费税	15 812.30	13 310.00	84.2
出口货物退增值税、消费税	−16 503.20	−12 140.00	73.6
企业所得税	23 786.00	23 665.00	99.5
个人所得税	6 234.14	6 350.00	101.9
资源税	53.12	55.00	103.5
城市维护建设税	206.13	190.00	92.2
印花税	1 229.38	1 300.00	105.7
其中：证券交易印花税	1 229.38	1 300.00	105.7
船舶吨税	50.26	50.00	99.5
车辆购置税	3 498.23	3 020.00	86.3
关税	2 889.11	2 750.00	95.2
其他税收收入	39.78		
二、非税收入	8 287.63	3 000.00	36.2
专项收入	284.64	280.00	98.4
行政事业性收费收入	403.41	400.00	99.2
罚没收入	132.21	132.00	99.8
国有资本经营收入	6 659.03	1 438.00	21.6
国有资源(资产)有偿使用收入	716.92	660.00	92.1
其他收入	91.42	90.00	98.4
中央一般公共预算收入	89 305.41	82 770.00	92.7
中央财政调入资金	3 194.00	8 880.00	278.0
从中央预算稳定调节基金调入	2 800.00	5 300.00	189.3
从政府性基金预算调入	4.23	3 002.50	70 981.1
从国有资本经营预算调入	389.77	577.50	148.2
支出大于收入的差额	18 300.00	27 800.00	151.9

(四) 按预算支出分类汇总依据的不同分类

按预算支出分类汇总依据的不同分类，国家预算可以分为功能预算和部门预算。

功能预算是一种不分组织单位和开支对象，而是按照政府的概括目标或职能对开支进行分类的预算方法。其优点是便于了解政府在行使各职能方面的财政支出是多少，缺点是部门没有一本完整的预算，这就很难全面、准确地反映分部门财政收支状况。

部门预算是由政府各部门编制，经财政部门审核后报立法机关审议通过，反映部门所有收入和支出的预算，即一个部门一本预算。部门预算的收支分类是按政府的组成结构来进行的，即先按部门进行分类，然后在部门内部按所属预算单位进行分类。这种分类方式可以明确政府各部门的收支规模和财政权力，可以完整地反映政府的活动范围和方向，增强了预算的透明度和调控能力。部门预算是市场经济国家普遍采用的预算编制方法。

三、国家预算的编制、审批、执行和决算

预算的基本程序包括：编制、审批、执行和决算，这 4 个阶段构成了一个预算周期。在预算形成与执行的过程中，财政部门是预算编制、预算拨款和预算监督管理的政府职能机构。

(一) 国家预算的编制和审批

1. 国家预算的编制

国家预算的编制是政府预算周期的起点，各级政府预算在各级政府的领导下，由各级财政部门负责组织编制。

各级预算应当根据年度经济社会发展目标、国家宏观调控总体要求和跨年度预算平衡的需要，参考上一年预算执行情况、有关支出绩效评价结果和本年度收支预测，按照规定程序征求各方面意见后，进行编制。

各级政府依据法定权限做出决定或者制定行政措施，凡涉及增加或者减少财政收入或支出的，应当在预算批准前提出并在预算草案中做出相应安排。各部门、各单位应当按照国务院财政部门制定的政府收支分类科目、预算支出标准和要求，以及绩效目标管理等预算编制规定，根据其依法履行职能和事业发展的需要以及存量资产情况，编制本部门、本单位预算草案。

中央一般公共预算中必需的部分资金，可以通过举借国内和国外债务等方式筹措，举借债务应当控制适当的规模，保持合理的结构。对中央一般公共预算中举借的债务实行余额管理，余额的规模不得超过全国人民代表大会批准的限额。国务院财政部门具体负责对中央政府债务的统一管理。地方各级预算按照量入为出、收支平衡的原则编制，除《中华人民共和国预算法》另有规定外，不列赤字。

经国务院批准的省、自治区、直辖市的预算中必需的建设投资的部分资金，可以在国务院确定的限额内，通过发行地方政府债券举借债务的方式筹措。举借债务的规模，由国务院报全国人民代表大会或者全国人民代表大会常务委员会批准。省、自治区、直辖市依照国务院下达的限额举借的债务，列入本级预算调整方案，报本级人民代表大会常务委员会批准。举借的债务应当有偿还计划和稳定的偿还资金来源，只能用于公益性资本支出，不得用于经常性支出。

除上述情况外，地方政府及其所属部门不得以任何方式举借债务。

各级预算收入的编制，应当与经济社会发展水平相适应，与财政政策相衔接。各级政府、各部门、各单位应当依照法律规定，将所有政府收入全部列入预算，不得隐瞒、少列。各级预算支出应当依照法律规定，按其功能和经济性质分类编制。各级预算支出的编制，应当贯彻勤俭节约的原则，严格控制各部门、各单位的机关运行经费和楼堂馆所等基本建设支出。各级一般公共预算支出的编制，应当统筹兼顾，在保证基本公共服务合理需要的前提下，优先安排国家确定的重点支出。

2. 国家预算的审批

国家预算草案形成后，必须经过法律程序审核批准，才构成正式的国家预算计划。国家预算的审批权限属于各级立法机构，在我国即各级人民代表大会。中央预算由全国人民代表大会审查和批准。地方各级预算由本级人民代表大会审查和批准。各级立法机构每年定期召开会议，履行审批国家预算的职权。全国人民代表大会审查中央和地方预算草案及中央和地方预算执行情况的报告；批

准中央预算和中央预算执行情况的报告；改变或者撤销全国人民代表大会常务委员会关于预算、决算的不适当的决议。全国人民代表大会常务委员会监督中央和地方预算的执行；审查和批准中央预算的调整方案；审查和批准中央决算；撤销国务院制定的同宪法、法律相抵触的关于预算、决算的行政法规、决定和命令；撤销省、自治区、直辖市人民代表大会及其常务委员会制定的同宪法、法律和行政法规相抵触的关于预算、决算的地方性法规和决议。

按照现行《中华人民共和国预算法》的规定，中央预算由全国人民代表大会审批，地方各级预算由本级人民代表大会审批。在履行审批手续之前，财政部门要代表政府向人民代表大会报告国家预算(草案)编制的方针政策、收支安排的具体情况、存在的问题和采取的措施。报告后，经过一般性讨论质疑、常设委员会的专业性审查后，提交全体代表表决通过。经过立法程序审核批准后的国家预算即为正式的国家预算，产生法律效力，成为年度预算活动的法定依据。这一国家预算将由财政部门按照级次逐级下达，由各级政府和预算执行机构遵照执行。

(二) 国家预算的执行

国家预算的执行是指各级政府依照立法机构批准的预算，组织筹集预算收入、安排和使用预算支出的活动与过程。预算执行是预算目标的实现过程，也是整个预算工作程序的重要环节。其内容包括组织预算收入、拨付预算支出及预算调整等多项内容，这些都必须按照法律和规定的程序进行。在我国，各级预算由本级政府组织执行，具体工作由本级政府财政部门负责。各部门、各单位是本部门、本单位的预算执行主体，负责本部门、本单位的预算执行，并对执行结果负责。

1. 组织预算收入

预算收入的组织是预算收入的实现过程。在我国，税务机关、财政机关和海关等部门是政府预算收入的征收部门，因而也是预算收入的主要执行部门。在收入征收的过程中，执行部门必须依据国家相关的法律法规，及时、足额地征收应征收的预算收入。不得违反法律、行政法规规定，多征、提前征收或者减征、免征、缓征应征的预算收入，不得截留、占用或者挪用预算收入。

各级政府不得向预算收入征收部门和单位下达收入指标。政府的全部收入应当上缴国库，任何部门、单位和个人不得截留、占用、挪用或者拖欠。

县级以上各级预算必须设立国库；具备条件的乡、民族乡、镇也应当设立国库。中央国库业务由中国人民银行经理，地方国库业务依照国务院的有关规定办理。各级国库应当按照国家有关规定，及时准确地办理预算收入的收纳、划分、留解、退付和预算支出的拨付。各级国库库款的支配权属于本级政府财政部门。除法律、行政法规另有规定外，未经本级政府财政部门同意，任何部门、单位和个人都无权冻结、动用国库库款或者以其他方式支配已入国库的库款。

2. 拨付预算支出

预算支出的拨付是支出目标的实现过程。预算管理部门和政府所属的相关公共部门是支出执行的主体。各级政府财政部门必须依照法律、行政法规和国务院财政部门的规定，及时、足额地拨付预算支出资金，加强对预算支出的管理和监督。财政部门要按预算、规定用途、工作进度和交易合同等发出支付命令，国库要根据财政部门支付命令及时、足额拨款，以保证政府部门履行其职能。各级政府、各部门、各单位的支出必须按照预算执行，不得虚假列支。各级政府、各部门、各单位应当对预算支出情况开展绩效评价。

按照预算法和国务院有关规定，对 2020 年中央财政部分收支事项开始实行权责发生制核算。

3. 预算调整

预算调整是指经过批准的各级政府预算，在执行过程中因实际情况发生变化改变原预算安排的行为。

经全国人民代表大会批准的中央预算和经地方各级人民代表大会批准的地方各级预算，在执行中出现下列情况之一的，应当进行预算调整：需要增加或者减少预算总支出的；需要调入预算稳定调节基金的；需要调减预算安排的重点支出数额的；需要增加举借债务数额的。

在预算执行中，各级政府一般不制定新的增加财政收入或者支出的政策和措施，也不制定减少财政收入的政策和措施；必须做出并需要进行预算调整的，应当在预算调整方案中做出安排。

在预算执行中，各级政府对于必须进行的预算调整，应当编制预算调整方案。预算调整方案应当说明预算调整的理由、项目和数额。

在预算执行中，由于发生自然灾害等突发事件，必须及时增加预算支出的，应当先动用预备费；预备费不足支出的，各级政府可以先安排支出，属于预算调整的，列入预算调整方案。

中央预算的调整方案应当提请全国人民代表大会常务委员会审查和批准；县级以上地方各级预算的调整方案应当提请本级人民代表大会常务委员会审查和批准；乡、民族乡、镇预算的调整方案应当提请本级人民代表大会审查和批准。未经批准，不得调整预算。经批准的预算调整方案，各级政府应当严格执行。

(三) 国家预算的决算

国家决算是指经过法定程序批准的年度政府预算执行结果的会计报告，包括报表和文字说明两部分。尚未经过法定程序批准之前的年度政府预算执行结果的会计报告称作决算草案。

决算草案由各级政府、各部门、各单位，在每一预算年度终了后按照国务院规定的时间编制。编制决算草案的具体事项，由国务院财政部门部署。

编制决算草案，必须符合法律、行政法规，做到收支真实、数额准确、内容完整、报送及时。决算草案应当与预算相对应，按预算数、调整预算数、决算数分别列出。一般公共预算支出应当按其功能分类编列到项，按其经济性质分类编列到款。

各部门对所属各单位的决算草案，应当审核并汇总编制本部门的决算草案，在规定的期限内报本级政府财政部门审核。各级政府财政部门对本级各部门决算草案审核后发现有不符合法律、行政法规规定的，有权予以纠正。

国务院财政部门编制的中央决算草案，经国务院审计部门审计后，报国务院审定，由国务院提请全国人民代表大会常务委员会审查和批准。

县级以上地方各级政府财政部门编制的本级决算草案，经本级政府审计部门审计后，报本级政府审定，由本级政府提请本级人民代表大会常务委员会审查和批准。乡、民族乡、镇政府编制的本级决算草案，提请本级人民代表大会审查和批准。

四、我国国家预算的改革

改革开放以来，为了加强预算管理，提高支出效益，中央和地方各级财政部门以及其他预算支出部门进行过不少探索。近年来，全国人大常务委员会、国务院、财政部连续推出关于支出管理的几项重大改革。下面仅对编制部门预算、实行国库集中收付制度做详细介绍。

(一) 部门预算

1. 部门预算定义及组成

部门预算是编制政府预算的一种制度和方法，是由政府各个部门编制，反映政府各部门所有收入和支出情况的政府预算。

部门预算的基本含义包括：①部门是预算编制的基础单元，因而财政预算从部门编起，从基层单位编起；②财政预算要落实到每一个具体部门，一个部门一本预算，改变财政资金按性质归口管理的做法，财政将不同性质的财政性资金统一编制到使用这些资金的部门；③部门本身要有严格的资质要求，限定那些与财政直接发生经费关系的一级预算单位为预算部门。部门预算可以说是一个综合预算，既包括一般收支预算，也包括政府基金收支预算；既包括基本支出预算，也包括项目支出预算；既包括财政部门直接安排预算，也包括有预算分配权部门安排的预算。

各部门预算由本部门所属各单位预算和本部门机关经费预算组成。编制部门预算要求各部门按照财政部门的统一规定和标准表格，全面、系统、准确地将本部门一般公共预算收支情况、政府性基金收支情况以及“三公”经费支出情况等都编入部门预算，即部门的所有开支都要在预算中加以反映，预算中没有列出的项目不得开支。中央预决算公开平台界面见图 11-3，部门预算组成(以国家外汇管理局为例)见图 11-4。

图 11-3　中央预决算公开平台界面

目　录

第一部分　国家外汇管理局概况

一、主要职责

二、预算单位构成

第二部分　国家外汇管理局 2018 年预算表

一、财政拨款收支总表

二、预算支出表

三、基本支出表

四、“三公”经费预算情况表

五、政府性基金预算支出表

六、收支预算总表

七、收入预算总表

八、支出预算总表

第三部分　国家外汇管理局 2018 年预算情况说明

第四部分　名词解释

图 11-4　部门预算组成(以国家外汇管理局为例)

2. 编制部门预算的重要意义

(1) 编制部门预算有利于提高国家预算的透明度。编制部门预算，可以全面体现国家预算的公开性、可靠性、完整性和统一性原则，避免预算编制和执行中人为的随意性，防止“暗箱”操作，加强廉政建设。

(2) 编制部门预算有利于提高预算的管理水平。编制部门预算，使预算编制和执行的程序和流程制度化、规范化和科学化，从而有利于财政部门控制预算规模和优化支出结构，有利于使用资金的部门和单位合理使用财政资金，充分发挥财政资金的效益。

(3) 编制部门预算有利于社会监督。编制部门预算，使预算细化到部门、项目，有利于各级人大履行立法监督职能，有利于审计部门履行财政审计职能，社会各界也可以清晰地了解预算的编制与执行情况，发挥社会监督作用。

(二) 国库集中收付制度

国库集中收付制度是指建立国库单一账户体系，所有财政性资金都纳入国库单一账户管理，收入直接缴入国库或财政专户，支出通过国库单一账户体系，按照不同支付类型，采用财政直接支付与授权支付的方法，支付到商品或货物供应者或用款单位。

1. 国库集中收付制度改革进程

2001年财政部、中国人民银行出台《国库集中收付改革试点方案》，国库集中收付开始了“先试点后推广、先中央后地方”的改革进程。改革以建立国库单一账户体系为基础，将所有财政性资金都纳入国库单一账户体系管理，收入直接缴入国库或财政专户，支出通过国库单一账户体系支付到商品和劳务供应商或用款单位。

国库集中收付制度改革大致经历了 3 个阶段。

第一阶段是以《国库集中收付改革试点方案》在中央六部委试行为起点，在“一个方案两个办法”指导下，改革从中央到地方、从局部到全国逐步推广。

第二阶段是2011年以后以《财政部关于进一步推进地方国库集中收付制度改革的指导意见》为指引，省及省以下政府加快非税收入等预算外资金纳入预算管理和地方财政专户清理整顿的步伐。

第三阶段是2013年《财政专户管理办法》实施至今，伴随着党的十八届三中全会关于建立现代财政制度精神的要求，改革进入了财政专户的全面清理和国库集中收付的扩围阶段。

2. 国库集中支付制度的内容

国库集中支付制度是对预算资金分配、资金使用、银行清算及资金到达商品和劳务供应者账户的全过程集中进行全面监控的制度。它的要点如下。

(1) 财政部门在国库或国库指定的代理银行开设统一的账户，各单位在统一账户下设立分类账户，实行集中管理，预算资金不再拨付给各单位分设账户保存。

(2) 各单位根据自身履行职能的需要，可以在经批准的预算项目和额度内自行决定所要购买的商品和劳务，但要由财政部门直接向供应商支付货款，不再分散支付。

(3) 除某些特殊用途外，购买商品和劳务的资金都要通过国库直接拨付给商品和劳务供应商。

集中支付制度不能从根本上改变各部门、各单位对预算资金的支配权和使用权，但由财政部门集中掌握预算资金的支付权，从而可以考核资金的使用是否符合规定而决定是否给予支付，防止滥收滥支的违纪现象，提高资金使用效益。将采购资金直接由国库拨付给商品和劳务供应商，不再通过任何中间环节，财政部门则可以掌握资金的最终流向，杜绝在预算执行中克扣、截留、挪用等现象，有利于反腐倡廉。

第二节　预算管理体制

一、预算管理体制的含义和内容

(一) 预算管理体制的含义

预算管理体制是处理中央和地方以及地方各级政府之间财政关系的基本制度。预算管理体制的核心是各级预算主体的独立自主程度以及集权和分权的关系问题。预算管理体制是国家预算编制、执行、决算以及实施预算监督的制度依据和法律依据，是财政管理体制的主导环节。

(二) 预算管理体制的内容

预算管理体制的根本任务是通过划分预算收支范围和规定预算管理职权，促使各级政府明确各自的责权利，发挥各级政府理财的积极性，促进国民经济和社会发展。

预算管理体制的内容主要包括以下几个方面。

1. 预算管理主体和级次的规定

国家预算管理级次的规定与一国的政权机构和行政区划存在密切联系。由于各国的政权机构和行政区划的特点不同，政权级次以及预算级次的划分也不尽相同。我国的政权机构分为五级，相应的预算管理主体也分为中央、省、市、县、乡5级。

2. 国家预算管理权限的划分

预算管理权是指国家预算方针政策；预算管理法律法规的制定权、解释权和修订权；国家预决算的编制审批权；预算执行、调整和监督权等。

3. 预算收支范围的划分

预算收支范围的划分，是在中央和地方政府之间划分收支范围以及确定划分收支范围的方法等问题的总称。预算收支范围的划分反映了各级预算活动的范围和财力分配的大小，是正确处理中央与地方之间分配关系的重要方面。

一般公共预算收入包括各项税收收入、行政事业性收费收入、国有资源(资产)有偿使用收入、转移性收入和其他收入。

一般公共预算支出按照其功能分类，包括一般公共服务支出，外交、公共安全、国防支出，农业、环境保护支出，教育、科技、文化、卫生、体育支出，社会保障及就业支出和其他支出。一般公共预算支出按照其经济性质分类，包括工资福利支出、商品和服务支出、资本性支出和其他支出。2018年全国一般公共预算支出结构如图11-5所示。

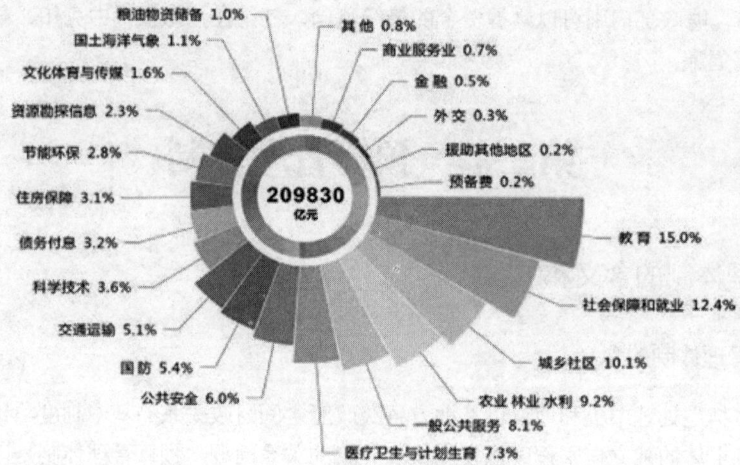

图 11-5 2018 年全国一般公共预算支出结构

4. 预算调节制度和方法

预算收支范围的划分并不能完全解决各级政府财政收支的均衡问题，因而须在既定的预算收支划分的基础上进行收支水平的调节，这种调节称为转移支付制度。具体来说，政府间财政转移支付实质上是存在于政府间的一种再分配形式。它是以各级政府之间所存在的财政能力差距为基础，以实现各地公共服务水平的均等化为主旨而实行的一种财政资金转移或财政平衡制度。

二、我国预算管理体制的形式

根据财力的集中与分散、财权的集权与分权的程度不同，可将我国预算管理体制大体上分为以下 4 种类型。

(一) 统收统支的预算管理体制

统收统支的预算管理体制也称高度集中的预算管理体制，这种体制的基本特点是财力与财权高度集中于中央，地方组织的财政收入全部上缴中央，地方一切开支由中央核拨。这种“统收统支”的预算管理体制使地方的财权很小。除了中华人民共和国成立初期外，我国 20 世纪 60 年代的 3 年经济调整时期，曾实行过这种类型的体制。这在当时特定的历史条件下，对集中必要的财力恢复和调整国民经济起过积极的作用，但它不利于发挥地方各级财政部门当家理财的积极性，在正常时期不宜采取这种预算管理体制。

(二) 以中央集权为主，适当下放财权的预算管理体制

这种预算管理体制的特点是财力和财权的相当大部分仍集中在中央，同时给地方一定的机动财力和财权，但都比较小。在这种体制下，由中央统一制定预算政策和制度，地方按预算级次实行分级管理，由中央核定地方收支指标，由中央统一进行地区间的调剂，收大于支的地方向中央财政上缴收入，支大于收的地方则由中央财政给予补助。在1953—1980年的多数年份里，实行的就是这种体制。它比统收统支体制前进了一大步，但仍不利于充分调动地方的积极性。

(三) 多种形式的预算包干体制

这种预算管理体制的特点是在中央统一领导和统一计划下，地方有较大的财权，地方财力大大增强。预算包干体制对原体制有重大突破，是我国预算管理体制的一次重大改革。这种体制充分调动了地方理财的积极性，但也存在不少问题。这些问题主要是指：中央集中的财力过少，中央财政收入占全部财政收入的比重下降，中央财政负担过重；中央与地方的收入之间相互挤占，关系没有理顺；地方财力大大增强，多投资于利润大、见效快的项目，加剧了当时的经济过热现象。

(四) 分级预算管理体制

这是我国现行预算管理体制，是我国在借鉴国际上发达国家的先进经验并结合我国国情的基础上，于1994年实行的在分税制基础上的分级预算管理体制。其基本内容是：根据中央政府和地方政府的不同职能划分支出范围，按税种来划分中央收入和地方收入；分别设置机构，分别征税；中央预算通过转移支付制度实现对地方预算的调剂和控制。

《中华人民共和国预算法》规定：国家实行中央和地方分税制。国家实行财政转移支付制度，财政转移支付应当规范、公平、公开，以推进地区间基本公共服务均等化为主要目标。财政转移支付包括中央对地方的转移支付和地方上级政府对下级政府的转移支付，以为均衡地区间基本财力、由下级政府统筹安排使用的一般性转移支付为主体。

三、我国现行的预算管理体制

(一) 分税制的含义

分税制是指在划分中央与地方事权的基础上，确定中央与地方财政支出范围，并按税种划分中央与地方预算收入的财政管理体制。分税制财政管理体制的具体内容和实施办法，按照国务院的有关规定执行。县级以上地方各级政府应当根据中央和地方分税制的原则和上级政府的有关规定，确定本级政府对下级政府的财政管理体制。

(二) 分税制的内容

1. 中央与地方的事权和支出划分

依据现行中央政府与地方政府事权的划分，中央财政主要承担国家安全、外交和中央国家机关运转所需经费，调整国民经济结构、协调地区发展、实施宏观调控所必需的支出以及由中央直接管理的事业发展支出。中央主要承担国防、武警、重点建设、中央单位事业经费和中央单位职工工资五大类支出。具体包括：国防费、武警经费、外交和援外支出、中央级行政管理费、中央统管的基本建设投资、中央直属企业的技术改造和新产品研制费、地质勘探费、由中央财政安排的支农支出、由中央负担的国内外债务的还本付息支出，以及中央本级负担的公检法支出和文化、教育、卫生、科学等各项事业费支出。

地方财政主要承担本地区政权机关运转所需支出以及本地区经济、事业发展所需支出。其包括地方行政管理费，公检法支出，部分武警经费，民兵事业费，地方统筹的基本建设投资，地方企业的技术改造和新产品研制经费，支农支出，城市维护和建设经费，地方文化、教育、卫生等各项事业费，价格补贴支出以及其他支出。

依据《国务院关于推进中央与地方财政事权和支出责任划分改革的指导意见》(国发〔2016〕

49 号，2016 年 8 月 16 日)，事权划分如下。

要逐步将国防、外交、国家安全、出入境管理、国防公路、国界河湖治理、全国性重大传染病防治、全国性大通道、全国性战略性自然资源使用和保护等基本公共服务确定或上划为中央的财政事权。

要逐步将社会治安、市政交通、农村公路、城乡社区事务等受益范围地域性强、信息较为复杂且主要与当地居民密切相关的基本公共服务确定为地方的财政事权。

要逐步将义务教育、高等教育、科技研发、公共文化、基本养老保险、基本医疗和公共卫生、城乡居民基本医疗保险、就业、粮食安全、跨省(区、市)重大基础设施项目建设和环境保护与治理等体现中央战略意图、跨省(区、市)且具有地域管理信息优势的基本公共服务确定为中央与地方共同财政事权，并明确各承担主体的职责。

中央与地方财政事权和支出责任划分改革，2020 年基本完成。

2. 中央与地方收入的划分

根据事权与财权相结合的原则，按税种划分中央与地方的收入，将维护国家权益、实施宏观调控所必需的税种划分为中央税；将同经济发展直接相关的主要税种划为中央与地方共享税；将适合地方的税种划分为地方税，并充实地方税种，增加地方税收收入。

比如关税和消费税可以作为中央固定收入，房产税可以作为地方固定收入，增值税可以作为中央与地方共享收入等。

3. 各级政府间实行转移支付制度

国家实行财政转移支付制度，财政转移支付应当规范、公平、公开，以推进地区间基本公共服务均等化为主要目标。

财政转移支付包括中央对地方的转移支付和地方上级政府对下级政府的转移支付，以为均衡地区间基本财力、由下级政府统筹安排使用的一般性转移支付为主体。

按照法律、行政法规和国务院的规定可以设立专项转移支付，用于办理特定事项。建立健全专项转移支付定期评估和退出机制。市场竞争机制能够有效调节的事项不得设立专项转移支付。

上级政府在安排专项转移支付时，不得要求下级政府承担配套资金。但是，按照国务院的规定应当由上下级政府共同承担的事项除外。

与行政管理体制相适应，现行财政体制遵循“统一领导，分级管理”的基本原则。按现行财政体制安排，中央政府仅与省级政府进行收支划分和转移支付，省以下财政体制由各地省级政府在中央指导下，结合本地实际情况确定。从目前的情况看，大部分地区都按照分税制的要求，划分了省以下各级政府的收支范围，并建立了较为规范的省对下转移支付体系。同时，不断探索创新财政管理方式，27 个省份在 1 080 个县实施了省直管县财政管理方式改革，约 2.86 万个乡镇实施了乡财县管财政管理方式改革。

中央本级收入并不完全用于中央本级自身的支出，其中相当大一部分是用于对地方税收返还和转移支付，形成地方财政收入来源，并由地方安排财政支出。

(三) 分税制的进一步完善

1. 进一步明确中央与地方政府事权的划分范围

我国目前政府职责的划分还不能适应社会主义市场经济的要求，“缺位”和“越位”并存，如基础教育、基础科学、卫生保健等投入不足；同时，政府行政干预过多，发挥的市场调节作用小，对经济运行中出现的问题，未能娴熟驾驭，甚至不得不借助于行政命令等。现行的分税制是以目前既定的事权划分为基础的，所以，尽快明确各级政府的职能、划清各自的事权范围，是分税制进一步完善的前提。

2. 进一步调整和规范预算收入的划分

近年来，中央财力的集中程度显著提高。当然，适当集中中央的财权财力，对加强中央政府的宏观调控能力是非常必要的，但是如果集中的程度过大、速度过快，必然会对地方各级财政造成负面影响。2018 年国地税合并后，探索税种归属，明确预算收入划分，将成为近期工作重点。

3. 实行规范的转移支付制度

转移支付制度是分税制预算管理体制的一个重要组成部分，是中央政府实行宏观调控的重要手段，因为实行分税制并不要求地方政府拥有足以自我平衡的财政收入，仅仅是使地方财政预算拥有一定量的稳定收入，其差额由中央财政预算补助，从而实现中央财政对地方财政的调控。目前，我国实行的税收返还制度就是转移支付制度的一种形式，但该制度还很不规范。税收返还实际是维护既得利益的“基数法”的延续，而规范的转移支付制度要求逐步过渡到按客观因素测定标准收支，因此，逐步减少税收返还也是进一步完善转移支付制度的关键。

4. 完善地方税收体系

目前，我国地方税收体系尚不完善，地方没有“当家”的税种，不利于调动地方涵养税源的积极性。根据存在的问题，需要做以下工作：①要扩大地方税收规模，增强地方政府预算自求平衡的能力；②要扩大地方对地方税收的立法权和执法权，除了一些重要的地方税种需要由中央统一立法外，还应该给予地方开设一些地方税种的权力；③中央政府和地方政府都应有自己的主体税种，以保证各级财政有稳定的收入来源。

本章小结

1. 国家预算是指经法定程序审核批准的具有法律效力的政府年度财政收支计划。目前，影响较大并为世界大多数国家所接受的预算原则有公开性、可靠性、完整性、统一性和年度性。国家预算的组织结构，可以从纵向和横向两方面来了解。从纵向角度来看，我国由中央、省、市、县、乡 5 级预算组成；从横向角度来看，一级预算具体可分为总预算、本级预算和单位预算。

2. 依据不同的分类标准和依据，国家预算可以划分为不同的种类。按编制的形式分类，国家预算可以分为单式预算和复式预算；按预算的编制方法分类，国家预算可以分为零基预算和增量预算；按预算分级管理的要求划分，国家预算可以分为中央预算和地方预算；按预算支出分类汇总依据的不同分类，国家预算可以分为功能预算和部门预算。

3. 预算的基本程序包括：编制、审批、执行和决算，这 4 个阶段构成了一个预算周期。国家预算的编制是政府预算周期的起点，各级政府预算在各级政府的领导下，由各级财政部门负责组织编制。国家预算草案形成后，必须经过法律程序审核批准，才构成正式的国家预算计划。政府预算的执行是指各级政府依照立法机构批准的预算方案，组织筹集预算收入、安排和使用预算支出的活动与过程。国家决算是指经过法定程序批准的年度政府预算执行结果的会计报告，包括报表和文字说明两部分。

4. 预算管理体制是处理中央和地方以及地方各级政府之间财政关系的基本制度。预算管理体制的核心，是各级预算主体的独立自主程度以及集权和分权的关系问题。我国现行预算管理体制是分税制。

课后习题

一、选择题

1. 要求政府的所有财政收支都要反映在预算中，不得隐瞒、造假账，不得有预算以外的财政收支，这是(　　)原则对预算的要求。

A. 公开性　　B. 可靠性　　C. 完整性　　D. 统一性

2. 财政收支计划指标是在以前财政年度的基础上，按新的财政年度的经济发展情况加以调整之后确定的预算，该种预算称为(　　)。

A. 增量预算　　B. 复式预算　　C. 单式预算　　D. 零基预算

3. 国家的基本财政计划称为(　　)。

A. 经济计划　　B. 政府预算　　C. 收支方案　　D. 政府决算

4. 单式预算和复式预算的划分标志为(　　)。

A. 预算的形式　　B. 预算的分级管理

C. 预算内容的分合关系　　D. 预算的组成环节

5. 我国的预算体系由(　　)组成。

A. 中央和地方两级预算　　B. 中央、省、市三级预算

C. 中央、省、市、县四级预算　　D. 中央、省、市、县、乡五级预算

6. 目前影响较大并为世界大多数国家所接受的预算原则有(　　)。

A. 公开性　　B. 可靠性　　C. 完整性

D. 统一性　　E. 年度性

7. 国家预算的基本程序有(　　)阶段。

A. 预算编制　　B. 预算审批　　C. 预算执行　　D. 预算决算

8. 以预算分级管理的要求为依据对国家预算进行分类，国家预算可分为(　　)。

A. 中央预算　　B. 地方预算　　C. 复式预算　　D. 单式预算

9. 下列选项中属于国库集中支付制度要点的有(　　)。

A. 财政部门开设统一的账户

B. 各预算单位在统一账户下设立分类账户

C. 各预算单位可以在经批准的预算项目和额度内自行决定所要购买的商品和劳务

D. 预算单位购买商品的资金可由购买单位直接支付给商品供应商，无须经过国库划拨

10. 按预算的编制方法的不同，国家预算可分为(　　)。

A. 零基预算　　B. 增量预算　　C. 复式预算　　D. 单式预算

二、判断题

1. 各级政府预算的编制和实现必须按法定财政年度编制，要反映全年的财政收支活动，不允许将不属于本财政年度财政收支的内容列入本年度的国家预算之中。　　(　　)

2. 按照 2015 年 1 月 1 日实施的预算法规定，我国不允许设立预算外资金。　　(　　)

3. 各级政府对于必须进行的预算调整，应当编制预算调整方案，并提请本级人民代表大会常务委员会审查和批准。未经批准，不得调整预算。（　）

4. 我国现在实行的是以中央集权为主，适当下放财权的预算管理体制。（　）

5. 国防、武警、重点建设、中央单位事业经费和中央机关单位职工工资支出应当由中央财政负担。（　）

三、名词概念

1. 国家预算　2. 单式预算　3. 复式预算　4. 零基预算　5. 增量预算
6. 功能预算　7. 部门预算　8. 预算管理体制　9. 分税制

四、问答题

1. 简述国家预算的原则。
2. 简述我国国库集中支付制度的内容。
3. 简述预算管理体制的内容。
4. 简述分税制预算管理体制的内容。
5. 如何进一步完善分税制预算管理体制？
6. 按照《中华人民共和国预算法》的规定，我国实际需要编制哪些预算？

案例分析

关于2019年中央决算的报告

一、2019年中央财政收支决算情况

2019年，面对国内外风险挑战明显上升的复杂局面，在以习近平同志为核心的党中央坚强领导下，各地区各部门以习近平新时代中国特色社会主义思想为指导，全面贯彻党的十九大和十九届二中、三中、四中全会精神，增强“四个意识”、坚定“四个自信”、做到“两个维护”，落实党中央、国务院决策部署，严格执行十三届全国人大二次会议审查批准的预算，坚持稳中求进工作总基调，深入贯彻新发展理念，坚持以供给侧结构性改革为主线，推动高质量发展，扎实做好“六稳”工作，统筹推进稳增长、促改革、调结构、惠民生、防风险、保稳定，保持经济社会持续健康发展，完成全年主要目标任务，为全面建成小康社会打下决定性基础。在此基础上，财政改革发展各项工作积极推进，中央决算情况总体较好。根据预算法有关规定，重点报告以下情况。

(一) 2019年中央一般公共预算收支决算情况

中央一般公共预算收入89 309.47亿元，为预算的99.5%。加上从中央预算稳定调节基金以及中央政府性基金预算、中央国有资本经营预算调入3 194亿元，收入总量为92 503.47亿元。中央一般公共预算支出109 475.01亿元，完成预算的98.4%。加上补充中央预算稳定调节基金1 328.46亿元，支出总量为110 803.47亿元。收支总量相抵，中央财政赤字18 300亿元，与预算持平。

与向十三届全国人大三次会议报告的执行数相比，中央一般公共预算收入增加4.06亿元，主要是在库款报解整理期国内消费税、行政事业性收费收入增加。中央一般公共预算支出减少55.24

亿元，主要是可再生能源电价附加增值税返还地方上解数额增加，相应减少中央对地方转移支付。以上增收减支共计 59.3 亿元，已包含在上述补充中央预算稳定调节基金的 1 328.46 亿元中。

从收入决算具体情况看，在实施更大规模减税降费、经济增速放缓等情况下，中央一般公共预算收入增长 4.5%，增幅比上年降低 0.8 个百分点。其中，税收收入 81 020.33 亿元，为预算的 98.2%，增长 0.7%；非税收入 8 289.14 亿元，为预算的 113.5%，增长 65.5%，主要是为支持落实减税降费，增加特定金融机构和央企上缴利润。税收收入中，国内增值税 31 160.46 亿元，为预算的 103.7%，主要是实施增值税改革和更大规模减税降费后，税源增长高于预期；国内消费税 12 564.44 亿元，为预算的 108.5%，主要是烟、成品油等商品消费税超出预期；进口货物增值税、消费税和关税合计 18 701.47 亿元，为预算的 94.8%，主要是外贸进口低于预期；企业所得税 23 786.02 亿元，为预算的 97.4%；个人所得税 6 234.19 亿元，为预算的 80.5%，主要是提高基本减除费用标准和实施 6 项专项附加扣除政策等减税规模超出预期；车辆购置税 3 498.26 亿元，为预算的 96.4%，主要是汽车销量低于预期且免税的新能源汽车占比提升；出口货物退增值税、消费税 16 503.19 亿元，为预算的 103.5%。

从支出决算具体情况看，中央本级支出 35 115.15 亿元，完成预算的 99.2%，增长 6%；中央对地方转移支付 74 359.86 亿元，完成预算的 98.6%，增长 7.4%。中央本级支出中，教育支出 1 835.88 亿元，完成预算的 100%；科学技术支出 3 516.18 亿元，完成预算的 99.2%；外交支出 615.39 亿元，完成预算的 98.1%；国防支出 11 896.56 亿元，完成预算的 100%；公共安全支出 1 839.45 亿元，完成预算的 102.3%，主要是有关部门改革相关支出增加；一般公共服务支出 1 985.16 亿元，完成预算的 99.7%；粮油物资储备支出 1 204.05 亿元，完成预算的 102.3%，主要是据实结算的粮油储备支出增加；债务付息支出 4 566.62 亿元，完成预算的 91.4%，主要是利率变动等因素导致内债付息支出减少。中央对地方转移支付具体情况是：一般性转移支付 66 798.16 亿元，完成预算的 98.6%，其中，共同财政事权转移支付 31 902.99 亿元，完成预算的 100.2%，均衡性转移支付 15 632 亿元，完成预算的 100%，县级基本财力保障机制奖补资金 2 709 亿元，完成预算的 100%，老少边穷地区转移支付 2 488.4 亿元，完成预算的 100%；专项转移支付 7 561.7 亿元，完成预算的 99%。

2019 年，中央一般公共预算支出结余 1 328.46 亿元(其中，中央预备费当年未支出，结余 500 亿元)，用于补充中央预算稳定调节基金。2019 年年初中央预算稳定调节基金余额 966.44 亿元，加上上述补充的 1 328.46 亿元、按规定用中央政府性基金结转资金补充的 35.56 亿元、通过中央财政以前年度结转资金补充的 3 000 亿元，2019 年年末中央预算稳定调节基金余额为 5 330.46 亿元，2020 年调入一般公共预算 5 300 亿元后，余额为 30.46 亿元。

2019 年，中央一般公共预算使用以前年度结转资金安排的支出 1 517.65 亿元，其中，中央本级使用 916.98 亿元，中央对地方转移支付使用 600.67 亿元。中央预算周转金规模没有发生变化，2019 年年末余额为 354.03 亿元，主要用于调剂预算年度内季节性收支差额。

2019 年，中央本级“三公”经费财政拨款支出合计 48.74 亿元(包括基本支出和项目支出安排的经费)，比预算数减少 32.33 亿元，主要是中央部门贯彻落实“厉行节约、反对浪费”和过紧日子要求，从严控制和压缩“三公”经费支出，以及受客观因素影响，部分因公出国(境)、外事接待任务未实施，公务用车支出和公务接待支出减少。其中，因公出国(境)费 16 亿元，减少 2.69 亿元；公务用车购置及运行费 29.92 亿元，减少 25.45 亿元；公务接待费 2.82 亿元，减少 4.19 亿元。

2019 年，中央预算内投资支出 5 775.85 亿元，其中，中央本级支出 1 439.21 亿元，对地方转移支付 4 336.64 亿元。调整优化投资结构，重点用于保障性安居工程、“三农”建设、重大基础设施建设、创新驱动和结构调整、社会事业和社会治理、节能环保与生态建设等方面，投资补短板力度持续加大。

2019 年，中央财政发行国债 42 737.18 亿元，其中内债 41 834.71 亿元、外债 902.47 亿元，筹措资金除用于到期国债还本外，其余均由中央财政统筹安排使用。国债还本 24 329.68 亿元，其中内债 24 011.2 亿元、外债 318.48 亿元。年末国债余额为 168 038.04 亿元，包括内债余额 166 032.13 亿元、外债余额 2 005.91 亿元，控制在全国人大批准的国债余额限额 175 208.35 亿元以内。

(二) 2019 年中央政府性基金预算收支决算情况

中央政府性基金预算收入 4 039.78 亿元，为预算的 96.3%。加上 2018 年结转收入 360.4 亿元，收入总量为 4 400.18 亿元。中央政府性基金预算支出 4 178.84 亿元，完成预算的 91.9%，主要是铁路建设基金等基金收入减少、支出相应减少，以及民航发展基金具备执行条件的项目储备不足。其中，中央本级支出 3 113.39 亿元，对地方转移支付 1 065.45 亿元。向一般公共预算调出 4.23 亿元。中央政府性基金收入决算数比执行数增加 0.16 亿元，支出决算数比执行数减少 0.02 亿元。

中央政府性基金预算收大于支 217.11 亿元，其中，结转下年继续使用 181.55 亿元；单项政府性基金结转超过当年收入 30%的部分合计 35.56 亿元，按规定补充中央预算稳定调节基金。

(三) 2019 年中央国有资本经营预算收支决算情况

中央国有资本经营预算收入 1 635.96 亿元，为预算的 99.9%。加上 2018 年结转收入 6.7 亿元，收入总量为 1 642.66 亿元。中央国有资本经营预算支出 1 108.8 亿元，完成预算的 88.4%，主要是部分金融企业国有资本经营预算执行低于预期，其中，中央本级支出 986.55 亿元，对地方转移支付 122.25 亿元，向一般公共预算调出 389.77 亿元，结转下年支出 144.09 亿元。中央国有资本经营收入决算数比执行数增加 0.03 亿元，支出决算数与执行数持平。

(四) 2019 年中央社会保险基金预算收支决算情况

中央社会保险基金收入 696.94 亿元，为预算的 98.3%，其中，保险费收入 362.58 亿元，财政补贴收入 319.16 亿元。加上地方上缴的基本养老保险中央调剂基金收入 6 280 亿元，收入总量为 6 976.94 亿元。中央社会保险基金支出 663.31 亿元，完成预算的 95.3%。加上安排给地方的基本养老保险中央调剂基金支出 6 273.8 亿元，支出总量为 6 937.11 亿元。当年收支结余 39.83 亿元，年末滚存结余 366.96 亿元。中央社会保险基金收入决算数比执行数增加 8.33 亿元，支出决算数比执行数增加 0.11 亿元。

按照预算法和国务院有关规定，对 2019 年中央财政的部分收支事项实行权责发生制核算，包括预算已经安排当年应支未支的工资和社保资金、国库集中支付年终结余以及国务院批准的其他特殊事项等。有关具体情况将向全国人大常委会专门书面报告。对上述资金，财政部将在预算执行中加强管理，及时拨付，尽快发挥资金效益，同时，收回部分可统筹使用的资金，用于支持实现全面小康、克服当前新冠肺炎疫情对经济的影响和“十四五”规划重点任务。

2019 年中央一般公共预算、政府性基金预算、国有资本经营预算、社会保险基金预算的预算数、决算数及其对比分析，详见中央决算草案。草案在报党中央、国务院审批和提请全国人大常委会审查之前，已经审计署审计，并根据审计意见作了相应修改。

二、加力提效实施积极的财政政策，促进经济社会持续健康发展

2019 年，我们坚决贯彻党中央、国务院决策部署，按照全国人大有关决议要求和批准的预算，加力提效实施积极的财政政策，加大重点领域支持力度，加快推进财税体制改革，提高资金配

置效率和使用效益，推动经济平稳运行和民生持续改善。

(一) 实施更大规模减税降费

减税降费直接惠企惠民、公平有效，是应对经济下行压力的重大举措。各级财税部门把落实更大规模减税降费作为 2019 年实施积极财政政策的头等大事切实抓紧抓好。1 月 1 日起实施小微企业普惠性减税、个人所得税专项附加扣除；4 月 1 日起实施深化增值税改革措施，制造业等行业增值税税率从 16%降至 13%，交通运输业、建筑业等行业从 10%降至 9%；5 月 1 日起降低社会保险费率。继续清理规范行政事业性收费和政府性基金。

减税降费政策在减轻企业负担、促进居民消费、稳定市场预期和扩大就业等方面发挥了重要作用，有力支持了实体经济稳定发展。2019 年全年减税降费 2.36 万亿元，其中新增减税 1.93 万亿元。制造业及其相关环节增值税减税 5 928 亿元，减税幅度为 24.1%；建筑业和交通运输业增值税分别减税 257 亿元、44 亿元，减税幅度为 5.2%、6.7%；现代服务业和生活服务业等其他行业增值税负担也实现不同程度降低。民营企业合计减税 1.26 万亿元，占全部减税数额的 65.5%。小微企业减税 2 832 亿元，享受企业所得税减免的纳税人达到 626 万户，享受增值税免税的小规模纳税人新增 456 万户。实施个人所得税专项附加扣除政策，加上 2018 年 10 月 1 日提高个人所得税基本减除费用标准和优化税率结构翘尾因素，合计减税 4 604 亿元，使 2.5 亿纳税人直接受益，人均减税约 1 842 元。

为支持落实减税降费政策，各级政府大力压减一般性支出，多渠道筹集资金弥补减收，努力实现预算收支平衡。中央财政加大对地方转移支付力度，并在分配均衡性转移支付、县级基本财力保障机制奖补资金时，向基层财政困难地区和受减税降费影响较大的地区倾斜，增强其财政保障能力。建立实施县级财政工资保障监测预警和风险评估机制，统筹财政收支和库款管理，合理安排支出优先次序，切实兜牢县级“三保”(保基本民生、保工资、保运转)底线。

(二) 继续支持打好三大攻坚战

大力支持脱贫攻坚。落实和完善精准扶贫举措，围绕补齐“两不愁三保障”突出短板，强化脱贫攻坚投入保障。中央财政补助地方专项扶贫资金 1 261 亿元，增长 18.9%，进一步向“三区三州”等深度贫困地区倾斜，其他相关转移支付和地方政府一般债务额度分配继续向贫困地区，特别是深度贫困地区倾斜。下达易地扶贫搬迁地方政府一般债券 1 294 亿元，支持提前一年基本完成“十三五”规划建设任务。利用跨省域补充耕地收入和城乡建设用地增减挂钩节余指标调剂收入安排 817 亿元，全部用于脱贫攻坚和实施乡村振兴战略。深入推进贫困县涉农资金整合试点，全国 832 个贫困县已整合 2019 年各级财政涉农资金超过 3 200 亿元。推进扶贫项目全过程绩效管理。财政扶贫资金动态监控平台建设取得初步成效。全年减少建档立卡贫困人口 1 109 万人，贫困县摘帽 344 个。积极支持污染防治。将污染防治攻坚作为重点保障和优先支出领域，支持打好大气、水、土壤等污染防治标志性重大战役。扩大北方地区冬季清洁取暖试点范围。分两批将 40 个城市纳入黑臭水体治理示范政策范围。继续实施长江经济带生态保护修复奖励政策，加快推动形成长江大保护格局。深入推进山水林田湖草生态保护修复工程试点。实施“蓝色海湾”整治行动和渤海综合治理，支持海洋生态保护修复。对符合条件的从事污染防治的第三方企业减按 15%的税率征收企业所得税。积极推动设立国家绿色发展基金。防范化解财政金融风险。按照“开前门、堵后门”的思路，统筹做好地方政府债券发行使用和风险防控工作。推动各地严格落实地方政府债务预算管理相关规定和要求，主动接受人大对地方政府债务借、用、还的全过程监督。按照谁使用、谁负责的原则，严格落实专项债券项目单位偿债责任，严防专项债券风险。完善常态化监控机制，强化地方政府违规举债责任追究。在各方共同努力下，地方政府隐性债务风险得到有效防范。2019 年地方政府债券共发行 43 624 亿元，到期偿还债券本金 13 152 亿元，支付利息 6 567 亿元，年末地方政府债务余额 213 098 亿元，控制在全国人大批准的余额限额 240 774 亿元以内。同时，协助稳妥处置化解金融风险，加强金融企业财务监管，推动提升金融企业会计信息质量。

(三) 支持深化供给侧结构性改革

推动制造业高质量发展。将适用固定资产加速折旧优惠的行业范围扩大至全部制造业领域。巩固“三去一降一补”成果，及时拨付专项奖补资金 20 亿元，支持提前完成钢铁、煤炭等重点行业去产能目标。推进科技创新能力建设。中央一般公共预算本级科学技术支出 3 516.18 亿元，增长 12.5%，支持提升科技支撑能力和科技重大专项加快攻坚。推动构建社会主义市场经济条件下关键核心技术攻关新型举国体制。推进科研项目经费使用“包干制”改革试点，赋予科研机构和人员更大自主权，促进科技成果转化。完善科研经费后补助制度，鼓励企业牵头承担国家科技计划。激发市场主体活力。新增支持 58 个开发区提升各类载体市场化专业化服务水平，打造不同类型双创载体。发挥国家新兴产业创业投资引导基金作用，累计支持超过 5 100 家创业企业。支持 59 个市(州、区)开展深化民营和小微企业金融服务综合改革试点。对上一年度小微企业融资担保费费率不超过 2%的地方予以奖补。2019 年，全国小微企业融资担保业务增长 9.8%，融资担保费率下降 0.3%，国家融资担保基金再担保合作业务规模突破 2 400 亿元，担保户数 16 万户。推动解决拖欠民营企业、中小企业账款等突出问题。

(四) 促进扩大投资消费需求

全年下达中央预算内投资资金 5 776 亿元，重点支持保障性安居工程、“三农”建设、重大基础设施建设、创新驱动和结构调整、社会事业和社会治理、节能环保与生态建设等方面。新增地方政府专项债券 21 500 亿元，较 2018 年增加 8 000 亿元。允许将地方政府专项债券所筹资金作为符合条件的重大项目资本金，强化重点在建项目和补短板工程资金保障。加大对养老、托育、家政等社区家庭服务业的税费优惠力度，推动文旅休闲消费提质升级。支持新能源汽车推广应用，对新能源公交车运营给予补贴，对地方建设充电基础设施给予奖励。开展电子商务进农村综合示范，实现国家级贫困县全覆盖。对农产品供应链体系建设给予补助，重点支持农产品产后商品化处理设施建设和农产品冷链物流发展。

(五) 促进城乡区域协调发展

支持实施乡村振兴战略。下达农田建设补助资金 671 亿元，支持高标准农田和农田水利建设。及时拨付生猪调出大县奖励和非洲猪瘟强制扑杀补助资金，支持生猪稳产保供。进一步完善农机购置补贴政策。加大产粮大县奖励力度。支持现代农业产业园和农业产业强镇创建，促进农村一二三产业深度融合。将农村饮水工程维修养护经费纳入中央财政支持范围，重点对中西部地区给予补助。深入实施农村人居环境整治三年行动，支持农村厕所革命整村推进。推动实施重大区域战略。制定实施有针对性的财税政策，支持粤港澳大湾区建设，深入推进新时代东北振兴，加强长江经济带环境保护。深入研究推进京津冀协同发展、长江三角洲区域一体化发展等国家重大区域发展战略，以及推进雄安新区建设、黄河流域生态保护和高质量发展、中部地区崛起的有关财政支持政策。研究制定海南自由贸易港财税政策制度体系。较大幅度增加中央对地方转移支付规模，并重点向中西部和困难地区倾斜，进一步提升区域间基本公共服务均等化水平。支持革命老区、民族地区、边疆地区、贫困地区加快发展。

(六) 稳步提高基本民生保障水平

促进扩大就业。支持实施就业优先政策，中央财政就业补助资金支出 539 亿元，增长 14.9%。从失业保险基金结余中拿出 1 000 亿元支持职业技能提升，加快培养各类技术技能人才。职业技能提升和转岗转业培训超过 1 500 万人次。提高自主就业退役士兵和重点群体创业就业税额扣减额度，扩大享受政策优惠的企业范围。持续加大财政教育投入。巩固城乡统一、重在农村的义务教育经费保障机制，促进学前教育、职业教育、高等教育发展。启动实施义务教育薄弱环节改善与能力提升工作，加快消除城镇“大班额”问题。全国约 1.5 亿城乡义务教育阶段学生免除学杂费并获得免费教科书，1 900 万家庭经济困难学生获得生活补助，1 400 万进城务工农民工随迁子女实现相关教育经费可携带，3 700 万农村义务教育阶段学生获得营养膳食补助。设立中等职业教育国家奖学金，扩大高职院校奖助学金覆盖面、提高补助标准，支持高职院校扩招 100 万人目标顺利完成。提高养老保障水平。出台改革和完善基本养老保险制度总体方案，推进养老保险省级统筹。养老保险基金中央调剂比例提高至 3.5%，22 个中西部地区和老工业基地省份全年受益 1 512 亿元。扎实推进划转部分国有资本充实社保基金工作，中央层面完成划转企业 81 家，划转国有资本总额 13 264 亿元。提高企业和机关事业单位退休人员基本养老金标准，平均增幅约 5%。推进健康中国建设。推动全面建立城乡统一的居民基本医疗保险制度，居民医保人均财政补助标准增加 30 元。降低并统一大病保险起付线，报销比例由 50%提高到 60%，进一步减轻大病患者、困难群众医疗负担。将基本公共卫生服务经费人均补助标准提高到 69 元，支持地方做好预防接种、妇幼卫生等健康服务项目。出台罕见病药品等增值税减免政策，支持将高血压和糖尿病门诊用药纳入医保报销，覆盖 3 亿多患者。强化民生政策兜底。继续提高城乡低保等社会救助水平和优抚对象等人群的补助标准，出台退役士兵社会保险断保接续等解困政策。加大基本住房保障力度。支持棚改开工建设 316 万套，建档立卡贫困户等 4 类重点对象农村危房改造 135.5 万户，27 个地区改造老旧小区 352 万户、3.2 亿平方米。开展中央财政支持住房租赁市场发展试点。推动文化体育事业发展。中央补助地方公共文化服务体系建设专项资金支出 147 亿元，增长 14%。持续推进全国 5 万余个博物馆、纪念馆、图书馆等公共文化设施向社会免费开放。支持中华优秀传统文化传承发展，加强文化遗产保护。

(七) 深入推进财税体制改革

进一步理顺中央和地方财政关系。积极推进分领域中央与地方财政事权和支出责任划分改革，出台教育、科技、交通运输等领域改革方案。推进中央与地方收入划分改革，保持增值税“五五分享”比例稳定，调整完善增值税留抵退税分担机制，明确后移消费税征收环节并稳步下划地方。完善预算管理制度。加大政府性基金预算与一般公共预算统筹力度，进一步扩大中央国有资本经营预算实施范围。全面实施预算绩效管理，健全绩效指标和标准体系，继续扩大重点绩效评价范围，加强评价结果应用。持续推进国债管理市场化改革，优化国债品种期限结构。扩大政府财务报告编制试点范围至 40 个中央部门和 36 个地方。进一步深化政府采购制度改革。全面规范和加强政府购买服务管理。着力推进税制改革。完善增值税制度，初步建立综合与分类相结合的个人所得税制度。资源税法经全国人大常委会审议通过，城市维护建设税法、契税法草案按程序提请全国人大常委会初次审议。研究逐步健全稳定、可持续的地方税体系。积极推动国资国企改革。向全国人大常委会报告全国国有资产管理总体情况。积极推动组建国有资本投资、运营公司，推动完成中国国家铁路集团有限公司、中国邮政集团有限公司改制。进一步理顺国有金融资本管理体制。

三、健全制度机制，进一步加强财政预算管理

2019 年决算情况总体较好，同时也存在一些需要解决的问题。我们高度重视这些问题，认真落实预算法有关规定，结合全国人大有关方面和审计署提出的意见建议，采取有力措施加以解决。同时，坚持整改具体问题与完善管理体系相结合、完善规章制度与健全落实机制相结合、强化监督指导与实施有效激励相结合，举一反三，标本兼治，不断提高财政预算管理科学化水平。

(一) 落实政府过紧日子要求

把政府过紧日子作为财政工作长期坚持的方针，贯穿财政工作的各方面各环节。实事求是编制收入预算，提高财政收入质量。坚持量入为出、有保有压、可压尽压，打破基数概念和支出固化格局。调整优化支出结构，基本民生支出要只增不减，重点领域支出要切实保障。坚决压减一般性支出，严禁新建政府性楼堂馆所，严禁铺张浪费。2019 年中央部门非刚性、非重点项目支出平均压减幅度达到 10%；各地压减幅度都超过了 5%，有的达到 10%以上。安排 2020 年预算时，中央本级支出下降 0.2%，其中非急需非刚性支出压减 50%以上。地方财政也大力压减一般性支出，继续压减“三公”经费，严控会议差旅、咨询培训、论坛展会等经费。大力盘活财政存量资金，各类结余、沉淀资金要应收尽收，重新安排。各项支出务必精打细算，把钱用在刀刃上，切实提高资金使用效益。严肃财经纪律，强化财政监督检查，对违反财经纪律的，严肃追究责任；对于违反相关法律法规的，严格依法惩处。

(二) 提高预算执行质量和效率

强化预算约束，严格执行人大批准的预算，未列入预算的不得支出。及时批复中央部门预算，加快下达中央对地方转移支付预算，促进财政资金尽快到位。加强预算执行动态监控，把严把紧支出关口，严控预算调剂追加。加大督导力度，定期通报提醒，督促中央部门和地方抓紧组织实施项目，积极推动提高地方政府债券资金使用效率。强化支出监测预警，保持支出均衡性，避免月度间支出增幅大起大落。加强库款管理，科学调度国库资金，切实防范支付风险，有效保障重点支出需要。

(三) 进一步加强转移支付管理

优化转移支付体系，2019 年设立共同财政事权转移支付，规范中央和地方支出责任分担。按制度规定严格分配、下达中央对地方转移支付。逐年提高一般性转移支付规模，对一般性转移支付中原来具有指定用途的资金，取消专款专用要求，由地方根据实际需要安排使用。进一步规范专项转移支付分配管理，建立健全专项转移支付定期评估和退出机制，绝大多数专项转移支付已在制度中明确实施期限或退出条件。2020 年新增设立特殊转移支付，作为一次性财力安排，用于支持地方落实“六保”任务，应对执行中的不确定因素，最大限度下沉财力，确保新增财政资金直达市县基层，直接惠企利民。

(四) 深化预算绩效管理改革

加快分行业、分领域核心绩效指标和标准体系建设，2019 年初步建成 18 个大类、95 个支出方向、130 多条共性绩效指标、4 000 多条个性绩效指标，并在部分中央部门 2020 年预算编制中试点应用。指导中央部门加强绩效目标审核，细化量化指标，增强科学性、约束性。巩固绩效自评全覆盖成果，加强对自评结果的抽查复核，提高自评质量。推动绩效评价提质扩围，2020 年进一步探索中央部门整体支出绩效管理，并对政府投资基金、政府和社会资本合作项目开展绩效评价。强化评价结果应用，完善评价结果与预算安排、政策调整和改进管理挂钩机制，做到花钱必问效，无效

要问责，低效多压减，有效多安排。大力推动绩效信息公开，继续扩大向全国人大报送评价结果的项目范围，并逐步向社会公开。

(五) 持续推进部门预算管理改革

进一步理顺部门预算管理权责，在赋予部门更大管理权限的同时，强化部门在预算编制、执行和管理，以及审计查出问题整改中的主体责任。按照标准科学的要求，健全基本支出标准体系，加快构建项目支出标准体系，更好发挥标准在预算管理中的基础性作用。加强部门项目库建设，加大项目预算评审力度，推动解决预算申报不实、项目与支出政策不匹配等问题。督促部门加强项目实施准备，加快预算执行，减少新增结转结余，并将结转结余情况与下年预算安排挂钩。

(六) 自觉接受人大审查监督

深入贯彻落实《关于人大预算审查监督重点向支出预算和政策拓展的指导意见》和全国人大有关要求，自觉接受预算决算审查监督。认真落实全国人大及其常委会有关决议，并及时报告落实工作安排和进展情况。坚持解决具体问题与建立长效机制同步推进，及时向全国人大常委会报告审计查出突出问题的整改情况。积极配合推进预算联网监督。做好国有资产管理情况综合报告和相关专项报告工作。积极主动回应人大代表关切，做好解释说明工作，服务人大代表依法履职。

委员长、各位副委员长、秘书长、各位委员，今年以来，突如其来的新冠肺炎疫情对我国经济社会发展带来前所未有的冲击。以习近平同志为核心的党中央将疫情防控作为头等大事来抓，习近平总书记亲自指挥、亲自部署，坚持把人民生命安全和身体健康放在第一位，领导全党全军全国各族人民打好疫情防控的人民战争、总体战、阻击战。经过艰苦卓绝的努力，武汉保卫战、湖北保卫战取得决定性成果，疫情防控阻击战取得重大战略成果，统筹推进疫情防控和经济社会发展工作取得积极成效。

财政部门认真贯彻落实党中央、国务院决策部署，按照坚定信心、同舟共济、科学防治、精准施策的要求，强化疫情防控资金保障，围绕减轻患者救治费用负担、提高疫情防治人员待遇、保障疫情防控物资供应、加快疫苗和药物研发等出台一系列财税支持政策，全力支持打赢疫情防控阻击战。截至 2020 年 5 月底，各级财政共安排疫情防控资金 1 624 亿元，确保人民群众不因担心费用问题而不敢就诊，确保各地不因资金问题而影响医疗救治和疫情防控。在抓好疫情防控相关工作的同时，实施一批阶段性援企稳岗兜底等财税政策，支持企业纾困和发展，推动有序复工复产，加快恢复正常生产生活秩序。分批提前下达 2020 年新增债券额度 28 480 亿元，包括一般债务额度 5 580 亿元和专项债务额度 22 900 亿元，对重点项目多、风险水平低、有效投资拉动作用大的地区给予倾斜，加快重大项目和重大民生工程建设，推动尽早形成实物工作量，拉动经济增长。自 2020 年 3 月 1 日至 2020 年 6 月底，阶段性提高地方财政资金留用比例 5 个百分点，新增留用约 1 100 亿元资金，全部留给县级使用，有力保障基层财政平稳运行。

当前，受全球疫情冲击，世界经济严重衰退，产业链供应链循环受阻，国际贸易投资萎缩，大宗商品市场动荡。国内消费、投资、出口下滑，就业压力显著加大，企业特别是民营企业、中小微企业困难凸显，财政收支矛盾加剧，财政运行压力增加。2020 年 1—5 月，全国一般公共预算收入 77 672 亿元，下降 13.6%，其中税收收入 66 810 亿元，下降 14.9%，税收中的国内增值税、国内消费税、进口环节税收、企业所得税分别下降 22%、11.3%、20.5%、13%。全国一般公共预算支出 90 281 亿元，下降 2.9%，主要是受疫情影响，除疫情防控和“三保”支出外，部分项目支出进度比去年同期放缓。从 2020 年 1—5 月情况看，1 月全国一般公共预算收入下降 3.9%，2 月下降 21.4%，3 月下降 26.1%，4 月下降 15%，5 月下降 10%，4 月份开始收入降幅明显收窄，2020 年后几个月，随着生产生活秩序恢复，财政收入开始企稳回升，但仍有较大不确定性。从全年看，中央和地方财政收支平衡压力十分突出，特别是疫情较重地区和基层地方政府“三保”难度增大，需积极采取措施，缓解地方财政困难，努力实现预算收支平衡。

下一步，我们将坚决贯彻党中央、国务院决策部署，严格执行全国人大批准的预算，紧扣全面建成小康社会目标任务，统筹推进疫情防控和经济社会发展工作，在疫情防控常态化前提下，坚持稳中求进工作总基调，坚持新发展理念，坚持以供给侧结构性改革为主线，坚持以改革开放为动力推动高质量发展，坚决打好三大攻坚战，加大“六稳”工作力度，保居民就业、保基本民生、保市场主体、保粮食能源安全、保产业链供应链稳定、保基层运转，坚定实施扩大内需战略，维护经济发展和社会稳定大局，确保完成决战决胜脱贫攻坚目标任务，全面建成小康社会，重点做好以下工作。

一是支持打好三大攻坚战。继续加大财政扶贫投入力度，强化扶贫举措落实，确保剩余贫困人口全部脱贫，支持做好防止返贫监测和帮扶工作，推动脱贫攻坚与乡村振兴有机衔接。突出依法、科学、精准治污，重点支持打好蓝天、碧水、净土保卫战，推动实现污染防治攻坚战阶段性目标。健全地方政府债务常态化监测机制，及时发现和处置潜在风险。综合采取各类措施稳妥化解存量隐性债务，严禁搞虚假化债，绝不为解决短期问题而留下后遗症。

二是支持稳定和扩大就业。把保就业作为重中之重，全面强化就业优先政策，支持做好高校毕业生、退役军人、农民工等重点人群就业工作。用好从失业保险基金结余中提取的超过 1 000 亿元职业技能提升行动专账资金，以及工业企业结构调整专项奖补资金，促进地方落实各项就业创业政策。加强失业人员基本生活保障和再就业服务，扩大失业保险保障覆盖范围，保障好失业人员基本生活。

三是着力保障和改善民生。坚持以人民为中心的发展思想，切实发挥政府作用保基本民生，做好普惠性、基础性、兜底性民生建设。加强基本民生保障，扶贫、义务教育、基本养老、基本医疗、城乡低保等民生支出只增不减。进一步明确各项民生保障政策功能定位，注重政策之间的统筹协调，加大困难群体托底保障力度，确保工作不留死角，对象全面覆盖。

四是支持市场主体纾困发展。加大减税降费力度，强化阶段性政策，与制度性安排相结合，重点减轻中小微企业、个体工商户和困难行业企业税费负担。继续执行 2019 年下调增值税税率和企业养老保险费率政策。前期出台的部分阶段性减税降费政策，执行期限延长到 2020 年年底。小微企业、个体工商户所得税延缓到 2021 年缴纳。引导政府性融资担保、再担保机构大幅拓展业务覆盖面并明显降低费率，支持解决企业融资难、融资贵问题。推动降低企业生产经营成本，继续做好清理拖欠民营企业、中小企业账款工作，尽力帮助企业渡过难关。

五是兜牢基层“三保”底线。统筹新增财政赤字、以前年度结转资金、压减中央本级支出腾出的财力等渠道，用好抗疫特别国债等资金，切实加大对地方财力的支持力度，缓解地方收入增长放缓带来的财政支出压力。加强对地方财政运行跟踪分析，强化统一调度和监管，指导督促地方做实事前审核、事中监控、事后处置的“三保”预算管理工作机制，强化库款调度，建立完善“中央到省、省到市县”的监控机制。

委员长、各位副委员长、秘书长、各位委员，我们将更加紧密地团结在以习近平同志为核心的党中央周围，以习近平新时代中国特色社会主义思想为指导，增强“四个意识”、坚定“四个自信”、做到“两个维护”，自觉接受全国人大常委会的监督，认真落实本次会议审议意见，积极主动作为，在应对危机中掌握工作主动权，打好发展主动仗，更好发挥财政职能作用，为实现“两个一百年”奋斗目标、实现中华民族伟大复兴的中国梦贡献力量。

(资料来源：中国人大网，2020-6-22)

问题：

1. 根据所给资料，归纳并分析中国 2019 年中央决算的组成以及执行情况。
2. 中央预算在 2019 年围绕实施积极财政政策，促进经济社会持续健康发展上做了哪些工作？
3. 中国进一步加强财政预算管理的措施有哪些？

第十二章

财政平衡与财政政策

各国政府在经济发展的任何阶段都会面临财政收支总量关系的协调问题，判断一个国家或政府的财政是否平衡，进而对财政不平衡进行合理调节以实现社会总供求平衡，这是一国财政面临的重要问题。财政政策是一国政府为实现一定的宏观经济目标，调整财政收支规模和收支平衡的指导原则及其相应的措施。在政府对宏观经济进行调控时，往往需要将财政政策和货币政策配合使用实现对经济的调节。正确理解财政政策与货币政策配合使用的必要性以及配合方式并灵活地运用于实际经济生活，这是学习本章的主要目的。

【学习重点】

通过本章的学习，要求学生掌握财政平衡的含义、计算口径与类型，理解财政平衡与社会总供求平衡的内在关系，了解财政政策的含义与分类，掌握财政政策工具及其作用机制，并理解财政政策与货币政策协调配合的必要性和配合方式。

【学习难点】

把握财政平衡与社会总供求平衡的内在关系，从而认识财政赤字对整个经济活动所产生的重大影响及其弥补方式，并理解如何运用财政政策与货币政策的协调配合进行宏观调控，熨平经济波动。

【教学建议】

第一节以课堂讲授为主，第二节建议结合案例教学和引导学生查阅课外相关资料进行分析以及撰写课程小论文。

第一节　财政平衡

一、财政平衡的概念

财政平衡是指财政收支在量上的对比关系，即在预算年度内政府预算收入与预算支出在总量上的对比关系。两者对比不外有 3 种结果：①收大于支，表现为结余；②支大于收，表现为赤字；③收支相等，表现为平衡。

国家预算作为一种平衡表，收与支是恒等的。但就其经济内容分析，收支只能在理论上相等，在实际经济生活中财政收支相等的情况几乎是不存在的。现实中常见的是预算结余和预算赤字。当今世界各国有预算结余的国家为数很少，就现代市场经济国家而言，预算逆差表现为收支对比的常态，财政赤字已经成为世界性的经济现象。财政平衡只作为收支对比的一种理想状态为各国编制和执行预算提供追求和考核的目标。因此，在研究财政平衡和财政赤字之前，应首先树立科学的财政平衡观，正确理解财政平衡。

(一) 区分绝对平衡和相对平衡

我国财政一向强调“收支平衡、略有结余”的方针，但并不是要求年年有结余，否则每年结余的收入累积在一起会形成一笔很大的资金，这意味着财政资金未能做到有效地运用。赤字和结余相对应，当某一年度出现赤字时，动用以前年度的结余就可以弥补赤字。也就是说，结余与赤字同财政平衡并不是绝对排斥的。在实际生活中，略有结余和略有赤字都属于财政的基本平衡，都是财政平衡的表现形式。因此，财政平衡追求的是基本平衡或大体平衡，而不是绝对平衡。

(二) 区分静态平衡和动态平衡

静态平衡不考虑时间因素，只考察一个财政年度内的收支对比状况。动态平衡要引入时间因素，考虑年度之间的联系和衔接，研究未来财政收支的发展趋势，研究经济周期对财政的影响以及财政对经济周期的调节作用，以求得一个时期的内在平衡。

(三) 区分局部平衡与全局平衡

财政收支状况是国民经济运行的综合反映，财政收支是宏观经济的重要指标，财政政策是宏观调控体系的重要组成部分。如果把财政部门看成是国民经济的一个部门，那么财政收支是国民经济货币体系中的一类货币收支，同其他货币收支，即同家庭部门、企业部门以及对外部门的货币收支有着密切的联系，是相互交织、相互转化的。因此，分析财政平衡应该从国民经济全局出发，运用财政政策有效地调节经济运行，达到优化资源配置、公平分配以及稳定和发展的目标。

(四) 区分中央预算平衡和地方预算平衡

根据我国过去的财政体制，一般是把中央财政与地方财政合并到一起，从总体上进行考察。这种考察可以反映国家财政收支的全貌，但是却不能反映中央与地方政府各自收支的对比情况。地方财政作为一级相对独立的财政主体，在中央预算与地方预算分立的情况下，分别考察中央预算的平衡与地方预算的平衡就十分必要了。

(五) 区分真实平衡与虚假平衡

我国实践表明，研究财政平衡还必须注意财政平衡的真实性。在我国当前财政体制下，虚假平衡主要表现为由隐性债务和或有债务形成的“财政性挂账”。比如，地方政府下设的融资平台违法违规举债、欠补社会保障缺口等，这些隐性债务和或有债务构成隐性财政赤字，抵减了当年现实的财政赤字。我国有些省级财政和县级财政，表面上是平衡的，但由于存在隐性债务和或有债务，实际上是赤字财政。财政虚假平衡有较大的隐蔽性，会使人们产生一种错觉，即在实际上已存在赤字的情况下，还可能误认为财政状况良好，从而导致决策上的失误。从这一点看，虚假平衡比公开的赤字存在更大的危害性。

(六) 区分预算赤字、决算赤字和赤字政策

预算赤字是指在编制预算时在收支安排上就有赤字。但预算列有赤字，并不意味着预算执行的结果也一定有赤字，因为在预算执行过程中可以通过采取增收节支的措施，实现收支的平衡。决算赤字是指预算执行结果支大于收，出现赤字。决算有赤字，可能是因为预算编制时就有赤字，也可能是预算执行过程中出现新的减收增支的因素而导致赤字。预算赤字或决算赤字并不一定是有意识安排的赤字，也并非在每一个财政年度都出现，只是由于经济生活中的一些矛盾一时难以解决而导致的个别年度或少数年度的赤字。赤字政策是国家有意识地运用赤字来调节经济的一种政策，亦即通过财政赤字扩大政府支出，实行扩张性财政政策，刺激社会有效需求的增长。

二、财政收支不平衡的原因

造成财政收支不平衡的原因很多，归纳起来主要表现在以下几个方面。

(一) 外部冲击

外部冲击是指对一国国民收入有很大影响，但本国不能左右的外部事件。它是来自国际的影响因素，是不可控因素。从对一国财政收支的影响来看，最主要的外部冲击因素表现为：进出口商品价格的变动；贸易摩擦；外债成本的变动和战争等。

(二) 无弹性税制

税收收入弹性是指在现行的税率或税法不变的情况下，税收收入变动的百分比与国民收入变动的百分比之间的比例关系，一般将税收收入弹性小于 1 的税制称为无弹性税制。在无弹性税制情况下，随着经济发展和国民收入增加，税收收入增加的比例小于国民收入或国内生产总值增加的比例，税收收入占 GDP 的比例无疑会下降，而财政支出一般不会减少反而还要增加。所以，相对减少的税收收入与绝对增加的财政支出不相匹配，最终导致财政不平衡，或财政赤字规模继续增大。

(三) 国家控股企业的经营状况

国家控股企业的经营状况是影响财政平衡与否的重要因素。因为国家控股企业的生产经营活动在整个国民经济中占重要地位甚至是主导地位，而且来自国家控股企业提供的财政收入在国家财政收入总额中占有很大的比重。国家控股企业的生产经营状况的好坏，直接关系到国家财政的平衡状况。国家控股企业的经营状况，一方面影响其对财政收入的贡献率；另一方面，如果国家控股企业大面积亏损，政府需要增加企业亏损补贴。因此，国家控股企业的经营状况从财政收入和支出两方面增加了财政平衡的压力，这无疑是造成财政赤字的一个重要原因。

(四) 超支或短收

财政支出扩张是造成财政不平衡的经常性因素。就短期或年度支出超支而言，从各国情况看，导致财政支出扩张的原因主要有：纯粹的政治原因；政府为了实现某些特殊目标临时增加公共支出；受国际示范效应的冲击，实施在目前经济发展水平下还不能得到融资的福利计划或为加速国防现代化导致的军费支出与日俱增。

短收主要表现在税收上。税收是政府筹集财政收入的主要形式之一，税收收入的变化直接关系到财政平衡状况。在其他条件不变的情况下，如果在某一财政年度内，生产经营活动停滞不前，国民收入水平低于预期水平或者有所下降，在累进税制下，税收收入下降的幅度要高于生产下降的水平；税制结构不合理，税率偏高，也可能造成短收；税务管理弱化，缺乏应有的法律威严，导致许多侵蚀国家利益的行为产生，也会使财政收入大量流失。

(五) 意外事件

当遇到严重自然灾害、新冠疫情等情况时，增支减收成为必然，当年财政甚至以后年度的财政平衡与否都要受到影响。

【专栏 12-1】

德国将维持财政收支平衡政策

德国2015年财政预算实现了1969年以来的首次零债务。在黑红联盟政府多数支持下，德国联邦议会通过2015年预算案。如此一来，联盟党和社民党将达成执政的其中一个核心目标。德国联邦财政部部长朔伊布勒表示，2015年财政预算实现收支平衡不仅是极具意义的成果，而且也是未来的重要义务。他指出，不再举新债是“重要定心丸”，维持各界对经济能力的信心。朔伊布勒还强调，联邦政府将在有限的财政空间内，“尽其所能强化投资”。

2016年3月，德国联邦内阁通过了联邦财政部提交的2017年财政预算草案及到2020年的中期财政计划草案。草案指出，2017年德国政府计划扩大投资和支出，并将财政收支平衡目标保持至2020年。

预算草案预计，2017 年德国政府财政支出为 3 255 亿欧元(2016 年为 3 169 亿欧元)，2020 年支出将增至 3 478 亿欧元。此外，投资支出将从 2016 年的 315 亿欧元提高至 337 亿欧元，教育和科研支出将从 211 亿欧元提高至 226 亿欧元。

由于难民危机亟待解决、基础设施投资需求高涨以及国防支出攀升，德国财政部预计 2020 年比 2016 年财政支出将增加 310 亿欧元。尽管如此，德国财政部长朔伊布勒仍然表示坚持财政收支平衡政策至 2020 年不放松。

德国财政部表示，解决难民危机的融资问题是德国政府最为优先的工作。2017年的预算中，用于解决难民危机的财政支出将比前一年增加100亿欧元。

(资料来源：经济日报. 2016-03-25.)

三、财政赤字(或结余)的计算方法

(一) 财政赤字及其计算方法

财政赤字是指财政年度中财政支出大于财政收入导致的财政收支不平衡现象，它反映了财政年度内国家财政收入入不敷出的基本状况。财政的结余或赤字的计算方法不同，得出的财政收支所处的状态可能会有差别，财政结余或赤字的计算主要涉及如何看待债务收入问题，即债务收入是否作为正常的财政收入来计算的问题。通常有两种不同的计算方法，计算公式分别为

$$赤字或结余=(经常收入+债务收入)-(经常支出+债务支出)$$

$$赤字或结余=经常收入-经常支出$$

两种口径的差别在于：债务收入是否计入经常收入，以及债务的清偿是否计入经常支出。按第一种口径，债务收入被视为经常财政收入，相应的债务还本付息也计入经常支出；按第二种口径，债务收入不列入经常收入，相应的债务的偿还也不列为经常支出，但利息的支付却列入经常支出。后一种方法为世界上众多国家所采用。国际货币基金组织编制的《政府财政统计年鉴》，也是按照这种方法来计算各国财政赤字或结余的。

(二) 财政赤字的弥补及其对经济的影响

财政发生赤字后，一般需要采用一定的方法予以弥补，不同的弥补方法对经济运行会产生不同的影响。

1. 增加税收

增加税收包括开征新税、扩大税基和提高税率。首先，由于税收的法律规定性，决定了不管采用哪一种方法增加税收，都必须经过一系列的法律程序，这使增加税收的时间成本增大，难解政府的燃眉之急。其次，由于增加税收必定加重负担，减少纳税人的经济利益，所以纳税人对税收的增减变化是极为敏感的，这就使得政府依靠增税来弥补财政赤字的目的难以实现，从而使增税议而不决。最后，拉弗曲线告诉我们，税率太高不一定带来税收收入的提高，还会导致投资萎缩、经济停滞。因此，增税不是弥补财政赤字的稳定可靠的方法。

2. 增发货币

一国的财政赤字可以通过向中央银行申请融资来解决。财政部可以直接向中央银行借款或透支，当中央银行的货币发行仅仅是为了弥补财政赤字，而无相应的产出与之对应，就会导致过多的货币追求过少的商品，出现通货膨胀。财政部也可以采取间接的方式，向公众出售国债，随后中央银行在公开市场上购入国债，即中央银行将债务货币化。这两种方式其实在本质上是一样的，都是政府通过增加基础货币为财政赤字融资，即赤字货币化，都会引起货币供应量的成倍增加，从而导致信用膨胀和通货膨胀。因此，用增发货币的方法来弥补财政赤字是不可取的。

3. 发行公债

发行公债是世界各国弥补财政赤字的普遍做法，而且被认为是一种可靠的弥补途径，但是债务作为弥补财政赤字的来源，会随着财政赤字的增长而增长。另外，债务是要还本付息的，债务的增加也会反过来加大财政赤字。目前，无论是发达国家还是发展中国家，都面临赤字与债务同时增长的局面。发达国家主要担心的是债务带来的排挤效应及巨额债务终将导致债务货币化的结果。发展中国家也担心会产生不良后果：公债信誉下降，债券不易发行，出现债务危机，被迫发行货币偿还本息等。

四、财政平衡与社会总供求平衡

财政平衡实质上是体现政府行为的财政收支活动所形成的商品物资的供给与货币购买力之间的平衡。在社会经济生活中，政府行为以及财政收支必然融入社会收支总量之中，成为社会总供求的一部分，在其他因素不变的条件下，财政平衡与否，直接影响社会总供求的平衡。因此，政府进行宏观调控的最终目标就是实现社会总供给与社会总需求的平衡。所谓社会总供给，是指一个国家或地区一定时间内由物质生产部门和非物质生产部门提供的商品总量和付费劳务总量；所谓社会总需求，是指一个国家或地区在一定时期内，在有支付能力的范围内使用和消费的商品总量和付费劳务

总量。二者之间的恒等关系式为

$$C+S+T+M=C+I+G+X$$

恒等式的左边代表总供给的收入流量，由消费 C、储蓄 S、税收 T 和进口额 M 构成；右边代表总需求的支出流量，由消费 C、投资 I、政府支出 G 和出口额 X 构成。这个恒等式可以理解为：不论经济处于何种状态，在给定的时间内，作为总供给的收入流量恒等于作为总需求的支出流量，即

收入流量＝支出流量

从恒等式可以看出，政府的所有支出，无论是赤字支出还是非赤字支出，都汇入支出流量而构成总需求。因此可以根据上述恒等式推导出描述财政赤字的预算恒等式，即

$$G-T=(S-I)+(M-X)$$

恒等式左边表示预算收支平衡状况。当 $G>T$ 时，政府预算出现赤字；当 $G<T$ 时，有财政结余。等式的右边由两个部分组成，它们实际上是两个不同的账户，S 和 I 是储蓄、投资账户，M 和 X 是对外贸易经常账户。当 $S>I$ 时，非政府部门的储蓄大于投资，有结余资金；反之，则非政府部门的储蓄、投资账户出现赤字。当 $M<X$ 时，贸易经常账户有盈余；反之，则贸易经常账户出现赤字。这个预算恒等式可以理解为

财政赤字＝储蓄、投资账户结余＋贸易经常账户赤字

上述公式表明：当政府预算出现赤字时，就可以由非政府部门的储蓄结余来抵补。反之，当社会总供给和总需求失调时，政府也可以通过财政收支对其起到调节作用。

因此，正确理解财政平衡和社会总供求的关系应包含以下几个方面。

(1) 财政平衡是社会总供求平衡中的一个组成部分，必须从国民经济的整体平衡角度研究财政平衡，就财政本身研究财政平衡难以得出全面的、正确的结论。

(2) 财政平衡是实现社会总供求平衡的一种手段。国民经济整体平衡的目标是社会总供求的大体平衡，财政平衡不过是其中的一个局部平衡，因而对社会总供求平衡而言，财政平衡本身不是目的，而是一种手段。

(3) 财政平衡可以直接调节社会总需求。国民收入决定因素中的消费、储蓄、投资及进出口属于个人和企业的经济行为，是通过市场实现的，而财政收支属于政府行为，因而财政收支平衡是掌握在政府手中进行宏观调控的手段。财政平衡可以直接调节社会总需求，间接调节社会总供给。

第二节　财政政策

财政政策是一国政府为实现一定的宏观经济目标，调整财政收支规模和收支平衡的指导原则及其相应的措施。

一、财政政策的目标

财政政策目标就是财政政策所要实现的期望值。从具体目标来说，不同国家不同时期，财政政

策的目标是不同的。按照国际惯例，各国一般都把社会总供给与社会总需求的基本平衡、经济增长、物价稳定、充分就业、收入的公平分配、国际收支平衡等作为财政政策宏观调控的目标。从我国目前状况看，财政政策的主要目标是充分就业、物价稳定、经济增长和国际收支平衡。

(一) 充分就业

充分就业并不意味着没有失业现象，而是把失业率限定在一定范围内。由于价值观念的不同，充分就业在具体的数量指标上各不相同。较为保守的一些经济学家认为失业率在2%～3%为充分就业；而有些经济学家认为只要失业率低于5%就可以算是充分就业。现在，大多数经济学家认为失业率不超过4%为充分就业。当实际失业率超出该标准时，就采取各种政策手段予以调节，增加就业机会，以确保社会经济的稳定。

理论上，一般把失业划分为 4 种类型。

(1) 摩擦性失业。在短期内，由于信息的不透明或者获得信息花费的成本较高，社会上总有一部分人处于寻找工作的状态，这部分失业人口被称为摩擦性失业人口。

(2) 结构性失业。结构性失业指劳动力的供给与需求在职业、技能、地区分布等结构上的长期不协调所引起的失业。

(3) 季节性失业。这是指某些行业的生产因季节性变化产生间歇性的需求不足所造成的失业。这种失业带有某种规律性，除非在淡季使工人及时转到另一行业，否则这种失业是不可避免的。

(4) 周期性失业。这是指由于经济周期的存在，某些时期市场中对商品和劳务的总需求不足所导致的失业。

前 3 种失业的存在可能与劳动力市场和商品市场的实际结构特征有关，也可能与市场信息的不完全、寻找工作的成本和劳动力转移的成本有关。由这些因素引起的失业称为自然失业。自然失业与周期性失业相对应，后者是经济萧条时期出现的失业，经济复苏之后可以慢慢消失，但是自然失业是难以通过反周期的办法消除的。

(二) 物价稳定

物价稳定是经济稳定的重要标志，但物价稳定并不是冻结物价，而是把物价总水平的波动约束在经济稳定发展可容纳的区间，也就是避免过度的通货膨胀或通货紧缩。通货膨胀的非均衡性会给经济生活带来不良的影响，它既会导致社会资源的配置失当，也会引起收入和财富再分配的不公平，损害某些主体的利益。因此，抑制通货膨胀、稳定物价水平成为财政政策的主要目标之一。当然，抑制通货膨胀并不等于将物价总水平的增长控制为零。一般认为，温和的通货膨胀能在一定程度上刺激投资，是加速经济增长的润滑剂。通货紧缩则会严重挫伤经营者的信心，抑制企业的投资积极性，降低经济效率。因此，客观上要求政府利用财政收支与总供求之间的内在联系，既抑制通货膨胀，又防止通货紧缩。从一些发达国家的实践来看，当经济增长能够达到潜在的或合理的水平时，物价总水平上涨幅度保持在 2%～3%是比较理想的。

(三) 经济增长

经济增长是指在一个特定时期内，社会所生产的总产量和总收入或人均生产量和人均收入的持续增长，一般用人均 GDP 的增长率来表示。经济增长的关键是保持合理的增长速度。经济增长的实质就是关于社会的即期消费和未来消费之间的平衡问题。增加储蓄和投资，就是牺牲一部分即期消费，而把节约下来的资源用于发展生产，使未来的消费达到更高的水平。政府运用税收、公债等财政工具，能有效地调节消费和投资之间的关系。因此，财政政策在推进经济增长的过程中，要处理好储蓄和消费的关系，保持适度的社会储蓄率和经济增长速度，同时发挥财政在产业结构调整中的作用。

(四) 国际收支平衡

国际收支是指在一定时期内，一国居民和外国居民经济往来的系统记录。这些经济往来按性质可分为两类：经常账户、资本和金融账户。前者主要记录实际资源的转移；后者主要记录资产所有权的转移。国际收支平衡主要是指资本流出、流入的平衡和货物及服务进出口的平衡。国际收支以平衡为最佳，略有顺差或略有逆差也都可以看作国际收支平衡。在当今社会，国际收支是否平衡对于社会总供求的平衡、国内货币稳定、经济稳定、经济发展都有重要影响，随着我国改革开放的推进，这种影响将越来越大。从国际收支造成的经济影响看，各国政府更关心的是国际收支逆差。长期的国际收支逆差会导致国际储备不断减少，本币地位不断下降。同时，政府被迫大量举借外债，利息的偿付导致本国资源的大量流出，不仅进一步恶化国际收支，而且还会削弱国家在世界经济中的地位。因此，在国际收支平衡中，重要的是外汇收支差额和偿债率要适当。这就要求将外汇收支差额控制在合理的范围之内，既保持一定的外汇储备，又不要太多。同时，在利用外资、举借外债时必须保持适度规模。持续的国际收支顺差会导致外汇储备不断增加。过多的外汇储备意味着一国财力和物力的大量闲置和浪费。另外，外汇储备过多，容易导致一国货币汇率的升值，对商品的出口造成一定的压力。因此，各国政府也同样应该避免大量的持续的国际收支顺差。

2019 年政府工作报告提出的中国经济社会发展主要预期目标如图 12-1 所示。

图 12-1 2019 年中国经济社会发展主要预期目标

二、财政政策的工具

财政政策目标的实现，依赖于相应的政策工具或手段。一般说来，可供选择的财政政策工具主要包括税收、财政支出、公债和财政预算等。

(一) 税收

税收作为调节手段，一是调节社会总供给和总需求的关系，二是调节收入分配关系。这些调节作用主要通过税率的高低、税种的选择、税负的分配以及税收优惠和税收惩罚等规定体现出来。当社会总供求不平衡时，政府可以通过调节税率进行宏观调控。政府降低税率，会对民间部门经济起扩张作用，需求将相应上升；反之，政府提高税率，会对民间部门经济起收缩作用，相应的民间部门的需求将相应下降。政府部门税种的选择，制定的差别税率以及税负转嫁都将影响个人与企业的生产经营活动以及各经济主体的行为，从而调节收入分配关系。另外，在各国税法中还不同程度地保留着某些税收优惠性和惩罚性措施，这些措施在运用上具有较大的灵活性，并且影响着财政政策目标的实现。

(二) 财政支出

1. 购买性支出

购买性支出可分为财政投资支出和财政消费支出。财政投资支出是中央政府和地方政府用于固定资产方面的支出，政府通过财政投资，可以扩大或缩小社会总需求，调整国民经济结构，改善社会投资环境，以刺激私人投资。财政消费支出是中央政府和地方政府用于商品和劳务的经常性支出，由国防、文教、卫生及其他政府活动支出等内容构成，政府通过消费支出可以直接增加或减少社会总需求，引导私人生产发展方向，调节经济周期性波动。

购买性支出的增减，将直接影响个人收入的增减和社会总消费的增减，进而影响到国民收入的增减，其影响程度取决于政府购买乘数的大小。可见，购买性支出作为财政政策的工具，是实现逆经济周期调节的手段之一。

2. 转移性支出

转移性支出是政府将财政资金用于社会救助、社会保险和财政补贴等费用的支付。按用途不同可分为社会救助与保险支出、财政补贴支出两类，前者占财政支出的比例远大于后者。社会救助支出是将一部分财政资金无偿转移给低收入百姓，以保障其最低生活需要；社会保险支出是国家通过立法形式，采取强制手段，通过国民收入的分配和再分配，保障法定受保人在未来遭受年老、疾病、工伤、残疾、失业、死亡等风险而丧失或减少收入来源时，给予其本人和家属一定物质帮助以满足其基本生活需要。社会救助和社会保险政策，都是实现收入公平分配的主要工具。财政补贴可分为消费性补贴和生产性补贴，二者的调节效果有所区别。消费性补贴是对人们日常生活用品的价格补贴，其作用是直接增加消费者的可支配收入，鼓励消费者增加消费需求。生产性补贴主要是对生产者的特定生产投资活动的补贴，如生产资料价格补贴、利息补贴等，其作用等同于对生产者实施减税政策，可直接增加生产者的收入，从而提高生产者的投资和供给能力。因此，在有效需求不足时，主要增加消费性补贴；在总供给不足时，主要增加生产性补贴，可以在一定程度上缓和供求矛盾。

2020 年，新冠肺炎疫情发生后，许多行业为有效防控疫情不得不按下“暂停键”，经济受到严重影响。为了进一步刺激消费，快速恢复经济，各地政府纷纷出台政策，为居民发放消费券。政府发放消费券这一方式让广大居民和消费者真正受益，达到了促进消费和拉动经济增长的目的。

(三) 公债

公债最初是政府组织收入、弥补财政赤字的重要手段。随着信用制度的发展，它已成为调节货币供求、协调财政与金融关系的重要政策工具。国债的作用主要通过国债规模、持有人结构、期限结构、国债利率等综合体现出来。政府可以通过调整国债规模，选择购买对象，区分国债偿还期限，调整国债利率等实现财政政策的目标。在现代信用经济条件下，国债的市场操作是沟通财政政策与货币政策的主要载体，通过国债的公开市场操作，可以协调发挥两大政策体系的不同功能。

(四) 财政预算

预算调节经济的作用主要反映在财政收支的规模和收支差额上。赤字预算体现的是一种扩张性财政政策，在有效需求不足时，可以对总需求的增长起到刺激作用。盈余预算体现的是紧缩性财政政策，在总需求过旺时，可以对需求膨胀起到有效的抑制作用。平衡预算体现的是一种中性财政政策，在总需求和总供给相适应时，可以保持总需求的稳定增长。政府合理安排财政预算，有助于提高充分就业水平，稳定价格，促进经济增长及约束政府的不必要开支。

三、财政政策的类型

(一) 根据财政政策在调节经济周期过程中发挥的作用分类

1. 自动稳定的财政政策

自动稳定的财政政策是指财政的某些制度性安排本身具有内在的调节功能，能够根据经济波动情况，无须借助外力而自动地发挥稳定作用，如累进个人所得税、失业救济金、福利计划和社会救助支出等。财政政策的自动稳定器功能主要表现在以下两个方面。

(1) 税收的自动稳定功能。累进征收的个人所得税制，对经济活动水平的变化相当敏感。其调节机理是将纳税人的收入与适用的累进税率相挂钩，即纳税人收入越多，累进所得税的边际税率越高。这样，当经济处于繁荣时，税收自动增加，缩小社会总需求，抑制经济过热；当经济处于萧条时，税收自动减少，扩大总需求，从而刺激经济复苏。

(2) 公共支出的自动稳定功能。政府的转移支付水平一般与社会成员的收入呈逆相关。经济增长速度越快，就业岗位越多，社会成员的收入水平越高，进入社会保障范围的人数越少，则社会保障支出的数额自动减少，以转移支付形式形成的总需求相应减少；反之则相应增加。这样，政府的转移支付机制随着经济发展的兴衰，自动增加或减少社会保障支出和财政补贴数额，能够自动起到调节总需求、熨平经济波动的作用。

自动稳定器是保证宏观经济正常运行的第一道防线，能够在一定程度上熨平宏观经济的周期性波动，但是却无法完全消除宏观经济波动所产生的负面影响。

2. 相机抉择的财政政策

相机抉择的财政政策是指政府根据总需求和总供给的现实情况，灵活改变税收和财政支出，以达到实现总供求平衡、熨平经济波动的目标。相机抉择的财政政策包括汲水政策和补偿政策。

(1) 汲水政策。所谓汲水政策，指的是在经济萧条时增加一定数额的公共投资，促使经济自动恢复活力。汲水政策有四个特点：①它是一种诱导经济复苏的政策，即以经济本身具有的自发恢复能力为前提的治理萧条的政策；②它的载体是公共投资，以扩大公共投资规模作为启动民间投资的手段；③用于公共投资的财政支出规模是有限的，不进行超额支出，只要能使民间投资恢复活力即可；④它是一种短期的财政政策，随着经济萧条的消失而不复存在。

(2) 补偿政策。所谓补偿政策，指的是政府有意识地从当时经济状态的反方向出发，调节经济变动幅度的财政政策，以达到稳定经济的目的。比如，在经济繁荣时期，为了减少通货膨胀风险，政府通过增收节支等政策，抑制和减少民间的过剩需求；而在经济衰退时期，为了防止通货紧缩，政府又必须通过增支减收的政策来增加消费和投资需求，谋求整个社会经济有效需求的增加。

(二) 根据财政政策调节国民经济总量的不同功能分类

1. 扩张性财政政策

扩张性财政政策，又称为膨胀性财政政策或“松”的财政政策，是指通过财政收支规模的变动来增加和刺激社会总需求，在社会总需求不足时，通过扩张性财政政策使总需求与总供给的差额缩小以致平衡。扩张性财政政策的主要内容是减少政府税收和增加财政支出。

减少政府税收包括降低税率、停征税种以及实行免税和退税，一般来说，减税可以增加民间的可支配收入，是扩大民间社会需求的重要途径。增加财政支出包括增加公共工程的开支，增加政府对货物或劳务的购买，增加政府对个人的转移性支出。政府开支的增加一方面可以直接形成社会总需求，另一方面也可以刺激私人消费和投资，从而间接增加社会总需求，在政府支出乘数的作用下，还可以引起国民收入和就业量的成倍增长。

2. 紧缩性财政政策

紧缩性财政政策是指通过财政收支规模的变动来减少和抑制总需求，在国民经济已出现总需求过剩的情况下，通过紧缩性财政政策可以消除通货膨胀，达到供求平衡。紧缩性财政政策的主要内容是增加政府税收和减少财政支出。

增加政府税收包括提高税率和开征新税，两种措施都可以减少民间的可支配收入，降低他们的消费需求和投资能力。减少财政支出包括减少公共工程的开支，减少政府对货物和劳务的购买，减少政府对个人的转移性支出，这样可以降低政府的消费需求和投资需求。无论是增加税收还是减少政府开支，都是抑制消费膨胀和投资膨胀的有效措施。

3. 中性财政政策

中性财政政策是指财政收支活动对社会总需求的影响保持中性，既不产生扩张效应，也不产生紧缩效应。在一般情况下，中性财政政策要求财政收支保持平衡。但是，中性财政政策并不等于预算收支平衡，因为通过支出结构的调整和税收政策的调整，同样可以对经济发挥调节作用，并且平衡预算本身也具有乘数效应。

四、财政政策的传导机制和效应

(一) 财政政策的传导机制

财政政策传导机制，就是财政政策在发挥作用的过程中，各种政策工具通过某种媒介体的相互作用形成的一个有机联系的整体。财政政策发挥作用的过程，实际上就是财政政策工具变量经由某种媒介体的传导转变为政策目标变量的复杂过程。财政政策主要通过货币供应、收入分配和价格等媒介将财政政策工具的作用传导出去。

1. 财政政策工具与货币供给

财政政策最核心的传导媒介是社会的货币供应。因为所有财政收支的增减都需要通过货币供给量作为媒介作用于总需求，同时，财政政策的实施往往必须取得货币政策的配合。

2. 财政政策工具与收入分配

收入分配表现在各个方面，就财政政策传导分析而言，主要表现为对企业利润和个人收入分配的影响。政府支出政策特别是消耗性支出和公共工程支出，都会最终增加企业收入，税率的调整也会直接影响企业的税后利润水平。财政政策对个人收入分配的影响主要体现在居民个人实际支配收入的变化上。调高或者调低税率最终会减少或者增加个人实际支配收入；增加或者减少补贴，则会增加或者减少居民可实际支配的收入。居民个人收入的变化会影响其消费行为和储蓄行为以及劳动的积极性，在一定程度上可能导致人们在工作和休闲之间的重新选择。

3. 财政政策工具与价格

价格是在市场经济条件下引导资源配置的最为灵活的杠杆，财政支出政策所引起的某些商品价格变动，或是扩张性财政政策所产生的货币扩张效应最终都会引起价格的变动，从而对经济产生影响，实现财政政策目的。

(二) 财政政策的效应

财政政策效应即财政政策作用的结果，包含两方面的含义：①财政政策对社会经济活动产生的有效作用；②在财政政策的有效作用下社会经济做出的反应。财政政策在其作用过程中产生的效应主要表现在以下几个方面。

1. “内在稳定器”效应

财政政策的“内在稳定器”无须借助外力就可以直接产生调控效果，这种内在的、自动产生的稳定效果可以随着社会经济的发展，自行发挥调节作用而不需要政府专门采取干预行动。

2. 乘数效应

财政政策的乘数效应包括 3 方面的内容：①投资或公共支出乘数效应。它是指投资或政府公共支出变动引起的社会总需求变动对国民收入增加或减少的影响程度。投资乘数的作用原理：一个部门或企业的投资会转化为其他部门的收入，这个部门把实现的收入在扣除储蓄后用于消费或投资，又会转化为另一部门的收入，如此循环下去，就会导致国民收入以投资的倍数递增；反之，投资的减少将导致国民收入以投资的倍数递减。公共支出乘数的作用原理与投资乘数相同。②税收乘数效应。它是指税收的增加或减少引起国民收入倍增地减少或增加的程度。由于增加了税收，消费和投资需求就会下降，一个部门收入的下降又会引起另一个部门收入的下降，如此循环，国民收入就会以税收增加的倍数下降，这时税收乘数为负数。反之税收乘数为正值。一般来说，税收乘数小于投资乘数和政府公共支出乘数。③预算平衡乘数效应。它指的是当政府支出的扩大与税收的增加相等时，国民收入的扩大量正好等于政府支出的扩大量或税收的增加量；当政府支出的减少与税收的减少相等时，国民收入的缩小量正好等于政府支出的减少量或税收的减少量。

乘数效应包括正反两个方面：当政府投资或公共支出扩大、税收减少时，对国民收入有加倍扩大的作用，从而产生宏观经济的扩张效应；当政府投资或公共支出削减、税收增加时，对国民收入有加倍收缩的作用，从而产生宏观经济的紧缩效应。

3. 奖抑效应

奖抑效应主要是指政府通过财政补贴、各种奖惩措施、优惠政策对国民经济的某些地区、部门、行业、产品及某种经济行为予以鼓励、扶持或者限制、惩罚而产生的有效影响。

4. 货币效应

一方面，财政政策的货币效应表现为政府投资、公共支出、财政补贴等本身形成的一部分社会货币购买力，对货币流通形成直接影响，从而产生货币效应；另一方面，财政政策的货币效应主要体现在公债上，公债政策的货币效应又取决于公债认购的对象和资金来源。如果中央银行用纸币购买公债，这无异于增加纸币发行，从而产生通货膨胀效应；如果商业银行购买公债，且可以用公债作为准备金而增加贷款，同样会导致货币发行增加，从而使流通中的货币增加。

五、财政政策与货币政策的配合

(一) 财政政策与货币政策相互配合的必要性

财政政策与货币政策相互配合的必要性是由财政政策与货币政策的不同特点决定的。

1. 财政政策和货币政策目标的侧重点不同

财政政策与货币政策都能对社会供求的总量和结构进行调节，但财政政策更多地偏重于公平。财政政策是影响和制约社会总产品和国民收入分配的重要工具，它的主要责任是直接参与国民收入的分配并对集中起来的国民收入在全社会范围内进行再分配，调节各经济主体间的利益差别，保持适当合理的分配差距，以防止收入的过度悬殊，并从收入和支出两方面影响社会总需求的形成。货币政策则更多地偏重于效率。货币政策的实施是国家再分配货币资金的主要渠道，是在国民收入分配和财政再分配基础上的一种再分配，主要是通过信贷规模的伸缩来影响消费需求和投资需求，进而引导资源流向效益好的领域。

2. 财政政策和货币政策的作用机制不同

财政政策直接作用于社会经济结构，间接作用于供需总量平衡；而货币政策则直接作用于经济总量，间接作用于经济结构。从财政政策看，它对总供给的调节，首先表现为对经济结构的调节，财政政策对总需求的调节主要通过扩大或缩小支出规模，达到增加或抑制社会总需求的目的，但这种调节从根本上说也是以调节社会经济结构为前提的。货币政策则通过货币投放和再贷款等措施控制基础货币量，通过存款准备金率和再贴现率等手段控制货币乘数，从而实现对社会总需求的直接调节，达到稳定货币和稳定物价的目的。当然，货币政策也可以根据国家产业政策，通过选择贷款方向，间接对经济结构发挥调节作用。

3. 财政政策和货币政策的传导机制不同

财政的分配活动直接和政府联系在一起，任何财政政策工具的运用和财政政策的实施，都是政府直接作用的结果，因此，财政政策传导机制更具有政府直接性、行政性和强制性的特点；而货币政策是一种间接的政策，无论是利率的升降还是贴现率的变化，都需要通过引导企业或居民改变自身的经济行为才能取得调节效果，对企业和居民来说并不具有直接的强制力，货币政策较多地表现出传导机制的间接性、主导性和灵活性的特点。

4. 财政政策和货币政策的时滞性不同

时滞性是指在政策制定和执行过程中出现的时间滞后的现象，包括认识时滞、行政时滞、决策时滞、执行时滞和效果时滞。其中，认识时滞、行政时滞和决策时滞为内部时滞，执行时滞和效果时滞为外部时滞。财政政策需要改变现行的政策与制度，这种改变多数需要立法机构的审批，因而内部时滞较长；但由于财政政策直接影响消费总量和投资总量，从而直接影响社会的有效需求，因而外部时滞较短。而货币政策直接由中央银行决策，通过利率、法定存款准备金率等政策工具的运用引导经济活动的改变，对社会总需求的影响是间接的。因此，货币政策与财政政策相比，内部时滞较短而外部时滞较长。

(二) 财政政策与货币政策的配合方式

由于财政政策与货币政策对总需求的结构产生不同的影响，对产出和利率水平也会产生不同的作用，只有将两者有效地结合起来，发挥各自的优势，同时以一方优势弥补另一方的不足，才能更好地发挥其对宏观经济的调控作用。在不同的经济状况下，财政政策和货币政策可以有多种不同的配合方式。

2021 年中国调控经济的财政政策和货币政策如图 12-2 所示。

图 12-2　2021 年中国财政政策和货币政策

1. 扩张性的财政政策与扩张性的货币政策搭配

这种搭配即“双松”政策。松的财政政策主要是通过减少税收和扩大财政支出规模来刺激社会总需求的增加。松的货币政策主要是通过降低法定准备金率、降低贷款利率以扩大信贷支出的规模，以抵销财政政策的“挤出效应”；增加货币的供给来影响和拉动社会总需求。这种“双松”政策配合的结果，能够比较迅速地刺激社会总需求的增加，适用于社会需求严重不足，生产资源大量闲置，解决失业和刺激经济增长成为宏观调控首要目标时采用。

2. 紧缩性的财政政策与紧缩性的货币政策搭配

这种搭配即“双紧”政策。紧的财政政策主要通过增加税收、压缩财政支出来抑制社会总需求的增长。紧的货币政策是指通过提高法定准备金率、提高利率、减少货币供应量来抑制投资和消费支出。这种政策的组合效应，会有效地制止需求增长过猛和通货膨胀，抑制经济增长过热势头，但可能带来经济的滑坡，增长缓慢，甚至陷于衰退的境地。这种政策主要在社会总需求极度膨胀，社会总供给严重不足，物价大幅攀升，抑制通胀成为首要经济目标时采用。

3. 扩张性的财政政策与紧缩性的货币政策搭配

松的财政政策有助于克服需求不足和经济萧条，紧的货币政策能缓和财政政策所造成的通货膨胀压力。这种搭配，可以在保持经济一定增速的同时，尽可能地避免通货膨胀。但这种政策组合的长期实行，会造成财政赤字居高不下，对汇率和国际收支产生不良影响。这种组合主要在通胀与经济停滞并存，产业结构和产品结构失衡，治理滞胀，刺激经济增长成为首要目标时采用。

4. 紧缩性的财政政策与扩张性的货币政策搭配

紧的财政政策可以抑制社会总需求，限制社会集团和个人消费，防止经济过热和通货膨胀；松的货币政策能鼓励投资，促进经济增长。这种政策的组合，能改善资源配置，并有助于资金积累，在控制通货膨胀的同时，保持适度的经济增长。但如果松紧度掌握不好，货币政策过松，难以抑制通货膨胀。这种组合适用于财政赤字较大，物价基本稳定，经济结构合理，但企业投资不旺，经济处于轻度衰退时采用。

本章小结

1. 财政平衡是指财政收支在量上的对比关系，即在预算年度内政府预算收入与预算支出在总量上的对比关系。实际经济生活中，财政收支相等的情况几乎是不存在的。

2. 财政赤字是指财政年度中财政支出大于财政收入导致的财政收支不平衡现象，反映了财政年度内国家财政收入入不敷出的基本状况。财政发生赤字后，需要采用一定的方法予以弥补。一般来说，弥补财政赤字的方法主要有增加税收、增发货币和发行公债等。

3. 财政政策是一国政府为实现一定的宏观经济目标，调整财政收支规模和收支平衡的指导原则及其相应的措施。财政政策的目标有充分就业、物价稳定、经济增长和国际收支平衡。其所采用的工具包括税收、财政支出、公债和国家预算等。

4. 财政政策和货币政策是国家调控宏观经济的两个基本手段。由于两者在调节经济的活动中发挥的作用不同，所以要达到理想的调控效果，需要将财政政策和货币政策协调配合运用。两者的搭配有“双松”“双紧”“一松一紧”和“一紧一松”四种模式。

课后习题

一、选择题

1. 财政政策的目标主要有(　　)。
   A. 物价相对稳定　　B. 充分就业　　C. 经济适度增长　　D. 社会生活质量提高
2. 财政政策所采用的工具有(　　)。
   A. 税收　　B. 公债　　C. 公共支出　　D. 政府预算
3. 财政政策传导机制的媒介体有(　　)。
   A. 收入分配　　B. 货币供给　　C. 价格　　D. 信贷
4. 根据财政政策具有调节经济周期的作用来划分，财政政策可分为(　　)。
   A. 自动稳定的财政政策　　B. 扩张性财政政策
   C. 相机抉择的财政政策　　D. 紧缩性财政政策
5. 下列(　　)货币政策与财政政策的组合可以有效地避免和遏止通货膨胀。
   A. 松的财政政策和松的货币政策　　B. 紧的财政政策和紧的货币政策
   C. 紧的财政政策和松的货币政策　　D. 松的财政政策和紧的货币政策

6. 外部时滞主要包括(　　)。

A. 决策时滞　　B. 执行时滞　　C. 效果时滞　　D. 认识时滞

二、判断题

1. 财政平衡不存在虚假平衡。(　　)

2. 在经济运行中，只存在总量失衡问题。(　　)

3. 政府债务是政府负债的存量，预算赤字则是政府负债的流量。(　　)

4. 基于我国正处于社会主义初级阶段的现状，我国财政政策的主要目标应设定为谋求尽可能快的经济增长。(　　)

5. 汲水政策和补偿政策是相机抉择的财政政策的两种主要形式。(　　)

6. 紧的财政政策和松的货币政策的配合目的在于保持经济适度增长的同时尽可能地避免通货膨胀。(　　)

7. 从外部时滞来看，财政政策措施要通过立法机构，经过立法程序，决策时滞较长；相比之下，货币政策可由中央银行的公开市场业务直接影响货币数量，时滞比较短。因此，货币政策可比财政政策更快达到目标。(　　)

8. “双紧”政策搭配适合在治理滞胀、刺激经济增长成为首要目标时采用。(　　)

三、名词概念

1. 财政平衡　　2. 财政赤字　　3. 社会总供求平衡

4. 财政政策　　5. 汲水政策　　6. 补偿政策

7. 扩张性财政政策　　8. 紧缩性财政政策　　9. 中性财政政策

10. 内在稳定器　　11. 相机抉择的财政政策

四、问答题

1. 试分析财政政策工具。

2. 简述财政政策的传导机制及效应。

3. 试分析财政政策与货币政策配合的必要性及配合方式。

4. 试联系我国目前的经济发展形势及存在的问题，分析我国应当采取何种财政政策与货币政策的搭配模式。

5. 结合实际分析影响我国财政平衡的因素。

6. 试分析财政平衡和社会总供求的关系。

7. 简述汲水政策的含义以及特点。

8. 广泛收集资料，试分析财政平衡是否是难以企及的目标。

案例分析

精准有效实施积极的财政政策
——访财政部部长刘昆

中央经济工作会议对 2021 年实施积极的财政政策进行了重要部署。如何把中央的部署落实到位，减税降费、财政资金直达机制等政策下一步如何实施？记者就相关话题采访了财政部部长刘昆。

记者：中央经济工作会议明确提出，积极的财政政策要提质增效、更可持续。请问如何理解这一重要部署？

刘昆：中央经济工作会议明确指出，2021 年积极的财政政策要提质增效、更可持续，保持对经济恢复的必要支持力度，政策操作上要更加精准有效，不急转弯，把握好政策时度效。

“提质增效”，主要是从优化结构和加强管理着眼，进一步完善政策实施机制，向内挖潜，切实提升政策效能和资金效益。一方面，我们将建立实施常态化的财政资金直达机制，提高财政支出效率。另一方面，注重节用裕民，落实好“过紧日子”的要求，大力压减一般性支出，该砍的要砍，该减的要减。同时，更加突出绩效导向，加快建立全方位全过程全覆盖的预算绩效管理体系，切实做到花钱要问效、无效要问责。

“更可持续”，主要是支出规模和政策力度要保持基本稳定，为今后应对新的风险挑战留出政策空间。我们将兼顾稳增长和防风险需要，合理确定赤字率和地方政府专项债券规模，保持适度支出强度，保持宏观杠杆率基本稳定。同时，加大预算统筹力度，大力盘活存量资金，增强国家重大战略任务财力保障，支持地方扎实做好“六稳”“六保”工作。

中央经济工作会议的部署，坚持了底线思维，体现了稳中求进的工作总基调。当前，世界经济形势仍然复杂严峻，复苏不稳定不平衡，疫情冲击导致的各类衍生风险不容忽视。从国内看，明年经济增速可能比前几年高，但经济恢复基础尚不牢固，做好“六稳”“六保”工作，防范化解风险的任务依然艰巨。这就要求宏观政策不能急转弯，还要审时度势、把握时机、精准施策，保持一定力度，巩固拓展疫情防控和经济社会发展成果，推动经济社会发展行稳致远。

记者：中央经济工作会议提出，完善减税降费政策，财政部门如何落实这一要求？

刘昆：减税降费是稳企业保就业、支持市场主体纾困和发展的重要举措。

据统计，“十三五”时期累计减税降费规模达到 7.6 万亿元左右，特别是 2020 年，面对严峻复杂的形势，在财政收支较为困难的情况下，政府连续发布实施了 7 批 28 项减税降费政策。

下一步，财政部将坚决贯彻党中央、国务院决策部署，在保持一定减税降费力度基础上，着力完善相关政策，让企业有更多获得感。

一方面，持续推进。按照扎实做好“六稳”工作、全面落实“六保”任务的总体要求，综合考虑财政承受能力和实施助企纾困政策需要，保持一定的减税降费力度，继续实施制度性减税降费政策，帮扶企业，再“送一程”。

另一方面，严格监管。严控非税收入不合理增长，加大各类违规涉企收费整治力度，坚决防止弱化减税降费政策红利等。

需要说明的是，近年来我国实施的许多减税降费政策不是一次性的、临时性的，而是制度性、持续性的，多年实施下来，叠加累积效应越来越大，企业减负效果也会越来越明显。

记者：2020 年，2 万亿元直达资金创新做法在落实“六稳”“六保”、助力经济复苏中发挥了哪些作用？2021 年是否还会继续沿用这种直达资金模式？

刘昆：创造性设立财政资金直达机制，是党中央、国务院做出的重大决策部署，是有效应对疫情影响，扎实做好“六稳”工作、落实“六保”任务的重要举措，也是财政宏观调控方式的重大创新。

2020 年，财政直达资金预算下达已经完成，其中 1.52 万亿元资金已经投入使用，效果明显。一是下达更快。直达机制“一竿子插到底”，省级财政既当好“过路财神”，又不当“甩手掌柜”，推动资金快速投放到终端。在各地各部门共同努力下，仅用 20 天时间，就将九成以上的中央直达资金下达市县基层，省级财政细化下达时间平均只有 1 周。二是投向更准。“精准滴灌”，减少了“跑冒滴漏”，确保了每一分钱都用到基层所需以及惠企利民领域。

2021 年，财政部将认真总结完善财政资金直达机制的经验做法，形成常态化制度化安排，推动资金管得严、放得活、用得准。

一是扩大范围。将直接用于基层财力保障的一般性转移支付、年初可直接分配的中央对地方共同财政事权转移支付，以及具备条件的专项转移支付也纳入直达范围，2021 年直达资金总量将比去年有所增加。

二是完善机制。强化行业部门的业务指导和监督职责，加强财政监管和审计监督，推动形成职责清晰、分工明确、沟通顺畅、协调高效的工作格局。加快升级改造直达资金监控系统，推进数据开放共享，全过程、全链条和全方位监控直达资金。

三是强化支撑。把财政资金直达机制作为深化预算管理制度改革的重要内容，推动直达机制嵌入预算管理流程，切实提高财政资金使用效益。

记者：防范化解地方政府债务风险，是打好防范化解重大风险攻坚战、确保国家经济安全的重要内容。在这方面，2021 年财政部还将采取哪些政策措施？

刘昆：截至 2020 年 11 月末，地方政府债务余额 25.5595 万亿元，控制在全国人大批准的限额之内，地方政府债务风险总体可控。同时，我们也注意到，有的地区还在新增隐性债务，个别地区偿债风险有所上升。对此，财政部密切关注、高度警惕，将坚决按照党中央、国务院有关部署安排，积极采取“开前门”和“堵后门”并行、保障和规范并举等措施，切实把债务风险关进笼子里。

一是开好“前门”。统筹疫情防控和经济社会发展，统筹发展和安全，科学精准实施宏观调控，保持宏观杠杆率基本稳定，合理确定政府债务规模，以及分地区地方政府债务限额，满足财政政策逆周期调节和财政可持续的需要。

二是堵住“后门”。严禁地方政府以各种名义违法违规或变相举债。抓实化解地方政府隐性债务风险工作，绝不允许通过新增隐性债务上新项目、铺新摊子。加强风险评估预警结果应用，有效前移风险防控关口，坚决刹住违法违规举债行为。

三是完善管理。按照“资金跟着项目走”的原则，适当放宽专项债发行时间限制，合理扩大使用范围，引导地方精准聚焦重点领域，提早做好项目前期准备、评估遴选等工作，提高债券资金使用绩效，更好发挥对经济的拉动作用。

四是强化监管。对地方政府、金融机构违法违规融资行为，发现一起、查处一起、问责一起，做到终身问责，倒查责任。

五是推进公开。督促地方稳步推进地方政府债务“阳光化”，更好发挥社会公众对地方政府举债融资的监督作用，促进形成市场化、法治化融资自律约束机制。

(资料来源：中华人民共和国财政部网站，http://www.mof.gov.cn/zhengwuxinxi/caijingshidian/jjrb/202101/t20210106_3639394.htm.)

问题：

1. 2021 年落实“六稳”“六保”的财政资金直达机制体现在哪些方面？
2. 2021 年防范化解地方政府债务风险的举措有哪些？
3. 2021 年减税降费政策如何落实？

第十三章

开放经济条件下的财政问题

开放经济条件下的国家间财政问题涉及很多方面，但比较有代表性的是国际税收方面的问题。国际税收主要研究跨国税收关系，对于从事涉外生产经营活动的主体来说，具有极为重要的意义，国际税收涉及跨国纳税人的纳税问题，主要包括税收管辖权的界定，所得的国际重复征税及其减除方法，国家间避税与反避税，国际税收协定等。

【学习重点】

税收管辖权问题，国际双重征税问题，国际避税问题。

【学习难点】

国际双重征税的解决方法，特别是抵免法的原理以及应用。

【教学建议】

建议教师通过案例分析帮助学生了解国际重复征税等问题。同时，要求学生自己收集资料，了解国际税收条例和国际税收案例。

第一节　国际税收概述

一、国际税收的概念

国际税收，是指两个或两个以上的主权国家或地区，各自基于其课税主权，在对跨国纳税人进行分别课税而形成的征纳关系中，所发生的国家与国家之间的税收分配关系。

跨国纳税人的存在以及各国政府不同的税收管辖权确定原则是国际税收关系产生的必然前提，由此引发的国家之间有关税收方面的一系列问题和冲突都是国际税收的表现形式，而所有表现形式体现的实际上都是国际税收关系的本质所在——国家之间的税收利益分配关系。

国际税收与国家税收既有联系又有区别。首先，国际税收不能脱离国家税收而单独存在。国际税收并没有也不可能独立于国家税收的特定征收者和缴纳者，它只能依附于国家税收的特定征收者和缴纳者。其次，国际税收与国家税收反映的经济关系不同，利益协调方式也不同。国家税收的分配是发生在同一国家的课税主体与纳税主体之间的财富分割和转移，它反映的是一国范围内的税收征纳关系，其处理依据是国家税法。国际税收的分配发生在不同国家的课税主体之间，它反映的是国家之间的税收分配关系，当产生国家间税收权益矛盾的时候，为了按照国际规范重新调整而导致一部分财富在各有关国家课税权主体之间重新分割和转移，其处理依据主要是国际税收协定和各种规范。

国际税收不同于涉外税收。涉外税收通常是指一国政府对外国人(包括外国企业和个人)征收的各种税收的统称。尽管涉外税收具有一定的国际意义，但是涉外税收反映的是一国政府凭借其政治权力同其管辖范围内的外国纳税人之间所发生的征纳关系。作为国家税收的有机组成部分，涉外税收的本质是国家税收的延伸，仍是主权国家或地区内部的税收分配形式。

二、税收管辖权与国际税收协定的产生

(一) 税收管辖权的含义及分类

国际税收分配关系中的一系列矛盾的产生都与税收管辖权有关。税收管辖权是一国政府在征税方面的主权，它表现在一国政府有权决定对哪些人征税、征哪些税以及征多少税等方面。

税收管辖权属于国家主权在税收领域的体现，是一个主权国家在征税方面的主权范围。税收管辖权划分原则有属地原则和属人原则两种。

属地原则是以纳税人的收入来源地或经济活动所在地为标准，确定国家行使税收管辖权范围的一种原则，也称为属地主义或属地主义原则。属人原则是以纳税人的国籍和住所为标准，确定国家行使税收管辖权范围的一种原则，也称属人主义或属人主义原则。

由于各国在国际税收领域行使征税权力所采取的原则不尽相同，因此各自所确立的税收管辖权范围和内容也有所不同。目前，世界上的税收管辖权大致可以分为 3 类：居民管辖权、公民管辖权和地域管辖权。其中，居民管辖权和公民管辖权遵循的是属人原则，而地域管辖权遵循的是属地原则。

地域管辖权又称收入来源地管辖权，是指一个国家对发生在其领土范围内的一切应税活动和来源于或被认为是来源于其境内的全部所得行使的征税权力。这种管辖权是按照属地原则确立的。在地域管辖权下，通过确认所得的地域标志来确定该笔所得的来源地，一笔所得被地域化，从而纳入所在地域的国家税收管辖范围。这种按地域范围确定的管辖权体现了有关国家维护本国经济利益的合理性，又符合国际经济交往的要求和国际惯例，被各国公认为是一种较为合理的税收管辖权，并为绝大多数国家所接受。

居民管辖权，是指一个国家对凡是属于本国的居民取得的来自世界范围的全部所得行使的征税权力。这种管辖权是按照属人原则确立的。各国税法对居民身份确认方法不尽相同，有的是按居住期限确定，也有的是依据是否有永久性住所确定等。

公民管辖权，是指一个国家依据纳税人的国籍行使税收管辖权，对凡是属于本国的公民取得的来自世界范围内的全部所得行使的征税权力。这种管辖权也是按照属人原则确立的。公民是指取得一国法律资格，具有一国国籍的人。需要指出的是国际税收中所使用的公民概念不仅包括个人，也包括团体、企业或公司，是一个广义的公民概念。公民有时也称国民，世界上多数国家使用的是公民概念，但是日本等少数国家也使用国民概念。

各国税收管辖权的现状：同时实行地域管辖权和居民管辖权，例如中国；实行单一的地域管辖权，例如拉美地区的一些国家；同时实行地域管辖权、居民管辖权和公民管辖权，例如美国、利比里亚。

(二) 国际税收协定的产生

属地原则和属人原则之间的矛盾必然导致税收管辖权之间的矛盾，三种税收管辖权之间必然会发生不同程度的重叠和交叉。围绕着一国或多国的税收管辖权行使与适用，引申出了一系列的国际税收活动，其核心内容为国际重复征税及其消除、国际避税与反避税。国际重复征税及其消除指的是多个国家税收管辖权在同一征税对象上的重叠，以及为了避免这种管辖权重叠而采取的措施。国际避税与反避税则指纳税人为规避税收管辖权而进行的国际活动，以及各国政府为了应对这种规避税收管辖权的行为而采取的措施。为了消除国际重复征税，加强国家间的税收征管合作以及解决国际税收领域的其他问题，国际税收协调活动日益普遍和深入，其客观形式和成果集中体现为制定一系列国际税收协定，通过这些协定来协调和解决上述问题。

关于居民和地域的判断标准，国际税收协定有明确的要求。判定自然人居民身份的标准主要有以下几个方面。①住所标准。住所是一个民法上的概念，一般是指一个人固定的或永久性的居住地。②居所标准。居所在实践中一般是指一个人连续居住了较长时期但又不准备永久居住的居住地。③停留时间标准。许多国家规定，一个人在本国尽管没有住所或居所，但在一个所得年度中他在本国实际停留的时间较长，超过了规定的天数，则也要被视为本国的居民。部分国家税收居民身份的判定标准详见表 13-1。

表 13-1　部分国家税收居民身份的判定标准

国别	自然人居民身份的判定标准	法人居民身份的判定标准
澳大利亚	(1) 在澳大利亚有住所或长期居住地； (2) 在纳税年度内连续或累计在澳大利亚停留半年以上	(1) 在澳大利亚注册； (2) 在澳大利亚经营； (3) 中心管理和控制机构在澳大利亚； (4) 投票权被澳大利亚居民股东控制
比利时	(1) 已婚夫妇的家庭设在比利时； (2) 住所或经济基地在比利时	(1) 在比利时依法注册成立； (2) 公司的总部或实际管理机构设在比利时
巴西	(1) 持有巴西的长期签证； (2) 因签订有就业合同而持有巴西的临时签证； (3) 在任何 12 个月中在巴西停留满 183 天	(1) 在巴西注册成立； (2) 公司的总部设在巴西境内
加拿大	(1) 在加拿大有全年可使用的住处、有银行账户、信用卡以及个人财产； (2) 在一个日历年度中在加拿大停留 183 天或以上	(1) 在加拿大依法注册成立； (2) 中心管理和控制机构设在加拿大
丹麦	在丹麦连续停留 6 个月以上	(1) 在丹麦注册成立； (2) 实际管理机构在丹麦
法国	(1) 在法国有家庭或经济利益中心； (2) 在法国就业或从事职业； (3) 在一个日历年度中在法国停留 183 天以上	在法国注册成立
德国	(1) 在一个日历年度中在德国停留超过 6 个月； (2) 在一年中累计停留了 6 个月以上	(1) 在德国注册成立； (2) 管理中心在德国
意大利	(1) 在意大利办理了居住人口登记； ② 在意大利有利益中心或经营地； ③ 在一个财政年度中在意大利停留了 183 天以上	(1) 在意大利注册成立； (2) 法人的管理总部在意大利； (3) 主要目的是在意大利经营

(续表)

国别	自然人居民身份的判定标准	法人居民身份的判定标准
日本	(1) 在日本有生活基地和生活中心； (2) 在日本连续居住满 1 年	(1) 在日本依法注册成立； (2) 注册办公地点或公司总部在日本
韩国	(1) 在韩国有住所； (2) 在韩国有 1 年及 1 年以上的就业岗位	(1) 在韩国依法注册成立； (2) 总机构或主要机构在韩国
荷兰	(1) 在荷兰有家庭、住处、经济社会中心，或有长期居住意向； (2) 在荷兰停留了一定时间	(1) 依法在荷兰注册成立； (2) 中心管理机构在荷兰； (3) 实际管理机构在荷兰
新西兰	(1) 在新西兰有长期性住所； (2) 在任何 12 个月中在新西兰停留 183 天以上	(1) 在新西兰依法注册成立； (2) 法人总部设在新西兰； (3) 管理和控制机构在新西兰
挪威	(1) 有在挪威长期居住的意愿； (2) 在挪威停留了 6 个月以上	(1) 在挪威注册成立； (2) 有效管理或控制中心在挪威
新加坡	(1) 在新加坡定居或有定居意向； (2) 在纳税年度中在新加坡停留满 183 天； (3) 在纳税年度的上一年在新加坡停留 183 天或以上	管理和控制机构在新加坡
西班牙	(1) 在西班牙有经济或职业活动的基地； (2) 在西班牙有家庭(配偶、子女)； (3) 在一个日历年度中在西班牙停留 183 天以上	(1) 在西班牙注册成立； (2) 法人的总部在西班牙； (3) 法人的有效管理中心在西班牙
瑞士	(1) 在瑞士有合法住宅并打算定居； (2) 因从事有收益的活动而在瑞士停留 3 个月以上，因从事非收益性活动而停留 6 个月以上	(1) 在瑞士注册成立； (2) 管理中心设在瑞士
英国	(1) 在访问英国的年度中在英国有可供其使用的住房； (2) 在纳税年度中在英国停留 183 天以上(不一定连续停留)； (3) 在连续 4 年中到英国访问平均每年达到 91 天或以上	(1) 在英国注册成立； (2) 中心管理和控制机构设在英国
美国	(1) 有美国的长期居住证(绿卡)； (2) 当年(日历年度)在美国停留满 31 天，并且近 3 年在美国停留天数的加权平均值等于或大于 183 天	在美国依法注册成立

法人居民身份的判定标准包括：注册地标准(又称法律标准)、管理机构所在地标准(管理和控制地标准)、总机构所在地标准、选举权控制标准。4 种标准中，目前在各国最常用的是注册地标准(法律标准)以及管理和控制地标准。法人居民身份的判定标准之各国规定：①只采用注册地标准，如丹麦、埃及、法国、尼日尔、瑞典、泰国、美国等国。②只采用管理和控制地标准，如马来西亚、墨西哥、新加坡等国。③同时采用注册地标准及管理和控制地标准，一家公司如果满足其中一个标准就是本国的居民公司，如加拿大、德国、希腊、印度、爱尔兰、肯尼亚、卢森堡、马耳他、毛里求斯、荷兰、斯里兰卡、瑞士、英国等国。④实行注册地标准或管理和控制地标准的同时，也采用总机构所在地标准。例如，比利时、巴西、韩国、日本同时实行注册地标准和总机构所在地标准；新西兰和西班牙同时采用注册地标准、管理和控制地标准以及总机构所在地标准。⑤只有澳大利亚在实行注册地标准、管理和控制地标准的同时，还实行选举权控制标准。

20世纪70年代，在英国就有关于“住所标准”的一个判例。有一位先生1910年在加拿大出生，1932年他参加了英国空军，并于1959年退役，随后一直在英国一家私人研究机构工作，直到1961年正式退休，退休后他与英国妻子继续在英国生活。在此期间，这位先生一直保留了他的加拿大国籍和护照，并经常与加拿大有一些金融方面的往来；而且他也希望与妻子一同回加拿大安度晚年，并表示如果妻子先他去世，自己也要回加拿大度过余生。法院判定这位先生尽管在英国居住了44年，但他在英国仅有居所而没有住所。

所得来源地的判定标准。所得分为：经营所得、劳务所得、投资所得、财产所得。判定经营所得来源地的主要标准如下。①常设机构标准。大陆法系的国家多采用常设机构标准来判定纳税人的经营所得是否来自本国。②交易地点标准。英美法系的国家一般比较侧重用交易或经营地点来判定经营所得的来源地。我国判定经营所得来源地实际上采用了常设机构标准。

判定劳务所得来源地的主要标准如下。①劳务提供地标准。即跨国纳税人在哪个国家提供劳务、在哪个国家工作，其获得的劳务报酬即为来源于哪个国家的所得。②劳务所得支付地标准。即以支付劳务所得的居民或固定基地、常设机构的所在国为劳务所得的来源国。③劳务合同签订地标准。即以劳务合同签订的地点来判定受雇劳务所得(工资、薪金)的来源地。

各种投资所得来源地的判定标准如下。①股息。一般是依据股息支付公司的居住地，也就是以股息支付公司的居住国为股息所得的来源国。②利息。一般以借款人的居住地或信贷资金的使用地为标准；以用于支付债务利息的所得之来源地为标准。③特许权使用费。主要判定标准为以特许权的使用地为特许权使用费的来源地；以特许权所有者的居住地为特许权使用费的来源地；以特许权使用费支付者的居住地为特许权使用费的来源地。④租金所得。租金所得来源地的判定标准与特许权使用费基本相同。

财产所得的判断标准：对于不动产所得，各国一般均以不动产的实际所在地为不动产所得的来源地。但对于动产的所得，各国判定其来源地的标准并不完全一致。

三、国际税收协定的概念、分类及其与国内税法的关系

国际税收协定，是指两个或两个以上的主权国家为了协调相互间在处理跨国纳税人征税事务和其他有关方面的税收关系时，本着对等原则，经由政府谈判所签订的一种书面协议或条约，也称为国际税收条约。

国际税收协定属于国际经济法的一种，它调整的是国际经济关系中的国际税收关系，是国际经济关系发展的产物。国际税收协定就处理的税种不同来划分，可分为所得税的国际税收协定、遗产税和赠与税的国际税收协定；就所涉及的缔约国数量来划分，可分为双边国际税收协定和多边国际税收协定；就处理问题的广度为标准，可分为综合性的国际税收协定和单项的国际税收协定。

国际税收协定是以国内税法为基础的。在国际税收协定与其他国内税法的地位关系上，第一种模式是国际税收协定优于国内税法，第二种模式是国际税收协定与国内税法具有同等的法律效力，当出现冲突时按照“新法优于旧法”和“特别法优于普通法”等处理法律冲突的一般性原则来协调。

第二节 国际重复征税的产生及影响

一、国际重复征税的概念

国际重复征税，是指两个或两个以上的国家，在同一时期内，对同一纳税人或不同纳税人的同

一课税对象征收相同或类似的税收。

国际重复征税有狭义和广义之分。狭义的国际重复征税是指两个或两个以上国家对同一跨国纳税人的同一征税对象所进行的重复征税，它强调纳税主体与征税对象都具有同一性。广义的国际重复征税是指两个或两个以上国家对同一或不同跨国纳税人的同一课税对象或税源所进行的交叉重叠征税，它强调国际重复征税不仅要包括狭义的国际重复征税，而且还包括纳税主体具有非同一性时针对同一征税对象所发生的国际重复征税，以及因对同一笔所得或收入的确定标准和计算方法的不同所引起的国际重复征税。例如，甲国母公司从其设在乙国的子公司处取得股息收入，这部分股息收入是乙国子公司就其利润向乙国政府缴纳公司所得税后的利润中的一部分，依据甲国税法规定，母公司获得的这笔股息收入要向甲国政府缴纳公司所得税，因而产生了甲乙两国政府对不同纳税人(母公司和子公司)的实质性双重征税，因为征税对象均为同一笔所得。这笔所得同时负担了甲国和乙国的公司所得税，且二者税源具有同一性，均为子公司所创造的利润。

国际重复征税一般包括法律性国际重复征税、经济性国际重复征税和税制性国际重复征税三种类型。法律性国际重复征税是指不同的征税主体(即不同国家)对同一纳税人的同一税源进行的重复征税，它是由于不同国家在法律上对同一纳税人采取不同征税原则，因而产生了税收管辖权的重叠，从而造成了重复征税。经济性国际重复征税是指不同的征税主体(即不同国家)对不同纳税人的同一税源进行的重复征税。经济性国际重复征税一般是由于股份公司经济组织形式所引起的。股份公司的公司利润和股息红利所得属于同源所得，在对二者同时征税的情况下，必然会带来重复征税的问题。当这种情况中的征税主体是两个或两个以上的国家时，重复征税即成为经济性国际重复征税。税制性国际重复征税是由于各国在税收制度上普遍实行复合税制所导致的。在复合税制下，一国对同一征税对象可能征收几种税。在国际重复征税中，复合税制导致了不同国家对同一税源课征多次相同或类似的税种，从而造成了税制性重复征税。国际税收中所指的国际重复征税一般属于法律性国际重复征税。

二、国际重复征税的产生

(一) 国际重复征税产生的条件

纳税人所得或收益的国际化和各国所得税制的普遍化是产生国际重复征税的前提条件。随着经济社会的发展和国际分工的深化，跨国从事生产经营活动的现象十分普遍，一个国家的居民或公民从其他国家取得收入的现象日益增多。纳税人所得或收益的国际化使得国际重复征税问题的产生成为可能。在此基础上，各国所得税制度的建立为国际重复征税的产生提供了现实条件。所得税制的普遍建立使得越来越多的纳税人因其所得或收益的国际化而在两个或两个以上的国家履行重复的纳税义务。

(二) 国际重复征税产生的原因

有关国家对跨国纳税人的跨国所得进行双重或多重征税，形成了国际重复征税，其根本的原因在于征税权力的交叉。各国行使的税收管辖权的重叠是国际重复征税的根本原因。依据税收管辖权相互重叠的形式，国际重复征税产生的原因主要有下述几种情形。

1. 居民(公民)管辖权同地域管辖权重叠下的国际重复征税

世界各国行使税收管辖权的过程中，在税收管辖权原则的选择上，既可以对跨国纳税人发生在本国境内的所得按照属地主义原则行使收入来源地管辖权，也可以对本国居民或公民中的跨国纳税人来源于国内和国外的全部所得按照属人主义原则行使居民管辖权或公民管辖权，这就不可避免地造成有关国家对同一跨国纳税人的同一笔跨国所得在税收管辖权上的交叉重叠或冲突，从而产生国际重复征税。

一般来讲，相关各国对跨国所得一致实行从源课税，即统一实行地域管辖权，依据收入来源地进行征税，而且跨国所得的收入来源地能够明确的话，不会出现征税权力的重叠和冲突。另外，只要纳税人的居民身份归属或公民身份归属能够明确，那么各国对于跨国纳税人的跨国所得统一行使居民或公民管辖权，也不会产生重复征税的问题。但是出于对本国税收利益及其他原因的考虑，当今世界各国普遍同时实行收入来源地管辖权和居民管辖权。这样同一笔跨国收入，可能在收入来源国和纳税人的居住国或国籍国被多次征税，这就导致了国际重复征税的产生。

2. 居民(公民)管辖权与居民(公民)管辖权重叠下的国际重复征税

在国际税收中，如果相关各国对于跨国纳税人的跨国所得统一行使居民管辖权，由于各国判定居民身份的标准各不相同，也会导致各国在某一跨国纳税人的居民身份归属问题上各执己见。当纳税人居民身份归属于哪一国的问题不能够彻底澄清的话，对同一纳税人的同一笔跨国所得进行国际重复征税就具备了可能性。因为各国法律规定及其确定纳税人居民身份的标准不同，因而就会出现同一个跨国纳税人被有关国家同时确认为其居民的情况。这种居民管辖权与居民管辖权的冲突必然导致国际重复征税问题。

当然，上述分析也适用于相关各国对跨国纳税人的跨国所得统一行使公民管辖权的情况。公民管辖权与公民管辖权的冲突也会导致国际重复征税问题，这通常是由于纳税人国籍的双重化造成的。由于国际上实行公民管辖权的国家极少，而且能够具有双重国籍并同时成为两国自然人居民的纳税人很少，因此，这种公民管辖权的重叠造成国际重复征税的情况也很少见。

需要指出的是，如果相关各国依据属人原则在税收管辖权的选择上分别实施公民管辖权和居民管辖权的话，由于一个纳税人可能在成为一国公民的同时也被认定为另一国居民，那么这一纳税人的同一项所得可能被相关各国进行国际重复征税。公民管辖权与居民管辖权的重叠也是国际重复征税产生的一种形式。

3. 地域管辖权与地域管辖权重叠下的国际重复征税

国际重复征税问题的产生有时也同收入来源地的确认有关。各国对于跨国所得都行使地域管辖权，即收入来源地管辖权的情况下，如果有关各国采取不同的标准确定收入来源地，就会出现不同国家对同一笔收入同时行使地域管辖权的冲突，造成国际重复征税。例如，某甲为 A 国公民或居民，受本国雇主的委托，在 B 国从事信息采集业务，而此人的劳务报酬由 A 国雇主支付。如果 A 国政府以报酬支付者所在地为依据而认定甲的该项劳务报酬所得来源地为 A 国，同时 B 国以甲的劳务活动提供地为依据而认定甲的该项劳务报酬所得来源地为 B 国，那么 A、B 两国都可以主张地域管辖权，这时候就产生了由于相关各国对收入来源地的认定标准不同而导致的税收管辖权重叠。不同国家所行使的收入来源地管辖权的冲突或重叠，也是国际重复征税产生的一种主要形式。

从现实情况来看，作为国际重复征税的根本原因，在各国行使的税收管辖权重叠的各种情况中，最主要的是有关国家对同一跨国纳税人的同一项所得同时行使收入来源地管辖权和居民管辖权造成税收管辖权的重叠。由于跨国取得所得的情况不可避免，当今世界各国普遍同时实行收入来源地管辖权和居民管辖权，所以国际重复征税的问题将长期普遍地存在于国际税收活动中。

三、国际重复征税对经济的影响

国际重复征税的存在，对投资者的利益、税负公平原则、国际经济交往以及国家间税收权益无疑会产生各种消极的影响，主要表现在以下几个方面。

(一) 加重跨国纳税人的税收负担

国际重复征税造成跨国纳税人要向两个甚至两个以上国家纳税，不合理地加重了跨国纳税人的税收负担。对直接投资者加大了所投资企业的生产成本，影响了产品的价格和销售，进而影响到投资者投资的积极性；对证券投资者会直接减少了其投资所得，加大了投资风险。总之，国际重复征税削弱了跨国纳税人在国际竞争中的地位，影响投资者对外投资的积极性。

(二) 违背税收公平原则

众所周知，等量资本要求获得等量利润，这是经济规律的客观要求。资本投资到境外，所冒的风险大于国内，要求获得更多的风险收益以弥补风险环境下的机会成本。但国际重复征税的存在加重了跨国纳税人的税收负担，影响了税收公平原则的实现。

(三) 阻碍国际经济合作与交流

经济全球化是整个世界的大趋势，是生产力发展的必然选择。国际经济合作与交流，能使各种资源要素在全世界范围内得到更合理利用，促进国际性专业化分工，加速各国经济的发展。但国际重复征税提高了要素国际流动的交易成本和跨国纳税人的税收负担，阻碍了国家间资金、技术、商品、人才等的自由流动。从国际经济角度来看，这种阻碍造成了全球性的资源浪费，受到损失的不只是某个国家或某类国家，从长远看，将影响全球经济均衡，从而阻碍国际经济的发展。

(四) 影响有关国家之间的财权利益关系

国际重复征税会引起国与国之间的税收权力和利益的冲突。当两个或两个以上国家同时对同一笔跨国所得征税时，必然产生税收权力和利益的冲突。一国认为自己有权对某纳税人的所得征税，而另一国则认为对方国家的征税是对自己权力和利益的侵犯。当各国互不相让无法协调时，利益冲突便不可避免。不仅如此，由于重复征税给纳税人带来沉重负担，他们就会千方百计地去规避纳税义务，利用各国税收管辖权的摩擦和税制的差异，减轻或消除在有关国家的纳税义务。这种直接侵犯国家利益的行为，同样也会导致国家之间的税收矛盾。

第三节　国际重复征税消除的主要方法

为解决税收管辖权交叉重叠造成的国际重复征税问题，国际社会以及有关国家采取了不同的办法。针对同种税收管辖权重叠所造成的国际重复征税，主要通过国际规范进行约束。对自然人行使居民管辖权的国际规范采取的标准包括：永久性住所、重要利益中心、习惯性住所、国籍。约束对法人行使居民管辖权的国际规范是：如果两个国家判定法人居民身份的标准发生冲突，应根据法人的“实际管理机构所在地”来决定由哪个国家对其行使居民管辖权。约束地域管辖权的国际规范规定：经营所得(营业利润)以常设机构为标准，投资所得则实行支付人所在国与受益人所在国共享办法等。

针对不同税收管辖权重叠所造成的所得国际重复征税的减除方法，包括扣除法、低税法、免税法和抵免法等。各国的涉外税法和国际税收协定中，处理国际重复征税问题所采用的具体方法主要有免税法和抵免法两种，其中抵免法是普遍采用的方法。在运用抵免法的过程中，为了鼓励国际投资，有时也往往增加一些税收饶让的内容，作为抵免法的附加内容。这种情况通常见于发达国家与发展中国家签订的税收协定之中。此外，有些国家还选择了扣除法和低税法来试图解决国际重复征税问题，这在一定程度上缓和了国际重复征税的矛盾。扣除法是指一国政府在对本国居民的国外所得征税时，允许其将该所得负担的外国税款作为费用从应税国外所得中扣除，只对扣除后的余额征税。低税法也称减免法，是指一国政府对本国居民的国外所得在标准税率的基础上减免一定比例，按较低的税率征税；对其国内所得则按正常的标准税率征税。

这里对于消除国际重复征税的方法主要介绍免税法和抵免法两种。

一、免税法

免税法也称为豁免法，是指居住国政府对其居民来源于非居住国的所得额，在一定条件下放弃行使居民管辖权，免于征税。这种方法是以承认来源地管辖权的独占地位为前提的。承认收入来源地管辖权的独占地位，意味着居住国政府完全或部分放弃对其居民来自国外所得的征税权力，而将这种权力无条件地留给这笔所得的来源国政府。由于免税法使纳税人只需或主要负担所得来源国的税收，因此它可以有效地消除国际重复征税。鉴于此，《经合组织范本》和《联合国范本》都将免税法列为避免国际重复征税的推荐方法之一。

免税法主要有以下两种具体做法。①全额免税法，即居住国政府对其居民来自国外的所得全部免予征税，只对其居民的国内所得征税，而且在决定对其居民的国内所得所适用的税率时，不考虑其居民已被免予征税的国外所得。②累进免税法，即居住国政府对其居民来自国外的所得不征税，只对其居民的国内所得征税，但在决定对其居民的国内所得征税所适用的税率时，有权将这笔免于征税的国外所得与国内所得汇总一并加以综合考虑。累进免税法的计算公式为

$$居住国应征所得税额=居民的总所得\times适用税率\times\frac{国内所得}{总所得}$$

【例 13-1】甲国 A 公司在某一纳税年度内，国内、国外总所得 100 万元，其中来自国内的所得 70 万元，来自国外分公司的所得 30 万元。居住国甲国实行超额累进税率。年所得 60 万元以下，税率为 30%；61 万元～80 万元，税率为 35%；81 万元～100 万元，税率为 40%。国外分公司所在国实行 30%比例税率。如果甲国实行全额免税法，计算甲国 A 公司应纳所得税额。

(1) 甲国采用全额免税法时，对 A 公司在国外分公司的所得放弃行使居民管辖权，仅按国内所得额确定适用税率征税。其应纳所得税额为 60×30%＋10×35%＝21.5(万元)

(2) 国外分公司已纳税额为 30×30%＝9(万元)

(3) 甲国 A 公司纳税总额为 21.5＋9＝30.5(万元)

【例 13-2】在上例中，如果甲国实行累进免税法时，计算甲国 A 公司应纳所得税额。

(1) 甲国采用累进免税法时，对 A 公司在国外分公司的所得放弃行使居民管辖权，只对其国内所得征税，但要将免于征税的国外所得与国内所得汇总考虑，以确定其国内所得适用的税率。其应纳所得税额为[60×30%＋(80－60)×35%＋(100－80)×40%]×70/100＝23.1(万元)

(2) 国外分公司已纳税额=30×30%=9(万元)

(3) 甲国A公司纳税总额=23.1+9=32.1(万元)

一些国家之所以实行免税法，是与其国情和经济政策密切联系的。采用免税法的国家大多是发达国家，这些国家有着大量的相对过剩资本，为了给这些资本寻找出路，因而采取了一系列包括税收方面的政策，以鼓励本国资本的输出。这些税收鼓励措施的一个重要内容，就是对这些输出资本所带来的跨国所得或收益不予征税。不过，实行免税法的国家，通常都在规定本国居民来自国外所得免于征税的同时，附加一些限制性条款。例如，法国规定，凡在法国居住的跨国纳税人，必须把其缴纳外国政府所得税后的剩余所得全部汇回法国，并在股东之间进行股息分配，否则不予实行免税方法。

一些国家在与其他国家签订的税收协定中，处理国际重复征税问题采用免税法为一般方式，但同时设置一些特殊规定。例如，日本分别与法国、德国签订的税收协定中规定，对股息、利息、特许权使用费等所得征收的税收不采用免税的方法，而采用抵免的方法。这些规定，一方面是与各类所得的不同计税方法有关；另一方面在于贯彻对不同种类的所得实行不同税收负担的原则。同时，也与《经合组织范本》和《联合国范本》的有关规定相吻合。

二、抵免法

抵免法，是指行使居民管辖权的国家，对其国内、国外的全部所得征税时，允许纳税人将其在国外已缴纳的所得税额从应向本国缴纳的税额中抵扣。抵免法的计算公式为

居住国应征所得税额=居民国内、国外全部所得×居住国税率－允许抵免的已缴来源国税额

抵免法是以承认收入来源地管辖权优先地位为前提条件的，但来源地管辖权不具有独占性。也就是说，对跨国纳税人的同一笔所得，来源国政府可以对其征税，居住国政府也可以对其征税。但是，来源国政府可以先于居住国政府行使税收管辖权，即在形成这笔所得的时候，就予以课税。而后，在这笔所得汇回其国内时，居住国政府方可对该笔所得课税，并采取抵免的方法来解决双重征税问题。

抵免法可以有效地免除国际重复征税。由于抵免法既承认所得来源国的优先征税地位，又不要求居住国完全放弃对本国居民国外所得的征税权，有利于维护各国的税收权益，因而受到了世界各国的普遍欢迎。许多国家的国内税法中都有允许本国纳税人进行外国税收抵免的规定(即单边抵免)。例如，《中华人民共和国企业所得税法》规定，居民企业来源于中国境外的应税所得已在境外缴纳的所得税税额，可以从其当期应纳税额中抵免。另外，《经合组织范本》和《联合国范本》也都将抵免法列为供签订税收协定的国家选择的避免双重征税的一种方法，而且在实践中许多国家缔结避免双重征税协定时都选择了抵免法作为解决国际重复征税的方法。即使是一些采用免税法解决双重征税的欧洲大陆国家，其对大多数不适用于免税法的所得也办理税收抵免，以消除这些所得的跨国重复征税。所以，就世界范围来看，抵免法的使用是相当普遍的。

在实际应用中，直接抵免和间接抵免是抵免法的两种具体运作形式。

(一) 直接抵免

直接抵免，是指居住国的纳税人用其缴纳的外国税款直接冲抵在本国应缴纳的税款。一国居民直接缴纳外国税款，可以是自然人居民到国外从事经济活动取得收入而向当地政府纳税，可以是居

住国的总公司设在国外的分公司(总公司与分公司在法律上属于同一法人实体)向所在国缴纳税款，也可以是居住国母公司从国外子公司取得股息、利息等投资所得而向子公司所在国缴纳预提税。所以，直接抵免一般适用于自然人的个人所得税抵免、总公司与分公司之间的公司所得税抵免以及母公司与子公司之间的预提所得税抵免。

前述抵免法的计算公式同样也适用于直接抵免法。公式中的“允许抵免的已缴来源国税额”，由于计算方法不同，可以把直接抵免法分为全额抵免和限额抵免两种。

1. 全额抵免

全额抵免，是指居住国政府对跨国纳税人征税时，允许纳税人将其在收入来源国缴纳的所得税，在应向本国缴纳的税款中，全部给予抵免。其计算公式为

居住国应征所得税额＝居民国内、国外全部所得×居住国税率－已缴来源国全部所得税额

【例13-3】A 国一居民总公司在 B 国设有一个分公司，某一纳税年度，总公司在本国取得所得20万元，设在 B 国的分公司获得10万元。分公司按30%的税率向 B 国缴纳所得税3万元。A 国所得税税率为20%。计算 A 国应对总公司征收的所得税额。

A 国应征所得税额＝(20＋10)×20%－3＝3(万元)

2. 限额抵免

限额抵免又称为普通抵免，是指居住国政府对跨国纳税人在国外直接缴纳的所得税款给予抵免时，不能超过最高抵免限额，这个最高抵免限额是国外所得额按本国税率计算的应纳税额。其计算公式为

居住国应征所得税额＝居民国内、国外全部所得×居住国税率－允许抵免的已缴来源国税额

“允许抵免的已缴来源国税额”(简称“允许抵免额”)根据“抵免限额”和“纳税人已缴收入来源国所得税额”两个指标的比较来确定。“抵免限额”的计算公式为

抵免限额＝收入来源国的所得×居住国税率

在抵免限额小于纳税人已缴收入来源国所得税税额时，以抵免限额为“允许抵免额”；在抵免限额大于纳税人已缴收入来源国所得税额时，以纳税人已缴收入来源国所得税额为“允许抵免额”；在抵免限额等于纳税人已缴收入来源国所得税额时，将纳税人已缴收入来源国所得税额作为“允许抵免额”。根据以上 3 种情况，可以认为“允许抵免额”就是“纳税人已缴收入来源国所得税额”与“抵免限额”相比较中，数额较小的一方。

实践中，如果收入来源国的税率与居住国的税率相同，抵免限额就与纳税人已缴收入来源国的税额相等，那么本国居民在来源国的已纳税额，可以得到全部抵免；如果收入来源国的税率低于居住国的税率，抵免限额就大于纳税人已向收入来源国缴纳的税额，这样，该居民在计算应缴居住国税额时，抵免完来源国已纳税额后，还要向居住国补齐税款差额；如果收入来源国的税率高于居住国税率，抵免限额就小于纳税人已向收入来源国缴纳的税额，该居民的允许抵免税额不能超过其境外所得按居住国税率计算的应纳税额，即不能超过抵免限额。

抵免限额根据限额的范围和计算方法不同，可分为分国限额法与综合限额法、分项限额法与不分项限额法。

(二) 间接抵免

间接抵免是对跨国纳税人在非居住国非直接缴纳的税款，允许部分冲抵其居住国纳税义务。间接抵免适用于跨国母子公司之间的税收抵免。对于居住国母公司的外国子公司所缴纳的外国政府所得税，由于子公司与母公司是两个不同的经济实体，所以这部分外国所得税不能视同母公司直接缴纳，不可以从母公司应缴居住国政府所得税中直接抵免，而只能给予间接抵免。因此，在实践中，间接抵免一般可分为一层间接抵免和多层间接抵免两种方法。

1. 一层间接抵免

一层间接抵免适用于母公司与子公司之间的外国税收抵免。用此方法可以处理母公司与子公司因股息分配所形成的重复征税问题。在一层间接抵免中，母公司只能按其从子公司取得的股息所含税款还原数，间接推算相应的利润与税收抵免额。具体讲，母公司从国外子公司取得的股息收入的相应利润(即还原出来的那部分国外子公司所得)，就是母公司来自国外子公司的所得，因而也就可以并入母公司总所得进行征税。间接抵免法计算应纳居住国税额步骤如下。

第一步：计算母公司间接缴纳的子公司所在国的税款。

母公司承担的外国子公司所得税＝外国子公司所得税×母公司分得的毛股息/外国子公司缴纳公司所得税后的所得

母公司承担的外国子公司所得税如果没有超过本国的抵免限额，即母公司可以享受的间接抵免额。

第二步：计算母公司来自国外子公司的所得额。

$$\text{母公司来自子公司的全部应税所得}=\text{母公司分得的毛股息}+\text{母公司承担的外国子公司所得税}=\text{母公司所获毛股息}+\text{外国子公司所得税}\times\frac{\text{母公司分得的毛股息}}{\text{外国子公司缴纳公司所得税后的所得}}$$

也可采用比较简便的公式计算，即

母公司来自子公司的全部应税所得＝母公司所获毛股息/(1－子公司所在国适用税率)

【例 13-4】 A 国母公司在 B 国设立一子公司，子公司所得为 2 000 万元，B 国公司所得税税率为 30%，A 国为 35%，子公司缴纳 B 国所得税 600 万元(2 000×30%)，并从其税后利润 1 400 万元中分给 A 国母公司股息 200 万元。计算 A 国母公司应纳所得税税额。

(1) 母公司应承担的子公司所得税＝600×[200÷(2 000－600)]＝85.714 3(万元)

(2) 母公司来自子公司的所得＝200＋600×[200÷(2 000－600)]＝285.714 3(万元)

(3) 间接抵免限额＝285.714 3×35%＝100(万元)

(4) 由于母公司已承担国外税额 85.714 3 万元，不足抵免限额，故可按国外已纳税额全部抵免，即可抵免税额为 85.714 3 万元

(5) 母公司应缴 A 国所得税＝100－85.714 3＝14.285 7(万元)

2. 多层间接抵免法

多层间接抵免法是一层间接抵免法的对称，适用于居住国母公司来自其外国子公司的股息所应承担的外国所得税的抵免。如果母公司有通过子公司来自其外国孙公司，以及外国孙公司下属的外国重孙公司、曾孙公司等多层外国附属公司的股息所应承担的外国政府所得税，为解决子公司以下

各层“母子公司”的重复征税问题，就需要多层间接抵免方法。多层间接抵免方法的计算原理与一层间接抵免方法基本相同，可以类推，但具体计算步骤要复杂些。

此外，还存在税收饶让抵免。税收饶让抵免简称税收饶让，它是指一国政府对本国居民在国外得到减免的那部分所得税，视同已经缴纳，并允许其用这部分被减免的外国税款抵免在本国应缴纳的税款。税收饶让的具体做法有两种：①对所得来源国给予本国纳税人的减免税或退税等税收优惠，按假如没有这些优惠措施时来源国应征的税款给予税收抵免；②按税收协定规定的税率实行定率抵免。

税收饶让不是一种消除国际重复征税的方法，而是居住国对从事国际经济活动的本国居民采取的一种税收优惠措施。

税收饶让一般在发达国家和发展中国家之间进行。

第四节　国际避税与反避税

国际重复征税加重了跨国纳税人承担的税负，损害了跨国纳税人的切身经济利益，从而不利于国际经济活动的开展。而国际避税则是跨国纳税人减轻了其应该承担的税负，减少了有关国家的预期税收收入。国际避税不仅是简单地完善税法和税收协定、保证有关国家税收收入等财政及税收问题，而且涉及国际和国家经济效率和社会公平问题，影响到相关国家的税收利益，扭曲国与国之间的税收分配关系。所以，各国政府以及国际社会不仅要采取措施避免所得的国际重复征税，而且也要采取措施防范跨国纳税人的国际避税。

一、国际避税

(一) 国际避税概念

避税，是指纳税人通过个人或企业事务的人为安排，利用税法的漏洞、特例和缺陷，规避、减轻或延迟其纳税义务的行为。其中，税法漏洞指由于各种原因税法遗漏的规定或规定的不完善之处；税法特例指规范的税法中因政策等需要针对某种特殊情况才做出的某种特殊规定；税法缺陷指税法规定的错误之处。在国外，“避税”与“税务筹划”或“合法节税”基本上是一个概念，它们都是指纳税人利用税法的漏洞或不明之处，规避或减少纳税义务的一种不违法的行为。

国际避税，是指纳税人利用两个或两个以上国家的税法和国家间的税收协定的漏洞、特例和缺陷，规避或减轻其全球总纳税义务的行为。这里的税法漏洞指大多数国家税法或大多数双边税收协定应有或一般都有而某国税法或某个双边税收协定中遗漏或不完善的规定；这里的税法特例指某国规范的税法或某个规范的双边税收协定里针对某种极为特殊的情况才做出的不规范规定；这里的税法缺陷指某国税法或某个双边税收协定中规定的错误之处。

国际避税同国际偷税有本质区别。国际偷税，是指跨国纳税人采取虚报、谎报、隐瞒、伪造等各种非法的跨国税收欺诈手段，逃脱或减少其总纳税义务的违法行为。国际避税与国际偷税都是某国纳税人减少其全球总纳税义务的税收行为，都减少了有关国家预期的税收收入，使有关国家税收权益受到损害，在这些方面它们并没有什么区别。但是两者的性质却是不一样的：国际避税采用不违法手段，而国际偷税则采用非法手段，属于违法行为。既然国际避税与国际偷税的性质不同，那么，对它们的处理方法也不一样。对于国际避税，有关国家一般只是要求纳税人必须对其行为的合理性进行解释和举证，对其不合理的收入和费用分配进行强制性调整，并要求补缴其规避的税款。为防止国际避税的再次发生，有关国家主要是通过加强国际合作，修改和完善有关的国内税法和税收协定，制定反避税法律、法规或条款，杜绝税法漏洞。但对于国际偷税，则一般要根据国内税法追究法律责任：对不构成刑事犯罪的，依照税法追缴税款、加处罚款，直至冻结银行存款、查封或扣押财产；对构成刑事犯罪的，则还要根据刑法追究其刑事责任，按刑事处罚规定对逃税者进行处罚，包括判刑入狱。

(二) 国际避税的主要方法

在国际经济活动中，国际避税的表现形式多种多样，跨国纳税人利用各国税收的差异进行避税的手法更是形形色色，变化多端。它们可以通过迁出或虚假迁出或不迁出高税国，进行人员流动，以避免税收管辖，实现国际避税；通过把资金、货物或劳务转移或不转移出高税国，进行课税客体的流动，以实现国际避税；利用有关国家或国际税收协定关于避免国际重复征税的方法进行避税；利用国际避税地进行避税等。

1. 采取人员流动避税

在国际税收领域里，以人员流动或转移方式躲避跨国纳税，采取的手段多样化，它不仅包括自然人和法人的跨国迁移，而且还包括一个人在一国中设法改变其居民身份，避免成为税收居民等做法。①转移住所。将个人住所或公司的管理机构真正迁出高税国；或者利用有关国家国内法律关于个人或公司的居民身份界限的不同规定或模糊不清，以实现虚假迁出，即仅仅在法律上不再成为高税国的居民；或者通过短暂迁出和成为别国临时居民的办法，以求得对方国家的特殊税收优惠。②税收流亡。在实行居民管辖权的国家里，对个人居民身份的确立，除了采用上述的住所标准外，不少国家还采用时间标准，即以在一国境内连续或累计停留时间达到一定标准为界限。而对居住时间的规定，各国也不尽一致，有的规定为半年(183 天)，有的则规定为 1 年(365 天)，这就给跨国纳税人避税提供了可利用的机会。他们可以自由地游离于各国之间，确保自己不成为任何一个国家的居民，既能从这些国家取得收入，又可避免承担其中任何一个国家的居民纳税义务。③税收协定的滥用。跨国纳税人通过种种手段，设法改变其居民身份，作为税收协定中规定的适用人之一享受有关条款的优惠待遇，从而达到减轻国际税负的目的。缔约国的非居民通过利用税收协定，主要是躲避来源国所征收的营业利润所得税以及股息、利息、特许权使用费的预提税。

2. 通过资金或货物流动避税

纳税人(主要是公司/企业)通过把资金、货物或劳务等转移出高税国的方式避税，通常是利用常设机构和子公司以及所在国其他税法规定等进行流动。

3. 选择有利的企业组织形式避税

当一国企业决定对外投资时，是选择建立常设机构或分支机构，还是选择设立子公司，往往需要经过反复权衡利弊，然后做出它们认为最有利的选择。分支机构(包括分公司和常设机构)与子公司往往在享受待遇方面差异很大，在跨国纳税方面也有许多差别，各有利弊。比较常见的选择方案是，在营业初期以分支机构形式进行经营，当分支机构开始盈利之后，再转变为子公司。

4. 利用转让定价避税

转让定价也称划拨定价，即交易各方之间确定的交易价格，它通常是指关联企业之间内部转让交易所确定的价格，这种内部交易价格通常不同于一般市场价格。转让定价是现代企业特别是跨国公司进行国际避税所借用的重要工具，主要是利用各国税收差别来实现的。国际关联企业的转让定价往往受跨国企业集团利益的支配，不易受市场一般供求关系的约束，对商品和劳务内部交易往来采取与独立企业之间的正常交易价格不同的计价标准。它们往往通过从高税国向低税国或避税地以较低的内部转让定价销售商品和分配费用，或者从低税国或避税地向高税国以较高的内部转让定价销售商品和分配费用，使国际关联企业的整体税收负担减轻。

5. 不合理保留利润避税

跨国公司往往以不合理保留利润的方式，即把应分给股东的一部分股息暂时冻结起来，不予分配，而以公积金的形式积存起来，然后将这部分利润转化为股东所持有的股票价值的升值额，以达到少纳税的目的。

6. 不正常借款避税

跨国公司向本公司股东和其他公司借款，是筹措资金的渠道之一。在这类筹资过程中，比较容易发生“不正常借款”行为。例如，子公司将其当年实现的利润少量或完全不作为股息分配，借给其国外母公司，并可以无限期使用。同样，总公司或总机构与其国外分支机构之间的利息支付，也会发生上述避税的情况，通常也借助转让定价手段来实现。

7. 利用避税地避税

许多国家或地区为吸引外国资本流入，促进本国或本地区的经济繁荣，弥补自身的资金短缺和改善国际收支状况，或为引进外国先进技术，提高本国或本地区技术装备水平，吸引国外民间投资，在本国或本地区划出部分甚至全部区域和范围，允许并鼓励外国政府和民间投资主体在此投资及从事各种经济、贸易等活动，投资者和从事经营活动的企业可以享受不纳税或少纳税的优惠待遇，这种区域和范围，在国际上一般被称为避税地。由于在避税地投资和从事各种经营活动不用纳税或只需缴纳一小部分税收，税负很低，收益很高，因而避税地往往被跨国投资者和跨国经营者所利用，以达到国际避税的目的。

例如，A 国某跨国公司甲，在避税地百慕大设立了一个子公司。甲公司向 B 国出售一批货物，销售收入 2 000 万美元，销售成本 800 万美元，A 国所得税税率为 30%。甲公司将此笔交易获得的收入转入百慕大公司的账上，因百慕大没有所得税，此项收入无须纳税。

按照正常交易原则，甲公司在 A 国应纳公司所得税为(2 000－800)×30%＝360(万美元)。而甲公司通过“虚设避税地营业”，并未将此笔交易表现在 A 国本公司的账面上。百慕大的子公司虽有收入，也无须缴税，若该子公司利用这笔账面收入投资，获得收益也可免缴资本所得税；若该子公司将此笔收入赠与其他公司、企业，还可不缴纳赠与税。这就是避税地的好处。

8. 利用税收优惠避税

一般说来，世界各国都有各种税收优惠政策规定，诸如加速折旧、投资抵免、差别税率、专项免税、亏损结转、减免税期限、延缓纳税等。跨国公司、企业往往可以利用税收优惠从事国际避税活动。此外，一些跨国公司钻税法对新办企业等缺乏严密界定的漏洞，利用对新办企业免税、减税等税法规定进行国际避税。

9. 组建内部保险公司

内部保险公司是指由一个公司集团或从事相同业务的公司协会投资建立的、专门用于向其母公司或姊妹公司提供保险服务以替代外部保险市场的一种保险公司。

(三) 国际避税地

国际避税地也称为避税港、避税乐园、税务天堂、税收避难所等。一般来说，国际避税地是指国际上轻税甚至于无税的场所。从实质上说，国际避税地就是指外国人可以在那里取得收入或拥有资产，而不必支付税款或高税率税款的地方。国际避税地的存在是跨国纳税人进行国际避税活动的重要前提条件。

国际避税地可以是一个国家，也可以是一个国家的某个地区，如港口、岛屿、沿海地区、交通方便的城市等。有时避税港还包括自由港、自由贸易区、自由关税区等。

1. 国际避税地的类型

第一种类型的避税地，是指没有所得税和一般财产税的国家和地区。人们常称之为“纯粹的”“标准的”避税地。在这些国家和地区中，既没有个人所得税、公司所得税和资本利得税，也没有财产净值税、继承税、遗产税和赠与税。例如，英国殖民地开曼群岛就属于这一类型的避税港。外国人如果到开曼群岛设立公司或银行，只要向当地有关部门注册登记并每年缴纳一定的注册费，就可以完全免缴个人所得税、公司所得税和资本利得税。除开曼群岛外，属于这一类典型避税地的国家和地区还有巴哈马、百慕大、瑙鲁、瓦努阿图等。此外，像格陵兰、索马里、法罗群岛、新喀里多尼亚岛和圣皮埃尔岛等国家和地区，也基本上属于此类避税地。

第二种类型的避税地，是指那些虽开征某些所得税和一般财产税，但税负远低于国际一般负担水平的国家和地区。在这类避税地中，大多数国家和地区对境外来源的所得和营业活动提供某些特殊优惠的税收待遇，如安圭拉、安提瓜、巴林、巴巴多斯、英属维尔京群岛、坎彭、塞浦路斯、直布罗陀、格恩西岛、以色列、牙买加、泽西岛、黎巴嫩、列支敦士登、摩纳哥、蒙塞拉特岛、荷属安的列斯群岛、圣赫勒拿岛、圣文森岛、新加坡、斯匹次卑尔根群岛和瑞士等。还有些国家和地区对境外来源所得免税，只对来源于境内的收入按较低税率征税，如阿根廷、埃塞俄比亚、哥斯达黎加、利比里亚、巴拿马、委内瑞拉等。

第三种类型的避税地，是指在制定和执行正常税制的同时，提供某些特殊税收优惠待遇的国家或地区。其特点是总体实行正常税制，征收正常的税收，只是在正常征税的同时，有较为灵活的税收优惠办法，对于某些投资经营给予特殊的税收优惠待遇。属于这一类型的避税地有希腊、爱尔兰、加拿大、荷兰、卢森堡、英国、菲律宾等国家和地区。

2. 国际避税地形成的条件

国际避税地之所以对跨国投资者具有巨大的吸引力，除了无税(所得税等直接税)或低税以外，还由于具有其他一些有利条件，比如，有严格的银行保密法，银行业发达，政局稳定，通信和交通便利等。避税地的这些有利条件实际上正是避税地所具有的一些非税特征。只有具备了这些特征，才能使国际避税地真正成为跨国投资者的避税“天堂”。

二、国际反避税的措施

尽管国际避税是一种不违法行为，但该行为给政府税收收入造成的有害后果与非法的偷税行为是一样的。对此，世界各国都提出了反国际避税的要求。在几十年的国际税收实践中，许多国家已经形成了一套较为有效的反国际避税的方法与措施，其重点是运用法律，加强立法和执法的力度，尤其是针对某些特殊的避税行为采取强硬措施。与此同时，随着国际税务关系的发展，各国都努力并加强国家间的合作和配合，从而使国际反避税工作收到良好的效果。

(一) 国际反避税的一般方法

1. 在税法中制定反避税条款

一是在各项税收的一般条款中，注意准确使用文字，设法堵塞漏洞。二是制定特殊反避税条款，针对各种特定的避税和逃税行为制定明确具体的税法条文，在法律解释上尽可能做到天衣无缝，不给纳税人在税法的解释上留下模棱两可的空子。三是制定适用于全部税收法规的综合反避税条款，一些国家在税收总法典中制定一项或几项单独的综合反避税条款，这些条款一般适用于全部税收法规。四是制定针对国际避税中习惯做法的反避税条款，如对关联企业内部转让定价做出特殊规定的条款，对避税地所得规定特殊课征办法的条款等。

2. 以法律形式规定纳税人的特殊义务与责任

强化纳税人的纳税义务与责任的措施，通常包括以下四个方面的内容：明确纳税人有延伸提供税收情报的义务；规定纳税人的某些交易行为有事先取得政府同意的义务；明确纳税人的举证责任；规定纳税人某些活动须获得税收裁定。一些国家针对某些避税方法另行规定，有关纳税人所发生的业务能否享受优惠待遇，须经税务当局裁定。

3. 加强税收征管工作

有效地防范跨国纳税人的国际避税，除了要完善反避税的立法，同时还必须加强税务征收管理工作。①提高涉外税务人员的素质，使其精通业务知识，熟悉税法，掌握财务会计、审计、国际贸易、国际金融等方面的知识和技能；②加强对跨国纳税人经营活动情况的调查，掌握充分的第一手资料；③加强税务审计，提高对纳税人监督检查的有效性；④积极主动地争取银行的配合与合作，通过对企业银行账户的检查，全面了解企业的经营活动情况，有效地打击跨国纳税人的避税活动。

4. 开展国际反避税合作

针对不断出现的国际避税新手段，各国应寻求更多的机会并采取多边的方式来达到交换信息的目的，并吸取欧盟、北欧和 OECD 征管合作的经验。同时，应重新审视信息交换上的法律和实践限制。例如，一直以来，一些国家存在的银行保密制度对税务机关获取银行信息构成了严重阻碍。政府也需要采取新的技术并更广泛地运用纳税人认证号码以使信息交换更及时。此外，要延伸联合审计的运用、同期检查和预约定价协议。

(二) 完善转让定价的税制立法

利用转让定价在跨国关联企业之间进行收入和费用的分配以及利润的转移，是跨国公司进行国际避税最常用的手段之一。不合理的转让定价不仅造成收入和费用不合理的国际分配，影响有关国家的切身利益，而且也影响资源的合理配置，有悖于公平的市场竞争原则。因此，各国为了加强对转让定价的监控，防止跨国关联企业的利润向境外转移，纷纷制定转让定价税制和相应的法律措施。

1. 转让定价税制的适用范围

转让定价税制适用于国内公司与国外关联公司间的商品交易、资产转让、提供劳务和贷款等行为，不适用于个人。转让定价税制不仅适用于国内母公司或子公司同它设立在国外的子公司或母公司之间的交易，而且也适用于形式上通过第三者中介而实质上是关联公司间的交易。税务机关对关联公司的关系进行全面确认，凡被认为是关联公司的，它们之间的交易价格，税务机关都有权进行调查，对非正常交易价格有权根据有关方法进行调整。

2. 转让定价税制的实施程序

各国对转让定价税制实施程序的规定都比较具体、详细和具有操作性。主要包括：①纳税申报程序；②实地调查程序；③对非关联第三者的调查程序；④海外调查程序；⑤国际情报交换程序；⑥与纳税人协调程序；⑦内部协商程序；⑧调查价格程序；⑨规定价格程序；⑩诉讼程序；⑪对等调整程序。这些基本程序的规定，使税务当局和纳税人都感到界限清楚，有章可循。

(三) 应对避税地避税的法规

应对避税地避税法规主要体现在反延期纳税或受控外国公司法规(简称CFC法规)方面。CFC法规主要处理本国居民控制的外国公司实体所取得并积累起来的所得。它假设作为股东，它们可以影响利润分配或汇回国内的政策。正常情况下，CFC法规只适用于外国公司，但有的国家把其扩展到外国常设机构(如法国)和信托公司(如澳大利亚、加拿大、南非)。在墨西哥，该规则适用于外国法承认的任何公司实体。通常，只有延期纳税的消极所得以及控股公司设在低税区的某些“基地公司”收入，才能成为反避税措施所要打击的对象。然而，也有一些国家，将CFC规则既用于积极收入，也用于消极收入(如新西兰、挪威、南非、瑞典)。

在现已制定了 CFC 规则的国家，对于什么是受控外国公司，应该如何征税，谁应该被征税，什么是 CFC 的应税收入等，各国都存在较大的差异，但这些规则大体构成了应对避税地避税法规的基本内容。

(四) 国际税收协定滥用的防范措施

第三国居民滥用其他两国之间的税收协定，主要是为了规避有关国家的预提所得税。目前，除了奥地利、芬兰等极少数国家以外，绝大多数国家都把滥用税收协定的行为视为一种不正当的行为，并主张加以制止。为了防止本国与他国签订的税收协定被第三国居民用于避税以及不把本国的税收优惠提供给企图避税的第三国居民，一些国家已开始采取防止税收协定被滥用的措施。具体措施如下。

1. 制定防止税收协定滥用的国内法规

目前，采取这种做法的国家主要是瑞士。瑞士规定自1999年1月起，纳税人如果用享受税收协定优惠后的所得向无资格享受协定优惠的法人或个人支付股息、利息、特许权使用费，最多不能超过这笔所得的50%。该规定主要是为了限制第三国居民在瑞士建立中介性机构，然后利用瑞士与其他国家签订的税收协定减轻预提税的税负。

2. 在双边税收协定中加进反滥用条款

为防范第三国居民滥用税收协定避税，可以在协定中加进一定的防范条款，具体有以下几种方法。①排除法，即在协定中注明协定提供的税收优惠不适用于某一类纳税人。②真实法，即规定不是出于真实的商业经营目的，只是单纯为了谋求税收协定优惠的纳税人，不得享受协定提供的税收优惠。③纳税义务法，即一个中介性质公司的所得如果在注册成立的国家没有纳税义务，则该公司不能享受税收协定的优惠。④受益所有人法，即规定协定提供的税收优惠的最终受益人必须是真正的协定国居民，第三国居民不能借助在协定国成立的居民公司而从协定中受益。⑤渠道法，即如果缔约国的居民将所得的很大一部分以利息、股息、特许权使用费的形式支付给一个第三国居民，则这笔所得不能享受税收协定提供的预提税优惠。渠道法主要是限制第三国的居民公司在缔约国一方建立居民公司并利用两国缔结的税收协定规避预提税。⑥禁止法，即不与被认为是国际避税地的国家(地区)缔结税收协定，以防止跨国公司在避税地组建公司作为其国际避税活动的中介性机构。

3. 严格对协定受益人资格的审查程序

美国于1997年规定，其非居民如果要就其来源于美国的所得享受预提所得税的协定减免，必须先申请并由美国税务局鉴定其缔约国居民的身份。加拿大、比利时、瑞士、阿根廷等国也有类似的规定。

(五) 限制资本弱化法规

资本弱化又称资本隐藏、股份隐藏或收益抽取，是指跨国公司为了减少税额，采取贷款方式替代募股方式进行投资或融资。由于大多数国家在公司(法人)所得税法的规定中允许将借款利息支出作为财务费用进行税前扣除，之后再进行纳税，而对于股息、红利的投资所得必须以税后利润进行分配，所以，采取贷款方式筹资进而以利息方式对债权方进行回报，还是采取股权方式融资进而以股息、红利方式对投资者进行回报，对公司(法人)的税收负担影响很大。当跨国公司考虑跨国投资并须确定新建企业的资本结构时，其往往会通过在贷款和发行股票之间的选择，来达到使税收负担最小化的目的。资本弱化税制是西方国家系列化反避税税制的又一重要组成部分。

防范资本弱化有以下两种主要方法。①正常交易方法，即在确定贷款或募股时，要看关联方的贷款条件是否与非关联方的贷款条件相同；如果不同，则关联方的贷款可能被视为隐蔽的募股，要按有关法规对利息征税。②固定比率方法(设置安全港)。如果公司资本结构比率超过特定的债务权益率，则超过的利息不允许税前扣除，并对超过的利息视同股息征税。

(六) 限制避税性移居

跨国纳税人进行国际避税的手段之一，是从高税国移居到低税国或避税地，以摆脱高税国的居民身份，免除向高税国政府负有的无限纳税义务。另外，纳税人移居到低税国或避税地，还可以规避过去居住在高税国时取得的资本利得应缴纳的税收。为了防范本国居民出于避税目的而向国外移居，一些国家(主要是发达国家)采取了一些立法措施，对自然人或法人居民向国外移居加以限制。

1. 限制自然人移居的措施

一些发达国家(过去这些国家的个人所得税税率往往很高)在立法上采取了有条件地延续本国对外移居者履行无限纳税义务的做法。对于虚假移居的行为，一些国家也采取了严厉的限制。例如，瑞典1966年实施的《市政税法》规定，一个瑞典公民在移居到别国后的3年内，一般仍被认定为瑞典税收上的居民，仍要在瑞典负无限纳税义务，除非他(她)能够证明自己与瑞典不再有任何实质性联系，而且在这3年中证明自己与瑞典无实质性联系的举证责任由纳税人个人承担。此外，为了防止人们用临时移居、压缩居留时间的办法躲避本国的居民身份，许多国家都规定对纳税人中途临时离境不扣减其在本国的居住天数，即纳税人临时离境的天数仍要计入其居留天数。例如，我国税法规定，纳税人在一个纳税年度中在我国境内居住满183日的，要就从我国境内和境外取得的所得缴纳个人所得税；临时离境一次不超过30天，或多次累计不超过90天的，不扣减在我国居住的天数。

2. 限制法人移居的措施

各国判定法人居民身份的标准不同，限制法人移居的措施也就不同。一般而言，在一个同时以注册地标准和管理机构所在地标准判定法人居民身份的国家，法人移居他国相对来说比较困难，因为无论公司法人的注册地在该国，还是管理机构在该国，该国都可以认定其为本国的法人居民。所以，目前大多数发达国家都同时采用这两个标准判定法人的居民身份。如果一国采用注册地标准判定法人居民身份，则该国的居民公司若要移居他国，只能在本国注销而改在他国重新注册。为了防止本国的居民公司迁移到低税国，许多国家(如美国、英国、爱尔兰、加拿大等)规定，如果本国居民公司改在他国注册或总机构、有效管理机构移到国外从而不再属于本国居民公司时，该公司必须进行清算，其资产视同销售后取得的资本利得，要在本国缴纳所得税。美国《国内收入法典》规定，本国居民公司若要在清理后并入外国居民公司，必须在183天内向税务局证明该公司向外转移没有规避美国税收的意图，否则公司向国外转移将受到法律的限制。

(七) 限制利用改变公司组织形式避税

适时改变国外附属机构的组织形式是跨国公司国际避税的方式之一，即当国外分公司开始盈利时，即将其重组为子公司。为了防止跨国公司利用这种方式避税，一些国家在法律上也采取了一些防范性措施，如美国税法规定，外国分公司改为子公司以后，分公司过去的亏损所冲减的总公司利润必须重新计算清楚，并就这部分被国外分公司亏损冲减的利润进行补税。

(八) 加强防范国际避税的行政管理

为了有效地防止跨国纳税人进行国际避税的行为，除了要有相应的立法手段以外，还必须加强反避税工作的行政管理，主要包括：①加强本国的税务行政管理，严格实施各项反避税的法规，采取的措施主要有加强纳税申报制度、把举证责任转移给纳税人、加强税务调查和税务审计以及与银行的密切合作；②积极开展反避税的国际税务合作，各国除了以单边方式加强国内反避税的立法和行政措施外，还采取了双边或多边国际合作的形式，加强国际税收情报交换。

第五节　国际税收协定

国际税收协定，是指两个或两个以上主权国家，为了协调相互间的税收分配关系和解决重复征税问题，经对等协商和谈判所缔结的一种书面协议或条约。这种协议或条约一般须经缔约国立法机构批准，并通过外交途径交换批准文件后方能生效。在协定全部有效期间，缔约国各方必须对协定中的一切条款承担义务。在有效期满后，缔约国任何一方经由外交途径发出中止通知，该协定即失效。随着国际交往的日益频繁和深入发展，国际税收问题也随之增多。为了消除国际重复征税，加强国家之间的税收征管合作以及协调各国间的税收分配关系，缔结国际税收协定十分必要。

一、国际税收协定的两个范本

自国际税收协定产生以来，在国际上影响最大的《经合发组织范本》和《联合国范本》确实起到了国际税收协定的样板作用，绝大多数国家对外谈签避免双重征税税收协定都是以这两个范本为依据，其中发展中国家多以《联合国范本》为依据。

(一)《经合发组织范本》简介

1961 年 9 月，经济合作组织更改为经济合作与发展组织(简称为经合发组织或 OECD)。1963年，该组织首次公布了《关于对所得和财产避免双重征税的协定范本》草案，简称《经合发组织范本》或《OECD 范本》。该范本草案以 1946 年范本为主要参考材料，并结合有关国家谈判和签订双边税收协定的实践起草而成的。

《经合发组织范本》草案有两个基本前提：①居住国应通过抵免法或免税法消除双重征税；②来源国应力求缩减收入来源地管辖权的征税范围，并且大幅度地降低税率。1967年，经合发组织财政委员会(1971年改为“财政事务委员会”)开始修订1963年的范本草案，并于1977年发表了该草案的修订范本。虽然该范本比较强调居民管辖权，对地域管辖权有所限制，但由于经合发组织成员国经济实力比较接近，资金、技术等基本均衡，所以此范本易为这些经济发达国家所接受，具有广泛的国际影响。

《经合发组织范本》(1977年)对于指导国际税收协定的签订发挥了重要作用，但在实践中也逐渐显露出许多不足之处，为此经合发组织又在长期调研的基础上于1992年提出了税收协定新范本，更名为《经济合作与发展组织关于避免对所得和财产双重征税的协定范本》，此后又对新范本进行了多次修改。2003年，《经合发组织范本》在条款和注释方面又做了令人瞩目的改动，主要增加了征税协助条款、转让股份产生的财产收益的征税问题条款、有关反有害税收竞争的条款以及有关电子商务的征税规则等内容。

(二)《联合国范本》简介

由于《经合发组织范本》倾向于发达国家的利益，而发展中国家很难据此维护自己的利益，因而广大发展中国家迫切要求制定一个能反映其本身利益的国际税收协定范本。为此，联合国经济与社会理事会于1967年8月专门成立了一个由发达国家与发展中国家代表组成的专家小组，组织起草发达国家与发展中国家间的税收协定范本。在专家小组的第七次会议上，专家们以《经合发组织范本》为样本，提出《发达国家与发展中国家间关于税收协定的指南》。1977年，专家小组进一步把这个指南修改成附有注释的协定范本，即《联合国关于发达国家与发展中国家间避免双重征税的协定范本(草案)》，简称为《联合国范本》或《UN 范本》。1979年12月，专家小组第八次全体会议重新审查并通过了这个范本草案，将其作为联合国用于协调发达国家与发展中国家税务关系的正式参考文件。

2001年发布的《联合国范本》新版本，为1980年出版以来首次修订，主要在居民条款、常设机构条款、联属企业条款、财产所得条款和独立个人劳务条款等5个方面做了修改。

(三) 两个国际税收协定范本的比较

《联合国范本》虽在总体结构上与《经合发组织范本》基本一致，但它们之间存在着重要的差异，主要表现在：《联合国范本》较为注重扩大收入来源国的税收管辖权，主要目的在于促进发达国家和发展中国家之间双边税收协定的签订，同时也促进发展中国家相互间双边税收协定的签订；而《经合发组织范本》虽然在某些特殊方面承认收入来源国的优先征税权，但其主导思想所强调的是居民管辖权原则，主要是为了促进经合组织成员国之间双边税收协定的签订。

二、国际税收协定的目标和主要内容

国际税收协定的目标，首先是要妥善处理国家之间的双重征税问题，这也是国际税收协定的基本任务，各类协定的主要条款内容都是围绕解决这一问题而订立的，即通过采取一定的措施(如免税法、抵免法等)来有效地处理对跨国所得和一般财产价值的双重征税问题；其次是要实行平等负担的原则，取消税收差别待遇；最后是要互相交换税收情报，防止或减少国际避税和国际偷逃税。

国际税收协定的主要内容如下。

(一) 协定适用范围

国际税收协定必须首先明确其适用范围，包括缔约国双方或各方的人和税种的范围。这是协定执行的前提条件。

鉴于世界上绝大多数国家按照属人主义所确立的税收管辖权都是采取户籍标准，因此，国际税收协定都把适用的纳税人限制在缔约国一方或同时为双方居民这个范围以内。但对于少数采取法律标准的国家，一般可在协定所附的议定书中申明，保留对其公民征税的权力。对于协定适用税种的范围，税收协定通常都限于能够足以引起缔约国各方税收管辖权交叉的，属于所得税或一般财产税类的税种。只要属于这两类税种，并不论课税主权是缔约国各方的中央政府还是地方政府，也不论其征收方式是源泉课征还是综合课征，都可按照协定的有关条款执行。但为明确起见，协定对税种的适用范围，除上述的原则性条款外，还要列出缔约国各方国内税法规定并现行征收的有关所得税和一般财产税的各税种。

(二) 基本用语的定义

对于在税收协定各条款中经常出现的基本用语的定义，必须经过缔约国各方协议，在协定内容中引入专门条款加以明确，以保证对协定的正确理解和执行。这些基本用语主要有“人”“公司”“缔约国一方企业”“缔约国另一方企业”“国际运输”“主管当局”以及“居民”“常设机构”等，对未下定义的用语，则按各国税法的规定解释。

(三) 对所得和财产的课税

根据各类所得和一般财产价值的不同性质，对缔约国各方行使居民管辖权和收入来源地管辖权的范围分别做出对等的约束性规定，是国际税收协定的主要内容之一。

通常只有对所得和一般财产价值的征税才会引起国际重复征税问题。但是，由于所得和一般财产价值的种类繁杂，特别是各国对所得的理解不同，对每一种所得征税的办法也不尽相同。所以，各缔约国在协定中必须明确各方都认可的所得的概念以及各类所得的内容和范围，避免在执行协定时发生争议。在国际税收协定中，国际认可的所得主要有经营所得、劳务所得、投资所得和财产所得四大类。其中，经营所得(营业利润)是税收协定处理重复征税问题的重点项目，所以，一般在协定中单独规定对常设机构营业利润的归属问题的解决，确定哪些营业利润可以归属常设机构，哪些利润应归属于总机构。

由于双重征税主要是由各国政府同时行使居民(公司)和收入来源地税收管辖权引起的，所以，为避免国际双重征税，必须在协定中明确各缔约国行使税收管辖权的范围，以协调缔约国之间的税收管辖权。首先，从地理和人员概念上明确各缔约国行使税收管辖权的领域范围，一般明确为缔约国各方有效行使其税收法令的所有领域；其次，协定中也要确认在上述范围内，对哪些所得允许优先行使来源地管辖权，对哪些所得限制行使来源地管辖权等问题。

(四) 避免双重征税的办法

国际双重征税的免除，是签订国际税收协定的重要内容，也是国际税收协定的首要任务。缔约国各方对避免或免除国际双重征税所采取的方法和条件，以及同意给予饶让抵免的范围和程度，都必须要在协定中明确规定，而不论缔约国各方在其国内税法中有无免除重复征税方法的规定。一般的方法有免税法、抵免法等，使用哪种方法要在协定中明确，并保持双方协调一致。

如 2014 年 11 月 15 日生效并自 2015 年 1 月 1 日起执行的《中华人民共和国政府和瑞士联邦委员会对所得和财产避免双重征税的协定》，就是针对所得和财产避免双重征税的协定。

(五) 税收无差别待遇

税收无差别待遇是税收协定内容中特别规定的一项。根据平等互利原则，在缔约国的国内税收上，一方应保障另一方国民享受到与本国国民相同的待遇，包括国籍无差别、常设机构无差别、支付无差别、资本无差别等待遇。税收无差别待遇反对任何形式的税收歧视，它是谈签税收协定所要达到的目标之一，也是处理国家间税务关系的一项重要原则。

(六) 防止国际偷漏税和国际避税

避免或防止国家间的偷税、逃税和避税，是国际税收协定的主要内容之一。其采取的措施主要有情报交换和转让定价。

相互交换税收情报，包括交换为实施协定所需情报，与协定有关税种的国内法律资料，防止税收欺诈、偷税、漏税以及反国际避税的情报等，这是绝大多数国家之间签订税收协定中的一项特别规定条款，对于防止国际避税和逃税具有十分重要的意义，许多国家的税务当局把它看作“协定中的协定”。就情报交换方式而言，分日常情报交换与专门情报交换两种。日常情报交换是缔约国各方定期交换从事国际经济活动的纳税人的收入和经济往来资料，通过这种情报交换，缔约国各方可以了解跨国纳税人在收入和经济往来方面的变化，以正确核定应税所得。专门情报交换是由缔约国一方提出需要调查核实的内容，由另一方帮助调查核实。

为了防止和限制国际避税，缔约国各方必须密切配合、协调一致，并在协定中确定各方都同意的转让定价方法，一般都规定关联企业之间的转让定价以当地市场价格为标准，以避免跨国纳税人利用不合理的价格转移利润、逃避税收。

本章小结

1. 国际税收，是指两个或两个以上的主权国家或地区，各自基于其课税主权，在对跨国纳税人进行分别课税而形成的征纳关系中所发生的国家与国家之间的税收分配关系。

2. 税收管辖权是一国政府在征税方面的主权，它表现在一国政府有权决定对哪些人征税、征哪些税以及征多少税等方面。税收管辖权划分原则有属地原则和属人原则两种。目前，世界上的税收管辖权大致可以分为 3 类：居民管辖权、公民管辖权和地域管辖权。

3. 判定自然人居民身份的标准主要有：住所标准、居所标准和停留时间标准。法人居民身份的判定标准包括：注册地标准(又称法律标准)、管理机构所在地标准(管理和控制地标准)、总机构所在地标准、选举权控制标准。判定经营所得的来源地的主要标准有：常设机构标准和交易地点标准。

4. 国际重复征税，是指两个或两个以上的国家，在同一时期内对同一纳税人或不同纳税人的同一课税对象征收相同或类似的税收。国际重复征税产生的原因有：居民(公民)管辖权同地域管辖权重叠下的国际重复征税、居民(公民)管辖权与居民(公民)管辖权重叠下的国际重复征税、地域管辖权与地域管辖权重叠下的国际重复征税。

5. 针对不同税收管辖权重叠所造成的所得国际重复征税的减除方法，包括扣除法、低税法、免税法和抵免法等。各国的涉外税法和国际税收协定中，处理国际重复征税问题所采用的具体方法主要有免税法和抵免法两种，其中抵免法是普遍采用的方法。

6. 国际避税，是指纳税人利用两个或两个以上国家的税法和国家间的税收协定的漏洞、特例和缺陷，规避或减轻其全球总纳税义务的行为。国际避税的表现形式多种多样，它们可以通过迁出或虚假迁出或不迁出高税国，进行人员流动，以避免税收管辖，实现国际避税；通过把资金、货物或劳务转移或不转移出高税国，进行课税客体的流动，以实现国际避税；利用有关国家或国际税收协定关于避免国际重复征税的方法进行避税；利用国际避税地进行避税等。

7. 国际反避税的措施包括：在税法中制定反避税条款，完善转让定价的税制立法、应对避税地避税的法规、防范国际税收协定滥用、限制资本弱化法规、限制避税性移居等。

8. 在国际上影响最大的《经合发组织范本》和《联合国范本》确实起到了国际税收协定的样板作用，绝大多数国家对外谈签避免双重征税税收协定都是以这两个范本为依据的，其中发展中国家多以《联合国范本》为依据。

课后习题

一、选择题

1. 国际税收的本质是(　　)。

A. 涉外税收　　B. 对外国居民征税

C. 国家之间的税收关系　　D. 国际组织对各国居民征税

2. 税收管辖权是(　　)的重要组成部分。

A. 税收管理权　　B. 税收管理体制　　C. 国家主权　　D. 财政管理体制

3. 中国香港地区行使的所得税税收管辖权是(　　)。

A. 单一居民管辖权　　B. 单一地域管辖权

C. 居民管辖权和地域管辖权　　D. 以上都不对

4. 法人居民身份的判定标准有(　　)。

A. 注册地标准　　B. 管理和控制地标准

C. 总机构所在地标准　　D. 选举权控制标准

二、判断题

1. 抵免法和免税法能够消除国际重复征税，但其他方法也能够减轻国际重复征税。　(　　)

2. 我国对外商投资企业纳税人居民身份的判定标准是注册登记地和总机构所在地标准。　(　　)

3. 具有无限纳税义务的纳税人是指该纳税人需要永远缴纳税款。　(　)
4. 居民管辖权与居民管辖权的交叉重叠是造成国际重复征税的主要原因。　(　)

三、计算题

甲国的A公司在乙国设立了一家分公司，该分公司在2020年度获得利润400万美元，乙国的公司所得税的税率为20%；A公司的该年度国内盈利额为100万美元，国内的公司所得税税率为25%。根据上述资料计算A公司在每个国家的纳税额。

四、名词概念

1. 国际税收　2. 税收管辖权　3. 居民管辖权　4. 地域管辖权
5. 国际重复征税　6. 抵免法　7. 国际避税　8. 国际税收协定

五、问答题

1. 简述国际重复征税的原因及影响。
2. 简述国际重复征税的消除方法。
3. 简述国际避税的主要手段。
4. 简述国际反避税的措施。
5. 国际税收协定有哪些主要内容?
6.《经合发组织范本》和《联合国范本》的主要区别有哪些?

案 例 分 析

案例一　2020年世界税收十件大事公布　在抗疫中增进合作成主基调

在刚结束的2020年，世界税收领域都发生了哪些大事？2021年1月6日，中国国际税收研究会、中国税务杂志社和中国税务报社联合发布“2020年世界税收十件大事”，总结了过去一年国际税收发展新闻焦点和重大事件。

这十件大事包括:

(1) 世界最大自由贸易协定《区域全面经济伙伴关系协定》(RCEP)正式签署;

(2) “一带一路”税收征管合作机制理事会发布《“一带一路”税收征管合作机制信息化线上高级别会议联合声明》;

(3) 《国际税收评论》专题介绍中国税务部门助力疫情防控和经济社会发展举措;

(4) 经济合作与发展组织(OECD)发布应对经济数字化税收挑战“双支柱”方案蓝图文件;

(5) 税收征管论坛大会(FTA)提出税务管理数字化转型愿景;

(6) 英国与欧盟达成脱欧贸易协议;

(7) 联合国、世界银行等四大国际组织的税收合作平台建立专门网站发布各国新冠肺炎疫情应对措施;

(8) 经济合作与发展组织(OECD)发布专门针对金融交易的转让定价指南;

(9) 欧盟法院撤销欧盟委员会关于苹果公司向爱尔兰补缴130亿欧元税款的裁定;

(10) 俄罗斯个人所得税实行2档累进税率。

中国国际税收研究会会长张志勇认为，2020 年的不平凡在于疫情突发后的此起彼伏和全球性的共克时艰。在战疫中守护生命、统筹疫情防控的同时，为经济实体存续和回稳复苏不断注入财税政策支持，是各国根据自身情况在不同程度上的相同举措。

“在此背景下，中国积极推动国际领域的政策借鉴与协调，展现负责任大国的责任与担当，跨国税收征管合作得以持续彰显。2020 年世界税收十件大事中的多个大事件无疑共同表达着在抗疫中增进合作，构建人类命运共同体的主基调。”张志勇表示。

全球国际税收界最具影响力的杂志《国际税收评论》(*Internationa Tax Review*)撰文专题介绍中国税务部门助力新冠肺炎疫情防控和经济社会发展举措，向世界分享中国税务方案。

“2020 年，中国税务部门采取多项措施，支持新冠肺炎疫情防控和经济社会发展。”中国税务报社社长付树林介绍：2020 年 1 月—11 月，全国累计办理主要涉税业务中，“非接触式”办理的占比近 9 成，纳税人、缴费人对网上办税缴费的满意度达 97.3%，“非接触式”办税缴费成为常态。2020 年 1 月—11 月，2020 年出台的支持疫情防控和经济社会发展税费优惠政策新增减税降费 16 408 亿元，服务“六稳”“六保”大局。

“中国税收管理信息化正在为世界做出更大贡献。”东北财经大学教授马国强认为，中国税收管理信息化既是世界税收管理信息化的组成部分，也是世界税收管理信息化的推动力量。2020 年中国推出“非接触式”办税方案，既是税收管理信息化的必然结果，也为各国疫情时期信息化税收管理发挥了示范性作用。

中国社会科学院大学副校长张斌认为，2020 年，在新冠肺炎疫情冲击下，世界主要国家都将税收减免措施作为财政纾困政策的重要政策工具。同时，数字经济对税收的影响进一步显现，在 OECD 发布双支柱方案蓝图文件的同时，税收征管论坛大会(FTA)提出了税务管理数字化转型愿景。此外，“一带一路”税收征管合作、RCEP 的正式签署、英国脱欧等事件体现了经济全球化的最新态势。

“十件大事涉疫占四，在全球常态化疫情防控情势下，我们可以清晰看出今天国际税收合作的脉动和趋向。”张志勇分析：2020 年上半年，《国际税收评论》关于中国税务助力疫情防控和经济社会发展之举的介绍，一定意义上对全球具有借鉴性和示范性。

随后，联合国、世界银行等四大国际组织的税收合作平台成立专门网站向各国介绍新冠疫情应对措施，此举形成连锁效应，“疫情专栏”在国际组织网站全面开花。

2020 年年中，“一带一路”税收征管合作突出“同心抗疫，共克时艰”主题，是对国际税收助力战疫的深切回应；2020 年年末，税收征管论坛大会议题在聚焦税务管理数字化转型愿景的同时，大会公报声明强调新冠肺炎疫情防控常态化背景下的多边合作。

(资料来源：国家税务总局官网，http://www.chinatax.gov.cn/chinatax/n810219/n810724/c5160556/content.html.)

问题：

1. 处理国际税收问题的常规做法是什么？
2. 十件大事中涉及中国的有哪些？

案例二　与历史同行　中国国际税收彰显大国税务风采

从“加快形成更高水平对外开放新格局”到“推动形成全面开放新格局”，党的十八大以来，我国对外开放的大门越开越大。

以此为契机，国家税务总局积极构建与我国对外开放新格局相适应的国际税收治理体系，对内升级完善中国国际税收制度和征管体制，对外深度参与全球税收合作，不断在全球税收治理的舞台上提供卓有成效的“中国方案”，发出铿锵有力的“中国声音”。

打造国际税收升级版，护航大国经济

商务部统计数据显示，2018 年全年，我国全行业对外直接投资 1 298.3 亿美元，在全球投资下降背景下，同比增长 4.2%；全国新设立外商投资企业 60 533 家，同比增长 69.8%，实际使用外资 8 856.1 亿元人民币，创历史新高。

傲人的数字背后，中国国际税收的保驾护航作用不可或缺。

党的十八大以来，习近平总书记多次就做好国际税收工作发表重要讲话、做出重要指示。闻令必动，中国的国际税收治理从此开始书写新篇章。

2013 年，全国税务工作会议明确了新时期国际税收工作重点，提出国际税收工作要“一年上一个台阶、三年有一个明显变化”的目标。

2014 年，税务总局明确要打造国际税收升级版，提出职能定位完整、法律体系完备、管理体制健全、管理手段先进、组织保障有力、国际地位提升六大标准。

2015 年，中央批准实施《深化国税、地税征管体制改革方案》，国际税收成为税收改革的六大任务之一，为新时期国际税收工作明确了方向和重点。

6 年来，我国税务部门统筹国内国际两个大局，夯基垒台、立柱架梁，不断推动国际税收工作向纵深发展，全方位护航大国经济。

为服务“一带一路”建设等国家战略，给企业“走出去”提供保障，自 2015 年起，税务总局建立了国别税收信息研究工作机制，集中优势资源，研究“一带一路”沿线国家以及我国“走出去”纳税人主要投资目的地的税制，发布国别投资税收指南。截至目前，已在税务总局官方网站发布针对 90 个国家(地区)的税收指南，基本覆盖了“一带一路”建设主要参与国家和地区。

“可以说，‘走出去’企业已经有了应对境外税收问题的‘大辞典’。”税务总局国际税务司相关负责人表示。

为给“引进来”企业提供专业税收指引，2016 年 1 月，税务总局专门成立 12366 上海国际纳税服务中心，开通 12366 双语网站和 12366 双语咨询热线，为国内外纳税人提供中英文专业税收咨询、办税指引等服务。

为提高税收确定性，帮助跨国投资者降低投资东道国税负，税务总局花大力气与其他国家和地区进行税收协定、协议和安排的谈签，并自 2010 年 12 月起每年以中英文形式对外发布《中国预约定价安排年度报告》。

截至目前，我国已对外正式签署 107 个避免双重征税协定，此外，还签署了 3 个多边税收条约和 10 个税收情报交换协定。内地与中国香港、中国澳门两个特别行政区签署了税收安排，大陆与中国台湾地区签署了税收协议。税收协定网络持续优化升级。

为有效解决国际税收争议，2015 年 1 月，税务总局国际税务司成立境外税务处，专门从事“走出去”纳税人的税收服务和管理工作；2016 年，税务总局决定向我国驻主要国家使(领)馆派驻税务工作人员；成立反避税磋商部门，专司双边磋商。仅 2015 年—2017 年，税务部门就利用税收协定下的相互磋商机制，开展双边税收磋商 211 例，为“走出去”和“引进来”企业消除重复征税 128.78 亿元。

为鼓励外商投资，促进出口，推动经济平稳增长，中国税务部门不断有针对性地完善相关税收制度，2018 年 9 月将再投资递延纳税政策适用范围进一步扩大至非限制类项目；对境外机构投资境内债券市场取得的债券利息收入暂免征收企业所得税和增值税；提高了部分产品出口退税率，进一步完善出口退税政策，加快出口退税进度。

多措并举之下，中国国际税收发展成果丰硕。

在 2016 年 5 月 11 日—13 日召开的第十届税收征管论坛(FTA)大会上，参会各方都了解到了中国不断优化升级的税收征管现状。

“通过此次 FTA 大会，中国向世界传递了负责任的大国形象、锐意改革与健康发展的中国形象。”此次大会取得的成果，让国家税务总局局长王军充满了自豪。

主动登上国际舞台唱响“中国声音”，展现大国担当

2019 年 4 月 18 日，全球税收领域把关注的焦点投向中国乌镇。这一天，中国作为东道主主导召开了首届“一带一路”税收征管合作论坛。

来自 85 个国家(地区)的税务部门、16 个国际组织以及多家学术机构和跨国企业的 350 余名代表出席论坛，在中国税务部门的倡议下，建立了“一带一路”税收征管合作机制，成功开启了“一带一路”国家(地区)税收合作的新时代。

“中国声音”再一次唱响在国际舞台。

时间回溯到几年前，风云激荡的世界舞台，呼唤价值引领；气象万千的东方大国，不忘共同责任。

2013 年 9 月，G20 圣彼得堡峰会批准启动以 BEPS 为主要内容的新世纪国际税收规则重塑，习近平主席庄严承诺：“中国愿为健全国际税收治理机制尽一份力。”

“加强全球税收合作，打击国际逃避税，帮助发展中国家和低收入国家提高税收征管能力。”2014 年 11 月，国家主席习近平在澳大利亚布里斯班 G20 峰会上，首次描绘了我国税收工作在全球税收领域的坐标和方向。

我国税务部门开始积极主动走向国际舞台中央，努力为广大发展中国家权益发声，逐步成为经济合作与发展组织(OECD)税收政策与管理中心主任帕斯卡眼中的“国际税收大家庭不可或缺的重要成员”。

积极作为，提升国际税收规则“话语权”

我国作为 G20 成员国，先后提出了“修改数字经济税收规则”“利润在经济活动发生地和价值创造地征税”等 1 000 多项立场声明和意见建议，成功地将以我国为代表的发展中国家的观点和理念渗透到 BEPS 行动计划成果之中。

税务总局还积极参与《联合国发展中国家转让定价手册》修订工作，提出“成本节约、市场溢价”等创新性的观点和主张，维护我国及其他发展中国家利益。

此外，在《OECD 税收协定范本》《联合国税收协定范本》《金融账户涉税信息自动交换标准》等国际税收新规则中，也时常可见“中国身影”，听到“中国声音”。

秉持开放发展的理念，中国税务部门在全球税收治理的舞台上不断贡献“中国智慧”、分享“中国经验”，慢慢从国际税收既有规则的接受者，成长为国际税收新规则制定的参与者、引领者。

维护秩序，营造公平、公正的国际税收环境

2017 年 6 月 7 日，一个值得被税收协定发展史铭记的日子。

这一天，国家税务总局局长王军代表中国政府签署了第一份在全球范围内协调跨境投资所得税收政策的多边法律文件——《实施税收协定相关措施以防止税基侵蚀和利润转移(BEPS)的多边公约》。

作为《公约》特别工作组第一副主席国，中国为营造公平、公正的国际税收环境，推动《公约》的制定做出了重要贡献。

“在中国等 G20 国家的共同努力下，税收领域的国际合作空前发展。中国在调整银行保密规则、应对跨国公司税收问题的 BEPS、税收征管论坛等领域发挥了领导作用，是 OECD 的重要伙伴。”OECD 税收政策与管理中心主任帕斯卡如此评价道。

主动担当，帮助发展中国家提高税收征管能力

2016 年 3 月 14 日，OECD 与中国国家税务总局共同建立的首个位于非 OECD 国家的多边税务中心在税务总局税务干部进修学院正式挂牌启动。

2019 年，在北京和扬州设立了“一带一路”税务学院。

在全球税收治理体系建设中，中国充分展现出稳健、成熟的大国气度，搭建了一个又一个帮助发展中国家加强税收征管能力建设的平台。

据统计，2015 年以来，中国税务部门通过多种渠道为超过 60 个发展中国家近 800 名税务官员举办了 40 余期税收业务培训班。

法国艾克斯 - 马赛大学欧亚研究所所长金邦贵说，中国创造性地利用国际国内两方面资源，积极致力于帮助发展中国家提高税收征管能力，通过分享“中国经验”促进民心相通，让更多发展中国家搭上中国税改的“东方快车”。

向东看，日益成为世界目光的一个习惯性视角，中国的风景正在为越来越多的国家所憧憬。环顾世界，也让中国发现了差距、找到了不足。站在历史大变局的关口，焕然一新的中国税务，将继续不辱使命、砥砺前行，书写好世界税务的“中国答卷”，在世界舞台展现更多的“中国智慧”“中国方案”和“中国力量”。

(资料来源：国家税务总局官网，http://www.chinatax.gov.cn/chinatax/n810219/n810724/c5139564/content.html)

问题：

1. 近年中国国际税收取得的成就体现在哪些方面？
2. 围绕“一带一路”开展的国际税收合作有哪些？

课后习题参考答案

第一章

一、选择题

1. ABC　2. ABCD　3. ABC　4. B　5. CE　6. B

二、判断题

1. ×　2. √　3. ×　4. ×

注：其他类型题答案略去，请参见教材。

第二章

一、选择题

1. C　2. D　3. A　4. D　5. B
6. C　7. C　8. B　9. D　10. A
11. AE　12. BE　13. BD　14. BCE　15. ABD

二、判断题

1. ×　2. ×　3. ×　4. √　5. ×
6. √　7. ×　8. √　9. √　10. ×

注：其他类型题答案略去，请参见教材。

第三章

一、选择题

1. B　2. BD　3. AD　4. ABCD　5. AB　6. A

二、判断题

1. ×　2. √　3. ×　4. √　5. ×

注：其他类型题答案略去，请参见教材。

第四章

一、选择题

1. AD　2. ACD　3. BC　4. A　5. C

二、判断题

1. ×　2. √　3. ×　4. ×

注：其他类型题答案略去，请参见教材。

第五章

一、选择题

1. AC　2. ABC　3. B　4. D　5. C

二、判断题

1. ×　2. ×　3. √　4. √　5. ×

注：其他类型题答案略去，请参见教材。

第六章

一、选择题

1. A　2. C　3. A　4. A　5. A　6. D
7. A　8. C　9. D　10. ABCD　11. BCD　12. ABD
13. ACD　14. AB　15. ABC　16. ABC　17. D　18. ABD

二、判断题

1. ×　2. √　3. √　4. √　5. √　6. ×
7. ×

三、计算题

1. (1) 当月购货进项税额＝26＋3×10%＝26.3(万元)
   (2) 当月销售货物的销项税额＝65(万元)
   (3) 加工礼品进项税额＝8×13%＝1.04(万元)
   赠送礼品视同销售，销项税额＝10×13%＝1.3(万元)
   当月应纳增值税额＝(65＋1.3)－(26.3＋1.04)＝38.96(万元)
2. (1) 受托方应代收代缴的消费税=(8+1)÷(1−30%)×30%=3.86(万元)
   (2) 卷烟厂销售烟丝应纳的消费税=7×30%−3.86×50%=0.17(万元)
   卷烟厂销售卷烟应纳的从量消费税=40×150=6000 元=0.6(万元)

卷烟厂销售卷烟应纳的从价消费税=60×36%=21.6(万元)

卷烟厂销售卷烟应纳的消费税=0.6+21.6-3.86×50%=20.27(万元)

卷烟厂合计应纳的消费税=20.27+0.17=20.44(万元)

注：其他类型题答案略去，请参见教材。

第七章

一、选择题

1. ABCD　2. AB　3. CD　4. ABCD　5. A　6. D
7. ABC　8. ABCD　9. B　10. ABCD　11. A　12. B

二、判断题

1. ×　2. ×　3. ×　4. ×　5. ×　6. ×
7. ×　8. ×　9. ×　10. √

三、计算题

1. 从 2015 年开始纳税。
   2015 年：(25－5)×25%＝5(万元)
   2016 年：40×25%＝10(万元)
   2017 年：30×25%＝7.5(万元)
2. 陈先生的所得均为综合所得项目。
   全年应纳税所得额＝12 500×12+4 200×(1－20%)×70%+25 000×(1－20%)×70%+30 000+2 000×4－60 000－12 500×26%×12－3 000－2 000＝100 352(元)
   全年应纳税额＝100 352×10%－2 520＝7 515.2(元)

注：其他类型题答案略去，请参见教材。

第八章

一、选择题

1. D　2. B　3. C　4. A　5. D　6. ABC　7. CE

二、判断题

1. √　2. ×　3. ×　4. ×　5. √　6. ×　7. ×　8. √

三、计算题

1. 100×12%＝12(万元)
2. (800－500)×3%＝9(万元)

注：其他类型题答案略去，请参见教材。

第九章

一、选择题

1. A　2. D　3. AC　4. D　5. A　6. D
7. D　8. D　9. ABCD　10. B　11. ABCD　12. ABCD

二、判断题

1. ×　2. ×　3. ×　4. ×　5. √　6. √　7. ×
8. ×　9. ×　10. √　11. ×

三、计算题

1. (1) 200 万元×3‱=600(元)
   (2) 100 万元×3‱=300(元)
   (3) 50 万元×3‱=150(元)
   (4) 免税
   (5) (1 000 万元+200 万元)×2.5‱=3 000(元)
2. (30 000+5 000)×3 000×6%=54 900 000(元)

注：其他类型题答案略去，请参见教材。

第十章

一、选择题

1. ABC　2. ADE　3. A　4. C　5. B
6. C　7. C　8. D　9. ABC　10. B

二、判断题

1. ×　2. ×　3. ×　4. √　5. ×

注：其他类型题答案略去，请参见教材。

第十一章

一、选择题

1. C　2. A　3. B　4. A　5. D
6. ABCDE　7. ABCD　8. AB　9. ABC　10. AB

二、判断题

1. √　2. √　3. √　4. ×　5. √

注：其他类型题答案略去，请参见教材。

第十二章

一、选择题

1. ABC　2. ABCD　3. ABC　4. AC　5. BD　6. BC

二、判断题

1. ×　2. ×　3. √　4. ×　5. √　6. ×　7. ×　8. ×

注：其他类型题答案略去，请参见教材。

第十三章

一、选择题

1. C　2. C　3. B　4. ABCD

二、判断题

1. √　2. ×　3. ×　4. ×

三、计算题

本题属于总分公司之间的直接抵免问题，关键是确认外国税收抵免限额。

(1) 计算乙国所得税税款的抵免限额。

乙国税款抵免限额 ＝境内和乙国所得应纳税总额×来源于乙国的所得/境内和乙国所得总额

＝(100＋400)×25%×400/(100＋400)=100(万美元)

(2) 计算该公司在乙国已纳税额。

在乙国已纳税额＝400×20%＝80(万美元)

(3) 计算A公司在甲国应纳税额。

在甲国应纳税额＝(100＋400)×25%－80＝45(万美元)

注：其他类型题答案略去，请参见教材。

参考文献

[1] 段迎春. 现代财政与税收[M]. 2 版. 北京：中国金融出版社，2008.

[2] 葛文芳. 财政与税收[M]. 2 版. 北京：清华大学出版社，2010.

[3] 陈共. 财政学[M]. 6 版. 北京：中国人民大学出版社，2009.

[4] 盖锐，高彦彬. 财政学[M]. 北京：北京大学出版社，中国林业出版社，2007.

[5] 储敏伟，杨君昌. 财政学[M]. 北京：高等教育出版社，2006.

[6] 宋瑞敏. 财政与税收[M]. 北京：机械工业出版社，2007.

[7] 岳松，陈昌龙. 财政与税收[M]. 北京：清华大学出版社，北京交通大学出版社，2008.

[8] 中国注册会计师协会. 税法[M]. 北京：经济科学出版社，2010.

[9] 蔡秀云，李红霞. 财政与税收[M]. 北京：首都经济贸易大学出版社，2008.

[10] 张巧良，曾良秀. 税法与税务会计实用教程[M]. 北京：北京大学出版社，中国农业大学出版社，2009.

[11] 林致远，邓子基. 财政学[M]. 3 版. 北京：清华大学出版社，2012.

[12] 赵恒群. 税法教程[M]. 北京：清华大学出版社，北京交通大学出版社，2007.

[13] 蔡秀云. 财政与税收[M]. 北京：首都经贸大学出版社，2010.

[14] 姜竹，李友元，马乃云. 税收学[M]. 北京：机械工业出版社，2008.

[15] 刘玉章. 土地增值税清算大成[M]. 北京：机械工业出版社，2009.

[16] 王冬梅，姚爱群. 税收理论与实务[M]. 北京：清华大学出版社，北京交通大学出版社，2008.

[17] 中国注册会计师协会. 税法[M]. 北京：中国财政经济出版社，2018.

[18] 段治平. 财政与税收[M]. 2 版. 北京：北京交通大学出版社，2010.

[19] 戴罗仙. 财政学[M]. 长沙：中南大学出版社，2009.

[20] 杨秀琴. 中国税制[M]. 北京：中国人民大学出版社，1999.

[21] 朱青. 国际税收[M]. 北京：中国人民大学出版社，2009.

[22] 岳松. 财政与税收[M]. 北京：清华大学出版社，2010.

[23] 谢晓娟. 财政与税收[M]. 厦门：厦门大学出版社，2009.

[24] 张馨. 财政学[M]. 北京：科学出版社，2006.

[25] 朱福兴，上官敬芝. 财政学[M]. 北京：机械工业出版社，2010.

[26] 宋凤轩，孙键夫. 财政与税收[M]. 北京：人民邮电出版社，2007.

[27] 单惟婷. 财政与税收[M]. 北京：中国金融出版社，2009.

[28] 吕晓青，池仁勇. 财政与税收[M]. 杭州：浙江大学出版社，2006.

[29] 刘冰，岳松. 财政与税收[M]. 北京：中国商业出版社，2007.

[30] 欧阳华生. 财政与税收[M]. 天津：南开大学出版社，2011.

[31] 匡小平. 财政学[M]. 2 版. 北京：清华大学出版社，2012.

[32] 谭建立，昝志宏. 财政学 [M]. 北京：人民邮电出版社，2010.

[33] [美]哈维·罗森，泰德·盖尔. 财政学[M]. 10 版. 北京：清华大学出版社，2015.

[34] 中国注册会计师协会. 税法[M]. 北京：中国财政经济出版社，2020.

[35] 人力资源和社会保障部人事考试中心. 财政税收专业知识与实务(中级)[M]. 北京：中国人事出版社，2020.